近代インドの エリートと民衆

民族主義・共産主義・非バラモン主義の競合

志賀美和子

有志舎

近代インドのエリートと民衆　《目次》
――民族主義・共産主義・非バラモン主義の競合――

序章　エリートと民衆 ……………………………………………… 1
　　　　——インド近代史研究における議論と問題点
　第1節　エリートにとっての民衆、民衆にとってのエリート　1
　　1　関心の所在　1
　　2　先行研究の問題点　6
　第2節　本書の構成と用語について　14
　　1　本書の構成　14
　　2　用語について　18
　第3節　史料について　19

第1部　エリートと民衆の出会い

第1章　民族主義と非バラモン主義 ……………………………… 26
　第1節　エリートの運動から民衆の運動へ　26
　　　　——民族運動の生成と変質
　　1　インド国民会議の創設　26
　　2　「会議」から「会議派」へ——ガンディーの非協力運動　29
　第2節　非バラモン運動の胎動と生成　32
　　1　非バラモン運動の背景——南インドの政治・社会・文化　32
　　2　初期非バラモン運動の特徴と限界　39
　小　括　40

第2章　労働者の覚醒 ……………………………………………… 46
　第1節　マドラス州における近代工業の発展　46
　　1　イギリス系工場の増加と経営代理制度の弊害　46
　　2　労働者の雇用方法　51
　第2節　労働争議のはじまり——「注意喚起ストライキ」　53
　　1　第一次世界大戦の影響　53
　　2　マドラス労働組合の設立と労働者の覚醒　55
　　3　地方への労働運動の波及　69
　小　括　76

第2部 エリートと民衆の交流

第3章 共産主義の流入と受容 ……………………………… 88
第1節 共産主義グループの誕生　88
　1　レーニン・ロイ論争——植民地における共産主義運動をめぐって　88
　2　地方共産主義グループの誕生　90
第2節 シンガーラヴェールのマドラス・グループ　91
　1　シンガーラヴェールの経歴——民族主義と共産主義の狭間で　91
　2　労働者農民党をめぐる対立　95
　3　ヒンドゥスターン労働者農民党の始動と挫折　102
小　括　105

第4章 秘密組織と合法的大衆組織 ……………………………… 111
第1節 共産党と労農党　111
　1　共産主義組織統一の試み——対コミンテルン関係をめぐる相克　111
　2　労働者農民党の誕生　115
第2節 会議派における左派勢力の台頭　117
　1　若手左派勢力の台頭——自治領要求から完全独立要求へ　117
　2　不服従運動とゼネラルストライキ　118
小　括　121

第5章 混乱の時代——共産主義勢力の分裂 ……………………………… 127
第1節 混乱の予兆　127
　1　メーラト共同謀議事件　127
　2　全インド労働組合会議の分裂——「穏健派」の離脱　128
第2節 「極左」路線をめぐる相克　132
　1　コミンテルン第六回大会　132
　2　コミンテルンの「左旋回」——「ロイ派」と「正統派」の分裂　135
　3　全インド労働組合会議の再分裂——「正統派」の離脱　138
小　括　139

第6章　中央から地方へ　145
──行動プログラム決定権の移動と現実路線の確立
第1節　現実路線への回帰と統合の試み　145
1　「正統派」と「ローイ派」の南インドへの進出　145
2　左派諸勢力の統合──会議派社会党結成と全インド労働組合会議再統一　151
第2節　南インドにおける共産主義運動　156
──非バラモン運動との共闘
1　下層カーストの台頭と自尊運動の開始　156
2　自尊運動の共産主義への傾倒とサマダルマ党結成　159
第3節　「共産主義」プロパガンダと植民地政府の対抗　166
1　自尊運動の活動と演説内容　166
2　「共産主義」の一般化　173
3　共産主義対策をめぐる植民地政府内の対立　178

小　括　187

第7章　労働者リーダーの誕生　199
第1節　労働運動への諸勢力の参入　199
1　労働組合法成立と労働運動の活性化　199
2　経営と政府の対応　201
第2節　労働者と指導者の「緊密化」　202
1　チョーライ・ミル・ストライキ（1928年）　202
2　マドラス石油会社ストライキ（1927年）　206
3　南インド鉄道会社ネガパタム作業所ストライキ（1926年～28年）　210
4　パパナサム・ミル・ストライキ（1930年）　218
5　マドゥライ・ミル・ストライキ（1931年）　224

小　括　227

第3部　エリートと自立にむかう民衆

第8章　マドラス州会議派政権の誕生　240
第1節　「非協力」から「協力」へ　241

1　新インド統治法とコミュナル問題の波紋　241
　　2　1937年マドラス州選挙にむけての攻防　246
　第2節　会議派政権の諸政策——その目的と影響　252
　　1　寺院開放諸立法の制定——「不可触民」差別廃止に向けて　252
　　2　ヒンディー語「国語」化政策の失敗とその影響　254
　小　括　255

第9章　労働者の自立と会議派の変質　260
　第1節　労働争議の活性化と労働者の自立　260
　　1　会議派政権に期待する労働者　260
　　2　コーインバトゥールの玉突きストライキ（1937年）　261
　　3　マドゥライ・ミル・ストライキ（1938年）　277
　　　　——「自己表現の場としてのストライキ」へ
　第2節　会議派政権の変質　290
　　1　コカナダ製塩・硝石採掘労働者ストライキ（1939年）　290
　　2　東インド砂糖工場ストライキ（1939年）　291
　小　括　295

終章　「周縁」から見るインド史の構築にむけて　303
　第1節　近代インドのエリートと民衆——結論の整理　303
　　1　労働者に影響を及ぼした政治動向　303
　　2　労働運動の変容と政治への影響　309
　　3　会議派の変質　313
　第2節　「周縁」から見るインド史の構築にむけて　314

文献一覧　317
あとがき　345
索　引　349

図 0-1 イギリス領インドの行政区分とマドラス州の位置
出典) 山本達郎編『インド史』山川出版社, 1960 年, 328 頁に基づき筆者作成.

図0-2 マドラス州の行政区分

出典）サルカール、長崎暢子・臼田雅之・中里成章・粟屋利江訳『新しいインド近代史 下からの歴史の試み』I，研文出版，1993年，口絵に基づき筆者作成．

略 語 一 覧

AITUC	All India Trade Union Congress
AITUF	All India Trade Union Federation
B&C	Buckingham and Carnatic (Mills)
CID	Criminal Investigation Department
CII	*Communism in India*
CPI	Communist Party of India
CS&W	Coimbatore Spinning and Weaving (Mills)
EPW	*Economic and Political Weekly*
FNR	*Fortnightly Report*
GIP	Great Indian Peninsular Railways
GO	*Government Order*
GOI	Government of India
GOM	Government of Madras
IAC	*India and Communism*
IESHR	*Indian Economic and Social History Review*
INC	Indian National Congress
LSG	Local Self Government Department
MAS	*Modern Asian Studies*
MLAD	*Madras Legislative Assembly Debates*
MLCP	*Madras Legislative Council Proceedings*
MLU	Madras Labour Union
NGR	N.G.Ramaswami Naidu
NNR	*Native Newspapers Report*
PW&L	Public Works and Labour Department
SIMA	South India Millowners' Association
SIR	South India Railways
SITRA	South India Textile Research Association
USSF	*Under Secretary Secret Files*

序章

エリートと民衆
―― インド近代史研究における議論と問題点

第1節　エリートにとっての民衆、民衆にとってのエリート
1　関心の所在

　インドは、18世紀にイギリス東インド会社による本格的な領土支配が開始されて以来、その支配に対して様々な反応を示してきた。ある者は、いち早く状況の変化に対応し、英語能力を身につけて支配の末端を担った。ある者は、スィパーヒー（傭兵）として東インド会社軍に雇用された。ある者は、西欧のまなざしを己のものとし、「野蛮な」習慣を改革してインド社会の近代化を図った。またある者は、苦境からの脱却を目指して反乱を起こした。19世紀にはイギリス支配のあり方に疑義を申し立てる民族主義が胎動する。この時期の民族運動の担い手は、植民地支配の末端を担ってきた都市部のエリートたちであった。彼らの要求は基本的に、イギリス支配の下でインド人の政治的・経済的権利を拡大するというもので、民衆の不満や要求とは連動していなかった。彼らは、イギリス人に対して「インド人」として対峙しながらも、その「インド人」に含まれるはずの民衆の存在を自覚的には認識していなかった。20世紀に入ると、エリートの中から、自分たちの運動に大衆を動員しようとする動きがみられるようになる。社会改革よりもまず政治的に独立することこそインドが直面する諸問題を解決するための必要条件であると主張する彼らは、独立を実現するためには大衆の力が不可欠であると考えた。ここに、イギリス領インドの領域内に居住する人びとを「インド民族／国民」として統合しようとする民族主義が生成したのである。
　インドの民族運動は、M・K・ガンディーの参入によって本格的に大衆化への一歩を踏み出した。もちろんガンディー登場以前にも、民衆が参加した運動は枚挙に暇がない。しかしそれらの多くは、自己が置かれた環境への不満を、

既存の上下関係の逆転や権威の象徴の破壊によって表明するものであり、必ずしも政治体制の変革を求めるわけではなく、地域やコミュニティの枠を超えて波及することもなかった[1]。またエリートは、これらの民衆運動に不安を覚えることはあっても、基本的に民衆の不満を注視しようとはしなかった。つまり、民衆のイニシアティヴによる運動とエリートのイニシアティヴによる運動は、有機的に結びついてこなかった[2]。しかしガンディーは、民衆のエネルギーを、単発的な発露で消費するのではなく、民族運動の大きな流れの中に位置づけようとした。彼は、民衆の支持と参加なしには、いかなる民族運動も正当性を持ち得ないという認識に立っていた。そのために、あらゆる宗教、カースト、階層に属する人びとにも参加可能な運動形態を編み出し、民族運動を全インド規模の民衆運動へと変貌させていった。

ただし、ガンディーの民族運動は、全てのコミュニティが参加し融和することを通じて「インド民族／国民」統合を目指すというその特徴ゆえに2つの問題を生み、様々な勢力から挑戦を受けることになった。第一の問題は、「あらゆるコミュニティの融和」を重視しすぎて、結果として民衆のエネルギーを抑圧したことである。彼は、民衆の参加を必要としながらも、同時に資本家や地主の支援も重視したために、労働運動や農民運動が急進化する気配を見せると、「自己犠牲」や「自己抑制」という倫理規範の下に、これらの運動を抑止した。こうして押さえ込まれた労働者や農民の不満を養分にして、1920年代にインド近代史の舞台に登場したのが共産主義である。共産主義運動は、20年代、30年代を通じて、ガンディーらが率いる民族運動に対峙することになった。

第二の問題は、ガンディーの深層心理に潜むヒンドゥー教的、バラモン的価値観（彼自身はバラモンではない）が、「インド民族／国民」統合を支える諸理念に滲み出ていたことである。これは、ヒンドゥー教徒の中でも特に下層カーストからの異議申し立てを誘発した。その典型が、南インドで展開された非バラモン運動である。非バラモン運動とは、バラモンの政治社会的優位性やバラモン的価値観を否定して、「バラモン以外の全コミュニティ」が「非バラモン」としての誇りをもって団結し地位向上を目指す運動の総称である。この「非バラモン」というネガティブ・アイデンティティは、「南インドには北とは異なる独自の文化的伝統がある」という誇りに支えられていた。つまり非バラ

モン運動は、民族運動に対して、「バラモン以外」という立場から、そして地方の立場から、挑戦状を突きつけたといえよう。非バラモン運動は、後に共産主義運動と結びつき、民族運動に変質を迫ることになる。

　このように、民族運動、共産主義運動、非バラモン運動は、いずれも民衆との結びつきを志向したが、これらを主導して政治の表舞台に立ったのはエリートたちであった。ただしそれは、エリートが民衆を一方的に動員したことを意味しない。エリートがいかに高邁な理想を掲げたとしても、それが民衆の感性や要求に合致しなければ、民衆は決して「動員」されなかった。

　1980年代初頭、インドにおいてサバルタン研究グループが出現したことにより、民衆をカリスマ的指導者や有力者に動員されるだけの存在と見なす従来の歴史認識は、根本から問い直された。「サバルタン」とは、A・グラムシの著作では、支配集団のヘゲモニーの下で従属的な地位におかれながらその従属性を自覚せず階級意識に目覚めていない労働者や農民などを指すが、サバルタン研究、特に初期の諸研究は、サバルタンを、エリートとは異なる価値観を有しエリートの政治からは自律的に行動する主体と仮定した。その結果、従来は無計画かつ突発的な感情の発露とされてきた農民反乱や部族反乱などが、実はサバルタン独自の価値観と行動規範に基づく行動であったと評価されるに至った[3]。ひるがえってエリートのイニシアティヴによる運動も、サバルタンの価値観にそぐわない場合はサバルタンの動員に失敗したという事例が掘り起こされ、サバルタンの自律性が強調されるようになった[4]。

　しかし初期のサバルタン研究では、「エリート」と「サバルタン」が実体として存在することが所与の前提とされ、その範疇が相互排他的に規定される傾向があった。ここから生じる問題を2点指摘しておこう。第一は、サバルタンとエリートの接触と交流による、双方の意識・価値観・行動様式の変化が想定されていないことである。第二は、サバルタンの自律性を強調するあまり、サバルタンの価値観と行動規範の顕現としての単発的反乱や短期的運動ばかりが分析対象となり、結局インド近代史におけるサバルタンの位置づけと役割が曖昧になっていることである。

　第一の問題点については、様々な批判が寄せられたこともあり[5]、80年代後半頃から、サバルタンとエリートを関係性の中でとらえる試みが始まった[6]。

以後、サバルタンとは、様々な権力が複雑に絡み合う状況から生じる存在あるいは性質とされるようになった[7]。つまり、権力構造はエリートとサバルタンの間にのみ存在するのではなく、それぞれの範疇の中でも状況に応じて現出するものとされ、「サバルタン」が関係性、ポジショナリティとして捉えられるようになった[8]。しかしその後、サバルタン研究はエリートの言説分析に重点を移し[9]、サバルタン的存在は、再びエリートの影に隠れるか、独立運動史の中に時折現れる「断片」となって、その位置づけが曖昧なまま取り残されてしまっている。

そこで本書は、敢えて「エリート」と「民衆」という範疇を設定し、(1)「エリート」と「民衆」は相互に影響を与え、双方の認識や行動様式を不断に変化させた、(2)「エリート」と「民衆」は、相互排他的で固定的なものではなく、双方向的交流の過程で関係性を変化させた、という仮説を立て、これらを論証するために労働運動に着目したい。労働者は、初期サバルタン研究の立場からすれば、まぎれもなく「サバルタン」である。しかし、労働者といっても、業種や地域によって雇用形態が異なり、同一工場の中でも部門に基づく区別や常勤・日雇いの違いがある。さらに、カーストに基づく関係やジェンダー、宗教的帰属も複雑に絡み合って、労働者の内部にも支配－従属関係が存在すると考えられるため、これを単純に「サバルタン」と表現することは出来ない。そこで本書では、「サバルタン」というそれ自体に従属性を含意する用語は使用せず、政治の表舞台には立つことはないがインド近代史を動かす主体の一つである「民衆」の一範疇として労働者を位置づける。これに対し「エリート」は、インド社会の表舞台で活躍した諸運動の指導者や、政党・政治団体で一定の地位を占めた政治家、労働問題に関心を示した慈善家を指すこととする。

本書は1920年代と30年代の労働運動を中心的に扱うが、このように労働運動を長期的視野から分析する理由は2点ある。第一に、20年代、30年代の労働運動は、様々な政治勢力が大衆基盤を確立するために鎬を削った舞台であったため、労働者が自分たちの要求をエリートの運動方針や政策に反映させようとする交渉の場になりえたと想定される。第二に、労働運動は、労働者とエリートとの関係が構築再編される過程で、労働者に絶えず自己認識を促し行動様式を変化させていく場であったと考えられる。以上の理由から、労働運動の

長期的分析は、労働者とエリートの双方向的関係性を解明することを可能にするであろう。

　エリートと民衆の双方向的関係の影響が直接現れるのは、州レベルの政治であった。州政治の重要性を指摘した点については、ケンブリッジ派の功績を看過してはならない。ケンブリッジ派は、全インドレベルで活躍する著名な政治家や民族運動指導者も、一方では州レベルの政治に関わり、全インドレベルで展開される政治運動の大義とは別種の地方政治文化に影響されていたとし、インド独立史を民族主義と植民地主義との対決として二項対立的にとらえる歴史観に異議を唱えた。ただしケンブリッジ派は、州レベルにおける政治家の活動を、民族主義やその他の大義とは全く無関係な権力闘争であったとする点に問題がある。つまり、エリートは民衆とパトロン－クライアント関係を結んで派閥を形成し、植民地政府が切り売りする権益の分け前を巡って熾烈な競争を繰り広げたとした[10]。そのため、サバルタン研究グループから、エリート史観の変形として非難された[11]。

　しかし「派閥」そのものは、必ずしも否定的な分析概念ではない[12]。なぜなら派閥とは、カーストや宗教を縦横断して民衆とエリートを結びつけるシステムと解釈することが可能だからである。また、たとえエリートが民衆を動員しようとしたとしても、民衆の要求や心性を完全に無視する一方的な動員はありえないとすれば、派閥のなかで民衆からエリートに対してフィードバック作用が働き、州レベルの政治に反映されたと考えられる。

　近代インドにおける政党や団体の活動方針が決定される過程を見ると、中央組織が基本理念と活動方針の大枠を決めるものの、具体的な活動プログラムを決定し実行するのは州レベル組織であることが多い。エリートたちは州レベルで活動し政策を実行に移す過程で、民衆と接して彼ら彼女らの要求と擦り合わせる必要性を実感した。こうして民衆からのフィードバックが作用し州レベルで政策の修正が試みられる。地域独特の政治社会状況と中央組織が決定する政策との間に離齬が生じれば、地方組織が中央組織に政策の変更を迫ることもあった。

　政党や団体が大衆基盤を築く傾向を強めるにつれて、より効果的に民衆の心性に訴える活動プログラムが求められるようになり、州レベル組織の発言力

が強まっていった。たとえば、労働者の支持を得るために諸政治勢力が採った戦略を見てみると、労働者のアイデンティティは階級意識よりもむしろ血縁、カースト、宗教、地域、言語などの様々な要素を抱え込んでいたため[13]、地方の現場で活動する者ほど、階級闘争だけでなく、カースト問題や言語問題などに取り組もうとする傾向が見られた。

　南インドでは、労働者をめぐる政治環境はとりわけ複雑だった。なぜなら、共産主義グループがいち早く労働運動に関与した上に、下層カーストを対象に宗教社会改革を推進した非バラモン運動も労働問題に注目し労働者の中で活動するようになったためである。非バラモン運動は、民族運動とその推進団体であるインド国民会議派が掲げる「インド民族／国民」統合に、バラモン的価値観やエリート主義、北インド中心主義の匂いを嗅ぎつけ、これに正面から異議を唱えた。さらには共産主義と結びついて労働者を初めとする民衆への影響力を強め、会議派に政策変更を迫ることになった。

2　先行研究の問題点

　しかしながら、南インドの労働運動において共産主義勢力と非バラモン運動勢力が果たした役割と、それが民族運動、特に会議派に与えた影響は、これまでほとんど研究されていない。そこで、先行研究とその問題点を、まずは共産主義運動、非バラモン運動、民族運動と労働運動との関係という観点から整理し、次に労働運動史研究を、これらの運動との関連に注目しつつ検討してみよう。

共産主義運動史研究

　共産主義運動史に関する研究は数多くあるが、インド共産党の動向を追うものと、地方における共産主義活動を分析するものに大別される。インド共産党史として代表的なものは、Masani（1954）、Overstreet & Windmiller（1960）、Windmiller（1964）、Josh（1992）などが上げられる。他には、インドに共産主義を紹介し初期運動の一翼を担ったM・N・ローイを分析したHaithcox（1971）、Roy（1989）がある。これらの研究は、いずれも南インドにおける共産主義活動に言及していない。この南インド軽視傾向は、インドにおける共産主義活

動の多様性と柔軟性を考慮していないことに起因すると思われる。多様性と柔軟性とは、共産主義活動を担ったグループの多様性、各グループが相互に影響を及ぼしつつ変化していく柔軟性、各グループ内部での中央と地方の相違、及びそれを理論と実践で解決していく柔軟性を指す。前掲の先行研究はいずれも、共産主義運動とはすなわち共産党の活動であると見なし、共産主義者が組織としてコミンテルンの指示に忠実に活動したかのように記述する傾向がある。そのためこの「正統派」に当てはまらないグループは共産主義者ではないかのように見なされ、軽視もしくは無視されてしまう。しかし、コミンテルンから距離をおき独自の活動を志向するグループもインドでは重要な位置を占め「正統派」に影響を与えたことを考慮するべきである。また、コミンテルンに忠実とされる「正統派」でさえも、内部に様々な思想的対立を抱えていたこともあって、コミンテルンの指示を全て実行に移したわけではなかった。各国共産党研究においては、コミンテルンから自律的な動向があったことが指摘されるようになっているが[14]、同様にインド共産党「正統派」の中でもコミンテルンの画一的な指導に異議を唱える動きがあった。なお Josh（1992）は、インド共産党がコミンテルンの指示を墨守したのではなく、インドの政情に照らした結果その指示を受け入れたとし、インド共産党の自律性を指摘している。しかし共産主義者の様々なグループについては看過していると言わざるを得ない。

　共産主義運動を分析する際は、コミンテルンの指示に忠実であったか否かという問題設定ではなく、指示への対処法の内実を見極める必要がある。なぜなら理念とその実践は、必ずしも厳密に結びついているとは限らないからである。そもそもコミンテルン自身、表向きに掲げる理念と各国に出す指示が一致していたわけではない[15]。そしてインド共産党（「正統派」）は、中央組織がコミンテルンの指示に基づく理念を掲げる一方で、地方支部に具体的活動内容を決定する権限を与え、コミンテルンの画一的な指示とインド独特の政治事情との溝を埋め、同時に、地方ごとの政治社会状況の相違にも対処しようとした[16]。インドにおける共産主義活動は、このような2つの意味での多様性と柔軟性ゆえに、民衆の間に浸透し、労働運動に影響を与えた。したがってこれらの多様性と柔軟性を考慮しなければ、共産主義運動が果たした役割を評価することは不可能であろう。

以上の仮説を念頭におくと、南インドの共産主義運動が軽視されてきたのは、コミンテルンの指示に忠実とされる「正統派」の基盤が相対的に脆弱だったことが原因と思われる。しかし南インドでは、独特の「共産主義者」のグループが活発に活動していた。彼らは、大衆基盤拡充のために非バラモン運動勢力と共闘し、現実路線を貫いたために植民地政府の迫害も逃れ、南インド社会に共産主義思想を浸透させた。その活動に刺激され、「正統派」も南インドでは活動方針を再考するようになった。したがって、これまで光が当てられることがなかった南インドにおける共産主義活動を追うことは重要である。

非バラモン運動研究史

　南インドにおける共産主義活動の最大の特徴は、非バラモン運動という同地独特の運動勢力との共闘が行われたことにある。ところが非バラモン運動研究史においては、共産主義との関係を扱う研究が極めて少ない。

　非バラモン運動は、非バラモン諸カーストがバラモンの政治社会的優勢に対抗するために、「バラモンでないこと」を誇りにカーストの枠を超えて団結することを目指したものである。ただし初期運動は、経済力をつけた非バラモンエリートによる政治的権利要求運動としての性格が強かったために、ケンブリッジ派の Washbrook と Baker は 1970 年代の一連の著作において、非バラモン運動を派閥争いの一つとして片付けてしまった。しかし、非バラモン・アイデンティティが「ドラヴィダ文化」なるものへの誇りに支えられていたことを考慮すれば、ケンブリッジ派の見方が一面的に過ぎることは明らかである。

　Hardgrave (1965)、Irschick (1969)、Arooran (1980)、Mangalamurugesan (n.d. 1979?) は、非バラモン諸カーストの団結が、「ドラヴィダ民族」感情の高揚や独自の「ドラヴィダ文化」への誇りとドラヴィダ系言語(特にタミル語)への愛着に裏打ちされていたことを強調する。特に Hardgrave (1965) は、非バラモン運動を原初的感情の発露と位置づけた。しかし本論で詳述するように、カーストの枠を超えた「非バラモン」や「ドラヴィダ民族」という範疇は、非バラモン運動のなかで創造されたものであり、これを原初的アイデンティティとするのもまた非バラモン運動を一面的にしか捉えていない。非バラモン運動は、ケンブリッジ派が唱える政治権力闘争としての性格や、Arooran (1980) や

Irschick（1969）が主張する文化運動・社会宗教改革運動としての性格のほかに、次に述べるような経済社会改革としての側面も有していた。

1920年代半ばになると、非バラモン運動に触発されて権利意識に目覚めつつあった非バラモン下層カーストを対象として、E・V・ラーマスワーミ・ナーイッカル（尊称ペリヤール）が自尊運動を開始した。同運動は、最初はカースト制やヒンドゥー教を批判していたが、ほどなく経済的搾取構造にも目を向けるようになり共産主義に傾倒した。それゆえ既存の共産主義グループの注目を集めて共闘関係を結び、工場労働者をはじめとする民衆に共産主義を普及させるのに貢献した。しかし従来の研究は、非バラモン運動と共産主義者の共闘が当時の政治社会に与えた影響を充分に分析してこなかった。Hardgrave（1965）、Irschick（1969, 1986）、Arooran（1980）、Mangalamurugesan（n.d. 1979?）は、自尊運動の共産主義化に若干触れているものの、ペリヤールの個人的嗜好、あるいは一過性のものとして軽視しており、共産主義グループとの共闘や労働運動との関係には言及していない。Geetha and Rajadurai（1998）は、自尊運動を「不可触民」の視点からとらえなおした意欲的な研究であり、工場労働者に「不可触民」が多かったことから自尊運動の共産主義化にも比較的紙幅を割いている。しかしやはり、自尊運動の共産主義化はペリヤール個人のレベルにとどまったとし、彼にとって共産主義は「平等という名の正義」理論の一部を補完するに過ぎず、経済的不平等を全てカースト問題に還元して宗教批判に走り、すぐに共産主義から遠ざかったと分析する。しかし自尊運動と共産主義の関係をペリヤール個人のレベルに帰してしまうと、自尊運動活動家から共産主義に共鳴した人びとや、共産主義者として自尊運動に参加した人びととの存在を説明できない。

自尊運動は多面的な運動である。つまり、共産主義を前面に出したり背後に隠したり、政治運動であったり、文化運動であったり、社会宗教改革運動であったりと、自尊運動の指導者たちが自ら状況に応じて押し出す側面を選択してきた。自尊運動は、一見共産主義から離れて宗教批判へと回帰したような印象を与えるが、それは、当時の政治状況に対応して前面に押し出すスローガンを変えたに過ぎず、共産主義を放棄したわけではなかった。

民族運動組織としての会議派の評価とその問題点──労働運動対策を中心に

　民族運動を主導しインドを独立に導いた立役者はインド国民会議派（以下、会議派）であるが、労働運動や農民運動などに対する会議派の姿勢については否定的な評価が下されることが多い。たとえば Sarkar（1983b）は、ガンディー主導による会議派の運動理念が、二つの側面で大衆運動のブレーキとして機能したと主張する。第一に、民族運動の行動プログラムから既存のインド社会構造に亀裂を生じさせる恐れのある運動を意図的に除外し、第二に、労働運動や農民運動の急進化を抑圧したため、大衆運動のダイナミクスが削がれたという。一方 Chandavarkar（1998）は、会議派をブルジョワ政党とみなす見解とは一線を画す。もし会議派が資本家や地主の利益のみを代弁したと仮定したら、なぜ労働者の支持をも集めることができたのか説明できないとして、会議派、特にガンディーは常にインド全体を代表する党であろうとし、特定階層やコミュニティの利益を代弁することはなかったと主張する。その上で、あらゆる階層の支持を集めるための民族主義レトリックは自ずと矛盾に満ちたものとなり、その不自然さが結果的には社会闘争や階級闘争を抑止したと認めている。したがって両者ともに、会議派が民族運動の理念を推し進めた結果として民衆の行動を抑圧した、という結論を導き出している。

　筆者も基本的にこの見解を支持している。ただしここから生じる疑問は、会議派は本当に民族運動の理念に固執し、民衆の運動を抑圧しつづけたのか、という問題である。特に、1920年代後半から30年代にかけて労働運動の高揚との相乗作用で共産主義勢力が伸張したことを考慮すると、会議派が左派勢力から一切影響を受けなかったとは考えにくい。従来の研究は、会議派と左派勢力の関係について、30年代後半に左派が敗北し会議派の保守化が決定付けられたと分析してきた。たとえば Haithcox（1971）は、1929年から39年に左派勢力がガンディーと保守長老派に挑戦したものの、左派諸勢力が団結できずにいるうちにガンディーらの指導体制が確立し、会議派の保守化が決定的になったとする。また中村（1977）は、会議派が37年に初めて政権をとったことを契機に、それまでの大衆向けスローガンを取り下げ、親ザミンダール（大地主）、親資本家路線に転向したと評している。つまり、反政府組織から政権を担う政党へと変化するに従って、秩序維持を名目に民衆の急進化を抑止したという解

釈である。確かに左派が会議派組織を掌握できなかったことは事実である。しかしそれではなぜ、保守長老派の指導層は左派とみなされたJ・ネルーに会議派議長の座を与えざるを得なかったのか。その理由を探るには、共産主義者を含む左派諸勢力が会議派に与えた影響を再考する必要があろう。

　なお、中央組織が掲げる理念と州レベルで直接民衆に接する地方支部の実践内容が必ずしも一致するとは限らないということを、共産党と同様に会議派の場合にも留意するべきである。というのも、下部組織ほど民衆との接触が緊密になり、現地の事情に応じた独自の方針を採ろうとする傾向が強くなるためである。南インドのマドラス州に成立した会議派政権の政策を慎重に分析していくと、必ずしも「親資本家路線」を採択したとはいえず、たとえ会議派中央指導部が保守化したと仮定しても、その影響を全面的に受けたとは考えにくい。Chandrashekar (1995) は、南インドの会議派について、「徹底的な反社会主義・反共産主義であり、特に組閣後は資本家・地主層の利益を代弁して労働者や農民をトラブルメーカーと認識するようになった」と評価を下している。しかし南インドでは共産主義の「脅威」が強かっただけに、会議派はこれに対抗するために、ある程度左傾化する姿勢を示した。37年に成立したマドラス州会議派内閣の労働運動政策は、この変化を象徴するものであった。そこで最後に、労働運動に関する先行研究を概観し、その問題点をまとめてみよう。

労働運動研究の問題点

　労働運動に関しては膨大な研究蓄積があるが、労働者と運動指導者との関係の変遷を長期的視野にたって政治動向と関連づけながら明らかにする試みは、十分になされてきたとはいえない。労働運動の何に焦点をあわせているかという観点から先行研究を分類すると、労働運動とはすなわち組合運動であるとみなして組合幹部の動向を追うものと、労働者の行動原理や心性を解明しようと試みるものとに大別できる。

　前者に含まれるものとしては、全インドにおける労働運動を網羅的に紹介したSaxena (1991)、ボンベイ州の労働運動史を扱うMorris (1965)、ベンガル州の労働運動史に関するSaha (1978)、マドラス州の労働運動を分析したMurphy (1981) やKarunanithi (1991) などが代表的である。これらは、労働運動指導

者（多くは慈善活動家や政治家などのエリートで部外者であった）の動向を追うことに重点をおき、一般労働者の行動を分析対象から外している。これらの研究は、組合を結成することが労働者階級の「成熟」の証であるという前提にたっているため、労働者の意思は組合の意思と一致しているものとして、組合の発展を叙述することに重点を置いてきたと考えられる。なお Murphy（1981）は、タミルナードゥの四大綿業地帯の労働運動を比較検討することによって、労働者と組合指導者の関係が地域によって異なることを指摘した。しかし、その相違が実際どのように労働運動の展開に影響するのかは明らかにされておらず、労働運動の主体として光を当てられたのは結局組合指導者だけである。また、労働運動が政治動向とは無関係な自己完結的な運動になっている点、組合のないところでは労働者の運動もなかったかのように想定している点、組合の強化が無条件に労働者の権利拡大につながると想定している点にも疑問が残る。総じてこれらの研究からは、一般労働者と組合指導者との関係性や、民族運動や共産主義運動などの政治動向との関係性は見えてこない。

　後者に含まれるのは、Chakrabarty（1989）、Joshi（1985）、Kumar（1983a）などがある。特に Chakrabarty（1989）は、カーストや宗教などの「伝統的」紐帯が都市という新しい環境で不安定な立場におかれた労働者の帰属意識を支えたとして肯定的に評価し、階級意識形成論に反論した。しかし彼は、労働者の「伝統的」性向を強調し、労働者のアイデンティティの変化には目を向けていない。これに対して Joshi（1985）は、階級意識とカーストや宗教などに基づくコミュニティ意識は重層的に存在するとした。さらに、インドに限らずどこでもいつの時代でも「純粋な階級意識」が存在したことはないと指摘した。単純な階級意識形成論にも固定的アイデンティティ論にも反論した意義は大きい。この 2 人に対し、Kumar（1983a）は、労働者が観念上は階級意識を有しながらコミュニティ意識に阻害されて実践を伴わなかった、という折衷的な議論を展開している。

　Chandavarkar（1998, 2000）は、労働者個人と組合活動の双方向から労働運動を分析し、また民族運動との関係性の中で労働運動を把握するべく研究を蓄積してきた。基本的に彼の立場は、ケンブリッジ派とサバルタン研究グループの止揚を目指しながらも、ケンブリッジ派に近くなっている。Chandavarkar

(2000) は、サバルタン研究がE・P・トムソンのイギリス労働階級研究を「モニュメンタルに誤訳[17]」した結果、民衆の自律性を強調し過ぎて、「伝統」や「宗教」にアイデンティティの拠り所を持つ特殊インド的労働階級像を形成し、オリエンタリズムに舞い戻ったと批判する[18]。Chandavarkar（1998）は、労働者は職場のみならず居住区周辺との関係性の中で生活し、「ご近所パトロン[19]」とパトロン・クライアント関係を結んでいたとする。つまり、職場における地位に基づく関係だけではなく、カーストや宗派による繋がりだけでもなく、日常生活を営む場所での地縁的人間関係も労働者の世界で重要な位置を占めていたというわけである。この点は、ケンブリッジ派から着想を得ていると思われるが、労働者とパトロンの関係は互助的で労働者の要求を実現できなければ有力者といえども権威を失ったと指摘し、一方的に動員される労働者という認識に異議を唱えたところに彼の研究の意義がある。しかし労働者と労働組合の関係をもパトロン・クライアント関係で把握し、労働者をめぐる政治諸勢力の競合を派閥間の権力争いと見なしている印象は免れ得ない。また彼の記述では、労働運動のあり方がきわめて静態的で、労働者－「ご近所パトロン」の関係や労働者－組合関係の変化については触れられていない。労働組合と「ご近所パトロン」の関係も不明瞭で、ストライキが起きた際に組合と「ご近所パトロン」と労働者がいかなる関係性のなかで行動したのかについても説明が不十分である。これらの問題は、彼の研究が具体例に乏しく、実際のストライキを緻密に分析した上での論証がなされていないことに原因があるように思われる。

著者は、労働者の意識構造を複合的なものとしてとらえる点において Joshi（1985）に賛同するが、さらに付け加えると、労働者の意識や行動様式は、労働運動への参加経験を通じて不断に変化し続けるものと捉えている。また労働者の意識や行動様式の変化に応じて組合や指導者との関係も変化し、結果として指導者の活動方針や政策にも影響を与えたと考えている。

以上、先行研究の問題点を考慮すると、労働運動を民衆とエリートの双方向的交流の場ととらえ様々な政治運動との関係性の中に位置づけていくことは、インド近代史を理解するうえでも不可欠といえよう。

第2節　本書の構成と用語について
1　本書の構成

　本書は、南インドにおける労働運動の展開を、民族運動、非バラモン運動、共産主義運動との関係に焦点を当てつつ解明し、それが最終的に民族運動を主導する会議派にいかなる影響を及ぼしたか考察していく。その目的は第一に、南インドにおける労働運動を、労働者と指導者の相関関係、労働者の行動様式に焦点をあわせて分析し、労働運動の特徴とその変化を明らかにすることにある。第二に、共産主義勢力、非バラモン運動勢力、民族運動勢力が、労働問題に対していかなる態度で臨み労働運動をどのように変化させていったか分析する。第三に、労働者と指導者の相関関係が各勢力の州レベルの政策にいかに反映されたかを解明し、それが全インドレベルの政治に影響を及ぼしていく可能性について展望したい。

　3部9章からなる本書の構成は以下の通りである。

　第1部は、1910年代後半から20年代前半までを対象とする。この時期は、エリートが民衆の力に注目するようになる時期である。民衆に注目した政治勢力としては、民族運動を主導する会議派、共産主義勢力、そして南インド独特のものとして非バラモン運動勢力があげられる。共産主義勢力の動向については第2部で扱い、第1部では会議派と初期非バラモン運動の動向について述べる。

　第1章は、まず第1節でガンディーの登場を機に大衆的民族運動組織へと歩み始める会議派について概観し、ガンディーの運動理念の功罪を考える。第2節は、会議派主導の民族運動へのアンチテーゼでもあった非バラモン運動を取り上げ、その政治社会的影響について考える。

　第2章は、この時期の労働運動の特徴を、労働者と指導者の関係を軸に解明する章である。第1節でマドラス州における近代工場の創設と発展を紹介し、第2節で主要な労働争議の経緯を詳細に分析していく。この時期における労働者と部外の運動指導者との非恒常的関係、労働者の政府に対する考え方、ストライキの特徴などが解明されるであろう。

　第2部は、労働者に注目したもう一つの政治勢力である共産主義勢力に焦点

を当て、その動向に分析を加えていく。そしてそれが民族運動および非バラモン運動といかなる関係にあったかを解明し、さらに労働運動にいかなる影響を与えたか、第二次高揚期の労働運動の特徴と併せて考察していく。

第3章は、インド各地に共産主義グループが成立してから1924年のカーンプル共同謀議事件によって弾圧されるまでの20年代前半を対象とする。第1節は、初期共産主義運動の立役者の一人であるM・N・ローイの活動を取り上げる。まずローイの経歴に触れ、第二回コミンテルン大会で展開されたレーニン・ローイ論争を概観する。そして最後に、ローイの実際の活動を論じていく。ここでは、ローイの共産主義活動には、人を直接派遣する方法と、面識のない他人に書籍を郵送して感化していく方法があったことを明らかにする。そしてこの方法の違いが各地に誕生した共産主義グループの性格の違いを生み、自律的なグループの伸長を許したことを論証する。第2節では、このような自律性を示した南インドの共産主義者、M・シンガーラヴェールの活動を、ローイや各地の共産主義グループとの間で交わされた書簡をもとに分析し、その特徴と影響を考える。

第4章は、カーンプル共同謀議事件後の1925年からメーラト共同謀議事件で再び弾圧を受ける29年までの共産主義活動を分析対象とする。第1節では、各地のグループが全国組織としての共産党を創設しようと試みたものの、コミンテルンとの関係をめぐって意見の調整がつかず挫折したことを説明する。次に、その失敗が却って各グループに地元に目を向けさせ、合法組織重視・労働運動重視の現実路線を採用させたことを論証し、各地での労農党誕生はこの戦略転換の結実であったと位置づける。第2節は、会議派内に左派グループが誕生し、指導層に対峙するようになる過程を概観する。

第5章は、労農党を通じて地道な発展の道を歩み始めた共産主義勢力が再び分裂と混乱状況に陥る時代を扱う。分裂の原因としては28年に始まるコミンテルンの「左旋回」があげられるが、本章は、先行研究が強調してきた「極左」路線打撃論を、インドの各地方の活動を見ることによって再検討する。第1節は、コミンテルンの「左旋回」と並んで共産主義伸張の阻害要因とされてきたメーラト共同謀議事件の経緯を紹介する。次に、メーラト事件の「打撃」後、合法的な労働運動に一層力を注ぐようになった共産主義勢力が、全インド労

働組合会議の指導権を掌握する過程を分析する。第2節はコミンテルンの「極左」路線の実態とその影響を探る。まず「左旋回」の背景を説明した上で、第六回コミンテルン大会時点では「極左」路線が明確には打ち出されていなかったため、インドの共産主義者はとりあえずこれを放置したことを指摘する。次に、30年代初頭に「極左」路線が明確になるにつれて、インドの共産主義者の中からその有効性を疑うグループ（「ローイ派」）が現れ、コミンテルンに忠実なグループ（「正統派」）と対立していく経緯を紹介する。

　第6章は、「正統派」が「ローイ派」への対抗から現実路線へと回帰したために共産主義活動が再び発展していく過程を、南インドを中心に分析する。第1節は「正統派」と「ローイ派」の活動を扱う。まず、両派の競合が共産主義活動の新たな発展を生み出したことを、「正統派」の活動を中心に叙述する。メーラト共同謀議事件の副次的効果についても併せて紹介する。「正統派」は、コミンテルンの路線を「理論」と「実践」とに分けて解釈し、インドの政治事情との齟齬や地方ごとの政治環境の相違から生じる問題の解決を図った。こうして「正統派」も労働運動中心の現実路線を選択したことにより共産主義運動は統合へと向かい、最終的に会議派社会党の傘下に、「正統派」、「ローイ派」、会議派左派という左派諸勢力が集結していく過程を明らかにする。

　南インドでは、特にタミルナードゥ会議派指導層の保守性に阻まれて、会議派社会党の結成が遅れた。その代わりに共産主義者にシェルターを提供したのが、非バラモン運動の新潮流、すなわち自尊運動である。第2節と第3節は、南インドにおける共産主義活動の進展を明らかにする。第2節は、自尊運動の歴史と運動理念の特徴を述べ、さらに共産主義的自尊運動の活動を詳述する。第3節では、共産主義的自尊運動の宣伝活動の内容を考察する。そしてその宣伝内容がいかなる効果をもたらしたのか、植民地政府の反応を分析することによって考察していく。

　第2部の最後にあたる第7章は、共産主義の浸透が労働運動にいかなる影響を及ぼしたかという問題を分析する章である。第1節は、労働組合数が20年代後半に急増し異なる政治思想を掲げる組合が鎬を削る状況が生まれたことを説明する。また、組合活動が合法化されたことが共産主義者の合法的労働運動への傾斜を促進し、労働者との恒常的接触を可能にしたという点も指摘する。

第2節は、20年代後半から30年代前半にかけての南インドでの労働運動の展開を具体例とともに詳述し、その特徴を明らかにする。ここでは、政治諸勢力が労働者との恒常的関係を築き始めたこと、しかし平行して労働者側は自立傾向を強めていく現象が認められることなどが明らかにされよう。

　第3部は、左派勢力と会議派保守指導層の対立が山場を迎える30年代後半を扱う。会議派の保守指導層は、労働者の間に共産主義が急速に浸透していくことに危機感を募らせる。特にマドラス州の会議派の指導層は、これへの対抗から従来の活動方針を転換し、「非協力」主義を捨てて州議会選挙への参加を決意した。ここでは、会議派が共産主義に対抗して労働者の支持を奪うために自らを変質させていく様を明らかにする。

　第8章は、会議派政権下のマドラス州の情勢を分析対象とし、共産主義的自尊運動がいかに会議派に衝撃を与え危機感を抱かせたか考察する。第1節では、マドラス州会議派政権が誕生する経緯を追う。第2節では、会議派州政権が共産主義的自尊運動に対抗する目的で実施した諸政策を紹介する。「不可触民」問題政策では一定の成果をあげたものの、ヒンディー語「国語」化政策が南インド民衆の文化アイデンティティを逆撫でして大失敗に終わったために、労働運動政策では失敗が許されない状況へ追い込まれていった経緯を説明する。

　第9章は、会議派州政権下でおきた労働運動の特徴と、それへの会議派政権の対応に分析を加える。第1節ではまず、左派勢力の一部を取り込んだ会議派に労働者が多大な期待を寄せたためにストライキが急増したことを論証する。次に、地方都市コーインバトゥールで発生した大規模ストライキの経緯を追い、会議派政権がインド人経営者に対していかなる態度を取ったか、また会議派系指導者を拒絶し共産系指導者を支持した労働者に対していかなる態度に出たかを分析しつつ、会議派政権の労働運動対策の方向性を推論する。最後に、労働者が自立性を確立した例証として、そして会議派政権の労働運動対策を決定付けたものとして、マドゥライでのストライキを取り上げる。労働者が自立性を確立した論拠としては、「注意喚起ストライキ」から交渉の手段としてのストライキ、あるいは「自己表現の場としてのストライキ」になったことなどが明らかにされる。また、会議派政権が経営に対して弾圧的条項を適用したことを、会議派州政権の決意表明と解釈する。第2節では、会議派州政権の労働運動対

策が独特の「非暴力」主義と積極的介入の2つを柱にしていたことを解明していく。

最終章では、解明してきた内容を整理し、今後研究するべき課題を展望する。

2　用語について

本論に入る前に、いくつかの用語について若干の説明をしておきたい。

自立化・運動指導者・労働者リーダー

まず「自立化」とは、労働者が自己の置かれた状況を把握し、その不満や要求を人の前で表現する発話能力を身に付け、経営と対等に接する交渉能力を身に付けていく過程とする。従って、必ずしも階級意識の確立を意味するわけではない。また、自立化によって指導者との関係が断絶すると想定しているわけでもないことを断っておく。

次に、「運動指導者」もしくは「指導者」とは、労働運動、民族運動、共産主義運動、非バラモン運動などを主導する立場にあり、全インドレベルの政治もしくは州レベルの政治の舞台にあがることができるエリートを指す。

また、本書が設定した概念に「労働者リーダー」がある。「労働者リーダー」とは、様々な運動に参加し経験を蓄積することによって発話能力と交渉能力を獲得し、自己の所属グループを代表する存在として労働者の中から台頭してくる人物を指す。つまり、労働者の「自立化」と「労働者リーダー」の台頭は、平行して現れる現象である。

「穏健派」・「急進派」・「過激派」

「穏健派」や「急進派」、「過激派」という用語は、政治組織の内外で相対立する立場を説明するものとして当時から用いられ、研究文献でも使用されてきた。しかしこれらは相対的かつ主観に基づく表現であり、分析概念として用いることはできない。例えば1900年代、10年代の会議派でのB・G・ティラクやB・C・パール、L・L・ラーイらの立場は、植民地支配体制の枠内で陳情活動を行う指導者に比べれば「過激派」に位置づけられ、従来の指導層すなわち「穏健派」に対峙するものとされる。しかし、この「過激派」とて、既存の政

治社会構造の抜本的改革を目指したわけではないという点では、「穏健派」と同じである。また、ベンガル地方を中心に活発な「テロリズム」行為を行っていた「過激派」グループからすれば「穏健派」であったといえる。

　労働運動の世界においても、初期労働運動の指導者は慈善的動機から関与した者が多く、ストライキには消極的で、経営側の温情による労働環境改善を好む傾向があった。そのため後の共産主義者による活動方針に比して「穏健派」と称されることがあった。しかし実際に労働争議が起きたときには、必ずしも、「穏健派」がストライキを無条件に批判し「急進派」がストを支援するとは限らなかった。

　本書が、それでも敢えて「穏健派」や「急進派」などの用語を使用するのは、労働者を取り巻く複雑な政治状況を整理し把握しやすくするためである。本書では、これらの用語は、特定グループや思想潮流を指して同時代に用いられた呼称として括弧付きで使用する。

第3節　史料について

　州レベルの政治動向、および労働運動の展開を分析するのに用いた主な史料は、タミル・ナードゥ公文書館（Tamil Nadu Archives、旧マドラス州文書館 Madras Record Office）が所蔵する史料である。

　Government Order（*GO*）は、マドラス州政府の各省庁の行政文書ファイルである。各省は、毎年数百件から時に千件を超える GO を作成しているが、各 GO はテーマ別に様々な文書類を集めたものになっている。たとえば、*Public Works and Labour Department GO 904, 1938* は、公共事業労働省の 1938 年度 904 番目のファイルで、38 年にマドラス州マドゥライ県のある工場で起きたストライキに関係する文書類（県長官や警察からの報告書、労働組合や経営側からの陳情書、運動指導者と行政官の間で交わされた書簡など）を収録している。

　このように GO には、イギリス植民地政府の州・県・郡の行政官や警察からの報告書のみならず、政治運動指導者からの手紙や、その他団体からの陳情書、巷に流布したパンフレットなども含まれており、地方レベルの政治動向や労働運動、暴動やコミュニティ間対立などに関する詳細な情報を得るのに不可欠な史料である。

Under Secretary Secret Files（*USSF*）は、民族運動、共産主義運動、非バラモン運動など、植民地政府が特に危険視した運動に関して調査収集された極秘文書ファイルである。1914年から44年までの間に約1000ファイル作成されている[20]。これらのファイルには、地方行政官や警察からの報告書に加えて、犯罪捜査局（Criminal Investigation Department）からの極秘報告書が含まれている。さらに、政治運動指導者が取り交わした書簡を途中で検閲・複写したものや、宣伝パンフレット、演説内容の速記録なども収録しており、様々な政治運動がいかなる思想を持ちどのような活動を展開したのか分析する際に、極めて重要な情報を提供してくれる。

　Fortnightly Report（*FNR*）は、各州政府がデリーの中央政府に対して隔週で提出した報告書である。ここには、各州の政治動向はもちろん、農業や工業の状況や、社会情勢などに関する情報が記載されており、当時の州社会の全体像を把握する重要な手がかりとなる。

　全インドレベルの政治動向、特に共産主義活動については、主に英国図書館所蔵のインド政庁文書（India Office Records）を参照した。

　*L/P & J Files*は、インド政府内務省の行政文書を集めたファイルである。特に*L/P & J/12*シリーズは、民族運動や共産主義勢力の動向について、各州から集めた報告書や、インド政府内務省情報局（Intelligence Bureau, Home Department, Government of India）が収集した独自の情報を含んでいる。共産主義者同士で交わされた書簡も多数収録しており、南インドにおける共産主義諸勢力と他州のグループ、コミンテルンとの関係を知る上で不可欠の史料である。

　なお、インド政府内務省情報局は、インドにおける共産主義活動に関して、1927年と1935年の2度にわたって長大な報告書をまとめ公刊している。それが、*Communism in India 1924-27*（1927）と、*India and Communism 1927-1935*（1935）である。この2冊は、基本的にL/P & Jファイルの情報をもとに書かれているが、共産主義活動についての基礎知識と全インドでの活動を総体的に把握するのに有効である。

　その他、デリーにあるジャワハルラール・ネルー大学付属P・C・ジョーシ図書館は、共産主義活動関連の史料を所蔵しており、そのコレクションから共産主義宣伝パンフレットや新聞を収集した。また、ネルー記念博物館・図書館

マニュスクリプト部門のプライベートペーパー・コレクション、及びマドラス市内にあるロージャー・ムッタイアー図書館所蔵の各種政治団体発行の定期刊行物を、各政治団体や個人の政治的見解や宣伝内容を把握するために参照した。

　労働運動に対するエリート（運動指導者）の立場を知るためには、当時の労働運動指導者（B・P・ワディアやB・シヴァ・ラオなど）が書いた労働運動史が参考になった。

　なお、タミル・ナードゥ州コーインバトゥール市を調査した際に、各種労働組合幹部、元工場労働者、工場経営者に行ったインタヴューから得られた情報も補足的に使用している。

註

1) Guha, R. "On Some Aspects of the Historiography of Colonial India", in Guha, R. ed. *Subaltern Studies I*, Oxford, Oxford University Press, 1982, pp. 1-9.

2) 19世紀末から20世紀初頭にかけてのB・G・ティラクの運動は、大衆の宗教的心性に訴えかけて民族運動に動員したが、全インドレベルの運動には発展しなかった。サルカールは、ティラクの逮捕後大衆運動は消失し、エリート中心主義と物乞い的陳情主義のみが残ったとしている。Sarkar, S. *'Popular' Movement and 'Middle Class' Leadership in Late Colonial India: Perspectives and Problems of a 'History From Below'*, Calcutta, K.P. Bagchi, 1983, p. 36.

3) たとえば、Arnold, D. "Rebellious Hillmen: the Guden-Rampa Risings, 1839-1924", in Guha, R. ed. *Subaltern Studies I*, Oxford, Oxford University Press, 1982, pp. 143-197; Pandey, G. "Rallying round the Cow: Sectarian Strife in the Bhojpuri Region, c.1888-1917", in Guha, R. ed. *Subaltern Studies II*, Oxford, Oxford University Press, 1983, pp. 60-129.

4) たとえば、Henningham, S. "Quit India in Bihar and the Eastern United Provinces: the Dual Revolt", in *Ibid.*, pp. 130-179.

5) O'Hanlon, R. "Recovering the Subject: Subaltern Studies and Histories of Resistance in Colonial South Asia", in Chaturvedi, V. ed. *Mapping Subaltern Studies and the Postcolonial*, London, Verso, 2000, pp. 72-115 (first published in *Modern Asian Studies*, 22-1, 1988); Bayly, C.A. "Rallying Around the Subaltern", in *Ibid.*, pp. 116-126 (first published in *The Journal of Peasant Studies*, 16-1, 1988).

6) サバルタン研究グループに一石を投じこの新しい潮流を生み出す契機となったのが、G・C・スピヴァックの論文であった。Spivak, G.C. "Subaltern Studies: Deconstructing Historiography", in Guha, R. ed. *Subaltern Studies IV*, Delhi, Oxford University Press, 1985, pp. 330-350; Spivak, G.C. "Can the Subaltern Speak?", in Nelson, S. and Grossberg, L. eds. *Marxism and the Interpretation of Culture*, Urbana, University of Illinois Press, 1988, pp. 271-313.

7) たとえば、Prakash, G. "Writing Post-Orientalist Histories of the Third World: Perspectives from

Indian Historiography", in Chaturvedi, V. *op. cit.*, pp. 163-190 (first published in *Comparative Studies in Society and History*, 32-2, 1990).

8）女性がエリートの中でもサバルタンの中でも「サバルタン的存在」として注目されるようになったことが顕著な例である。たとえば、Visweswaran, K. "Small Speeches, Subaltern Gender: Nationalist Ideology and Its Historiography", in Amin, S. and Chakrabarty, D. eds. *Subaltern Studies IX*, Oxford, Oxford University Press, 1996, pp. 83-125; Tharu, S. and Niranjana, T. "Problems for a Contemporary Theory of Gender", in *Ibid.*, pp. 232-260; Mufti, A.R. "A Greater Story-writer than God: Genre, Gender and Minority in Late Colonial India", in Chatterjee, P. and Jeganathan, P. eds. *Subaltern Studies XI*, Delhi, Parmanent Black and Ravi Dayal Publisher, 2000, pp. 1-36; Menon, N. "Embodying the Self: Feminism, Sexual Violence and the Law" in *Ibid.*, pp. 66-105; Agnes, F. "Women, Marriage, and the Subordination of Rights", in *Ibid.*, pp. 106-137. 「不可触民」もサバルタンの中のサバルタン的存在といえよう。ただし、「不可触民」内部にも権力関係が交錯しサバルタン的存在がいることはいうまでもない。Ilaiah, K. "Productive Labour, Consciousness and History: The Dalitbahujan Alternative", in Amin, S. and Chakrabarty, D. eds. *Subaltern Studies IX*, Delhi, Oxford University Press, 1996, pp. 165-200.

9）Chatterjee, P. "Claims on the Past: The Genealogy of Modern Historiography in Bengal", in Arnold, D. and Hardiman, D. eds. *Subaltern Studies VIII*, Delhi, Oxford University Press, 1994, pp. 1-49; Chakrabarthy, D. "The Difference-Deferral of a Colonial Modernity: Public Debates on Domesticity in British India", in *Ibid.*, pp. 50-88.

10）派閥論として代表的な論考は、Baker, C.J. *The Politics of South India 1920-1937*, New Delhi, Vikas Publishing House, 1976; Washbrook, D.A. *The Emergence of Provincial Politics: The Madras Presidency 1870-1920*, Cambridge, Cambridge University Press, 1975.

11）派閥論へのサバルタン研究からの批判としては、Hardiman, D. "The Indian 'Faction': A Political Theory Examined", in Guha, R. ed. *Subaltern Studies I*, New Delhi, Oxford University Press, 1982, pp. 198-232.

12）長崎暢子「民族運動史における「派閥」—インド近代史上の問題」『社会史研究』7号、1996年、212-229頁。

13）旧来のマルクス主義歴史学では、労働者階級は労働者階級意識を持つことが前提とされてきたが、サバルタン研究の登場以後、労働者が「伝統的」紐帯を維持しカースト意識や宗教意識を保持していたことを、「純粋な」階級意識に至るまえの「未熟な段階」としてではなく、肯定的に評価する傾向がある。代表的な論考としては、Chakrabarty, D. *Rethinking Working-Class History: Bengal 1890-1940*, Princeton, Princeton University Press, 1989.

14）たとえばイギリス共産党に関しては、次の研究が代表的である。Thorpe, A. *The British Communist Party and Moscow, 1920-43*, Manchester, Manchester University Press, 2000. インドシナ共産党に関しては、栗原浩英「インドシナ共産党成立の経緯（1929〜31年）」『アジア・アフリカ言語文化研究』46-47合併号、1994年、79-95頁。

15）この点に関しては次を参照のこと。マクダーマット＆アグニュー、荻原直訳『コミン

テルン史　レーニンからスターリンへ』大月書店、1998年（McDermott, K. and Agnew, J. *The Commintern: A History of International Communism from Lenin to Stalin*, London, Palgrave, 1996）。
16) Menon (1994)、Nossiter (1982) は、ケーララ州共産党がとった現実的な独自の活動戦略が同州における共産党の勝利を導き出したと指摘している。
17) Chandavarkar, R. "'The Making of the Working Class': E.P.Thompson and Indian History", in Chaturvedi, V. *op. cit.*, p. 51.
18) 彼は、政府は常に警察という形で労働者の前に姿を表し、ピケット妨害やスト破りの護衛などを行ったために労働者に反政府、反英という政治意識を喚起し、ナショナリズムに接近させたとしている（Chandavarkar, R. *Imperial Power and Popular Politics: Class, Resistance and the State in India, c.1850-1950*, Cambridge, Cambridge University Press, 1998, Chapter 6）。しかし、政府は常に抑圧的に機能したわけではなく、無条件に経営側に肩入れしたわけでもない。また労働者側も必ずしも政府を抑圧者とはみなしていなかった。詳しくは本論で述べていく。
19) 職斡旋人や、穀物商、商店主、街の顔役などをさす。
20) 1945年から57年までの期間にも同ファイルは作成されているが、番号が1から振りなおされている。

第1部
エリートと民衆の出会い

第1章
民族主義と非バラモン主義

　第一次世界大戦の開始から1920年代前半までの約10年は、エリートである政治運動指導者が民衆の存在を意識し、エリート中心の運動に民衆を参加させる重要性を認識したという意味で、インド近代史において極めて重要な時期であった。さらにこの時期に、インド史上初めて各地で同時に労働運動が高揚したことが、政治運動指導者に改めて民衆のエネルギーを感知させた。
　民衆に注目した政治勢力としては、民族運動組織である会議派、共産主義勢力、非バラモン運動勢力が挙げられる。本章は、会議派が主導する民族運動と正義党による初期非バラモン運動を取り上げる。第1節では、一貫して民族運動を主導した会議派の歴史を、エリート集会としてのその誕生から、ガンディーによって大衆運動組織へと変転するまで概観し、ガンディーの民族運動理念の功罪を考察する。その特質は、非バラモン運動始動の背景を探る手がかりとなろう。第2節では、非バラモン運動の初期運動について概観する。その上で、同運動の多面的性格を析出し、その政治社会的影響について考察する。

第1節　エリートの運動から民衆の運動へ——民族運動の生成と変質
1　インド国民会議の創設
　イギリスによる支配体制に対して異議をとなえ、何らかの形で政治的権力の委譲を求める民族運動[1]が、エリートによるエリートのための運動から民衆も参加する全国規模の運動になったのは、第一次世界大戦期にガンディーが会議派に加わったことを一つの契機とする。ただし、この変化をガンディー一人の功績に帰することはできない。ガンディーは、従来の民族運動に見られた様々な主義主張とその問題点を見据えながら、独自の手法を導入し改良を加えていったのである。そこでまず、ガンディーが現れる前段階の民族運動史を概

観してみよう。

　民族運動を主導しインドを独立へ導いた会議派は、1885年ボンベイにて72名の代表を集めて開催されたインド国民会議（Indian National Congress）を起源とする。ただし当初のインド国民会議は、西洋的教育を受けたエリートたちを主体とし、基本的にエリートのために活動した。活動内容は、その名の通り年に一度会議を開き、決議や請願を通じてインド高等文官職のインド人への開放や参政権を要求するという穏健なものであった。その上、会議では必ずイギリス国王に対して忠誠を誓った。このように初期のインド国民会議の活動は、エリートの政治的な権利意識の目覚めを反映したものではあっても、必ずしも反英意識を伴うものではなかった。

　しかしエリート集会としてのインド国民会議は、何度かの民族運動高揚期を経て、次第に大衆にも目を向けるようになる。まず19世紀末に、若手メンバーのB・G・ティラク、L・L・ラーイ、B・C・パール、A・ゴーシュらが、陳情や請願に頼るインド国民会議の指導層を「政治的物乞い」だと批判し、大衆を動員することによって植民地政府に圧力を加えインド人の政治的権利を獲得するべきだと唱えた。「過激派」と称された彼らを従来の指導層から峻別する特徴は、実力行使に訴えようとする手法に加えて、「民族」意識の基盤に「インドの伝統」と称するものをすえた点にみいだせる。インド国民会議の指導者をはじめとする従来のエリート層は、その多くが西洋的教育を受け、程度の差こそあれ西欧的価値観を内面化していた。しかしティラクに代表される新世代は、このような西洋的価値観に基づくエリートの言動が大衆の心性からは遊離していると考えた。そして大衆に根ざした運動でなければ植民地政府に対して効果的に圧力をかけられないという認識の下に、「インドの伝統」なるものや土着的要素を称揚する復古主義的な運動を展開した[2]。その意味においてティラクは、一般民衆の性向を考慮する新しいタイプの民族主義者であった。ただし、彼が言うところの「インドの伝統」とは、「イスラーム勢力が進出する前の伝統」、すなわち「ヒンドゥー教の伝統」を意味した。彼は、イギリス支配のみならず、ムスリム支配をもヒンドゥー文化の栄光を破壊したものとして陰に陽に批判したために、ヒンドゥー正統派と結びつき、ヒンドゥー・ムスリム対立の素地をつくった[3]。

植民地政府が1904年にベンガル分割案を発表すると、激しい反対の声が沸き起こった。なぜならこの分割案は、ベンガル州をムスリム多住地域とヒンドゥー教徒多住地域とに分割することによって、ムスリムを反英的ヒンドゥー教徒の動きから遮断し、民族運動の勢いを削ごうという意図が透けて見えたためである。これを機に、「過激派」は、イギリス商品ボイコットや国産品愛用（スワデーシ）などの運動を開始した。運動の盛り上がりに力を得て、「過激派」は一時「穏健派」から主導権を奪うかに見えた。しかし、L・L・ラーイが植民地政府により国外追放処分を受けるなど「過激派」指導者が欠けたのを利用して、「穏健派」は1907年のインド国民会議大会で「過激派」を追放し、インド国民会議の指導権を守った。

　第一次世界大戦の勃発は、インド国民会議が常設の民族運動組織としての「会議派」へと変貌する契機となった。宗主国イギリスが参戦したことによってインドも戦争に巻き込まれた。インドは、戦争協力の名の下に物質的にも人的にも多大な犠牲を強いられた。インド人は、この多大な犠牲を伴う「協力」の見返りとして、自治権を強く要求するようになった。1915年、アイルランド出身のアニー・ベサント[4]とティラクが、それぞれマドラスとボンベイを拠点に自治連盟（Home Rule League）を旗揚げし、終戦の暁にはインド人に自治権を与えるよう要求した。自治権要求運動の高まりとともに、インド国民会議内部から再び指導層の穏健性に不満をもつ勢力が台頭したのに助けられ、ティラクは16年ラクナウ年次大会でインド国民会議に復帰した。

　民族運動の高揚に直面したインド担当大臣モンタギューは、インドの戦争協力を継続させるために、17年に宣言を発し、将来、インドにおける自治制度を漸次拡大していくと表明するに至った。しかしイギリスの目論見は、この宣言によってティラクら「過激派」を孤立させ「穏健派」を体制側に糾合することにあった。いわゆるモンタギュー・チェムスファド改革によって19年に制定されたインド統治法がインド人に与えた政治的権限は、インド人が希求していた自治とは程遠いものであった。

　1919年インド統治法の特徴は、州行政のごく一部しかインド人に委譲されなかったことにある。確かに州議会には制限選挙制（有権者は成人男子の高額納税者）が導入されインド人の州行政への参画が可能になった。しかしイン

ド人が関与できるのは教育や保健衛生など州行政の一部に過ぎず（移管事項）、治安維持、徴税などの重要事項は保留事項としてインド総督が任命するイギリス人州知事の管轄下に残されたままであった。つまり1919年インド統治法の内容は、戦争で多大な犠牲を払った見返りとしては極めて不十分であった。しかも統治法と抱き合わせるように、民族運動の弾圧を目的とするローラット法（正式名称は「無政府主義的・革命的犯罪に関する法律」）が制定され、インド人の失望と反感を助長した。

2 「会議」から「会議派」へ——ガンディーの非協力運動

　この時、抗議運動の指導者として登場したのがガンディーである。彼は、あらゆる宗教やカーストや階層に属する人びとが揃って民族運動をおし進めることを重視し、それが可能になるような運動形態を創り出した。しかし、あらゆる宗教、カースト、階層が一丸となることを追求するあまりに、皮肉にも、あらゆる宗教、カースト、階層の人びとに満遍なく不満を抱かせたことも事実である。ここでは、ガンディーの民族運動に一貫する基本理念をまとめ、その意義と問題点を分析してみよう。

　ガンディーが提唱した基本方針は、政府への対抗手段としてのサティヤーグラハである。サティヤーグラハ（直訳すると「真理の把握」の意）とは「精神の力、愛の力による真理の勝利」を意味し、いかなる危険に身をさらされても決して暴力を用いず、自己犠牲と精神的博愛によって支配者を改心させようというものであった。つまりサティヤーグラハは非暴力主義と不可分の関係にあった。彼は、サティヤーグラハを具体化して、まずは全インドで一斉にハルタール（商店閉鎖や交通機関停止などを含む一斉罷業）を行うことを提案した[5]。これは、非暴力を遵守し過激な活動を避けるという点で「穏健派」に受け入れられやすく、反政府運動を実行する点では「過激派」の意向にも沿うものであった。外国製品ボイコット、公立学校ボイコットなども実行に移された。インド統治法に則り実施されることになった州議会選挙もボイコットされた。このように、これらの運動は、植民地政府への協力を拒否することによって植民地政府批判の意思を表明したために、非協力運動（Non-Corporation Movement）と総称された。なお、これらの運動が非協力というネガティヴな手段であるの

に対し、ポジティヴな「建設的プログラム」として、国民教育[6]、チャルカー（手紡ぎ車）による綿糸生産とカッダル（手織綿布）の奨励[7]なども提案された。

　これらは、学歴や貧富に関係なくエリートから民衆まで、何の準備がなくても参加できるよう配慮されたプログラムであった。これらの実施を通じて民族運動は、従来のエリート中心の運動から大衆運動へと変質し始めた。さらに、1919年インド国民会議年次大会は、キラーファト運動を推進していたムスリムと協力して非協力運動を展開するというガンディーの提案を可決し、民族運動は宗教を超えた運動になった。

　しかしガンディーの運動理念は、問題点や矛盾を内包していた。全てのインド人が民族運動に参加するのを目指すということは、資本家や地主などの協力も仰ぐことを意味する。そのため彼は、民衆がしばしば示す急進的傾向を抑止した。彼は、民族運動に民衆を参加させる重要性を理解していない富裕層の不安を煽ることなくその支援を受けるために、非協力運動が過激化して労働運動や農民運動に発展するのを予防しようとしたのである。サティヤーグラハは、「非暴力」、「自己犠牲」、「自己抑制」を基本理念とするために、民衆のエネルギーを抑制するという思惑にも合致する。つまり彼は、労働運動や農民運動が起きると「自己抑制」を求めた。このようなガンディーの基本方針に労働者や農民は不満を抱き、次第に彼の指導から離脱する傾向を示しはじめるのである。

　また、ガンディーの運動は、具体的プログラムにおいては宗教要素を排していたものの、その理念がヒンドゥー教的価値観に裏打ちされており、ムスリムのみならずヒンドゥー教徒の一部からも警戒を招いた。「自己犠牲」や「禁欲」を通じて真理を把握しようとする姿勢は、ブラーフマチャーリヤーに通底する。ブラーフマチャーリヤーとは、カースト制度の頂点に位置するバラモンが理想とする規範であった。この点が南インドに興隆した「バラモン以外」の人びとによる運動に合致せず、会議派主導の民族運動と非バラモン運動の対立を助長することになる。

　インド国民会議は、全国規模で非協力運動を推進することを通じて、年一回だけ集まるエリートの臨時集合体から常設の運動組織・政治組織へと変質し始めた。1920年末ナーグプルで開催された年次大会では、インド国民会議が組織としての体裁を整えるために必要な決定がなされた。全国大会を最高決議機

関とし、全国委員会（All India Congress Committee）及び運営委員会（All India Congress Working Committee）を設置し、その下に地方支部を整えることが規定されたのである。なお地方組織については、各地域の有力言語ごとに会議派委員会を設置することになった。その結果、4種のドラヴィダ系言語が分布するマドラス州では、タミルナードゥ会議派（タミル語地域）、アーンドラ会議派（テルグ語地域）、カルナータカ会議派（カンナダ語地域）、ケーララ会議派（マラヤーラム語地域）という4つの会議派委員会が設置された[8]。インド国民会議（Indian National Congress）はそのまま組織名になった[9]。こうして会議派は民族運動組織としての体制を整えていった。

　ナーグプル大会決議に関してもう一つ重要な点は、労働組合や農民組合を組織する方針が確認されたことである。次章でのべるように、第一次大戦中の物価高騰や飢饉、疫病の流行などで打撃を受けた労働者がストを起こし、そのエネルギーが一部指導者層に認識されつつあった。こうして会議派は、大衆組織への一歩を踏み出したものの、ガンディーが非協力運動を突如中止したために、民衆との関係も一時中断されてしまう。1922年2月、連合州のチャウリーチャウラーという村で、群集が警察署を襲撃して警官21名を焼き殺すという事件が発生した。非暴力主義を掲げていたガンディーは、その理念に反する行為がなされたことは恥であるとして、他の指導者やキラーファト運動指導者に諮ることなく、独断で非協力運動の停止を命じた。

　この停止命令は、前例のない盛り上がりを見せていた民族運動に水をさし、ガンディーを批判する意見が会議派内部から噴出した。ただし従来の指導層の中には、インド統治法によって不完全ながらも行政に参加する機会を与えられながら、それをボイコットするという方針に疑問を抱く者もいた。彼らは非協力運動の中止を好機と捉えた。運動停止後の会議派は、議会に参加して改革に従事するべきだとする「変革派」と、ガンディーの指示通りに議会ボイコットの方針を守ろうとする「固守派」に分裂した。「変革派」はスワラージ党を結成して選挙参加を目指した。一方ガンディーは、非協力運動のかわりに建設的プログラムを実行するよう求めた[10]。

　この後会議派は、1920年代末にインド統治法改正をめぐって再び民族運動が高揚するまで、分裂状態が続く。そして、「固守派」にも「変革派」にも飽

き足らない青年層は、ちょうどこのころインドに入ってきた共産主義思想へと惹かれていく[11]。また、ガンディーによる非協力運動、「建設的プログラム」の実施にいたるまでの民族運動の実態は、南インドでは、地域特有の事情とあいまって非バラモン主義を生みだす一因となる。そこで次に、南インドにおける政治社会状況を見てみよう。

第2節　非バラモン運動の胎動と生成
1　非バラモン運動の背景——南インドの政治・社会・文化

　非バラモン運動が南インドで開始された原因を考えるに際し、まず、南インドが経験した、北インドとは異なる歴史的経緯を考慮に入れなくてはならない[12]。北インドと異なりムスリムによる支配が短期的であった南インドでは、大小のヒンドゥー国家や在地勢力が拮抗してきた。歴代の王権や在地勢力は、ヒンドゥー寺院に寄進を行うなどしてこれを保護し、寺院を通じて領土支配の安定を図った。その見返りにバラモンは寺院の僧侶として支配の安寧を祈願し、支配の正統性を演出した。あるいは王権に重用され臣下として支配を支えた。こうしてバラモンは、王権と互恵的保護関係を結ぶことによって、政治的、経済的、社会的にも勢力を伸ばしてきた[13]。

　なおバラモンは、学問を生業の一つとし、教育に対して強い志向性を維持してきた。南インドには、北インドのカーヤスタに相当するような書記カーストが存在しないために、知識カーストとしての優位性を一層高めた。さらに南インドでは、クシャトリヤの範疇に入るカーストがいなかったことから、バラモンとその他諸カーストの宗教的地位のギャップも北インドより大きかった。このように南インドのバラモンは、ヒンドゥー国家の下で、宗教、教育、政治などあらゆる面において他のコミュニティを凌駕してきた。この状況は、南インドがイギリス植民地支配下に入った後も変わらなかった。というのも、バラモンはいち早く環境の変化に対応し、西欧的教育を受け英語力を身につけて、植民地政府の官職や専門職に進出していったからである[14]。

　しかし19世紀末になると、非バラモン諸カーストの中でも商人カーストや農民カーストの一部が経済力を伸ばしてきた。彼らは、経済的にはバラモンに遜色なく、むしろこれを凌駕しているにもかかわらず、その経済的地位にふ

さわしい政治社会的地位を得られていないと不満を抱いた。植民地支配体制の中で政治社会的地位を高めようとすれば、バラモンのように植民地政府の官職や専門職につくしかない。しかしそのためには、まず西洋的教育、特に英語教育が不可欠である。有力非バラモンは、現地語に関しては識字率を上昇させていたものの、英語についてはバラモンに遠く及ばなかった。そこで非バラモンは、まず教育活動に乗り出す。1909年にマドラス非バラモン協会（Madras Non-Brahman Association）を結成したのを皮切りに、マドラス統一連盟（Madras United League）などの教育団体を次々と設立し、子弟の教育レベルの向上に努めた。1914年にはマドラス市内に学生寮「ドラヴィダ・ハウス」を設立し、それまでカースト規制によって下宿先を見つけるのに苦労していた非バラモンの学生に住居を提供した[15]。

　これらの活動の特徴は、「非バラモン」や「ドラヴィダ」という新しいカテゴリーが提示されたことである。それまでも教育水準の向上によって社会的地位を上げようとする活動は行われてきたが、それらはカースト単位の活動であった[16]。しかし新しい運動では、カーストの枠を超え、バラモン以外の諸コミュニティが「非バラモン」あるいは「ドラヴィダ」という新しいアイデンティティの下に一体となって発展していくことが目標に掲げられた。そのためこれらの一連の活動は「非バラモン運動（Non-Brahmin Movement）」と称された[17]。

　非バラモンというネガティブ・アイデンティティは、19世紀後半に始まった文化現象、すなわちドラヴィダ語族の発見と「ドラヴィダ民族」概念の創出に支えられていた。19世紀後半、キリスト教宣教師で言語学者でもあったR・コールドウェルは、北インドのアーリヤ系言語とは異なる諸言語が南インドに分布していることを指摘し、これらをドラヴィダ語族と命名した。この時期はまた、西欧のインド学者の間でカースト制度の起源を追究する試みも盛んであった。植民地官僚のH・H・リズリは、南インドの住民の肌色が北インドにくらべて黒いことに注目し、発見されたばかりのドラヴィダ語族と関連づけて、「人種」分布が言語分布と一致するとした。さらにこれをカースト制度と結びつけ、「白色人種アーリヤ人」と「黒色人種ドラヴィダ人」の混血の度合いによってカーストの上下が決定されたと主張した[18]。

図1-1 ドラヴィダ語族系諸言語の主な分布
出典）辛島昇編『インド世界の歴史像』山川出版社，1985年，巻末付録に基づき筆者作成．

非バラモンは、この理論を活用し、ドラヴィダ人こそインドの先住民であったが、アーリヤ人が北インドへ侵入してドラヴィダ人を南部に追いやり、支配体制を安定させるためにアーリヤ人を頂点とするカースト制度を整備した、という理論をうち出した。すなわち、カースト制度は、征服民族アーリヤ人が先住民ドラヴィダ民族を差別し抑圧するために創出した制度に過ぎず、バラモンの宗教的優越性も恣意的に作り上げられた幻想である、という主張である。西欧のインド学者が唱道したドラヴィダ語族論とカースト制度起源論は、こうして非バラモン運動において征服－被征服という要素が追加され、「バラモン＝侵略者アーリヤ民族の子孫」対「非バラモン＝先住民ドラヴィダ民族の子孫」という対立構図が構築されていった。非バラモンは、この理論を根拠として、バラモンでないことは恥ではなく、むしろ栄光あるドラヴィダ文化の担い手の子孫であることを誇るべきだと主張した。このことは、当時バラモンをはじめとする上層カーストの慣習を模倣することによってカーストの宗教的社会的地位を上昇させようとする傾向が強かったことを想起すれば、極めて特異であった。

　この特異さを支えたものは、ひとえに古代の「ドラヴィダ文化」への誇りである。19世紀後半、紀元初頭にまでさかのぼるタミル古典文学群の存在が明らかになり、北インドのサンスクリット語文学やヒンドゥー教文化とは全く異なる独自の文化が南インドに存在していたと認識されるようになっていた。このことが、非バラモン・アイデンティティに実体性を与えた。こうして、バラ

モンを摸倣することなく、「非バラモン」としての誇りの下に団結し、バラモンに対抗していこうという新しい運動が興隆したのである。

　このように非バラモンの活動は教育普及を主眼とする非政治的なものであったが、アニー・ベサントを中心とする自治要求運動がその流れを変えた。1893年マドラスにやってきたベサントは、「古代インド文化」の素晴らしさに開眼し、当のインド人、特にエリートたちが「インドの伝統」を評価せず、むしろ西欧的価値観を身につけ伝統社会を改革して西欧に追いつこうとしているのに警句を発した。彼女は、サンスクリット語古典の研究と教育の振興に乗り出し、「インドの伝統」への自覚を促した。ただし、彼女が称揚した「古代インド文化」や「インドの伝統」とは、イスラーム勢力が進出する前の文化であり、実質的にヒンドゥー教文化であった。彼女は、当初は文化復興活動に熱中していたが、次第に、外国支配の下で従属状態に置かれていては過去の栄光を再興することすることが出来ないと考え始める。こうして政治にも関心を抱いた彼女は、1914年会議派に入党した。会議派内では、旧来の陳情活動を続けていた「穏健派」に対して「自治権要求」という運動目標を示し、16年9月には自治連盟を結成した[19]。

　この自治要求運動が、教育活動に専念していた非バラモンの危機感を煽った。彼らは、万が一自治権が付与されればバラモンが要職を独占して、バラモンに有利な政策を断行するのではないかと危惧したのである。しかも自治要求運動の先頭に立つベサントが「インドの伝統」の体現者とみなしたバラモンとばかり交流していたため、自治連盟はバラモン団体の様相を呈していた。その結果、非バラモンの間では、「自治とは、イギリス支配からバラモン支配への変質を意味し、非バラモンの利益が侵害されるようになる[20]」という意見が強まった。こうして、バラモンへの対抗手段として政治団体を設立する必要性が議論されるようになっていった。

　1916年11月20日、非バラモンの有力者T・M・ナーヤル[21]とP・ティヤーガラージャ・チェッティ[22]が中心となって、南インド人協会（South Indian People's Association）を結成した。同協会は、非バラモンの不満や政治的意見を公に伝えるために機関紙を持つことが重要だと考え、英字紙と地方語紙を発行することを決定した。さらに同年12月、『非バラモン宣言』が発表された。そ

の内容を要約すると次のようになる。「マドラス州人口の 99％ にのぼる非バラモンは、経済的に重要な地位を占め、税金の大半を支払っている。また教育面でも、非バラモン上層部はバラモンに匹敵する力を持っている。しかし、非バラモンは、それにふさわしい地位を与えられていない。一方バラモンは、人口が 1％ にも満たないにもかかわらず官職をほぼ独占している[23]。イギリスは、インドの様々なコミュニティの間で中立性を保ち、まとまりのないインド社会を束ねることができる唯一の存在である。したがって現時点では、イギリスの支配を脅かすような事態は望ましくない。非バラモンは団結し、その地位に見合う政治的権利を公的に訴えなければならない[24]」。この『宣言』からは、教育面でも実力を蓄えた非バラモン上層カーストが、バラモンを抑える存在としてイギリスを信頼し、その庇護の下で勢力伸張を図ろうとする姿勢が読み取れよう。

『非バラモン宣言』は、マドラス州内に大きな反響を巻き起こした。ベサントを筆頭とする自治連盟メンバーの反応は、過剰で攻撃的であった。自治連盟系の新聞は、「会議派に敵対し自治要求の理念を否定する売国的行為だ」と酷評した[25]。これを受けて、南インド人協会に好意的な新聞は勿論、中立的な立場に立っていた新聞でさえ、自治連盟に集結しているバラモンは狭量だと非難し、『非バラモン宣言』寄りの意見を寄せるようになった[26]。こうして、『非バラモン宣言』に対する自治連盟の露骨な敵愾心は、却って非バラモンの結束を助けた。

1917 年 8 月 20 日、モンタギュー宣言が発せられ、あらゆるコミュニティの利害を把握しインド統治体制改革案に反映させるという目的で、イギリスからインドへ使節団が派遣されることになった。非バラモンは、南インドの非バラモン全体の代表として使節団を迎えるための政治組織が必要だと考え、南インド自由連合（South Indian Liberal Federation）を発足させた。この政党は、すでに南インド人協会が発行していた英字新聞『正義』を機関紙としたことから、一般に正義党（Justice Party）と呼ばれた。

正義党は、使節団に対し、南インドのバラモン以外の全コミュニティの代表としてその利益を代弁するはずであった。しかしマドラス州会議派内部に、正義党に対抗するもう一つの非バラモン組織としてマドラス管区協会（Madras

Presidency Association）が結成された[27]。マドラス州会議派は、その指導部をほぼバラモンが独占していたため、非バラモンメンバーの間で自分達の意見が全く反映されないと不満が鬱積していた。そこへ正義党が誕生したのに刺激され、ついに会議派内部の非バラモン団体としてマドラス管区協会を設立するに至ったのである[28]。

　正義党は、マドラス管区協会より広範な支持を得ていると使節団に印象付けるために、「不可触民」やムスリム、キリスト教徒[29]の支持も獲得しようとした。それまで「非バラモン」という言葉は、アイデンティティや自尊心の拠り所として象徴的な意味で使用されることが多く、その範疇にいかなるコミュニティが含まれるのか具体的には定義されていなかった。しかしライバルの非バラモン組織が誕生すると、正義党は、非バラモン運動の理念を前面に押し出して自己を差別化していかなければならなくなった。そこで正義党は、バラモンに抑圧され搾取されている者全てが「非バラモン」であると主張し、「不可触民」やムスリム、キリスト教徒にも団結を呼びかけたのである[30]。

　正義党は、「不可触民」を含む非バラモンを5つのカテゴリー[31]に分類し、それぞれ別個の選挙区と議席を設定するという分離選挙制度を、使節団に提出するインド統治法草案に盛り込んだ。しかし、インド担当大臣モンタギューが1918年7月に本国議会に提出した『インド憲政改革に関する報告書』は、コミュニティごとに分離選挙権を与えるというコミュナル代表制[32]を認めたものの、その権利を付与する対象は、「ムスリム、シク教徒、アングロ・インディアン、ヨーロッパ人」に限定していた[33]。この結果に、正義党もマドラス管区協会も失望を禁じえなかった。それでも、最終的な統治法改正案が完成するまで時間的余裕があったため、正義党はT・M・ナーヤルらをイギリスへ派遣した。彼らは、マドラス州における非バラモンの特殊な立場を理解してもらうべく精力的に活動した[34]。

　正義党は、「インドは単一民族国家ではない。特に南インドでは民族問題が深刻だ」と主張した。すなわち、「南インドにはバラモンと非バラモンの区別がある。前者は侵略者アーリヤ民族であり、後者は征服された先住ドラヴィダ民族である」という持論を展開し、「バラモンと非バラモンという2つの民族の利害は一致せず」、分離選挙制度が導入されなければ、非バラモンは永久に

バラモンに抑圧されることになると訴えたのである[35]。インドは単一民族国家ではないというこの主張が、「インド国民／民族」統一を目指す会議派の立場と鋭く対立したのはいうまでもない。ロンドンにおけるナーヤルらの陳情活動が効を奏し、マドラス州においては非バラモンのみが立候補できる特別議席（留保議席）を設定するという最終決定が下された。非バラモンに留保される議席数は、93 議席中 28 とされた[36]。

モンタギュー・チェムスファド改革は、非バラモン運動にとって、「非バラモン」というコミュニティの存在を公的に承認させたという意味でも大きな勝利であった。このあと正義党は、1919 年インド統治法の施行によって実施される州立法参事会選挙に向けて全力を尽くすことになった。しかし、会議派や自治連盟にとって、新しいインド統治体制は思い描いていた自治構想とはかけ離れた極めて不十分なものであった。会議派は、選挙に参加するか否かをめぐって大論争を繰り広げた。最終的に政府に対する非協力を行なうというガンディーの提案を支持する声が優勢になったため、マドラス州会議派も選挙戦参加を断念せざるをえなくなった。その結果、20 年 11 月に実施されたマドラス州立法参事会選挙は、正義党が 81 議席を獲得し、マドラス州政府に席を持つことになった[37]。

正義党は、非バラモンを優遇する政策を次々と実行した。その主なものが二つのコミュナル政令（Communal Government Orders）である。21 年 9 月に発表された第一次コミュナル政令は、全ての省庁に、コミュニティ別採用枠[38]を設定し雇用状況を半年毎に報告することを義務付けた。これによって、公職への非バラモンの採用人数は劇的に増加した[39]。さらに翌年 8 月の第二次コミュナル政令は、昇進に関してもコミュニティ枠を設けるよう指示した。

なおここで、正義党内閣が「不可触民」などの被抑圧階層にも一定の配慮を示したという事実に注意を喚起したい。先行研究は、正義党の活動はエリートによる政治権力獲得運動に過ぎず、下層非バラモン諸カーストの利益を無視したという評価を下してきた[40]。しかし正義党は、次の 2 つの点において「不可触民」の地位向上に貢献している。第一に、政策面において、郡会・村会の議員指名権を持つ県評議会長に対して、「不可触民」やムスリムなどのマイノリティを優先的に指名するよう、政令で義務付けた[41]。その後実際に、地

方議会に占める「不可触民」やムスリムの数が増加しており[42]、この政令の効力がうかがえる。第二に、正義党は、公文書で使用する「不可触民」を指す言葉として「アーディ・ドラヴィダ」(原ドラヴィダ人の意)を採用した。この名称は、侵略者アーリヤ人に対して最も勇敢に抵抗したドラヴィダ人が「不可触民」の地位に貶められたという非バラモン運動のカースト制度誕生理論に基づく。これによって「不可触民」は、宗教的に不浄であるがゆえに最下層にあるのではなく歴史的経緯によって不当な扱いを受けている、ということになった。「不可触民」の多くがこの理論を積極的に受容し、「アーディ・ドラヴィダ」を自称するようになった[43]。こうして「不可触民」は、正義党を支持するか否かにかかわらず、非バラモン運動の波に乗って自負心を持ち権利意識を強めていったのである。

2 初期非バラモン運動の特徴と限界

　これまで、非バラモン運動開始にいたる政治社会的背景と、運動の具体的活動について明らかにしてきた。ここでは、正義党が主導した初期非バラモン運動の特徴をまとめたうえで、その限界について分析してみよう。

　これまで強調してきたように、非バラモン運動は、単なる派閥争いではなく、非バラモン全体に誇りを呼び覚まし、その政治的権利を実現した点において特筆に価する。

　ただし、初期の非バラモン運動の原動力は、基本的に非バラモン上層カーストの、バラモンに対する嫉妬と不満であった。正義党は、ヴェッラーラやナーイドゥといった地主カーストやチェッティなどの商人カーストを支持基盤にしていた[44]。新興エリートである彼らは、ライバルのバラモンを抑えて政治権力を握ってしまうと、それ以上の改革を敢えて推進しようとはしなかった。その意味では、非バラモン上層カーストが示した急進性は二義的なものであり、政治以外の面ではむしろ保守化する場合もあった。たとえばカースト制度に対する態度を見てみると、初期非バラモン運動は、バラモンの優位性を否定しカースト差別を批判しながらも、カースト制度自体を廃止しようと主張するにはいたらなかった。また、カースト制度から生ずる様々な経済的不利益や矛盾についても、非バラモン上層カーストに属する彼らは無関心であった。

非バラモン上層カーストのこのような態度は、正義党の政策にも表れている。たとえば、正義党が政権の座にあった20年から22年の間、大規模な労働争議が多発し、労働者の大半が非バラモン下層カースト出身であったにもかかわらず、正義党は、彼らが置かれた経済的苦境にほとんど関心を示さなかった。労働者は正義党政権に期待を寄せていただけに、裏切られたと感じた時の失望は大きかった。非バラモン運動の効果で非バラモンとしての自尊心や上昇指向が下層カーストにも浸透していくにつれて、正義党及び非バラモン上層カーストに対する不満は年々増幅していったのである。

小　括

　インドの民族運動は、ガンディーの登場によって大衆基盤を持つ運動へと変質した。会議派も一部のエリート層からなる陳情団体から民族運動組織へと変貌を遂げた。
　ガンディー率いる民族運動の最大の特徴は、あらゆる宗教、カースト、階級にも実践できるようなプログラムが編み出された点にある。その意図するところは、イギリス植民地政府に対してインド人の団結をアピールしつつ「インド民族／国民」を創出していくことであった。
　ガンディーの功績は、民族運動指導者に民衆へと目を向けるよう注意を喚起したこと、民衆に民族運動の主力としての自負心を与えたことにある。しかしその一方で、あらゆる宗教、カースト、階層の団結を重視するあまりに、結果として民衆運動の急進化を抑止した。たとえばガンディーは、あらゆる階級の融和のために、「自己犠牲」「自己抑制」という理念を掲げて、労働運動や農民運動の高揚を抑止した。民衆の暴走を抑えるために非協力運動を一方的に停止したことは、会議派内の青年層にも欲求不満を抱かせた。
　非バラモン運動は、ガンディーによる大衆的民族運動とほぼ同時に開始され、同様に民衆に自尊心を与えた運動である。同運動は、経済力をつけて台頭しつつあった非バラモン上層カーストが、南インドで政治的に優位を誇っていたバラモンに対して団結して対抗するために開始した。マドラス州会議派の指導部もバラモンに独占されていたこと、その会議派を全国レベルで率いるガンディーがバラモン的価値観を漂わせていたことから、非バラモン運動は会議派

の民族運動に異議を申し立てる立場に立った。非バラモン運動は、「バラモン以外」を一つのコミュニティとして実体化する理論として、「バラモン＝侵略者アーリヤ民族」対「非バラモン＝先住民ドラヴィダ民族」という対立図式を構築した。ドラヴィダ文化への憧憬を基盤に「バラモンでないこと」に誇りを持ちカーストの枠を超えて団結しようという姿勢を生み出した点において、非バラモン運動は従来のカースト単位の地位上昇運動とは一線を画していた。また、理論のみならず実践においても、正義党政権下で、上層から下層にいたるまでの「非バラモン」全体に対して一定の政治的権利が保障されたことは特筆に価する。

　こうして非バラモン運動は、「非バラモン」という新たなカテゴリーを創出し、「不可触民」を含む非バラモン下層カーストにも誇りを与えた。このことは、労働争議が発生した際に、「不可触民」出身の労働者が自ら「アーディ・ドラヴィダ」と名乗ることによって「非バラモン」としての誇りを示したという事実に端的に現れている。そこで次章では、1917年から24年に第一次高揚期を迎えた労働運動について考察していく。

註
1）インドにおける民族運動は、19世紀後半時点では、完全独立を要求するものではなく、必ずしも反英とは限らなかった。のちに民族運動の標語となる「スワラージ」という用語に関しても、その意味するところが完全独立なのか自治権なのか、しばしば争点になった。
2）たとえばティラクは、出身地のマハーラーシュトラ地方で特に人気があったヒンドゥー教の神ガナパティ（ガネーシャ）の祭を家庭内祭祀から公の場での政治的祭礼へと転じ、それに大衆を参加させてインド人（実質的にはヒンドゥー教徒）としての自覚と誇りを呼び覚まそうとした。
3）ティラクは、ムスリムによる支配に抵抗した（と彼が解釈した）ヒンドゥー教徒のシヴァージーを英雄として讃える祭りを開始して、外国支配に対するインド人の抵抗精神を醸成しようとした。この「外国支配」は暗にイスラーム王朝も含んでいたため、ムスリムの不信感を刺激した。インドの宗教社会改革とナショナリズムの歴史におけるティラクの役割については次を参照されたい。Cashman, R.I. *The Myth of the Lokamanya: Tilak and Mass Politics in Maharashtra*, Berkeley, University of California Press, 1975；小谷汪之『大地の子　インドの近代における抵抗と背理』東京大学出版会、1986年；内藤雅雄「20世紀初頭インドの植民地支配と反帝国主義思想—カーズン、モーリー＝ミントー体制とB・

G・ティラク―」『アジア・アフリカ言語文化研究』12、1976 年、59-121 頁。
4）1847 生まれ。神智学に興味を抱き、93 年にインドへ渡った。西欧近代的な規範やモラルに則った社会改革運動を批判し、「インドの伝統」としてヒンドゥー教文化を賞賛するなど、ティラクに通じる点があった。
5）最初は 1919 年 3 月 30 日に開始する予定だったが、後に 4 月 6 日に延長された。
6）国民教育とは、多数の言語、宗教、カースト、階層の枠を乗り越えて「インド国民」を創出しようとする民族運動の一部をなす。1920 年の会議派年次大会では、公立学校をボイコットした子弟を会議派が運営する国民学校で教育することを決定した。ただし、ここで「インド国民」創出の素地とされた文化的要素や方針には対立の火種があった。たとえば、インド全土に共通する言語を創出するために共通語としてヒンディー語を採用したことが、後に南インドで激しい反対運動を引き起こした。また、各カーストの「伝統的職業」を身につけることを奨励して事実上カースト制度を容認したことも論争の種になった。国民教育については以下が詳しい。弘中和彦「インドにおける第二次国民教育運動とナショナル・アイデンティティ」權藤与志夫編『文部省科研総合（A）No.431030 報告書』、1982 年、48-52 頁；弘中和彦「第二次国民教育運動とガンディー」『九州大学教育学部附属比較教育文化研究施設紀要』33、1982 年、23-37 頁。
7）手紡ぎ糸や手織綿布カッダルの奨励は、ボイコットしたイギリス産工場製品の代替品を生産するという意味のほかに、西欧近代へのアンチテーゼでもあった。しかし、チャルカーは使用されなくなって久しく、当時でさえ時代錯誤という批判の声が上がった。
8）各支部の規模について、1938 年時点では、タミルナードゥ会議派委員会は 223 名、アーンドラは 233 名、カルナータカ 23 名、ケーララ 83 名であった。*Directory of the Madras Legislature*, Madras, The Madras Legislature Congress Party, 1938, pp. 20-52.
9）1920 年以前のインド国民会議と区別して、1920 年以降をインド国民会議派、もしくは会議派と訳出するのが通例になっている。本書もこの通例に従う。
10）*Fortnightly Report*（以下 *FNR*）, 1st half of Nov., 1922, 1st half of Jan., 1923.
11）非協力運動停止後の青年層の動向については、内藤雅雄『ガンディーをめぐる青年群像』三省堂、1987 年、154-158 頁。
12）非バラモン運動は、本書で取り上げるマドラス州を中心とする運動のほかに、ボンベイ州とその周辺で展開された運動がある。ボンベイ州とその周辺での非バラモン運動については、次を参照のこと。Copland, I. "The Maharaja of Kolhapur and the Non-Brahmin Movement 1902-10", *Modern Asian Studies*（以下 *MAS*）, 7-2, 1973, pp. 209-225; Gore, M.S. *Non-Brahman Movement in Maharashtra*, New Delhi, Segment Book Distributors, 1989; Mudaliar, C.Y. "The Non-Brahmin Movement in Kolhapur", *The Indian Economic and Social History Review*（以下 *IESHR*）, 15-1, 1978, pp.1-19; O'Hanlon, R. *Caste, Conflict, and Ideology: Mahatma Jotirao Phule and Low Caste Protest in Nineteenth-Century Western India*, Cambridge, Cambridge University Press, 1985; Omvedt, G. "Non-Brahmans and Communists in Bombay", *Economic and Political Weekly*（以下 *EPW*）, Apr. 21, 1973, pp. 749-759, Apr. 28, 1973, pp. 800-805; Omvedt, G. "The Satyashodhak

Samaj and Peasant Agitation", *EPW*, Nov. 3, 1973, pp. 1971-1982; Omvedt, G. *Cultural Revolt in a Colonial Society: The Non-Brahman Movement in Western India 1873-1930*, Bombay, Scientific Socialist Education Trust, 1976; Omvedt, G. *Dalit Visions: The Anti-Caste Movement and the Construction of an Indian Identity*, New Delhi, Orient Longman, 1995; Rosenthal, D.B. "From Reformist Princes to 'Co-operative Kings' I - Political Change in Pre-Independence Kolhapur", *EPW*, May 19, 1973, pp. 903-910; Rosenthal, D.B. "From Reformist Princes to 'Co-operative Kings' II - The Personalisation of Kolhapur Politics: 1947-67", *EPW*, May 26, 1973, pp. 951-956; Rosenthal, D.B. "From Reformist Princes to 'Co-operative Kings' III - Trends Toward Routinisation in Kolhapur Politics", *EPW*, Jun. 2, 1973, pp. 995-1000; Zelliot, E. "The Nineteenth Century Background of the Mahar and Non-Brahman Movements in Maharashtra", *IESHR*, 7-1, 1970, pp. 397-415.

13) 寺院、バラモンと王権との関係については、膨大な研究蓄積があるが、主に以下を参照した。Spencer, G.W. "Religious Networks and Royal Influence in the 11th Century South India", *Journal of the Economic and Social History of Orient*, 7, 1969, pp. 154-165; Stein, B. "Economic Function of a Medieval South Indian Temple", *Journal of Asian Studies*, 19-2, 1960, pp. 163-176; Stein, B. *South Indian Temples: An Analytical Reconsideration*, New Delhi, Vikas, 1978；小倉泰「王の神格化と大寺院の建立——チョーラ朝の試み——」辛島昇編『ドラヴィダの世界』東京大学出版会、1994 年、154-165 頁；辛島昇「ヴィジャヤナガル王国の封建支配」前掲書、166-178 頁。なお、次の文献は、チョーラ朝からヴィジャヤナガル王国時代にいたる期間の寺院・地域社会・王権の関係に関する研究史を詳細に紹介している。水島司『18－20 世紀南インド在地社会の研究』東京外国語大学アジア・アフリカ言語文化研究所、1990 年。

14) Arooran, N.K. *Tamil Renaissance and Dravida Nationalism*, Madurai, Koodal Publishers, 1980, p. 37; Hardgrave Jr., R.L. *The Dravidian Movement*, Bombay, Popular Prakashan, 1965, p. 11.

15) Hardgrave Jr. *op. cit.*, p. 12

16) カースト慣習の改革や教育奨励などを通じてカーストの地位向上を図るカースト協会の活動がこれにあたる。たとえば、ケーララ地方及びタミル地方におけるカースト協会の活動について、それぞれ以下が詳しい。粟屋利江「英領マラバールにおけるティーヤルの「カースト」運動——その内容と組織をめぐって——」『南アジア研究』3、1991 年、1-23 頁；Hardgrave Jr., R.L. *The Nadars of Tamilnadu; The Political Culture of a Community in Change*, Barkley, University of California Press, 1969.

17) Non-Brahmin Movement は「反バラモン運動」と訳されることがあるが、この運動の特質は、バラモン以外が「バラモンでないこと」をもって団結することにあるため、筆者は「非バラモン運動」とする。

18) Inden, R. *Imaging India*, Delhi, Oxford University Press, 1990, pp. 56-65.

19) Irschick, E.F. *Politics and Social Conflict in South India: The Non-Brahman Movement and Tamil Separatism, 1916-1929*, California, University of California Press, 1969, pp. 27-38.

20) *West Coast Spectator*, 28 Dec. 1916, *Native Newspapers Report*（以下 *NNR*）*1917*, p. 20.

21) ケーララ地方の有力カーストであるナーヤル出身。非バラモン運動の黎明期に主導的役割を果たした。モンタギュー・チェムスフォド改革においては、非バラモンを代表してロンドンに赴いたが、1919年客死した。*Justice Party Golden Jubilee Souvenir*, Madras, no publisher's name, 1966, p. 324.
22) 織工カーストのデーヴァンガ出身。裕福な家庭に育ち教育の機会に恵まれ、1873年にマドラス・プレジデンシー・カレッジで学位を取得、82年にはマドラス市議会メンバーに選ばれ、以後40年間その地位にあった。織物工カーストの出であるために、織物産業の発展に関心を持ち、西欧人実業家が独占するマドラス商業会議所に対抗して南インド商業会議所を設立した。Sen, S.P. ed. *Dictionary of National Biography*, vol.4, Calcutta, Institute of Historical Studies, 1974, pp. 304-305.
23) 『非バラモン宣言』によると、1892-1904年のマドラス州では、高等文官試験に合格したインド人16名中バラモン15名、技師補はバラモン17人に対し非バラモン4名、徴税官はバラモン77名に対し非バラモン30人である。
24) "The Non-Brahmin Manifesto", Justice P. Benugopal, *Justice and Social Justice*, Madras, 1992, Appendix 2に基づき筆者要約。
25) *New India*, 20 Dec. 1916, *NNR 1917*, p. 20.
26) たとえば、『ウェストコースト・スペクテーター』紙は次のように述べた。「バラモン系の新聞は、『非バラモン宣言』を見て歯軋りしている。同宣言をやじり倒している連中は、非バラモンが覚醒してバラモンを攻撃している原因が、実は自分たちにあるという事実に気づいていない。それどころか、非バラモンの大部分が支持している『宣言』を酷評するあまり、一層バラモンと非バラモンの緊張関係を助長している」(*West Coast Spectator*, 28 Dec. 1916, *NNR 1917*, p. 20)。また、中立的な立場にたつ『インド連合と藩王国』紙は、以下の記事を掲載した。「自治連盟系の新聞の論調は実に狭量である。特に『ニュー・インディア』紙は、これほど共感を呼んでいる『非バラモン宣言』を皮肉たっぷりに酷評し、却って自治要求運動の進展を妨げている」(*United India and Native States*, 18 Jan. 1917, *NNR 1917*, pp. 126-127)。
27) この協会の主要メンバーにはP・ヴァラダラジュル・ナーイドゥ、チャッカライ・チェッティ、ジョージ・ジョセフ、カリヤーナスンダラ・ムダリヤールのほか、後に自尊運動を開始するペリヤールも含まれていた。Murukesan, K., Cuppiramaniyam, C.E. *Cinkāravēlu--Tennintiyāvin Mutal Kamyūnist*, Cennai, Niyu Cencuri Puk Havus, 1991 (Tamil), p. 15.
28) Irschick *op. cit.*, p.60.
29) 南インドでは、シリアンクリスチャンを除くキリスト教徒の多くが非バラモン下層カーストや「不可触民」からの改宗者であったために、しばしば差別の対象になってきた。
30) ただし正義党の中心的指導者であるT・M・ナーヤルは、非バラモン運動開始当初から「不可触民」差別問題を深刻に捉え、社会改革を実施する必要性を強調していた。Irschick *op. cit.*, pp. 71, 188.
31) ナーイドゥ、ヴェッラーラ(ピッライ)、ムダリヤール、チェッティ、その他(「不可

触民」、ムスリム、キリスト教徒など）の5つ。ナーイドゥはアーンドラ地方からタミル地方に分布する有力農民カースト、ヴェッラーラとムダリヤールはタミル地方の有力農民カースト（ピッライはヴェッラーラのカースト・タイトル）、チェッティはタミル地方の有力商人カーストである。

32) 宗教やカーストなどの相違が原因で起こる対立や紛争を、インドでは「コミュナル問題」と総称する。普通はヒンドゥー教徒とムスリムやキリスト教徒との対立をさすことが多いが、南インドでは、カースト対立、特にバラモン対非バラモンの対立を示すことが多い。

33) *Justice*, 8 Jul. 1918, *NNR 1918*, p.1036.

34) Hardgrave Jr. *The Dravidian Movement*, p. 19.

35) *Dravidian*, 30 Jul. 1917, *NNR 1918*, p. 2102; *Tamilian*, 8 Aug. 1918, *NNR 1918*, p. 2187.

36) マドラス管区協会は留保議席が認められた時点で目的を達成したとして自然解散した。Irschick *op.cit.*, p. 162.

37) *Ibid.*, p. 178.

38) バラモン、非バラモンカーストヒンドゥー、キリスト教徒、ムスリム、その他（「不可触民」など）。

39) 1921年末までの半年間における新規雇用比率は、バラモン22％、非バラモンカーストヒンドゥー48％、キリスト教徒10％、ムスリム15％、その他5％となった。*Public GO 658, 1922*.

40) Aroorn *op. cit.*; Baker, C.J. *The Politics of South India 1920-1937*, New Delhi, Vikas Publishing House, 1976; Geetha, V. and Rajadurai, S.V. *Towards A Non-Brahmin Millenium: From Iyothee Thass to Periyar*, Calcutta, Samya, 1998; Hardgrave Jr. *op. cit.*; Mangalamurugesan, N.K. *Self-Respect Movement in Tamil Nadu 1920-1940*, Madurai, Koodal Publishers, n.d. [1979?]; Washbrook, D.A. *The Emergence of Provincial Politics: The Madras Presidency 1870-1920*, Cambridge, Cambridge University Press, 1975.

41) *Local Self Government (Local & Municipality)*（以下 *LSG (L & M)*) *GO 2525, 1922*. この政令が出された結果、議会に代表を有していないことを理由に自己コミュニティの候補者を指名するよう求める請願書が、マドラスの地方自治体省に多数提出されるようになった。*LSG (L & M) GO 2000, 1925; LSG (L & M) GO 2798, 1925; LSG (L & M) GO 4574, 1926*, etc.

42) たとえば北アルコット県では、1923年度県評議会におけるマイノリティ代表は、ムスリム3名、アーディ・ドラヴィダ2名となっている。各郡会の合計は、ムスリム8名、アーディ・ドラヴィダ4名、各村会の合計は、それぞれ61名、5名であった。Administration Report of North Arcot, 1923-24, *LSG (L & M) GO 508, 1925*.

43) 1920年以降の公文書や新聞には、「アーディ・ドラヴィダを自称する人々」あるいは「アーディ・ドラヴィダ」という表現が急増する。

44) 正義党機関紙には、正義党が非バラモン上層カーストの支援を受けていることを誇る記事が散見される。たとえば、「我々は地主の支持を受けている。しかし会議派は、せいぜい商人コミュニティの中の取るに足らない人数の支持しか受けていないのだ。」*Justice*, 9 May 1917, *NNR 1918*, p. 1314.

第2章
労働者の覚醒

　1917年から24年は、第一次世界大戦の影響で物価高騰や戦後不況に見舞われたことを背景に、労働運動がインド全土で展開された。18年4月にインド史上初の労働組合がマドラスで結成され、20年11月には全インド労働組合会議（All India Trade Union Congress、以下AITUC）の第1回会議がボンベイで開催された。この時既にAITUCには125もの組合が加盟していた。そこで、これを労働運動の第一次高揚期としよう。

　本章ではまず、マドラス州における工業発展を企業形態や雇用方法の特徴を交えつつ概観する。その上で、マドラス州内で起きた主なストライキの経緯を詳しく分析し、第一次高揚期に見られる労働者の行動の特徴を明らかにしていく。

第1節　マドラス州における近代工業の発展
1　イギリス系工場の増加と経営代理制度の弊害

　植民地支配下のインドにおける労働争議について分析する際、経営がイギリス系かインド系かという区別は重要なポイントとなる。イギリス系の工場であれば、労使対立は民族対立に置き換えられるため、民族運動指導者も労働者に協力することができる。しかしインド系工場の場合、労使対立はインド人内部の対立ということになる。民族運動指導者は、資本家の資金援助も労働者の支持も必要としたためにジレンマに陥った。一方共産主義者はインド系工場での争議でも活躍し、労働者の意識や行動に影響を与えた。なおマドラス州においては、19世紀末に初の近代的工場が設立されてから1920年代末にいたるまで、工場経営を担ったのはほぼイギリス人経営者であった。インド人が経営する工場が増加するのは、30年以降のコーインバトゥールにおいてである。ここで

第 2 章　労働者の覚醒

は、19 世紀末から 1920 年代にかけてのマドラス州におけるイギリス系工場の発展とその特徴を見ていこう。

20 世紀前半のマドラス州の主要産業は農業であった。1921 年国勢調査のマドラス州に関するデータによると、州総人口 4279 万 4155 人の 71％が農業で生計をたてていた[1]。産業労働者数は 16 万 6204 人とされるが[2]、この数字には特定期間だけ稼動する季節工場で働く労働者やプランテーション労働者なども含まれるため、それらを除けば、工場労働に生計を依存する労働者の数は 10 万前後であったと推察される。このうち、繊維産業労働者が 4 万 5206 人で最も多く、食品加工業の 2 万 3200 人（籾摺・精米工場労働者 9114 人含む）、鉄道労働者 2 万 403 人と続いた[3]。

マドラス州の工業は綿業を中心に発展してきた。上述の調査によれば、綿業労働者は 3 万 9402 人で、内訳は、綿繰・異物除去・圧搾の従事者が 1 万 852 人（工場数 228）、紡績・織布が 2 万 8550 人（同 115）となっている。従業員数が 200 名を超えるのは、綿繰・異物除去・圧搾で 6 工場、紡績・織布が 15 工場となっており、零細工場から大規模工場まで並存しているのが特徴である[4]。綿業についで多くの労働者数を抱えるのは籾摺・精米工場（ライス・ミル）であるが、これは工場あたりの従業員が十数名の小規模工場であった[5]。鉄道労働者も無視しえぬ比重を占め、千から万単位の労働者が働く大規模な作業所があった。マドラス・南マーラッタ鉄道会社（Madras & Southern Mahratta Railway）及び南インド鉄道会社（South Indian Railway）が営業するマドラス州内の鉄道は、マドラス市ペランブール地区、タンジョール県ネガパタム、ティンネヴェリ県ゴールデンロックに巨大な作業所を持ち、大勢の労働者を擁していた。

マドラス州の綿業は、マドラス市、マドゥライ県マドゥライ市、ティンネヴェリ県アンバサムドラム、コーインバトゥール県コーインバトゥール市で発展した[6]。紡績工場が大半を占め、織布工程まで担う紡績織布工場は少なかった。1938 年時点で、マドラス市内には、紡績織布工場が 3 つあり、この 3 工場だけで従業員 1 万 1500 人を有していたが、マドゥライの 6 工場（従業員数合計 1 万 2700 人）とアンバサムドラムの 3 工場（同 8000 人）はいずれも紡績部門のみ、コーインバトゥールの 24 工場（同 2 万 2000 人）のうち織布工程も

有していたのは1工場だけである[7]。これらの紡績工場は州内の手織業向けに綿糸を生産していた[8]。

インドの工場経営や労使関係を分析するとき避けることが出来ないのが、経営代理制度（Managing Agency System）であろう。経営代理会社とは、単一ないしは複数の工場に関して、原綿の買い付けから製品の販売まで経営全般を請け負う民間会社である。この制度の起源は、イギリス植民地官僚が事業経営に直接従事することを禁じられていたために、自己資産の運用を有能で信頼できる事業主に委託したことにあるとされる。経営代理者は、経営全般を掌握し、その見返りとして資本提供者（株主）から一定の報酬[9]を受け取った。経営代理者自身も投資者であることが多いが、その投資額は企業を支配するほどではなく、株式の51％を超えることはほとんどなかった。それにもかかわらず、経営の実権は投資者の手を離れ、全てが経営代理会社の手に移ってしまう。つまり、本来なら株主から業務を委託され株主の監視を受けながら経営を行う取締役会の地位が経営代理会社に置き換えられ、しかも代理会社は株主の監視を一切受けることなく自由に事業を展開できた。当時の経済評論家の言葉を借りれば、「経営代理会社は、株主の召使ではなくご主人様」であった[10]。

経営代理制度は、植民地という環境に置かれたインド人投資家に極めて不利に作用した。植民地支配下では、インド人は銀行からの融資を受けにくく、起業手続きの点でも不利な立場に置かれていた。そもそも起業する際の資金調達も起業後に受ける融資も、経営代理者の信用に基づいて初めて可能になる場合が多かったため、インド人が起業しようとすれば、必然的にイギリス系経営代理会社に頼らざるをえなかった[11]。こうして、インド人が出資しても、事業運営の実権と利益はイギリス人に流れていった[12]。このような状況下では、たとえインド人が資本力を強めて投資額を増加させても、インド経済はイギリス人の統制下に置かれたままになる。R・パーム・ダットは、経営代理制度について次のように述べている。「経営代理制度は、イギリス支配下のインドで、インドの工業発展に対するイギリスの支配を維持する主要な武器の一つとして発展した制度である。この制度によって、ごく少数の経営代理会社が、各種の工業会社や企業を、発起し、統制し、資金を供給し、それらの運営、生産、及び生産物の市場を支配している。利潤の最良の部分は株主ではなく、経営代行

商社の手に流れていく¹³⁾」。

　カルカッタのジュート産業を例にとると、1936年時点で、全紡錘数の56％が4つのスコットランド系経営代理会社に占められていた。30年以降インド人株主が増加していたが、経営権はこれら4大会社に属していたために、インド人株主と経営代理会社の対立が深まった[14]。マドラスの工場も同様にイギリス系経営代理会社の独占状態にあった。マドラス市の3工場のうち2つ、マドゥライの6工場のうち3つ、アンバサムドラムの3工場のうち2つが、ハーヴェイ・カンパニーに代表されるイギリス系経営代理会社によって運営されていた。コーインバトゥールでも、19世紀末に設立された2工場は、1920年代までイギリス系金融会社アーバスノットとステーンズ・カンパニーが共同で経営していた[15]。このように、イギリス系経営代理会社は、資本面ではインド人に依存しながらインド人に経営内容について発言する機会を与えず、利益も占有したのである。

　経営代理制度は、労使関係においても様々な問題を引き起こした。まず、経営代理会社は複数産業の工場を運営することが多く、必ずしも各産業の専門知識を有するわけではなかった。傘下の工場の日常業務にもほとんど注意をはらわず、従業員の労働環境に関する知識も不十分であった[16]。しかし、そのような経営代理会社の社長が経営責任を負っているために、いざ労働争議が起きると、実際に工場を運営する工場経営者は自立的に対応することができなかった。いかなる対策をとるべきか両者の意見が一致せず、対応が遅れるという事態もたびたび起った。時には、工場経営者がそれを逆手にとって、「代理会社と協議する必要があるから即答できない」とか、「労働者の境遇を改善するのはやぶさかではないが代理会社が同意しない」などという口実を設けて、問題解決を遅らせることもあった[17]。

　マドラス市内の初の紡績工場は、19世紀末にボンベイを拠点とするパールシー（ゾロアスター教徒）によってバッキンガム運河沿いに建てられたが、短命に終わった。1875年、グジャラート地方出身でやはりボンベイに拠点をおくインド人企業家が、チョーライ地区にマドラス連合紡績織布工場（Madras United Spinning and Weaving Mills、通称チョーライ・ミル）を設立した。78年には、イギリス系経営代理会社ビニー・カンパニー（Messrs. Binny and

Company) が、ペランブール地区にバッキンガム・ミルを、続いて84年に姉妹工場のカーナティック・ミルを設立した。2つは1920年に統合され、バッキンガム＆カーナティック・ミル・カンパニー (Backingham and Carnatic Mills Company) の下、それぞれ独立工場として操業されるようになったが、最終的経営責任はビニー・カンパニーに帰属したままであった。

なお、チョーライ・ミルがあるチョーライ地区とバッキンガム＆カーナティック・ミルのあるペランブール地区は近接し、労働者も工場周辺に住んでいたために、マドラス市内の紡績工場労働者は、ほぼこの地区に集住することになった。加えて、鉄道労働者の居住地もペランブールにあったため、マドラス市北部のペランブールとその周辺は一大労働者居住区となった。そのために労働者たちは比較的団結しやすく、異業種労働者のストに対しても同情ストを起こすなど、数々の大規模な労働争議の舞台となった。

一方、地方都市では、工場の多くが町の郊外に設立されたことが労働者には不利に働いた。工場が相互に離れていたために、労働力確保に際して工場間の競争原理が働きにくく、経営者は雇用条件の向上に留意する必要がなかった。労働者たちの団結も困難を伴った。また、政治運動指導者や労働運動指導者のほとんどがマドラス市内で活動していたため、地方の労働問題にまで目を向けなかった。こうして地方都市の労働者は、厳しい条件の下で労働運動を戦わなくてはならなかった。

そこで次に、各地方都市に工場が設立される過程を見てみよう。1885年、スコットランド系の綿製品貿易商ハーヴェイ兄弟が、経営代理会社のティンネヴェリ・ミル・カンパニー (Tinnevelly Mills Company) を創立し、ティンネヴェリ県アンバサムドラム郡ヴィクラマシンガプラム村近くに紡績工場（パパナサム滝の近くにあったためパパナサム・ミルと呼ばれた）を設立した。この地は、タンバラパラニ川の豊富な水を動力源として使用できる利点があった。ハーヴェイ兄弟は、同年に同県トゥティコリンにも紡績工場を建て、1902年にはアンバサムドラムに2つ目の工場を建設した。1892年、彼らはマドゥライ県に進出し、マドゥライ市に初の紡績工場を開設した。マドゥライは綿花栽培地帯の中央に位置し、かつ1870年代に鉄道が敷設されていたことから、原綿入手に有利であった。そのため彼らはマドゥライを拠点に定め、数年後にマドゥ

ライ市に 2 つ目の工場、1922 年には 3 つ目の工場（パーンディヤン・ミル）と、相次いで工場を創設していった。

　ハーヴェイ兄弟の会社は、出資者がほぼイギリス人であり、工場操業に携わる現場スタッフもイギリス人が大半を占めていた。そのため労働争議にも民族問題が絡みがちで、労働者が不満の声をあげれば政治的思惑があると経営に疑われ、部外者が介入すれば、たとえそれが非政治的な動機によるものであっても経営の拒否反応を引き起こした。

　コーインバトゥールに初めて紡績工場が設立されたのは 1888 年で、同地に拠点を置くイギリス系商社のステーンズ・カンパニー（T. Stanes & Company）が、コーインバトゥール紡績織布工場（Coimbatore Spinning and Weaving Mills、通称 CS & W ミル）を設立している。ただしコーインバトゥールの場合、本格的に綿業が発達し始めるのは 1930 年代以降である。

2　労働者の雇用方法

　このように、マドラス州は 19 世紀末から近代的工業化の波に乗り始めたが、工場労働者は、いかなるコミュニティからいかなる方法で雇用されたのであろうか。雇用形態は労働者と雇用主の力関係を規定する要素となるため、労働者の出身と雇用方法を概観してみよう。

　マドラス州では、工場労働者は比較的近隣の農村から労働者が雇用される傾向があり、ボンベイ市やカルカッタ市の工場のように、言語も習慣も異なる他州から労働力を調達することはなかった。とはいえ、マドラス市内の工場では、創業時は、工場労働というものへの認知度が低く労働力確保が困難だったために、マイストリ[18]とよばれる斡旋人が近隣村をまわり人員を確保しなければならなかった。雇用が不安定な農業労働者や小作人を、彼ら彼女らにとっては高額の賃金で雇用したために、工場労働者としての定着率が高く、1920 年ごろにはほとんどの労働者がマドラス市内に移住した[19]。出身村とのつながりは保たれていたが、親密な親族関係は失われていたという。その職も親から子へと世襲されるようになり、この方法で欠員が補えない場合のみ、イギリス人の工場経営者かその部下が工場の門前で直接労働者を雇用する方法が確立した[20]。このような変化に伴って、マイストリの斡旋者としての権威は弱ま

表2-1　B&Cミル労働者の出身カースト　　　　　　　　　　　　　　（単位%）

	準備部門	梳綿部門	紡績部門	織物部門	全体
ナーイドゥ	5.97	6.80	7.36	8.47	7.01
ムダリヤール	6.77	9.52	8.42	16.38	10.14
ナーイッカル	6.77	6.80	6.31	6.77	6.71
不明	22.70	8.16	18.94	33.33	21.79
その他ヒンドゥー	1.59	4.76	4.21	9.03	4.62
アーディ・ドラヴィダ*	43.02	53.74	41.05	18.64	38.65
クリスチャン	7.56	8.16	9.47	3.38	6.86
ムスリム	5.77	2.04	4.21	3.95	4.17

＊アーディ・ドラヴィダは，ほぼ「不可触民」に該当する．
(注) 1929〜42年の雇用情報670名分を無作為抽出して算出．

表2-2　アンバサムドラム・ミル労働者の出身カースト　（単位%）

	全体
ナーイドゥ	2.0
ヴェッラーラ	12.5
マラワル	7.7
イッラム	15.1
ナーダル	19.1
「不可触民」	4.0
クリスチャン	2.0
ムスリム	7.3
その他	30.0

(注) 1909〜39年の雇用情報271名分を無作為抽出して算出．

表2-3　マドゥライ・ミル労働者の出身カースト　（単位%）

	繰糸部門	ジョッバー	全体
ナーイドゥ	21.0	14.3	23.1
ヴェッラーラ	8.6	29.6	15.1
ムクラドール*	14.0	9.3	14.1
イッラム	13.4	3.1	8.0
ナーダル	8.6	3.1	4.9
その他	26.1	11.9	20.8
「不可触民」	0	1.5	1.4
クリスチャン	11.2	12.5	7.6
ムスリム	サンプル中1名	14.0	5.0

＊ムクラドールはマラワル，カッラル，アガムビディヤの総称．
(注) 1912〜39年の雇用情報788名分を無作為抽出して算出．

表2-4　コーインバトゥールの各工場労働者の出身カースト　　　　　（単位%）

	A工場 経営：ナーイドゥ	B工場 経営：ナーイドゥ	C工場 経営：チェッティ	D工場 経営：ガウンダー	全体
ガウンダー	32.7	32.0	19.7	61.6	32.2
ナーイドゥ	19.0	25.9	3.4	3.4	13.9
チェッティ	5.4	3.4	12.6	2.0	6.7
ピッライ	4.8	2.0	2.1	1.8	2.7
ナーイッカル	4.9	1.9	7.1	0.6	4.1
コーナール	7.8	1.2	1.8	1.0	3.0
テーヴァル	4.7	8.5	11.1	0.3	7.3
「不可触民」	10.5	6.0	21.7	5.3	12.1
その他	10.1	19.1	11.9	24.0	15.2
不明			8.4		2.7

(注) Ramaswamy, E.A. *The Worker and His Union*, Bombay, Allied Publishers, 1977, p.16より算出．Ramaswamyは1964-5年の調査で4工場の雇用情報計3760名分を収集．
出典) Murphy, E. *Unions in Conflict: A Comparative Study of Four South Indian Textile Centres, 1918-1939*, Delhi, Manohar, 1981, pp.56-59.

り、労働者に対する影響力も比較的弱くなっていった[21]。

　一方、地方の工場では、マイストリの権限は比較的強かった。労働者の選別と雇用はマイストリの自宅で行われ、就職希望者は多額の賄賂を持っていかなければならなかった。その額は、初任給の1か月分から2か月分に相当し、そのために労働者は借金を強いられることもあった[22]。マイストリの権威は、労働争議の際には、労働者に対して抑圧的に作用することが多かった。経営側は、マイストリが労働者の日常生活にも影響力を行使していることに着目し、マイストリを通じて労働組合員に圧力をかけたり解雇したりして、組合活動を牽制したのである[23]。

　労働者の出身コミュニティは、表2-1～表2-3が示すように、多くが「不可触民」、ナーダル、マラワルなどの下層カーストに属していた[24]。なお、マドゥライ・ミルに「不可触民」労働者がいないのは、聖都マドゥライが穢れるのをおそれるヒンドゥー教徒が彼らの移住を阻んだためといわれる。コーインバトゥールでは、30年以降にインド系工場が増加した際に経営者の親族が多く採用されたことから、比較的高位の有力カースト出身者も含まれている（表2-4）。

第2節　労働争議のはじまり——「注意喚起ストライキ」
1　第一次世界大戦の影響

　労働者にとって、第一次世界大戦の影響は経済的側面においてより深刻であった。戦費捻出のための重税や物資の半強制的調達による急激な物価上昇などが、日常生活を直撃したためである。戦争の影響は、まず増税に現れた。国防費が300％も増加したため、増税は避けられない状態に陥った。しかし、主要財源である地租の急激な増加は不可能だった。永代査定地域はもちろん、変動査定地域においても地租改定は30年ごととされていたためである。そこでまず関税率が引き上げられ、インド政庁の総歳入に占める関税の割合が8.9％から14.8％にまで上昇した。また、新たに所得税が重要性を増し、1911-12年度には総歳入の2％にすぎなかった所得税が19-20年度には11.75％を占めるようになった。日常生活に最も深刻な被害をもたらしたのは物価高騰であった。国内産品は軍需のために品薄になり、輸入品もヨーロッパにおける軍需への転用や民需用船舶の激減により減少したために、物価が急騰した。とりわけ、米

や小麦、雑穀などの価格高騰は、食糧を購入しなくてはならない工場労働者を直撃した。しかも、この食糧価格上昇は不均衡な傾向を示していた。小麦や米などの高価な作物に比べて、貧困層の主食である雑穀の方がはるかに上昇率が高かった。たとえば、グジャラート地方では、1873年の物価を100とすると、小麦の価格は1914年に166、18年に259だったのに対し、雑穀の価格はそれぞれ220、410にものぼったのである[25]。このような物価高への不満は連日新聞に掲載され、政府の穀物統制を批判する声が高まった[26]。深刻な食糧不足に陥ったマドラス市では、いつ略奪がおきても不思議ではないほどの緊張感がみなぎり、政府は暴動に備えて厳戒態勢を敷いた[27]。

しかし第一次大戦期は、インドの一部産業が急成長を遂げた時期でもあった。その主なものとしてジュート産業と綿業が挙げられる。生ジュートや原綿などの商品作物は、ヨーロッパの製造業がストップしたために値崩れを起こした。一方軍需のおかげで、土嚢やキャンバス地のようなジュート製品や綿布などの工業製品価格が高騰したため、莫大な純益が資本家にもたらされた。さらに綿業に関しては、イギリスが税収増加の目的で関税率を引き上げた結果、綿布と綿糸の輸入が激減し、インド国内の綿業が急速に発展した。インド製綿布生産量は、17年に初めてイギリスからの輸入量を上回った[28]。工場の新設や既存工場の操業規模拡大が相次ぎ、労働力需要が急速に高まっていった。マドラス州でも、工業都市の工場労働者人口が増大した。おりしも農業が不振で、失業した農民が都市に流入したために、労働力供給は順調に進むかに見えた。しかし、18年、19年と連続して飢饉がマドラス州を襲った。加えてインフルエンザが大流行して、人口が大幅に減少したことが影響し、労働力供給に支障をきたすようになった[29]。

都市の劣悪な住環境に加えて、軍需と飢饉による物価高騰と食糧不足、疫病の流行と、労働者の置かれた状況は苛烈を極めた。しかも経営者は、空前の利益を上げているにもかかわらず賃金を上げようとしなかった。それでも労働者は、いかなる行動を起こせばいいのか分からないまま、ひたすら不満を鬱積させていった。

しかし、慈善活動家や政治運動指導者などのエリートの中から、深刻化する労働問題に関心を抱くものが現れた。彼らは、産業が急成長する一方で労働力

供給が滞っている今こそ、経営と交渉する好機だと気づく。つまり、軍需を担う工場経営者はストライキが発生して生産が中断されるのを恐れて労働者の要求を受け入れるだろうと考えたのである。以上の条件が重なり、マドラスでは、18年頃から労働運動が活発化していく。

2　マドラス労働組合の設立と労働者の覚醒

　1918年に設立されたマドラス労働組合は、インド労働運動史上初の組合である。同組合は、最初は慈善目的で開始されたが、労働者の要求に押され、また様々な政治勢力が労働者の支持を得ようと進出してくるのに刺激され、次第に活動方針の変更を余儀なくされていく。ここではまず、マドラス労働組合創設の経緯を見てみよう。

マドラス労働組合の設立

　マドラス市で、最初に工場労働者の不満に目を向けたのは、G・チェルヴァパティ・チェッティとG・ラーマヌジュル・ナーイドゥ[30]の2人である。彼らはまず、貧しいヒンドゥー教徒労働者のために小規模な協会を設立したが、当初は宗教的救済と福祉を柱とする慈善活動の域を出なかった。しかし、集会を開き労働者と接しているうちに、労働者が抱える様々な問題を具体的に認識するようになった。そこで二人は、匿名の嘆願書を提出して経営側に賃上げを要求したが無視され、この試みは失敗に終わった。そのころ彼らは、パールシーの法律家で神智学協会員でもあるB・P・ワディアに出会い、協力を求めた。ワディアは、労働者との対話を通じて状況が深刻であると気づき、効果的に経営との交渉をすすめるためにも労働者を組織化する必要があると考えた。

　こうして、1918年4月、マドラス労働組合（Madras Labour Union）が結成された。創立メンバーには、チェルヴァパティ・チェッティとラーマヌジュル・ナーイドゥのほかに、会議派系政治家のE・L・アイヤル[31]、V・カリヤーナスンダラ・ムダリヤール、チャッカライ・チェッティなどが名を連ねた。

　ワディアは、労働運動は政治活動とは一線を画すべきだと考えていた。労働運動で示される労働者の力が政治家に都合よく利用されて、結果的に労働者の利益が侵害されるようなことがあってはならない、というのが彼の自論であっ

た。組合幹部には政治家を含む様々な立場の人物が招かれたが、特定の立場に偏重しないよう注意が払われ、また組合の集会で政治プロパガンダを行うことは禁止された[32]。しかしそれでも、イギリス人資本家や政府は、マドラス労働組合が結成された背後には政治的意図があるのではないかと疑った。まず、組合事務所がイギリス系のバッキンガム＆カーナティック・ミル（以下、B＆Cミル）の目の前に置かれたことが彼らの癇に障った。マドラス市内には、インド系のチョーライ・ミルをはじめとして、石油工場やタバコ工場など、小規模ながらいくつもの工場が点在していた。それにもかかわらずこのロケーションに事務所を構えたことが経営側を刺激し、「純粋に経済的な改善を目指すなら、なぜ、より条件が悪いインド系経営の工場労働者を対象にしないのか」という疑念を抱かせたのである[33]。B＆Cミルは軍需を担っていたために、政府もマドラス労働組合の活動に神経を尖らせた。そして何よりも、ワディア自身がアニー・ベサントとともに自治連盟の幹部として活躍し、連盟機関紙である『ニュー・インディア』の編集長を務めており、経営及び植民地政府の疑心を裏付けるのに十分であった[34]。マドラス労働組合が設立されて半年後に、市内初の大規模ストライキが発生し、組合は、その政治的姿勢と問題処理能力とを問われることになる。

第一次Ｂ＆Ｃミル・ストライキ（1918年10月）

　18年10月にＢ＆Ｃミルで起きたストライキは、マドラス労働組合が初めて関与した労働争議である。このストは、労働者・労働運動指導者・経営・政府・メディアの相互関係において、第一次高揚期の労働運動の典型といえるものであった。以下、ストの経緯を見ていこう。

　ワディアは、マドラス労働組合結成直後の5月30日、Ｂ＆Ｃミルの工場経営者にマドラス労働組合の名で陳情書を提出し、賃上げ及びヨーロッパ人職員の労働者に対する態度の改善を求めた。工場経営者のハーグリーヴズとベントレーは、工場操業に直接携わる立場から、要求が理不尽とは言いきれないと考え、休憩時間を10分延長するなどの譲歩案をワディアに示した[35]。しかし経営代理会社取締役のシンプソンは、組合を認めないという立場から、交渉を打ち切らせてしまった。ワディアは、マドラス州知事ペントランドに接触し、シ

第 2 章　労働者の覚醒　　　　　　　　　　　　　57

ンプソンを説得するよう要請したが、ペントランドはこれを拒否した[36]。

　そこでマドラス労働組合は、経営に請願するだけではなく圧力もかける方針に転換する。ただしその手法はストではなく、工場周辺で頻繁に労働者集会を開催するというものであった。組合幹部は、B＆Cミルは他の工場に比べて賃金が低く労働者が不当に扱われているとし、労働組合に交渉を任せれば賃上げを実現できると労働者に宣伝した[37]。さらに、同ミルは軍需を担っているだけに経営はスト発生を恐れており、今こそ声をあげる時だと労働者を鼓舞した[38]。

　組合幹部はこのように、いずれ経営が譲歩案を提示してくるだろうと高をくくっていたが、彼らの予期せぬ理由でストが発生してしまう。B＆Cミルの操業時間は朝6時から夕方5時半までとされていたが、労働者は始業時間が早すぎると不満を抱き、まず織布部門の労働者が遅れて出勤するようになった[39]。経営は、織布部門の賃金が出来高制であることを考慮し[40]、30分程度までの遅刻を黙認していた[41]。ところがそのうちに他部門の労働者も遅刻するようになったため、経営は、10月28日以降は朝6時15分に入口を閉じると通告した[42]。28日当日、労働者の半数近くが通告を無視して遅れて出勤したため、工場構内に入ることができなかった。経営は時間を守った工員のみで工場を稼動させようとしたが、彼らは閉め出された仲間を工場に入れるよう要求して仕事を拒否した[43]。そこで経営は、労働者全員を退去させ、規定時間厳守に労働者が同意するまでロックアウトすると決定した[44]。

　労働者たちは、その後どうするべきか決めかねて、マドラス労働組合の幹部の一人、E・L・アイヤルの助言を仰ごうと彼の自宅を訪ねた。アイヤルは民族運動と労働運動を連動させるべきという考えの持ち主で、ワディアとは立場を異にしていただけに、労働者は彼の助言で何らかの突破口を見つけることができるものと期待した。しかし、アイヤルは具体的指示を何も出すことができなかった。次に労働者が頼った別の幹部も、とりあえず仕事に戻るよう促しただけであった。そこで次に労働者がとった行動は州知事への直訴であった。翌29日、数百名の労働者がマドラス州庁舎へ赴き、州知事に不満を訴えようとした。しかし警察長官が現れて、まずは経営に陳情書を提出するのが筋だと忠告したため、労働者たちはその足で旧市街にある経営代理会社ビニー・カン

パニー事務所へ向かった⁴⁵⁾。途上、組合幹部の一人であるＳ・グルスワーミ・チェッティの家に立ち寄り同行を求めたが、チェッティは逆に、解散して自宅で待機するよう指示した。彼の言い分は、物価高に加え伝染病が蔓延していているこの時期にストに訴えても生活がさらに逼迫するだけで賢明ではない、合法的手段で問題解決を図るべきだ、というものであった⁴⁶⁾。

　グルスワーミ・チェッティの発言に端的に表されているように、マドラス労働組合幹部の大半がストを非合法手段とみなして、労働者の「暴走」を非難した⁴⁷⁾。29日夜に開かれた集会で、ワディアは、労働者の行動は極めて不適切だったとし、経営の命令通り出勤時刻を守るよう求めた。さらには、工場が軍需産業に携わっている今、ストをただちに中止して工場を助けなければならない、とイギリスの戦争遂行を肯定するような発言をした⁴⁸⁾。結局、組合幹部が工場職員に門を開けるよう要請し、労働者を復職させた⁴⁹⁾。また、牧師のＣ・Ｆ・アンドリューズが経営者に面会し、ロックアウト期間中の賃金を支払うこと、スト参加者にはボーナスを支給しないという決定を撤回する約束を取り付けて、争議は終息した⁵⁰⁾。

　このストは、インド史上初めて結成された労働組合が関わったという事情も手伝って、メディアの注目を集めた。この時期は特に民族運動の興隆に伴って様々な新聞が創刊されており⁵¹⁾、それらを含む多くの新聞が、イギリス系経営に対する労働争議を積極的に取り上げたのである。その記事を比較すると、「事実」の描写に微妙な相違がみられる。たとえば、イギリス系保守新聞『マドラス・メイル』の記事（10月31日付）は、次のように、労働組合への不信感に裏打ちされている。

　　軍需産業に従事する工場が、朝のたかが数分を巡る問題のために操業を停止するという厚かましい手段に打ってでた。〔中略〕ストを率いているのは、労働者や他地域の労働環境について何も知らない輩だ。彼らに躍らされて、無知蒙昧な労働者は、自分たちは政府の仕事をしているのだから何を要求しても受け入れられると思い込み、理不尽な要求を突き付けるようになった。他地域に比べれば良い条件の下で働き、自分達でも満足していた労働者が、マドラス労働組合が結成されてから不満を抱くようになった

第2章 労働者の覚醒

のだ。〔後略〕

これに対し下記の『ヒューマニティ』の記事（10月31日付）は労働者に好意的で、冒頭で労働者の窮状に言及するなど、世論の同情を喚起する効果があったと考えられる。

> B＆Cミルの労働者は、低賃金に加えてインフルエンザの流行で出費を強いられ、困窮している。一日でも休めば飢えて死に至る状態だ。今のマドラス州政府から援助は期待出来ない。したがって、マドラスの公衆が搾取者の横暴に抗議しなくてはならない。イギリス政府は大衆の受託者とされているのであるから、資本家がインド人であろうとヨーロッパ人であろうと、その搾取から労働者を保護する措置を取れるはずだ。ペントランド卿に期待したい。

なお、この記事で注目されるのは、問題解決の方法として政府の介入を期待している点である。イギリス植民地政府を大衆から信託を受けたものと位置付け、政府が問題を解決することを期待もしくは当然視する一方で、労使間の協議を想定していない。このように労使対立への政府の介入を当然視する姿勢は、『ヒューマニティ』に限らず労働者や労働組合幹部にすら共有されており、他の争議発生時にも見出される特徴であった。

正義党機関紙の『正義』は、ストの直接原因となった始業時間問題を詳しく説明し、出勤に遅れる者を「遅刻」ではなく遠距離通勤ゆえに「間に合わない」と表現することによって、間接的に労働者を擁護した[52]。一方、『マドラス・タイムズ』記事（10月30日付）は、同様に労働者に同情的な姿勢を示しつつも、次のように労働者と組合幹部の意見対立を克明に描写している。

> 〔前略〕昨晩ペランブールで開かれた集会で、ワディア氏は、〔中略〕戦争が続く限り、そして工場が軍需にかかわっている限り、ストをしないことが労働者の義務である、労働者は抑圧されているが、戦争の間は政府に忠誠心を示すべきだ、と語った。演説はタミル語に訳されて伝えられ、労

働者はよく考えて不明な点があれば質問するよう求められた。するとある労働者が、組合員になっただけで既に色々なトラブルに苦しんでいるのに、もし無条件に降参したらどうなるのかと尋ねた。これにはカリヤーナスンダラ・ムダリヤール氏が応じ、組合は常に労働者の利益のために尽力するが、今のところは非難を避けるために経営の命令に従っておくべきだと諭した。すると別の労働者が、結局朝6時に出勤しろというのなら、わざわざ集会を開かなくてもいいじゃないかと文句を言った。〔後略〕

このように『マドラス・タイムズ』は、組合幹部と労働者との間に齟齬があることを示唆し、労働組合が必ずしも労働者を代弁しているとは限らないとほのめかした。

政府の仲介を期待する傾向は、1919年にペントランドにかわってウィリンダンがマドラス州知事に就任するとさらに加速した。ウィリンダンは、前任地のボンベイで労働者に好意的な政策を実施したという評判が高かったためである。ウィリンダンの指示によって1920年に労働局長（Commissioner of Labour）というポストが新設されたことが、この前評判を補強した[53]。労働局長は、労働問題を調査し労使双方へ勧告することを任務としたが、その地位と権限は多くの問題点を抱えていた。まず、労働局長が介入するには、労使双方の要請が必要とされていた。したがって、労働組合が介入を要請しても経営が拒否すれば、労働局長は公式には行動出来なかった。次に、労働局長の勧告は法的拘束力をもたなかったために、経営が勧告を受け入れ実行に移す可能性は低かった。さらに、労働局長は、労働問題以外にも、被抑圧階級すなわち「不可触民」と指定部族の保護など多くの業務を兼務していた。それにもかかわらず、労働局長の下には事務員を含めて十数名しか人員が配属されず、迅速かつ効率的な対応は望めなかった[54]。しかしそれでも、労働局長の任命は、労働問題の実態を白日の下にさらし経営に影響力を及ぼすものとして、少なくとも労働者からは歓迎された。

第二次B&Cミル・ストライキ（1920年2月）

第一次ストライキは労働者が無条件で復職して終了したため、労働者の勤務

条件は改善されずじまいだった。長年にわたって鬱積した労働者の不満は、再びストライキの形をとって表出する。1920年2月初旬、カーナティック・ミルの織布工と紡績工が突如ストライキを開始した。機械工2名が従順でないという理由で解雇されたことが直接の原因だったが、労働者の真の不満は、物価上昇にもかかわらず賃金が据え置かれていることにあった[55]。ワディアの代理でマドラス労働組合長を務めていたG・アルンダーレ[56]は、警察長官と会談中にスト発生の報を受けた。驚いた彼は、組合に事前の相談なく勝手にストを起こしてはならないと労働者に注意し、ただちにストを中止させた。

　経営はそれまで、労働者が復職すれば改善策を講じる必要なしとしてきた。度重なる賃上げ要求に対しても無視する方針を貫き通してきた。しかし1920年のこの時期は、非協力運動が民衆の参加を得て高揚していた。経営は、このような世情に鑑み、労働者の不満をこれ以上鬱積させればストが再発し、非協力運動に連動して反英運動に発展する恐れがあると危惧した。そこで、組合幹部が行動を起こす前に、自ら以下の4項目からなる譲歩案を提示した。(1) 10～20％の賃上げ、(2) 現行の米の廉価販売にかわり賃金額に応じた補助金を支給。米価高が続く限り、賃金が月額25ルピー以下の労働者には1ルピー当たり3アンナを支給、25ルピー以上の労働者には1ルピー当たり2アンナを支給、(3) 賃金の5％相当額のボーナスを支給。6か月間勤勉に勤務すれば10％まで引き上げ可能とする、(4) 公共の祝日を有給休暇とする。

　しかし労働者は、この程度の賃上げでは米価上昇率に対応できないと不満を表明した。また、待遇改善に差をつけて労働者を分断したことにも反感を示した[57]。

　労使双方が譲らず硬直状態に陥ると、州政府が介入し、調停委員会を任命して問題解決にあたらせることにした。調停委員会は、経営が第一次大戦勃発に伴って物価上昇が始まってから賃上げを一切行っていないことを踏まえ、10～20％という賃上げ率では不十分という労働者の主張を妥当と判断した。そこで、経営側の提案を上回る20～30％の賃上げを含む調停案を作成し、経営に受諾させるのに成功した[58]。州政府はこの成功によって、中立的な仲介者としてのイメージを労働者に強く印象付けた。非協力運動を通じて高まっていた反英感情を軽減する意味でも、植民地政府の目論見は成功したといえよう。

一方、政府の調停案を受け入れた経営側の意図は、以下のように推測できる。今回の争議では、組合は目立った活動を行う間もなく、むしろスト中止を促して労働者の行動に歯止めをかけた。長期的に見ればマドラス労働組合は地道に一定の成果をあげていたが、今回の争議に限って言えば、問題解決の立役者としてスポットライトを浴びたのは政府であった。そこで経営は、自主的に譲歩案を提示して寛大さを示した上に、政府のさらなる要求を「快諾」して、労働組合の無策ぶりを印象づけ、労働者を組合から引き離そうとした。その後経営は、労働組合に対しては強硬な姿勢で臨んだ。たとえば8月に、カーナティック・ミルの織布部門のマイストリを注意力散漫と怠慢を理由に解雇したが、組合活動に参加していたことへの懲罰解雇であった[59]。

第三次B＆Cミル・ストライキ（1920年10月～21年1月）

　1920年10月、バッキンガム・ミルで、織布工1名が無能という理由で解雇された。マドラス労働組合は、組合との関わりを理由とする不当解雇であるとして経営を非難した。他の労働者たちが彼の仕事を引き継ぐことを拒否すると、経営は彼らも解雇した。10月20日、残った織布工が機械脇に座り込んで仕事を拒否し、経営に直談判しようと工場事務所に向かった。驚いた工場経営者ベントレー（このとき不在だった）の弟が、労働者4人を足蹴にして侮辱した。労働者が抗議すると、今度は短銃を取り出して威嚇し、労働者たちを敷地から追い出した。翌日ベントレーはロックアウトを宣言した[60]。

　このときワディアは、AITUCの創設大会に出席するため、ボンベイに出かけていた。「穏健派」の長である彼が不在だったために、他の「穏健派」幹部は労働者たちを宥めることが出来なかった。また幹部の中にも、2月の争議での苦い経験を踏まえ、同じ轍をふまないようストを積極的に支援するべきだという考えをもつ者がいた。彼らはロックアウト対策委員会を設置して、スト破りを防ごうと工場周辺にピケットを張った[61]。ボンベイから戻ったワディアも、今回は労働者が抜き打ちストなどの「非合法」行為に及んでいないこと、それにもかかわらず経営側が労働者を侮辱し拳銃まで取り出したことから、労働者に分があると判断した。彼はロックアウト対策委員長を引き受け、「ロックアウトの責任はビニー・カンパニーにある。したがって、不当なロックアウトを宣

言した罪で罰せられるべきである」と非難した[62]。

　経営は組合との対話を拒否し、スト破りを雇って労働者の団結を切り崩そうとした。「不可触民」居住区[63]を集中的にまわって労働力を確保し、毎日警察が護衛するトラックで工場内まで送迎したが、それでもストを終息させることは出来なかった。そこで経営は11月1日に声明を発表し、10月20日の座り込みストに参加した織布工を再雇用すること、賃金50％相当の報奨金を支給し、21年末まで「トラブル」を起こさずに働けば75％まで増加することを提案した。要するにこの提案は、ロックアウト期間中の賃金を支払わないことを意味した。また、「トラブル（＝ストライキ）」を封じ込めようとする意図があることは明白であった。労働者はこれに応じず、労働組合は、ロックアウト期間中の賃金支払い、解雇者の復職、ベントレーの解雇、行動の「善悪」を基準とする報奨金の廃止を要求した。しかしこの頃には綿業が軍需によって膨張していた需要の急激な縮小に対応しきれず不振に陥っていたことが、経営の立場を強くしていた。つまり、ロックアウトが長引いても経営には大した打撃にならなかったのである。そこで経営は、ロックアウト対策委員会メンバーを起訴し、7万5000ルピーの損害賠償、工場運営への干渉禁止、集会禁止を求めるという強硬な態度にでた[64]。12月に入るとようやく経営も織布部門を除く全部門の労働者にロックアウト期間中の賃金を支払うと譲歩姿勢を見せたものの、雇用・昇進・解雇の決定権は会社に存すると主張して、織布工の解雇は取り消そうとしなかった。これに対して労働者は、解雇取り消し、組合承認、組合幹部に対する起訴取り下げを求めて譲らなかった[65]。12月7日と8日には、スト破りの「不可触民」労働者を乗せたトラックを労働者達が襲撃し、9日にはトラックに同乗していた警官隊の発砲によって労働者2名が死亡する事態にまで発展した[66]。

　ストは、死者が出てようやく会議派メンバーの耳目を集めた。M・シンガーラヴェールは、死亡した2人の遺骸を火葬場まで運び、イギリス系経営と植民地政府に抗議する姿勢をアピールした。彼はその後、E・L・アイヤルやカリヤーナスンダラ・ムダリヤール、チャッカライ・チェッティと共に、労働運動を積極的に支援するようになった[67]。こうして、非協力運動と労働運動の連携による相乗効果を狙う会議派系幹部が組合の主導権を握るようになった。一

方ワディアは、彼らの強硬姿勢に反発し、組合事務所に顔を出さなくなった[68]。

政府は、主要な労働者が復職すれば「特に不満を持たない他の労働者」もすぐに復帰すると楽観視していた。しかし、労働者の団結は政府が想像するより強く、復帰する者は現れなかった[69]。労働者の中には新しい職を得ようとする者も現れたが、ごく少数にとどまった。たとえば、炭鉱に職を得た者は、その大半が、女性の就労を忌避する傾向があり妻の収入に頼れないムスリムであった[70]。ロックアウトの長期化が労働者を一層困窮させていることに気づいたシンガーラヴェールは、会議派にスト支援金を供与するよう訴え、タミルナードゥ会議派委員会から3万ルピーの援助を引き出した[71]。組合は、この資金を元手に、米を安価で配給したり低金利で貸付を行ったりして、労働者の生活をサポートした[72]。

ロックアウトが長期化すると、カーナティック・ミルでも同情ストを起こす計画があるという噂が流れ始めた。そこでマドラス労働組合は、経営側に手紙を送り、カーナティック・ミルの労働者はこれまでストを資金面で支えるために仕事を続けてきたが、同情ストライキを起こす可能性があると警告した[73]。実際にカーナティック・ミルの労働者にストを起こす意志があったか否かはともかく[74]、マドラス労働組合は、噂を利用して経営側から譲歩を引き出そうとしたのである。21年1月24日、カーナティック・ミルで同情ストライキが始まった[75]。さらに翌25日には、マドラス市が雇用する清掃労働者も予告なくストに突入した[76]。街にあふれる失業者が商店を略奪する計画があるという噂も流れ始めた[77]。

政府は、これらの同情ストの背後には政治的意図があると警戒心を募らせた[78]。20年末の会議派ナーグプル大会から戻った会議派指導者が非協力運動に本格的に取り組み始めたことも、政府の危機感を煽った。マドラス市電労働者[79]や市職員もストを開始し、警察官からも同調する機運が生じたことから[80]、政府はマドラス市周辺の諸県に警官隊の応援を要請して、市内に厳戒態勢をひいた[81]。

危機感を抱いたのは労働組合の穏健派幹部も同様であった。ワディアは、労働運動がこれ以上急進化するのを防止すべく、アニー・ベサントを伴ってビニー・カンパニー取締役のシンプソンと会合した。その結果、経営は、ワディ

アら組合幹部に対する起訴を取り下げ、13人を除く織布工200人の解雇を取り消した。さらに、マドラス労働組合を、B＆Cミル労働者のみをメンバーにすることを条件に承認した[82]。一方、組合は、労働者の雇用・昇進・解雇に関する経営の自由裁量権を認めた[83]。この合意内容は、1月27日、ワディアがシンプソン同席のもとに開いた集会で労働者に伝えられた。

　労働者は、多大な犠牲を払った割には合意内容に実がないのに落胆し、次々とマドラス労働組合を脱退していった。一方、労働者と経営については「親交が回復」したという[84]。ただし、組合に見切りをつける労働者がいる一方で、一縷の望みをかけて組合に留まる労働者が少なからず存在したことも事実である。スト終了後、マドラス労働組合では、ワディアらの独断専行を批判したカリヤーナスンダラ・ムダリヤールをはじめとする会議派系幹部が指導権を握り、必死に組合の信頼を回復しようとした。こうして数か月後に再び争議が発生する。

第四次Ｂ＆Ｃミル・ストライキ（1921年5月～11月）

　21年5月20日、カーナティック・ミルの梳綿部門労働者が、突如ストに入った。経営が無断欠勤を禁ずるなど規律を強化していたことが原因だと憶測を呼んだが、直接的な契機はなかった。そのため労働局長は、外部から労働者たちに政治的働きかけがあったと推測し、労働者の説得を試みたが、労働者は復職しようとしなかった[85]。

　実際に外部から政治的働きかけがあったか否か定かではないが、会議派系組合幹部は積極的にストを支援し、バッキンガム・ミル労働者には同情ストを起こすよう働きかけた。収入がなくなることを恐れてストを嫌がる労働者に、チャルカーで糸を紡いで生活費を稼げば良いと非現実的なアドバイスをする幹部もいた[86]。カリヤーナスンダラ・ムダリヤールは、会議派が多額のスト支援金を用意しているという情報を流し、ストへの参加を呼びかけた[87]。6月3日、ついにバッキンガム・ミルの労働者が同情スト開始を決定し、20日にストを開始した[88]。

　ここで、カーナティック・ミルでのスト開始からバッキンガム・ミルで同情ストが始まるまで1か月もかかったことに注目したい。この間、会議派系の組

合幹部によって同情ストを起こすよう圧力がかけられたにもかかわらず1か月もの間ストが起きなかったことは、労働者の間に根強い反対があったものと考えられる。同情スト実行が決定されてもなお2週間以上実行に移されなかったことも、この推測を裏付けている。労働者は、期待される効果に比して犠牲が大きいと思われる手段に関しては、たとえ指導層から圧力を受けても反対する姿勢を示したといえる[89]。

最も強く同情ストに反対したのは「不可触民」労働者であった。「不可触民」労働者は、マドラス労働組合に書簡を送り、スト不参加を正式に表明した[90]。さらにスト開始予定日に、7～800人の「不可触民」労働者がプリアントープ地区の居住区（チェリ）から隊列を組んで出勤し、その決意を誇示した[91]。「不可触民」出身の州立法参事会議員M・C・ラージャーも、「不可触民」労働者に仕事を続けるよう忠告した[92]。

「不可触民」労働者が同情スト参加を躊躇した背景として2つの理由が考えられる。第一に、「不可触民」の間には、マドラス労働組合に対する根強い不信感があった。B&Cミルでは、「不可触民」労働者が全体の39％を占めていたにもかかわらず、マドラス労働組合のメンバーはほとんど上層カースト[93]で占められていた。「不可触民」労働者が組合に加入しようとしても、上層カースト労働者の利益が自分達の利益と「完全に一致する」と認めなければ参加できないような雰囲気が醸成されていたという。組合としては、カーストや宗教別に利益を追求するのではなく、労働者全員に共通する利益を追求し全体の地位向上を図るべきだという方針があった。しかしそれが裏目に出て、カーストや宗派によって労働者の生活条件も異なるという事実を無視する結果となった。さらに、経営が協同組合銀行と小売店の設置を提案し「不可触民」労働者がそれを歓迎したにもかかわらず、組合幹部が拒否してしまったことが「不可触民」の反感を助長したのである[94]。

第二の理由は、「不可触民」労働者の多くが非バラモン運動に共感していたことである。B&Cミルの「不可触民」労働者は「アーディ・ドラヴィダ」と名乗っていた[95]。既述のように「アーディ・ドラヴィダ」とは非バラモン運動のカースト理論から創出された名称であり、それを自称するからには非バラモン運動に共感していたと考えてよいだろう。したがって「不可触民」労働者

第 2 章 労働者の覚醒　　　　　　　　　　　　　　　　67

は、会議派系幹部が労働運動を反英活動（非協力運動）と連動させようとするのに反発したと思われる[96]。

　スト反対の立場を取る「不可触民」労働者と、「不可触民」以外、すなわちカーストヒンドゥーの労働者との間で衝突の恐れがでてきたため、州政府は、カリヤーナスンダラ・ムダリヤールに対して法的措置をとることを検討し始めた[97]。しかし、政府が動く前に衝突が発生した。6月29日午後、「不可触民」の小屋が何者かに放火された[98]。消防車も襲撃されて現地に到着できなかったために、82軒が焼失した。30日にはさらに11軒が放火され、消防署と警察署も襲われた。7月1日には近隣諸県から治安警察が応援に駆けつけたが、同日夜8時、狼煙を合図に数か所で同時に火の手があがり、2日には商店が略奪され、阻止しようとした警官1名が死亡した。暴動発生の知らせを受けたマドラス州知事は、政治運動指導者を召喚して、扇動行為禁止を通達した。さらに翌日には労働組合幹部と労働者を集めて自ら演壇に立ち、経営がストライカーを復職させるのに同意していることを伝えてスト中止をうながした。組合幹部はこれを拒否したが、1000人ほどが幹部の意に反して復職した。経営が工場操業を再開すると、組合決定を無視して復職する者は増加の一途をたどり、就労者数は一挙に4000人にまで回復した[99]。

　組合幹部は、動揺するストライカーの団結を維持するために、盛んに抗議集会を開くようになった。しかし、そこで批判の槍玉にあがったのは、経営ではなく「不可触民」労働者であった。ストを続ける労働者は、組合幹部が勧めるとおりにチャルカーで糸を紡いでみたものの、それを売って得られる金額は工場の賃金には遥か及ばず、日々の生活の糧にも事欠くようになっていた[100]。ストライカーの不安と苛立ちは、身近な「裏切り者」の「不可触民」労働者への妬みと憎しみに転化していったのである。こうして「不可触民」とカーストヒンドゥーとの関係は一層悪化し、8月29日には再び衝突が起った。警官の発砲によって労働者6名が死亡した。

　9月に入ると、ガンディーが騒擾の最中のマドラスを訪問した。ストライカーは、ガンディーが自分たちの行動を支持し正当化してくれるものと信じ込んでいた。しかしガンディーは、カーストヒンドゥー労働者が「不可触民」労働者に暴力を振るっているのを批判し、暴力を止めチャルカーを回すよう忠告

した。この忠告がストライカーにとっては的外れであり、不満の火に油を注ぐものであったのは言うまでもない。彼らはガンディーの演説会の翌日に再び暴動を起こした。9月19日には警察隊を襲撃し、警官は発砲して応戦した。10月に入っても状況は変わらず、5日には「不可触民」労働者がムスリムの葬列を侮辱したという理由で衝突が起き、警官が鎮圧のために発砲した[101]。

　ストライキが完全に失敗であることは、もはや誰の目にも明白であった。10月21日、労働組合の全体集会が開催された。このとき会議派系幹部のカリヤーナスンダラ・ムダリヤールやチャッカライ・チェッティの姿はなく[102]、かわりに正義党員が、最後までストを続けていた労働者たちに直ちに復職するよう指示し、ストはようやく終了した[103]。

　このストは、労働組合幹部にも経営にも様々な教訓を残した。まず経営は、労働者の不満を放置することによって生じるリスクを認識し、労働者福祉委員会（Workpeople Welfare Committee）を発足させた[104]。同委員会は、バッキンガム・ミルとカーナティック・ミルの双方から部門別に選出された労働者代表と経営側の代表から構成され、就労環境の向上について協議するものとされた。同委員会の設置は、労働者の不満の捌け口にするという経営の意図が明白とはいえ、労働者が不満を経営に訴える正式なルートが初めて整えられたという点で大きな意義があった[105]。実際に福祉委員会は、マドラス労働組合に対抗するという目論見もあって、労働者側が繰り出す要求をある程度は実現していった[106]。

　なお経営は、同委員会メンバーの選出方法として、「カーストヒンドゥーとアーディ・ドラヴィダという二大コミュニティ[107]」がそれぞれ代表を選出すると規定した。具体的には、人数が多い織布部門では3名の代表を選ぶためにコミュニティ別に候補者をたてて投票を行い、その他の部門では、バッキンガム・ミルでカーストヒンドゥーが代表になったらカーナティック・ミルの同部門では「不可触民」の候補者から選出するという方法をとった。このようなコミュニティ別選挙を、コミュナル対立を持ち込んで労働者の団結を切り崩そうとする経営の策略と解釈することも不可能ではない。経営は実際、スト破りを「不可触民」から雇用する傾向があった。しかし、「不可触民」がスト破りをせざるを得なかったのには経済的な理由があることを看過するべきではない。

第2章　労働者の覚醒

カーストヒンドゥー労働者は、他の職を見つけやすく、いざとなれば農村に残る親族を頼ることも可能であった上に、生活必需品を工場周辺の商店からツケで入手することもできた。しかし、宗教的社会的に様々な差別を受けていた「不可触民」は、それができないという事情があった[108]。つまり、「不可触民」のスト不参加は、経営や植民地政府がコミュナル対立を煽った結果というよりむしろ、宗教的制約・差別に由来する経済的不利益を原因としていた[109]。それにもかかわらず、マドラス労働組合が「不可触民」固有の利害を全く考慮しなかったことが労働者内部の対立を激化させたのは、既に述べたとおりである。経営がコミュナル代表制を導入したことは、「不可触民」の要望を汲み取り不満を軽減するのにある程度貢献したと評価できよう[110]。

一方、マドラス労働組合は、「不可触民」はもとより他の労働者の信頼をも失って、事実上機能を停止した。会議派系幹部は、非協力運動に労働者を動員しようとするあまりに、労働者が現時点で何を最も望んでいるか考慮しないままストを拡大・継続させた。その強引な手法は、指示に従おうとしない労働者に圧力をかけ労働者内部の対立を誘発してしまった。正義党系幹部も、非バラモンの団結を謳いながら結局はカーストヒンドゥー労働者の肩をもち、「不可触民」労働者の不満を汲み取る努力を怠った[111]。さらに悪いことに、会議派系幹部も正義党系幹部も、ストが失敗に終わった後、労働者に有益な方策を講じることができなかった。そのため労働者は、労働運動指導者や政治家に裏切られたと感じ、組合そのものに対する不信感を募らせたのである[112]。

3　地方への労働運動の波及

コーインバトゥールにおける労働組合の誕生

第一次大戦の影響は地方都市にも波及し、食糧不足と物価高騰が労働者を悩ませていた。そこへマドラス労働組合が結成されたという情報が新聞等を通じて地方に伝わり、これにならって組合を作ろうとする機運が生じた。さらに、会議派系政治家の一部が非協力運動の一環として労働者の組織化に取り組んだことが、地方での組合結成を後押しした。マドラス労働組合では政治を労働問題に持ち込むことへの抵抗が強かったため、非協力運動に共鳴する組合幹部の中には、V・O・チダンバラム・ピッライ[113]のように新たに別の労働組合を

作ろうとする者が現れた。「穏健派」のG・アルンダーレがマドラス・南マーラッタ鉄道会社の労働者を組織すると、これとは別に独自の組合を立ち上げようとする動きが見られた[114]。しかし、マドラス市内ではこれらの試みはほとんど成功しなかったために、非協力運動指導者は地方工業地帯に注目するようになった。

1920年4月、チダンバラム・ピッライは、熱心な非協力運動指導者だった弁護士のN・S・ラーマスワーミ・アイヤンガールと協力して、コーインバトゥール繊維産業労働組合（Coimbatore Labour Union for the Textile Workers）を結成した。ラーマスワーミ・アイヤンガールは、民族運動に大衆を動員するためには労働運動と連携するべきだと考えていた。そのため彼が推進する労働運動は、植民地政府やイギリス系経営代理会社ステーンズを標的にした[115]。

コーインバトゥール初の組合結成に力を得たのか、21年4月、CS&Wミルで事務員1名が解雇されたのを発端として事務スタッフがストライキを起こした。彼らは新規に雇用された事務員を侮辱し、前任者の復職を求めた。コーインバトゥール繊維産業労働組合が仲介を申し出たが、経営は、幹部が部外者であることを理由に組合を承認せず、話し合いの席につくことも拒否した[116]。そのため、一般労働者も加えた大規模ストに発展するのではと危惧されるほど緊張感が高まった。22年1月に再び同工場でストが起きたとき、ラーマスワーミ・アイヤンガールは逮捕されるのを恐れて労働運動から手を引いてしまい、労働者を失望させた。同年3月のストもやはり労働者の敗北に終わり、チダンバラム・ピッライも信用を失なった[117]。その後、経営が組合に加入しようとする労働者を脅迫したことも手伝って、コーインバトゥール繊維産業労働組合の活動は停滞期に入った[118]。

マドゥライにおける労働運動の展開

マドゥライでは、労働者が1917年から断続的に賃上げを要求してきたが、経営者に口頭で陳情するだけで、組織的な活動は行われていなかった。しかし、マドラスで組合が結成されたというニュースが新聞や噂でマドゥライに伝わると、地元の弁護士で正義党員のJ・N・ラーマナータンが労働者の立場を代弁しようと試みるようになった。

18年7月21日、マドゥライ・ミルの労働者が賃上げを要求して、予告なしにストライキに入った。経営代理会社のハーヴェイ・カンパニーは、部外者のラーマナータンが労働者を扇動していると考え、賃上げを拒否した。さらに、マドゥライ県長官に圧力をかけて、ラーマナータンに対して集会演説禁止令を発令させた。そこで、ラーマナータンと親交があった弁護士のジョージ・ジョセフが、ラーマナータンに替わる指導者としてP・ヴァラダラジュル・ナーイドゥをコーインバトゥールから招聘した。

自治要求運動の活動家であったナーイドゥは、8月16日にマドゥライに到着すると盛んに演説を行って、経営のみならず植民地政府も批判した。彼の指導のもとで、労働争議はにわかに反植民地政府・反イギリス系経営という民族主義的色彩を帯び始めた。ナーイドゥは労働者と話し合った上で、12.5％の賃上げ、労働時間の12時間から10時間への短縮などの要求をまとめ、経営に提示した。しかし経営は、部外者であるナーイドゥとの対話を拒否した。政府は、ナーイドゥの活動を放置すれば反英感情がさらに悪化すると恐れて、18日、彼を扇動罪で逮捕した。

経営は、指導者を失えば労働者もすぐ復職するだろうと工場を再開した。しかし、復帰したのは女性労働者300人だけで、大半の労働者は復職を拒否した。彼らは、団結して抵抗することを神前で誓う儀礼を行っていたのである。そこでマイストリが女性労働者に対し、男性労働者をつれて出勤するよう命令したが効果はなく、わずか3人の男性労働者が復職するにとどまった。しかもその1人が機械操作中に怪我をすると、残りの2人は神の祟りだと恐れをなして帰宅してしまった。28日、ナーイドゥが拘置所から裁判所に向かう時、興奮した群衆が護送車の行く手を阻んだ。警察が発砲し、1人が死亡した。

マドゥライ県長官は、経営側が強硬姿勢を貫けば民族主義者につけ入る隙を与え、労使争議が反英闘争へと転換してしまうと危惧し、労働者に譲歩するようハーヴェイを説得した。その結果、30日、ハーヴェイは、マドゥライ県長官が提案した25％もの賃上げに同意した。これは労働者側が要求していた賃金引上げ率の2倍に相当した。予期せぬ成果に満足した労働者は、このあとしばらく平穏を保った[119]。

マドゥライ初の労働組合であるマドゥライ労働組合（Madura Labour Union）

は、18年11月、ラーマナータンによって結成された[120]。正義党員であった彼は、ナーイドゥら会議派系活動家に対抗するという目論見から、労働者集会の場を借りて会議派指導層を批判した。ただし、会議派や自治連盟とも親密な関係にあったジョージ・ジョセフとは協力して組合運営にあたり、労働者の地位向上に尽くそうとした。しかし次第に、ジョージ・ジョセフとラーマナータンの意見の違いが目立つようになる。そもそもジョージ・ジョセフは、弁護士として下層カーストの地位向上問題に取り組んでいた関係から下層カースト出身者が多い工場労働者の就労環境の改善にも関わるようになったという経緯がある。そのため正義党が掲げる非バラモン主義にも共感し、ラーマナータンとも交流を重ねてきたのである[121]。しかし同時に民族主義者でもある彼は、正義党がイギリス支配を支持している点で、正義党の政治的立場と相容れなかった。ラーマナータンがイギリス系経営に対しても比較的穏健な態度を取ったことが、両者を分かっていった。

　1920年1月28日夕方、マドゥライ・ミル労働者が再び予告なしにストに入った。彼らの要求は25%の賃上げであったが、スト開始の直接の契機は、経営が組合結成に関わった人物と労働者との接触を禁じたことと、マイストリの一人を職務怠慢という理由で処分したことであった[122]。実はこのマイストリも組合結成に携わっていたために、労働者達は懲罰処分だとみなして同情したのである[123]。翌日、労働者が誰一人出勤しなかったため、経営はロックアウトを宣言した。

　このストについては、組合幹部も事前に相談や予告を受けていなかった。スト発生の報を受けたジョセフは、ただちに労働者を集めて集会を開いた。しかし彼は、労働者の不満を聞くことなく、逆に労働者の「過ち」を批判した。いわく、「幼稚なやり方で何の目的もなくストライキを始めて世間の同情を失ってしまった」と。労働者は仕方なく31日に復職したものの、賃金問題もマイストリの処遇も未解決のままだったため不満を募らせていった[124]。政府は、労働者の組織化が進んで資金源が確保されればストが再発する恐れがあると警戒を強めた[125]。

　しかし政府の懸念は杞憂であった。なぜならこの時期の労働運動指導者は、ワディアやジョセフに代表されるように、ストライキを「非合法」的最終手段

とみなして忌避する傾向が強かったためである。たとえば、労働者を復帰させた後に労働者を集めて演説したジョセフの言葉を見てみよう。

> 私は、いまここで、諸君の行動が正しかったか否か断ずるつもりはない。ただ私は、ストを中止して復帰するよう忠告し、諸君はそれに従ってくれた。したがって私は、ここで復職を促した理由をきちんと説明しておくのが私の義務だと考える。確かにこの組合が結成されたのはごく最近だ。しかしショックだったのは、労働者や組合員が何らかの不満を抱いたならばまず組合に訴えるべきだったのに、それをしなかったということだ。ストとはあくまでも最終手段だということを肝に銘じてほしい。ストに訴えるまでには何段階ものステップを踏まなければならない。マイストリから平の労働者に降格されたアンガッパン氏は、経営に訴える権利を持つ。しかしアンガッパン氏は、雇用主に公正な対応など期待できないと考えて訴え出なかった。アンガッパン氏には、工場全体を代表する組合に訴える権利もあった。そうしたほうが元の地位に戻れる可能性が高かった。もしこのような合法的手続きを踏んでいれば、彼は確実に復帰できただろう。私が〔経営者の〕オズボーン氏と話し合って、君たち労働者も満足できるような譲歩を引き出せただろう。これらの合法的手続きが頓挫し、かつアンガッパン氏の事案がストを起こすに値すると判断したら、ここで初めてストをする権利が生ずるのだ。〔後略〕[126]

ジョセフがこのように、ストライキ権を否定しないといいながら、ストを「合法的手続き」の範疇からはずしているのは、基本的にストを暴力行為とみなし回避しようという意識の表れといえよう。

またジョセフにとって、経営と交渉するのはあくまでも自分たち組合幹部であって、労働者は指導者の指示を仰ぎその指導に従うべき存在であった。労働者が何らかの形で意思表示することが労使交渉に影響を与える可能性にも思い至っていない。つまり彼は、労使交渉過程で、本来当事者であるはずの労働者が行動主体になることを想定していなかったのである。彼のこのような態度は決して例外的ではなかった。当時の労働運動指導者は概して、労働者を庇護

し導くという父権主義的立場にたっていた。ただし、労働者のほうも、ストを起こした後は、不満を具体的に表明するなどの次の行動に移ろうとしなかった。ストの次の行動を取れなかったのは、彼ら彼女らがまだ自分たちの不満を表現する手段を身につけていなかったためである。

　とはいえ労働者たちは、ストの経験を通じて新聞の影響力を認識するようになった。ストを起こしたことにより新聞に取り上げられ、たとえ記事内容がストに同情的でなくても少なくとも世間の注目を集めることを体感したのである。指導者たちは、新聞によってその伝え方が異なることを改めて認識した。たとえば『ヒンドゥー』記事（１月29日付）は、「ハーヴェイ系列のマドゥライ・ミルが昨晩突然ストライキに入った。マイストリが、先週から警告を受けていたにもかかわらず職務怠慢で一般労働者に降格され、昨晩解雇された。しかし労働者は、彼が新設の労働組合に関わったために処罰されたと同情した」というように、淡々と事件を伝えた。しかし『ニュー・インディア』（１月31日付）は、「経営が労働者を思いやってきたにもかかわらず、労働者は昨日夕方５時からストライキに入った」という一文にはじまり「労働者は自らの過ちを認めて今朝復帰した」という文章で締めくくられた記事を掲載した。これは、あたかも組合幹部が労働者を扇動してストをおこさせたかのような印象を読者に与える内容であった[127]。この件で労働運動指導者は、一見「事実」を羅列しているにすぎない記事が新聞社の立場によって全く異なる内容に変貌し、自分たちの主張が必ずしも十分には伝わっていないことに気づいた。彼らはこれを教訓とし、自ら新聞に投稿して労働者の立場を積極的にアピールするようになっていく。

　２回のストに直面した経営は、労働者が組織化されたときの力は無視できないと認識した。そこで彼らが取った策は、組合活動の芽を摘むことであった。マイストリや事務スタッフを通じて、労働者が組合に参加しないよう陰に陽に圧力を加えた。労働者を２、３人ずつ事務所に呼び出して、組合に加入すれば解雇すると脅迫することもあった。組合主催の集会にはマイストリも出席して、誰が参加しているかチェックした[128]。そこで労働者側は、顔を見られないよう、辺りが暗くなる日没後に野外で会合を持つことによって対抗した[129]。

　２回目のストから数か月後の４月12日、争議が再発する。３回目のストを開

第2章 労働者の覚醒

始したのは女性労働者である。マイストリが女性労働者に対して組合と縁を切るよう脅迫し、性的暴行を加える事件があった。日頃からマイストリの横暴に悩まされていた女性労働者は、これを契機に女性マイストリを雇用するよう要求した[130]。その他にも、女性労働者は、出産と育児に関する問題を抱えていた。彼女たちは、妊娠しているとマイストリに知られると、本人の意思とは関係なく妊娠6か月から出産後3か月まで休職させられ、その間の賃金が一切支払われないことに強い不満を抱いていた[131]。出産後は、託児所がなく乳児を工場敷地内につれてくることも禁じられていたために、仕事の合間をぬって敷地外で授乳せざるを得ず、遅刻や欠勤することもしばしばであった[132]。彼女たちに同情したタイムキーパーが欠勤者を出勤扱いにしたり出勤時間をごまかしたりしていたが、マイストリに見破られ、「マイストリを欺いた」という理由で解雇された。これが直接的な契機となり、女性労働者700名がストに入ったのである。男性労働者も、前回のストが組合幹部によって中止させられてから無視されたままの賃上げ要求を掲げて合流した。経営はロックアウトを宣言し、リーダー格の女性労働者14名と労働組合メンバー49名を解雇した。

　ここで労働局長が介入し、女性労働者を見せしめ的に解雇するのは得策ではないと経営に忠告した。しかし経営は、ストのたびに要求を受け入れてきた結果「労働者がつけあがった」とし、規律を回復するべく断固ストと対決すると主張した[133]。一方組合幹部は、マドゥライ市内でデモ行進を行い、ハーヴェイ系列工場が生産する綿糸をボイコットするよう地元商人に訴えた。会議派系活動家も、イギリス系工場の製品をボイコットすることは非協力運動やスワデーシの精神に通じるとして労働者を支持し、ストは民族運動との関係を強めていった[134]。

　労働運動が民族主義を帯びるようになったため、警察長官が労働局長と共に経営の説得に乗り出した。その結果、5月3日にロックアウトが解除され、警察が警備に当たるなか400名の労働者が出勤した。ところが、経営がロックアウト期間中の賃金支払を拒否すると、労働者は皆すぐに帰宅してしまった。そこでマイストリが元労働者1000人をスト破りにリクルートし、20日に工場を再開させた。その後、スト破りとストライカーが対立し、暴行事件が頻発した。ジョージ・ジョセフがスト支援金を集めたがその資金も底をつき、結局ストは、

6月3日、資金不足で崩壊した。復職を望む労働者が工場に殺到したが、ハーヴェイは、これを機に人員削減を図り、組合活動に携わっていたマイストリや労働者を一挙に解雇した[135]。

この敗北により労働組合指導者は信用を失い、ある者はマドラス市へと移り、ある者はトゥティコリンに活動拠点を移していった[136]。ストライキの敗北と組合員の犠牲解雇は、マドゥライにおける初めての組合組織化に打撃を与えた。

小 括

マドラス州における労働者の組織化を主導したのは、労働問題に関心を抱いた慈善活動家と、大衆動員を目論む政治運動指導者であった。第一次世界大戦中から戦後にかけて、民族運動がエリート中心の運動から大衆運動へと変質するにしたがって、民衆が団結したときのエネルギーが一部の政治運動指導者に認知されるようになった。ただし彼らは、政治運動に大衆を動員する必要を感じたとしても、民衆の要求を運動方針に反映させる必要性を認識したわけではなかった。したがって、恒常的に労働者に接触してその不満を知ろうとする意思にも欠けていた。「不可触民」を含む非バラモンを代弁して会議派のバラモン中心主義にアンチテーゼを唱えた非バラモン運動の指導者も、例外ではなかった。つまり、この時期の労働運動におけるエリートと民衆の関係性のベクトルは、指導者から労働者への一方方向であったといえる。

それでも、この一方方向的関係が労働運動に与えた影響は小さくなかった。指導者は、労働者を集めて演説しては他業種や他地域の労働環境に関する情報を提供し、労働者の漠然とした不満に根拠と合理性を与えた。このことが、労働者が自分の就労環境や生活環境の問題点を認識することを助けた。

創生期の労働組合は、組織としては未熟だった。幹部である慈善活動家や政治運動指導者は、事務所に常駐しているわけではなく各地の組合の幹部を兼任して、いざというときに現地にいないことも多かった。そのため労働者は、目下の不満を解決する手段を模索しなくてはならなかった。労働者たちは、まだ争議の主体として経営と直接交渉する能力がなく、経営や組合幹部でさえも労働者を交渉主体として認めていなかった。したがって、労働者にとって重要になるのは、普段は接触のない指導者に自分達の不満を知らしめ、雇用主と交渉

するよう仕向けることであった。

　そこで労働者は、指導者の注意を喚起するという目的のスト、すなわち「注意喚起ストライキ」を起こした。突発的なストは、労使交渉の手段というよりは、指導者から労働者への一方向的関係性を打開しようとする労働者からの働きかけであった。しかしストが起きると、組合幹部やその他の政治運動指導者が労働者に接触したものの労働者が何を欲しているのかろくに把握せずにストを抑制したり、あるいは反対に政治的見地からスト継続を強要したりした。こうして指導者と労働者の間にはしばしば離齬が生まれ、組合に対する不信感を労働者に植え付ける一因となった。

　従来の労働運動研究では植民地政府の抑圧的役割が強調される傾向があることを考慮すると、労働者や労働組合幹部が、政府に「中立的仲介者」としての役割を果たすよう期待していたという事例は注目に値する。経営側も部外者が幹部を占める組合との直接対話を拒否したため、政府は、双方の意見を伝達するメッセンジャー役を果たすと共に、両者の合意点を模索し説得する役割まで担った。こうして、労使対立の当事者同士は直接対峙することなく、政府が両者を取り持つ主体になった。

　複数の新聞が相次いで労働争議を記事にするようになったことは、その後の労働運動とメディアの関係を考える上で重要である。労働者は、ストを起こすことによって記事に取り上げられ、その結果として世論に影響力を及ぼしうることを経験した。同時に、新聞によって記事のニュアンスが異なり労働者の立場が必ずしも十分に説明されていないということが認識されるようになった。以後、運動指導者たちは、メディアの活用法を模索するようになっていく。

　第一次高揚期の労働運動においては、運動指導者は労働者の信頼を獲得するのに失敗したといえる。これを教訓に、運動指導者は、いかに労働者に接していくべきか改めて検討するようになる。そしてその反省の中から、共産主義的な労働運動が発展していくのである。

註
1）*Census of India*, 1921, vol. XIII, Madras, part I, Report, Appendix I, General Summary of Main Statistics of Natural Divisions.

2）内訳は、熟練工4万5209人、非熟練工12万995人である。各産業従事者から管理職と事務職を除いて労働者数を算出した。*Census of India*, 1921, vol. XIII, Madras, Part II, Imperial and Provincial Tables, p. 262.

3）*Ibid.*, pp. 262-285.

4）*Ibid.*, pp. 267-268.

5）1921年国勢調査のデータでは、マドラス州内のライス・ミル数は353である。このうち従業員数10〜20人のミルが157、20〜50人のミルが148で全体の86％（従業員数の67％）を占めている。*Ibid.*, p.277. 零細工場の発展については以下を参照のこと。Baker, C. J. *An Indian Rural Economy 1880-1955: The Tamilnad Countryside*, Oxford, Clarendon Press, 1984；柳澤悠「南インドにおける小農化傾向と農村小工業」溝口雄三・浜下武志編『アジアから考える6　長期社会変動』東京大学出版会、1995年、231-263頁。

6）このうちコーインバトゥール県は1930年代に入ってから急速に発達した地帯で、他の地域とは異なる特徴を有していた。同地域の30年代以降の発展については、第9章で詳しく述べる。

7）Murphy, E. *Unions in Conflict: A Comparative Study of Four South Indian Textile Centres 1918-1939*, New Delhi, Manohar, 1981, p. 8.

8）Interview with G. V. Doraiswami Naidu, Manager, Sri Varadaraja Mills, 9 Nov. 1998; Interview with P. Ranganathan, Supervisor, Sri Varadaraja Mills, 9 Nov. 1998.

9）報酬は、役職手当と利益に応じた手数料からなるのが普通だが、地域差があった。経営代理会社の報酬を地域別に見てみると、ボンベイとカルカッタでは給料と手数料からなるが、アーメダバードでは手数料のみであった。また契約期間は、ボンベイで30〜40年、カルカッタ10〜20年に対し、アーメダバードでは「半永久」であった。Kulkarni, V. B. *History of the Indian Cotton Textile Industry*, Bombay, Millowners' Association of Bombay, 1979, p. 309.

10）Benjamin, B. S. *Practical Cotton Mill Management*, Bombay, Thacker & Company, 1934, p. 72.

11）山本達郎編『インド史』山川出版社、1960年、340-341頁。

12）株主への配当金6％を支払えない年度でも、経営代理会社には利益の三分の一の手数料が支払われることもあった。Indian Tariff Board *Report of Indian Tariff Board regarding the Grant of Additional Protection to the Cotton Textile Industry*, Calcutta, 1932, p. 79.

13）R・パーム・ダット『現代インド』岩波書店、1956年、73-74頁。

14）Chakrabarty, D. *Rethinking Working-Class History; Bengal 1890-1940*, New Delhi, Oxford University Press, 1989, p. 46.

15）*The Story of an Old Mill*, n.d., n.p., pp. 4-7. ただし、コーインバトゥールで1930年代に続々と設立された工場は全て、資本も経営もインド系である。イギリス系だった2工場も、大恐慌で経営不振に陥ったあとインド系資本と経営に取って代わられた。したがって、コーインバトゥールはインドの工業都市の中では特殊な位置を占めるといってよい。

16）Benjamin, *op.cit.*, pp. 71-73.

第 2 章　労働者の覚醒　　　　　　　　　　　　　　79

17) 1918年から22年にかけてマドラス市内で起きたバッキンガム&カーナティック・ミルの争議などがその典型例である。また、31年に労働問題にかんする王立委員会が、マドラス労働組合を認めようとしないバッキンガム&カーナティック・ミル経営陣の態度を問題視した際、カーナティック・ミル経営者のハーグリーヴズは、「そういう質問に答えるのは経営代理会社の仕事だ」として責任を転嫁した。*Royal Commission on Labour in India*, vol.VII, part 2, Oral Evidence, p. 178.

18) マイストリは、各地をまわって労働者を工場へ送り込む仲介斡旋業者であると同時に、工場で労働者を取りまとめる現場監督でもある。

19) *Royal Commission on Labour in India*, vol.VII, part 2, Oral Evidence, p. 170.

20) *Royal Commission on Labour in India*, vol.VII, part 1, Written Evidence, p. 134; part 2, Oral Evidence, pp. 171, 189.

21) マドラス市内のインド系工場チョーライ・ミルでも同様に、工場経営者か事務員が工場入口で労働者を選別し雇用した。*Royal Commission on Labour in India*, vol. VII, part 2, Oral Evidence, pp. 191-92.

22) *Royal Commission on Labour in India*, Report, pp. 21-24; *Ibid.*, vol.VII, part 2, Oral Evidence, pp. 71, 74.

23) Rao, B.Shiva *The Industrial Worker in India*, London, George Allen & Unwin, 1939, pp. 89-93, 170.

24) Slater, G. *Southern India: Its Political and Economic Problems*, n.p., 1936, p. 100.

25) Sarkar, S. *Modern India 1885-1947*, Madras, Macmillan, 1983, pp. 169-171.

26) マドラスでは、豊作にもかかわらず物価高なのは奇妙だという意見や、政府が大量の米を買い占めて国外に販売しているという噂がながれた。実際は、米販売業者が米作地帯のタンジョール県で米を買い占めコーインバトゥールなどの乾燥地帯で高額販売したために、米作地帯をも含む州全体での米価急騰を引き起こした。*FNR*, 1st half of Feb., 1921.

27) Rao, *op.cit.*, p. 10.

28) Sarkar, *op. cit.*, pp. 171-172.

29) Rao, *op.cit.*, p. 19.

30) 1920年代、30年代を通じて労働組合の発展に尽力し、37年にはジュネーブで開催された国際労働機関大会に出席した。37年からはそれぞれマドラス市議会議員とマドラス州立法議会議員を務めた。*Ibid.*, p.13.

31) 民族系新聞『スワダルマ』の編集者で会議派メンバー。労働問題にも関心をよせ、1922年ごろには、M・N・ローイの注意をひき、モスクワ行きを打診されている。シンガーラヴェールとともに労働運動を政治運動と連動させようとして、ワディアと対立するようになった。Letter, from Roy to Singaravelu, 12 Nov. 1922; Letter, from Singaravelu to Roy, 28 Nov. 1922, *USSF 493*.

32) Murphy, *op. cit.*, p. 73.

33) *Royal Commission on Labour in India*, vol. VII, part 2, Oral Evidence, pp. 174-75.
34) Rao, *op. cit.*, p. 16.
35) Wadia, B.P. *Labour in Madras*, Madras, S. Ganesan and Co. Publishers, 1921, p. 25; Rao, *op.cit.*, p. 15.
36) Murphy, *op.cit.*, p. 68.
37) Copy of the Letter from the Manager (Secretaries and Treasurers, The Buckingham Mill Co., Secretaries, The Carnatic Mill Co., Ltd., Madras) to the Commissioner of Police, Madras, 31 Oct. 1918, *Public GO 1929, 1918*.
38) Letter No.1029, Public Department, GOM, to Home Department, GOI, 9 Nov. 1918, *Ibid*.
39) *Madras Mail*, 31 Oct. 1918.
40) 精紡部門の賃金は日当だった。Copy of the Letter from the Manager (Secretaries and Treasurers, the Buckingham Mill Co., Secretaries, The Carnatic Mill Co., Ld., Madras) to the Commissioner of Police, Madras, 31 Oct. 1918, *Public GO 1929, 1918*.
41) *Madras Mail*, 31 Oct. 1918.
42) Copy of the Letter from the Manager (Secretaries and Treasurers, the Buckingham Mill Co., Secretaries, The Carnatic Mill Co., Ld., Madras) to the Commissioner of Police, Madras, 31 Oct. 1918, *Public GO 1929, 1918*.
43) *Justice*, 28 Oct. 1918.
44) Copy of the Letter from the Manager (Secretaries and Treasurers, The Buckingham Mill Co., Secretaries, The Carnatic Mill Co., Ld., Madras) to the Commissioner of Police, Madras, 31 Oct. 1918, *Public GO 1929, 1918*.
45) *Justice*, 28, 29 Oct. 1918.
46) *Madras Times*, 30 Oct. 1918.
47) 合法的ストライキを規定する条文を含む労働争議法が制定されるのは1929年であるため、厳密にはこの時点では、合法的手段と非合法的手段の区別はない。
48) *Royal Commission on Labour in India*, vol.VII, part 2, Oral Evidence, p. 188.
49) *Madras Mail*, 31 Oct. 1918.
50) Murphy, *op.cit.*, p. 68.
51) たとえば、ベサント率いる自治連盟の機関紙になった『ニュー・インディア』、自治連盟の活動に対抗して結成された正義党の機関紙『正義』、会議派内部の非バラモン党員が結成するマドラス管区協会の機関紙『愛国者（デーサバクタ）』などがある。マドラス労働組合幹部の一人で『愛国者』の編集長でもあったカリヤーナスンダラ・ムダリヤールは、非協力運動に賛同して労働者向けのタミル語雑誌を創刊した。なお、民族運動とジャーナリズムの関係については以下が詳しい。Israel, M. *Communications and Power: Propaganda and the Press in the Indian Nationalist Struggle, 1920-1947*, Cambridge, Cambridge University Press, 1994.
52) *Justice*, 29 Oct. 1918.
53) 法務省の下に労働局が設置され、1926年には法務省から独立して公共事業・労働省と

なった。*Royal Commission on Labour in India*, vol.VII, part 2, Oral Evidence, p.242.
54) *Ibid.*, pp. 236, 257.
55) *FNR*, 2nd half of Feb., 1920.
56)「穏健派」を代表する労働組合運動活動家。ワディアと同様に、ベサント率いる神智学協会の会員であった。1924年から26年にかけてマドラス労働組合議長を務めた。
57) *FNR*, 1st half of Feb., 2nd half of Feb., 1920.
58) *Royal Commission on Labour in India*, vol.VII, part 1, p. 38.
59) *FNR*, 1st half of Aug., 1920.
60) *FNR*, 2nd half of Oct., 1920.
61) Murphy, *op. cit.*, p. 74.
62) *New India*, 8 Nov. 1920, in Krishna, C. S. *Labour Movement in Tamil Nadu 1918-1933*, New Delhi, K.P. Bagchi & Company, 1989, p. 62.
63)「不可触民」労働者はチェリと呼ばれる「不可触民」専用居住区に住んでいた。
64) *FNR*, 1st half of Nov., 2nd half of Nov., 1920.
65) Murphy, *op. cit.*, p. 74.
66) *FNR*, 2nd half of Dec., 1920.
67) Murukesan, K., Cuppiramaniyam, C.E. *Cinkāravēlu-Tennintiyāvin Mutal Kamyūnist*, Cennai, Niyu Cencuri Puk Havus, 1991, p. 36.
68) *FNR*, 1st half of Jan., 1921.
69) *Ibid.*
70) *Ibid.*
71) Report No. 1305C/SF 225-7, from Special Branch, Criminal Investigation Department, 23 Aug. 1923; Report No. 1316 C/SF 416-4, from Special Branch, CID, 27 Aug. 1923, *USSF 493*.
72) *FNR*, 1st half of Jan., 1921; Rao, *op. cit.*, p. 182.
73) *New India*, 21 Jan. 1921.
74) 州政府は、同情ストの噂は根拠がないとし、むしろ同情ストを嫌がるカーナティック・ミル労働者に精神的圧力を加えるためにこのような噂が流されたのではないかと分析している。ここで州政府は、カーナティック・ミルには「不可触民」労働者が多いと指摘しており、これを同情ストの噂を否定する根拠の一つにしている。なぜならバッキンガム・ミルでスト破りとして雇用されたのが「不可触民」であったことに示されるように、「不可触民」労働者はストを忌避する傾向があるためである。この点については後に検討する。*FNR*, 1st half of Jan., 1921.
75) *Ibid.*
76) 清掃労働者は、前年に賃金が上っていたうえに市場価格より安く米を買えるという優遇も受けていた。マドラス市長は、ストを起こすほどの逼迫した理由はないといぶかり、不満があるなら労働局長に直接説明するよう求めたところ、26日に数名の清掃労働者が現れて賃金などに関する不満をいくつか述べた。労働局長が、とりあえず復職す

れば善処すると約束すると、彼らは「アドバイザー」に相談するといって回答を保留した。清掃労働者は、27日朝の集会で即日復職すると決定したものの、「仕事に戻りたいが、B&Cミルの労働者が妨害している」として仕事を再開しなかった。以上の経緯は、同情ストを起こすよう働きかけた者が存在したことを示唆している。Letter D.C.No.104, President, Corporation of Madras to the Secretary, Government of Madras, 27 Jan 1921, *Public GO 82, 1921*.

77) *FNR*, 2nd half of Jan., 1921.
78) Letter D.C.No.104, President, Corporation of Madras to the Secretary, Government of Madras, 27 Jan. 1921, *Public GO 82, 1921*.
79) 非協力運動指導者は、1921年1月にイギリスのコンノート公がマドラス市を訪問するのに合わせて、公共交通機関のゼネストを計画した。これに呼応して市電労働者がストを開始した。*FNR*, 1st half of Jan., 1921.
80) Letter No.2773, Government of India to Government of Bombay, 3 Jun 1921, *Public GO 400, 1921*.
81) *FNR*, 2nd half of Jan., 1921.
82) しかし組合幹部を労働者から調達できなかったため、承認は取り消された。*Royal Commission on Labour in India*, vol. VII, part 2, Oral Evidence.
83) *FNR*, 2nd half of Jan., 1921.
84) *FNR*, 2nd half of Feb., 1st half of Mar., 1921.
85) *FNR*, 2nd half of May, 1921.
86) *FNR*, 1st half of Jun., 2nd half of Jul., 1921.
87) 『ニュー・インディア』記事(7月16日付)によると、彼は会議派から支援金として10万ルピーを受け取ったと主張し、その事を記事として掲載するよう要請したという。
88) *FNR*, 2nd half of Jun., 1921.
89) マーフィーは、労働者は容易に動員される存在であったとしているが(Murphy, *op. cit.*, p. 76)、労働者が必ず運動指導者に盲従する存在ではなかったことをこの事例が示している。
90) ただし、「不可触民」が全員団結してスト不参加を決めたわけでもない。自発的か圧力に屈したのかは不明だが、ストに参加した者も少なからずいた。*FNR*, 1st half of Jul., 1921.
91) Murphy, *op. cit.*, p. 77.
92) *FNR*, 2nd half of Jun., 1921.
93) ここでの「上層カースト」とは、「不可触民」よりは宗教上の地位が高いという意味である。
94) *FNR*, 1st half of Apr., 2nd half of Apr., 1921.
95) 政府隔週報告は、「同工場の不可触民労働者はパンチャーマではなくアーディ・ドラヴィダを自称している」と指摘している。*FNR*, 1st half of Apr., 1921.

第 2 章　労働者の覚醒　　　　　　　　　　　　　　　　　　　　　83

96) 同時期プリアントープ地区で、「不可触民」が非協力運動への参加を断ったことが原因でムスリムと衝突するという事件も起きた。「不可触民」1人が死亡し、ムスリムの家が数軒焼失した。*FNR*, 2nd half of Apr., 1921.
97) *FNR*, 2nd half of Jun., 1921.
98) 「不可触民」居住区への放火は、実はカーストヒンドゥーのストライカーに罪を着せるために警察に唆された「不可触民」自身が行ったのだという噂が広まり、ほとんど公然たる事実として認識されてしまったという。Rao, *op. cit.*, p. 205.
99) *FNR*, 1st half of Jul., 1921.
100) 前回のストではシンガーラヴェールが会議派から支援金を引き出したが、今回カリヤーナスンダラ・ムダリヤールは資金を集められず、スト中の労働者を援助することができなかった。
101) *FNR*, 2nd half of Aug., 2nd half of Sep., 1st half of Oct., 1921.
102) Murphy, *op. cit.*, p. 80.
103) *FNR*, 2nd half of Oct., 1921.
104) *Royal Commission on Labour in India*, vol.VII, part 2, Oral Evidence, p. 230.
105) 1926年労働組合法の制定に伴い、経営主導によるB&Cミル労働組合が形成されると、同組合が賃金と勤務時間等の雇用条件を経営と直接交渉する役割を担い、労働者福祉委員会は福利厚生や労働者の個人的問題を扱うようになった。*Ibid.*, pp. 167, 172.
106) のちにマドラス労働組合議長を務めたB・シヴァ・ラオは、「福祉委員会は〔マドラス労働組合に対して〕対抗心を露わにしてきた。たとえば、我々が労働者の傷害賠償問題を取り上げると、委員会も慌てて賠償問題を取り上げるようになった。我々が産婦人科病院の設置を求めると、翌週には彼らも同じ要求を始めるという風だ」と評した。*Ibid.*, p. 230.
107) *Ibid.*, p. 173.
108) Statement by M. C. Rajah, *Madras Legislative Council Proceedings*, vol. VII, 1921, pp. 1011-13.
109) サバルタン研究グループは、労働者がコミュナル意識に縛られて階級意識を形成するのに「失敗」したという従来の見解に反論して、労働者の宗派やカーストがアイデンティティの重要な拠り所になったとして肯定的に捉える。しかしどちらの見解も、労働者がしばしば団結しなかった原因として、宗教的制約に起因する経済的理由があったことを軽視している。経済的要因と宗教的要因は相互規定的であるために、これを分離して論ずることは出来ない。
110) コミュナル代表制を熱心に支持したのはアーディ・ドラヴィダ労働者だったと経営のベントレーが証言している。*Royal Commission on Labour in India*, vol.VII, part 2, p. 174.
111) 既述のように、正義党は「不可触民」に地方議会の議席を留保するなど、その地位向上に一定の役割を果たしてきた。しかし、非バラモン内部の対立ともいえる今回のストでは、カーストヒンドゥー労働者を支持する立場をとり、「アーディ・ドラヴィダ労働者は政府の同情を惹くために自宅に放火し、新しい家を無償で建ててもらおうとして

いる」と発言して、「不可触民」の反発を招いた。*New India*, 6 Sep. 1921, quoted in Geetha, V. and Rajadurai S.V. *Towards A Non-Brahmin Millennium: From Iyothee Thass to Periyar*, Calcutta, Samya, 1998, pp. 184-85.

112）次に挙げる労働者の言葉はこの不信感を端的に表している。「俗に指導者といわれる人たちは、自分の都合のいいときには労働者を持ち上げるが、用済みになると置いてきぼりにする」。Copy of a Report of an Officer of This Department, No. 126, 15 May 1923, in Letter No. 747C-SF416-2, Special Branch, Criminal Investigation Department, 16 May 1923, *USSF 424*.

113）1872 年ティンネヴェリ県生まれ。トゥティコリンで弁護士として活動した。1906 年、スワデーシ運動に参加し、スワデーシ蒸気船会社（Swadeshi Stream Navigation Company）を設立した。会議派スーラト大会ではティラクと親交を深め、民族運動を推進するようになった。1908 年トゥティコリン・コーラル・ミルでストライキが起きた時は、労働者を代弁して経営と交渉した。Rajendran, N. *National Movement in Tamil Nadu 1905-1914: Agitational Politics and State Coercion*, Madras, Oxford University Press, 1994, pp. 61-83.

114）*FNR*, 2nd half of Feb., 1920.

115）Murphy, *op. cit.*, p. 72.

116）*Royal Commission on Labour in India*, vol.VII, part 1, Written Evidence, p. 245; *FNR*, 1st half of Apr., 1921.

117）*FNR*, 1st half of Apr., 1922.

118）*Royal Commission on Labour in India*, vol.VII, part 1, Written Evidence, p. 245.

119）Murphy, *op. cit.*, p. 66-67.

120）『ニュー・インディア』は、19 年 11 月創立としている。*New India*, 31 Jan. 1920.

121）Thomas, M. *Barrister George Joseph: A Memoir*. Trivandrum, published by the author, 1987, p. 8.

122）*Hindu*, 30 Jan. 1920. この記事ではマイストリは解雇されたことになっている。政府隔週報告（2 月後半）では、職務怠慢を指摘されたマイストリが減給か退職かを迫られて退職を選択したとされている。一方『ニュー・インディア』（1 月 31 日付）は、「労働者の一人が他部門に移動させられた」と説明するにとどまっている。

123）*Hindu*, 29 Jan. 1920.

124）*New India*, 31 Jan. 1920; *Madras Mail*, 31 Jan.1920; *Hindu*, 30 Jan. 1920; *FNR*, 2nd half of Feb., 1920.

125）Letter, from the Collector of Madura, to the Secretary, Government of Madras, 1 Feb. 1920, *Public GO 157, 1920*.

126）Statement by George Joseph, *Public GO 157, 1920*.

127）他には、イギリス系新聞『マドラス・メイル』（1 月 31 日付）が次の記事を掲載した。「マドゥライ・ミルの労働者が、水曜日夕方 5 時ストに入った。警告もなく、そうするほど妥当な理由があったのか否か、興味深いところである。18 年 8 月のストは 1 か月も続いた。当時の不満は賃金と労働時間だった。ハーヴェイ氏が労働者に何とか接触

して対処しようとしているのに、ある政治家が労働者を統率していて、ハーヴェイ氏の集会に労働者を出席させなかった。月末になって、当時のマドゥライ県長官G・F・パディソン氏とプドゥコッタイ在住のD・M・ドーライラージャ氏の尽力により、労働者が12.5％の賃上げ、時間短縮、昼休みを要求していたのに対し、経営は25％の賃上げを実施した。以来、経営は労働者を思いやり、自主的に10％、更に25％の賃上げを実施して来た。しかし、労働者は昨日突然ストライキを起こした。経営は工場にいた児童労働者を外に出し、工場を閉鎖した。ジョセフが労働者に過ちを指摘し、今朝工場は再開された」。

128）*Royal Commission on Labour in India*, vol. VII, part 1, Written Evidence, pp. 91-92.

129）*Royal Commission on Labour in India*, vol. VII, part 2, Oral Evidence, p. 61. 労働者の集会や政治的集会は、夕方から夜にかけてオープンスペースで開催されるのが慣例だった。暑い時間を避ける以外にも顔を見られるのを防ぐ意味が大きかった。労働者自身が組合に対し、開催時間を夜にして主催者名を伏せるよう要請することもあった。Letter 747C/SF 416-2, Special Branch, Criminal Investigation Department, to Chief Secretary, GOM, 16 May 1923, *USSF 424*.

130）*FNR*, 2nd half Apr., 1920.

131）*Royal Commission on Labour in India*, vol.VII, Part 2, Oral Evidence, evidence by four women labourers, Madura Mills, p. 59.

132）女性労働者に限り午前9時と午後3時に15分間だけ敷地外に出ることが黙認されており、その時間に家人や知人に子どもを工場まで連れてきてもらって授乳していた。*Ibid., pp. 59-60.*

133）*FNR*, 2nd half of Apr., 1920.

134）*Ibid.*; Murphy, *op. cit.*, pp. 71-72.

135）*FNR*, 1st half of May, 2nd half of May, 1st half of Jun., 1920.

136）*Royal Commission on Labour in India*, vol.VII, part 2, p. 78; *FNR*, 1st half of Jun., 1920.

第2部
エリートと民衆の交流

第3章
共産主義の流入と受容

　インドにおける初期の共産主義組織設立に尽力した人物の一人にM・N・ローイがいる。彼の活躍が一助となりインドに共産主義が広まったが、それは必ずしも強固な共産党組織の成立を伴うものではなかった。1920年代前半は、コミンテルンの指示を忠実に実行しようとするグループと、コミンテルンから距離をおき独自の活動を遂行しようとするグループが併存した。

　本章は、まず第1節で、共産主義がインドへ流入していく過程を、モスクワにいるローイの活動を軸に概観する。対立する2つの立場が生まれた原因もそこで解明されよう。第2節は、自主独立の立場を貫いた代表的存在であるマドラス州のM・シンガーラヴェールの活動に光を当てる。彼とローイの活動方針の共通点と相違点を浮き彫りにすることによって、ローイがシンガーラヴェールに如何なる役割を期待していたのか、シンガーラヴェールはローイの期待に対して何を実行したのか、そしてシンガーラヴェールの活動は南インドの政治と社会に如何なる影響を及ぼしたのか考察する。

第1節　共産主義グループの誕生
1　レーニン・ローイ論争——植民地における共産主義運動をめぐって

　マナベーンドラ・ナート・ローイ、本名ナレーンドラ・ナート・バッタチャールヤ[1]は、1893年（1886年説もある）カルカッタ近郊の一村落でバラモンの両親のもとに生まれた。ローイが10代を過ごした当時のベンガル州は、ユガーンタルやアヌシーランといったテロリズム志向の秘密結社や地域団体が活発に活動する過激な反英闘争の舞台であった。ローイもユガーンタルに参加し、第一次世界大戦時には、インドに武器を密輸してインド人を蜂起させイギリス帝国を内側から瓦解させようとするドイツの計画に加担した。しかしこの

第3章　共産主義の流入と受容　　　　　　　　　　　89

陰謀はイギリス政府の知るところとなり、ローイは日本経由でアメリカへ脱出した[2]。

　ローイが過激派民族主義者から共産主義者へと変化し始めたのは、ニューヨークに滞在していた時とされている。ある日、ローイは、著名な民族運動指導者L・L・ラーイの講演会に出席した。講演テーマはインドの貧困であったが、聴衆から、外国人の帝国主義者による搾取とインド人資本家による搾取の違いは何かという質問が出された。これに対してラーイは、「人が自分の兄弟により蹴られるか、外国人の強盗に蹴られるかの違いだ」と答えた。ローイはこの回答に納得できず、民族主義者の運動方針や計画には欠陥があるのではないかと疑い始めたという。このあとローイは、インド独立に賛同する社会主義者に接触し、マルクスの著作に親しみ、次第に共産主義へと惹かれていった。

　1917年4月、ローイは、サンフランシスコ陰謀事件[3]に関わってメキシコへ逃亡した。そこでソ連特使のミハイール・ボローディンと出会い、共産主義に傾倒した。メキシコ共産党の創設において中心的役割を担い、20年6月、メキシコ共産党代表としてコミンテルン第二回大会に出席すべくモスクワに到着した[4]。

　このコミンテルン第二回大会（1920年）に先立って、有名なレーニン・ローイ論争が繰り広げられた。論争の焦点は、植民地における共産主義運動は、帝国主義に抗して民族解放運動を展開するブルジョワ民族主義者といかなる関係にあるべきかという問題であった[5]。レーニンとローイの間には、インド社会の発展段階及び民族ブルジョワジーに対する認識の差があった。レーニンは、インドでは資本主義及びブルジョワ民主主義が成熟しておらずプロレタリア階級意識も未発達だと考えていた。また、民族ブルジョワジーは十分進歩的勢力であるとして、まずは民族ブルジョワジーが主導する民族解放運動に協力し、社会主義革命の前段階となるブルジョワ民主主義と資本主義の成熟を妨げている障害物を排除すること（最小限綱領）[6]に重点をおくべきだと主張した[7]。これに対してローイは、インド社会は既に資本主義段階にある、つまり、プロレタリア階級意識が成熟し民族ブルジョワジーはプロレタリアートの革命性を抑圧しようと帝国主義勢力に寝返る恐れがあるという認識に立った。そのため、社会主義革命に向けて資本主義体制打倒を目指すこと（最大限綱領）に重点を

置くべきだとし、既存のブルジョワ民族運動を支援するよりも共産党組織を設立してプロレタリア階級の利益を守るべく自律的活動を展開する必要性を訴えた。

ただしローイも、独立を達成するためにはブルジョワ民族主義運動を無視することはできないと認めていた。そのため彼は、それらを「真に革命的な運動」と「単に改良主義的な運動」に区別し、協力対象を前者に限定することを提案した。レーニンがこれを容認した結果、第二回コミンテルン大会は「革命的解放運動」のみを支持するという方針を採用した[8]。

以上の論争は、植民地で共産主義運動を実践する前のいわば机上の理論同士の対立であった。そして実際に運動が開始されると、インド国外に拠点を置いていたローイは、現地の活動家との意見交換を通じて、現地事情に適合させるべく活動方針の修正を迫られることになる。

2　地方共産主義グループの誕生

ローイは、ブルジョワ組織とみなした会議派と連携する選択肢を考慮しつつ、インド国内に共産主義組織を創設する活動を開始した。その結果各地で結成された共産主義グループは、ローイが採用した2つの活動方法を反映して2つの範疇に分けられる。第一は、ローイが派遣した人物[9]を中核に組織されたグループで、ローイを通じてコミンテルンとの接触を維持しその指示に従う傾向が比較的強かった。カルカッタ、カーンプル、ベナーレスのグループがこの範疇に入る。

これに対して第二のグループは、宣伝メディアを通じて共産主義に共鳴した人物が結成し、比較的自立性が高い点が特徴である。ボンベイとマドラスのグループがこれに該当する。ローイは、22年初頭から大量のパンフレットや雑誌をインド各地に送付した。彼は、まず目をつけた民族運動指導者や労働運動指導者に、自ら編集した雑誌『前衛』[10]を一方的に送りつけた。意見を述べる手紙が来ると必ず返信し、反応に手ごたえを感じると、さらに数十部を送付して、知人にも配布するよう依頼した[11]。たとえば彼は、ボンベイのS・A・ダーンゲーが発表した「レーニン対ガンディー」という論考を目にとめて『前衛』を送り、書簡で共産主義について解説し、ついには彼を中心とする共産主

義グループを結成させた[12]。ローイは、批判的意見を述べてくる者にも必ず返信して、議論を戦わせつつ共産主義に引き込んでいった。その典型例が、マドラス・グループ指導者のM・シンガーラヴェールである。彼は、22年8月号の『前衛』に掲載されたローイの記事「インド国民会議派全国委員会へのマニフェスト」で非協力運動が批判されているのを読み、反論の手紙をローイに送った[13]。これにローイが返信したことから交流が始まり、結果的にシンガーラヴェールはマドラスにおける共産主義活動の中心人物の一人になった[14]。ローイは、こうして獲得した『前衛』読者のリストを作成・配布し、相互に連絡をとらせて、各地に散らばる「同志」のネットワークを形成していった。このような雑誌読者ネットワークを通じた組織化の試みを、誌友拡張作戦と呼ぶことにしよう。

　誌友拡張作戦は、知識人層に共産主義を紹介し共鳴者を獲得するのに絶大な効果を発揮した。インドの既存出版物にも影響を及ぼし、共産主義を紹介する新聞や『前衛』の記事を転載する雑誌が登場した。22年秋には、早くも11誌が「共産主義的定期刊行物」としてイギリス本国政府に報告されていることからも、誌友拡張作戦による宣伝効果のほどがうかがえる[15]。ただし、この誌友拡張作戦によって成立したグループは、ローイの指示に違和感を覚えて独自の行動を志向するようになる。そこで次に、シンガーラヴェールが共産主義者になる経緯を見てみよう。

第2節　シンガーラヴェールのマドラス・グループ
1　シンガーラヴェールの経歴──民族主義と共産主義の狭間で

　シンガーラヴェールは、漁業カースト[16]出身でありながら高等教育を受ける機会に恵まれ、1894年にマドラス・プレジデンシー・カレッジを卒業し法学の学位を取得した。バラモンにほぼ独占されていた法曹界に下層カースト出身者が入ったのは当時としては稀有であった。彼は、マドラス州南部の地方都市マドゥライやトゥティコリンで弁護士として活動するうちに、農業労働者や工場労働者の劣悪な生活環境を目の当たりにし、貧困問題に関心を抱いた。さらに、インドの貧困問題を根本的に解決するためには政治体制の改革を避けて通ることはできないと考えるようになり、1907年にマドラス市内に拠点を移

したのを機に、社会問題や政治問題に関する見解を新聞に投稿し始めた。

　非協力運動が開始されると、シンガーラヴェールもこれに参加した。C・ラージャゴーパーラーチャーリ（以下、ラージャージー）やペリヤール、カリヤーナスンダラ・ムダリヤールらと共に中心的な役割をはたし、デモ行進を組織しては民衆に参加をよびかけた。マドラス州会議派では大衆動員の重要性を説くシンガーラヴェールの発言が重みを増し、州会議派委員会メンバーに選出されるに至った。22年2月、ガンディーが独断で非協力運動停止を宣言すると、シンガーラヴェールは、民衆が初めて参加した民族運動の勢いを削ぐべきではないと憤った。貧しい民衆も実行しうる運動プログラムを考案し参加を促したガンディーへの信頼を完全には失わなかったものの、労働者をはじめとする民衆の利益が会議派の活動方針に反映されていないと感じるようになった。ちょうどこの頃ローイと交流しはじめたことが転機となり、労働争議を個別に支援するだけではなく、労働者を組織化する必要性を認識するに到った[17]。

　一方ローイは、非協力運動に民衆が参加するという民族運動の新展開に接して、ブルジョワ民族主義者つまり会議派指導部に対する態度を僅かに軟化させた。コミンテルン第四回大会に先立ち22年11月11日に召集された植民地問題委員会で、ローイは、相変わらずインドを資本主義が十分に発達し階級分化が進んでいる国と位置づけながらも、「当面は、インドの民族主義者と社会主義者が争って政府に対する統一的抵抗運動が弱体化するようなことを避けるのが急務だ」とした。その上で、まずは会議派内にいる社会主義者や共産主義者を助けて会議派に足場を築き、労働者を組織化して労働運動を活性化させるべきだと表明した[18]。このようにローイは、共産主義者が会議派指導部をコントロールしつつ労働者の組織化をすすめ、会議派を、最小限綱領を推進しうる大衆政党に変質させるという方針を固めた。ここに、労働者の地位向上を実現する手段を模索する会議派党員シンガーラヴェールと、会議派内部に足掛かりを得ようとするローイの志向性に接点が生まれた。

　ローイは、各地の共産主義者に対して、労働者や農民を惹きつけるプログラムを会議派指導部に提案し会議派を大衆政党にするよう指示した[19]。この役割を果たす人物としてローイが最も期待したのは、会議派委員の地位にあったシンガーラヴェールであった。ローイの要請を受けたシンガーラヴェールは、

第3章　共産主義の流入と受容

22年12月にガヤーで開催予定の会議派年次大会で会議派指導部に新しいプログラムを提案すると約束した。しかし、この会議派のためのプログラムの内容と共産党結成問題をめぐって、2人の意見の相違が浮き彫りになる。

ローイが起草した『インド国民会議派のためのプログラム』[20]は、完全独立・連邦制国家樹立・議会制度確立などの政治目標と地主制廃止・労使関係改善・インフラ国有化などの経済目標を掲げる一方、産業国有化やプロレタリア独裁などには一切言及していない。ただしそれは、会議派には最小限綱領を推進する役割を担わせようと構想したためであった。彼は、ブルジョワ民族運動に梃入れしすぎて独立を達成した時点で革命運動が途絶してしまうことを恐れていた。またこの頃、イギリス型労働党をインドにも結成しようとする動きがあるという情報が流れ、ローイの危機感を強めた。彼によると、イギリス型労働党は、「労働者に目先の利益のみを与えて改良主義者に盲従するよう飼いならして」労働運動のダイナミズムを奪い、現体制下での状況改善に甘んじるという意味で、「資本主義と帝国主義の手先」であった。彼は、会議派に失望した民衆が革命的政治運動から「近視眼的な経済活動」に入って行くことを警戒した。そのため会議派に、民衆の支持を労働党に奪われたくなければ民衆を惹きつけるプログラムを掲げ革新的大衆政党に変身するべきだと警告しつつ、共産党を結成して労働者の革命性を維持強化し、社会主義革命にむけての準備を進めるべきだ、と主張した[21]。

ところがシンガーラヴェールは、ローイ宛の手紙で、インドにおける労働者の組織化がいかに遅れているかを繰り返し強調し、インドは社会主義革命を準備するような段階には到っていないと訴えた。彼は、共産党の設立には言及せず、会議派の下で労働者の組織化と民族独立を実現するという方針を提示した。彼が用意した会議派のためのプログラムは、主に次のような項目からなっていた。(1) 当座の目的を独立達成とする、(2) その手段は「非協力」とする、(3) ゼネストや税不払い運動の実行を通じて労働者や農民を会議派に加入させる、(4) 行政機能を麻痺させる、(5) イギリス製品をボイコットしカッダルを奨励する。このように彼の案は、(1) と (3) を除けば、ほぼガンディーの運動プログラムを踏襲していた[22]。つまり彼は、この時点では、共産主義に傾倒しながらもガンディーへの信頼を捨てきれず、民衆の生活環境改善に不可欠

な民族独立を実現しうる存在として会議派に期待していたのである。ローイの方針との相違が明らかになると、シンガーラヴェールは、自分のプログラムをローイのものと併せてガヤー大会で発表するとローイに伝えた[23]。

　ここで興味深いのは、ローイが、独自案を提示しようとするシンガーラヴェールを止めなかったことである。それどころか、シンガーラヴェール案の一部修正を求めていることから、独自案の公表を事実上容認していたと解釈できる。ローイの真意を示す史料は管見の限り残されていないが、会議派指導部に内部から影響力を及ぼしうる人物としてシンガーラヴェールを尊重しつつ、会議派メンバーが両案にいかなる反応を示すか見極めようとしたのではないかと推測される。

　会議派指導部に政策転換を迫るというローイとシンガーラヴェールの試みは、労働者を組織化する重要性を認識させるという点において一定の成果を挙げた。ガヤー大会は、会議派運営委員会の下に労働問題小委員会（Labour Sub-Committee）を設置することを決議した[24]。ただしその成功に貢献したのは、シンガーラヴェールのプログラムであった。彼は、会議の合間をぬって指導者層に共産主義を宣伝しつつ、労働者を組織化する必要性を重点的に説いてまわった。ガヤー大会の議長を務めていたC・R・ダース[25]は、シンガーラヴェールの根気強い説得により[26]、共産主義に「一定の理解を示した」という[27]。彼は、議長演説で「ブルジョワジーが政治を独占するのは好ましくない」とし、労働者や農民の方が「スワラージ[28]」に熱意を示しつつあるため、彼らの不満解消に努めることがスワラージ要求運動の強化につながる、と発言した。同時に、もし労働者と農民の不満解決を怠れば彼らの支持は会議派から離れ階級闘争が起きるだろうと警告を発した。つまり彼は階級闘争の勃発を怖れたわけであるが、シンガーラヴェールの提案が会議派も容認しうる現実性を帯びていると評価し、彼を労働問題小委員会メンバーに推挙した[29]。このようにシンガーラヴェールは、共産主義を極めて穏健な現実路線に希釈して会議派に紹介した[30]。ガヤー大会のあと、会議派メンバーの中から労働者や農民を組織化してその利益を保護しようという趣旨のプロパガンダを行う者が多数現れたと報告されており、シンガーラヴェールの活動の影響の程がうかがえる[31]。

2　労働者農民党をめぐる対立

　しかし、会議派を革新的大衆政党へと転換させるという計画は、23年に入ると早くも暗礁に乗り上げる。シンガーラヴェールは労働問題小委員会の設置によって労働者が組織化されることを期待したが、委員会は実質的にはほとんど機能しなかった。ロイに比べてより会議派に期待していた彼も、労働者に対する会議派指導層の関心が深化してはいないことを認めざるを得なくなった。そこで彼は、自分たち共産主義者が率先して労働者や農民を組織化していく必要があると判断し、そのための新政党を創設するべく党綱領の作成に着手した[32]。新党の綱領草案『インド人労働者ならびに農民が独自の政党を結成するためのマニフェスト』[33]は、インド国内の労働運動指導者や共産主義者との議論を経て修正を重ね[34]、『ヒンドゥスターン労働者農民党マニフェスト』[35]（以下、『マニフェスト』）として発表された。ロイも、会議派を最小限綱領実行組織に転換する計画が挫折したためこれに代わる大衆組織を新設するべきだと再認識した。ここに両者の方針は大衆政党[36]の創設という点で再び一致したが、ロイはシンガーラヴェールの『マニフェスト』に異議をとなえ、『インド労働階級政党を組織する会議のための覚書』[37]（以下、『覚書』）をシンガーラヴェールに送付した。両者の意見を争点ごとに比較していこう[38]。

労農党の性格——民族独立と社会主義革命の優先度をめぐって

　シンガーラヴェールは、労農党を、工場労働者と農民の組織化を主導しその利益を速やかに実現する組織と定義した。したがってその限りにおいて、労農党は失敗に終わった労働問題小委員会の代替物であった。しかし、労働者と農民の階級的利益を追求するという目的の延長として独立後の目標にまで言及した点が労働問題小委員会との相違である。『マニフェスト』は、「民族スワラージ」達成後に「労働者スワラージ」を実現すると宣言した。「労働者スワラージ」を字義通り解釈すれば「プロレタリア独裁」を指すと考えられる。ただしシンガーラヴェールは、独立を達成するまでは「労働者スワラージ」の意味を定義することを保留する、とした。また、政治経済的行動プログラムも「時が満ちるまで」確定せず、「現時点では会議派メンバーも受容できるような暫定プログラムに沿って活動する」とした。つまり彼は「民族スワラージ」の実現を優

先し、そのためには会議派との共闘が不可欠であると認識して、「労働者スワラージ」の定義を独立達成後に持ち越したといえる[39]。

これに対してローイは、民族独立と社会主義革命への準備は労働者と農民を主体にして同時に進行させるべきという立場から、労農党を、ブルジョワ民族主義政党（会議派）が帝国主義と妥協しないよう圧力をかける組織として位置づけた。彼によると、「ブルジョワ民族主義の目的は、イギリス人からインド人ブルジョワ階級に権力を委譲させること」である。ブルジョワ民族主義は「革命的だが無知な労働者を自由の名のもとに搾取しようと目論み」、そのためには帝国主義と妥協することも厭わない。ゆえに、帝国主義の重圧を受けて民族解放に最も熱意を抱く労働者と農民が中心となって民族解放と階級闘争を同時に戦わなければならない、と主張した。ただしローイは、シンガーラヴェールのように労農党にプロレタリア独裁を実現する役割を与えようとはしなかった。次に述べるように、最大限綱領を実施する組織として別途、共産党が必要だと考えたためである。

労農党・会議派・共産党の関係

シンガーラヴェールは、労働問題小委員会の失敗を契機に会議派指導部への不信を募らせ会議派を保守党と断じたにもかかわらず、労農党を会議派内政党として創設しようとした。その理由は3点あった。第一は、労働者・農民の利益のために会議派の影響力を活用するという戦略である。ここで会議派に期待されたのは、在野の反政府組織としての影響力だけではない。『マニフェスト』は、労働者・農民の目下の要求を実現するためには会議派はもちろん政府機関をも利用すると述べている。当時会議派内にはガンディーの方針に逆らい議会に参加しようとする人びとがいたことを勘案すると、彼らを通じて工場法改正や労働組合合法化などを実現しようと考えたのであろう。第二は、会議派指導者の中でもガンディーへの信頼はまだ喪失していなかったことである。このことは、「非暴力的手段による労働者スワラージの実現」を謳い、「労働者スワラージ」を達成するため「非協力、受動的抵抗、建設的プログラム、市民的不服従を、労働者と農民にふさわしい手段として採用する」と言明していることから推察できる。第三は、会議派内に足場を保つことによって会議派を革新的

第3章　共産主義の流入と受容

大衆政党へと発展させられると期待していたことである。『マニフェスト』には、会議派内部にとどまれば会議派をブルジョワジーのみならず民衆をも代表するという意味での「真の民族政党」にすることができる、という表現も見られる。総じて、シンガーラヴェールはまだ会議派に一縷の望みをかけていたといえよう。

　しかしローイは、もはや会議派を革新的大衆政党にできるとは考えていなかった。いつでも帝国主義者と妥協してプロレタリアートを抑圧する用意があるブルジョワ民族主義者に革命性を発揮させるには、独立した大衆組織としての労農党が会議派を監視し圧力をかけ続けなくてはならない。労農党は民族解放闘争においてのみ会議派と協力するべきだ、というのがローイの考えだった。ただし『覚書』では、民族独立を達成するにはブルジョワ民族主義者との同盟は不可欠である、と初めて明言しており、インド社会に対するローイの認識が変化しつつあったことがうかがえる。

　ローイの認識の変化は、共産党の位置づけにおいてより顕著となる。彼はまず、労農党が全国的な基盤を持つ大衆政党として順調に成長するためには合法政党である必要がある、とした。しかし合法政党では共産主義的プログラムの遂行が困難になるため、秘密組織としての共産党を労農党の内部に結成する必要がある、と強調した。これがローイの二重組織論である。二重組織論では、合法組織としての大衆政党の中核に少数精鋭の共産主義者からなる共産党が結成される。そして「合法政党メンバーのうち共産主義を全面的に支持する者のみが、合法政党に所属したまま共産党員として承認される」。つまりローイは、最小限綱領を労農党に担わせつつ、最大限綱領を共産党に実行させようとしたわけである[40]。民族独立と社会主義革命を同時に進めるべきだというローイの主張は、相変わらず、インドではプロレタリア階級意識が成熟しているという信念に支えられているかのように見える。しかし、労農党を合法的大衆政党として表面的には共産主義色を払拭することにより会議派との連携を容易にしようとする姿勢から、労働者の組織化と独立闘争を遂行するうえでの諸困難を自覚し、優先度を民族独立の達成へと移動させつつあったと推測できよう。

　ローイは、二重組織論に則って労農党と共産党の役割を明確に区別し、労農党の役割を最小限綱領の実行に限定した。そのために、シンガーラヴェールが

労農党の目的として「労働者スワラージ」実現を掲げたことを次のように批判した。

> 「労働者スワラージ」が如何なるものであれ、我が党〔労農党—引用者。以下同〕の綱領にすることはできない。このようなスローガンは民族独立への道筋を複雑にしてしまう。そもそも「労働者スワラージ」とは何か？どのようにして達成できるのか？民族独立さえ実現していない段階で、労働者による独裁を意味する「労働者スワラージ」をいかに語ればいいのか？プロレタリア独裁は、独裁を目指して意識的に活動するプロレタリア階級が存在することが前提なのだ。インドの労働者階級は、〔プロレタリア〕独裁をスローガンに掲げる以前に、政治的教化が必要だ。したがって我々は、時期尚早で曖昧な労働者スワラージではなく、労働者及び農民の参政権と保護を基礎とする民主的政府の樹立をスローガンとするべきだ。

ローイはこのように、インドのプロレタリア階級意識が未熟であると認め、民主的政府樹立とその前提条件となる民族独立を労農党の役割とし、秘密組織としての共産党にはプロレタリア階級意識を醸成する役割を担わせようとした。したがって二重組織論は、ローイがインドの発展段階に関する認識を訂正しつつあったという推測を裏付けるものといえる[41]。

コミンテルンとの関係

シンガーラヴェールは、コミンテルンがインドの現状を把握せずに指令を下すことに違和感をおぼえていた。『マニフェスト』では「インドの現状に照らして何が適切か知らない人間が、西洋で学んだことをそのままインドに移植しようとしている。このような人物がすすめる運動は、労働者の真の利益にとって壊滅的打撃である」と言い切り、暗にコミンテルンとローイを批判した。

一方ローイは、基本的に労農党のコミンテルン加盟を希望していた。しかし、労農党は労働者・農民の組織化を第一義とする合法的大衆政党を装うことになるため、コミンテルンが掲げる綱領の全面的承認という加盟資格を満たすことが出来ない。そこでローイは、「政治社会的成熟度に応じた関係」をコミンテ

ルンと保つことが重要であるとし、とりあえずコミンテルンに代表を派遣することを提案した。

労農党の行動プログラム

シンガーラヴェールは、貧困問題の解決を労農党の主目的とした。目的を実現してくための行動プログラムを緊急の課題（暫定プログラム）と民族独立後に実現すべき課題（独立後の国家体制構想）に分け、『マニフェスト』の大半を前者、すなわち「労働者と農民の切迫した要求に応えそれらを速やかに実現していくための行動プログラム」の説明に当てた。この行動プログラムは、民衆の目下の要求に応えなければ高邁な理想や大義を掲げても支持を得ることはできない、という彼の信念を体現していた。直ちに実現するべき労働者の要求として、労働組合承認、ストライキ権承認、労使争議専門の調停裁判所設置、住環境改善、最低賃金保障、保険制度整備、有給休暇保障、交通機関の運賃優遇、1日8時間労働、無料医療サービス、4か月の産休（給与満額支給）などが列挙された。農民の要求としては、地主とその手下による迫害行為からの保護、土地家屋からの追いたて禁止、小作料削減、灌漑設備の使用無料化などが挙げられた。さらに労働者・農民共通の要求として、普通選挙実施、国家公務員の資格基準を緩和して労働者・農民を雇用すること、無償義務教育などが提示された。シンガーラヴェールの独自性は、これらを速やかに実現するために現行の統治機関をも活用すると明言したことにある。共産主義者を標榜しながら植民地政府への陳情や立法機関の活用も厭わないというのは、矛盾を孕むものの極めて柔軟で現実的な戦略であった。

独立後の国家体制構想も、インドの現状に見合う現実的戦略を好んだシンガーラヴェールの特徴が表れている。彼が構想する独立国家では、村、郡、県、州に合議機関（Panchayat）が置かれる。各合議機関のメンバーは普通選挙によって選ばれ、労働者、農民、ブルジョワジーが対等に行政に参画する。ただし「労働者の真の声が最も重要」であり、それに従って合議機関が機能するとされた。ここで注目されるのは、「労働者スワラージ」の実現を謳いながら、普通選挙に基づく議会制民主主義を提案し、国家運営へのブルジョワジーの参加を認めている点である。シンガーラヴェールは、普通選挙が実施されれば数で

勝る労働者と農民の意向によって自然と「労働者スワラージ」に移行すると考えていた。暴力を伴う社会主義革命を経なくてもプロレタリア独裁が実現すると想定している点において、シンガーラヴェールのほうがローイよりも楽観的にみえる。しかし、「穏健」な指針を提示することによって共産主義に対する会議派指導層の警戒心を緩和し労農党を認めさせるための現実的戦略であったとも解釈できる。このようにシンガーラヴェールは、コミンテルンとローイが掲げる共産主義も会議派がすすめる民族主義も鵜呑みにすることなく、双方のエッセンスを選択的に採用して、現実社会との適合性及び実現可能性を追求した。

しかしローイは、シンガーラヴェールが労農党の行動プログラムとして労働者と農民の「近視眼的経済問題」の解決を掲げそのために現政治体制をも利用するとしたのを批判した。独立達成のためにブルジョワジーに譲歩して労働者と農民の解放を軽視するのは論外だが、反対に、大衆の目先の利害を追求して植民地政府を利用することも民族解放を疎かにする行為であると糾弾した。ローイの意見では、プロレタリア階級の救済は帝国主義支配下では不可能であり、逆に言えば植民地政府への抵抗運動を遂行すればそれがすなわち労働者階級の経済的解放につながるはずであった。

非暴力主義も批判の対象になった。ローイにとって、非暴力を掲げることはインド人ブルジョワ階級の支援を得るために彼らに譲歩する行為に他ならなかった[42]。彼は、「搾取されている人民を解放するためには持てる者から所有権を取り上げるしかない。これは平和的・非暴力的手段では成しえない。「非暴力的革命家」などナンセンスだ。そんな人種はたとえインドでも育つはずがない」として、シンガーラヴェールの理念と戦略が矛盾していると指摘した[43]。

しかしそれでもなお、ローイはシンガーラヴェールを全面的には否定せず、立場の相違を乗り越えようと譲歩案を提示した。『覚書』には次のような言葉が見られる。

　　我々の中には「非暴力」や「非協力」に固執する者が多いが、〔中略〕大衆は非協力運動指導者に何度も裏切られたため、今や「非協力」という言

第 3 章　共産主義の流入と受容

葉に懐疑的である。〔中略〕この 3 年間インド全土を照らしたこれらの謳い文句を完全に放棄する必要はないが全面的に依拠してはならない。新しいスローガンが必要だ。〔中略〕プログラムは、状況に応じて採用される戦略を通じて実行に移されて初めて効果を発揮する。そしてその戦略が成功するか否かは、適切なスローガンにかかっている。〔中略〕闘争の各段階に応じて異なるスローガンを採用するべきだ。

　つまりローイは、「非暴力」を全面的に否定することを避けた上で、党の活動戦略を可変的なものとし、インドの発展段階に応じて適宜変更していくことを提案した。これは、シンガーラヴェールの『マニフェスト』に見られる「インド大衆の発展と必要に応じて暫定プログラムを随時変更する」という方針を踏まえたものであった。
　こうしてローイもインドの現状に見合う柔軟な姿勢を示すようになった。とはいえ、シンガーラヴェールの行動プログラムが会議派のそれに酷似していることへ懸念を拭い去ることはできなかった。また、インド各地のグループがネットワークを形成しつつも統一組織を結成する気配を見せない現状に接して、共産主義者の活動を統率する必要性を痛感した。そこで彼は、ベルリンにインドの主な共産主義者を集めて会議を開くことを計画し、各グループに招聘状を発送した。自立傾向が強いシンガーラヴェールとボンベイ・グループのダーンゲーに対しては、ベルリン会議への出席を何度も要請した[44]。しかしシンガーラヴェールは、ビザが下りないことを口実に会議出席を拒否し、他の共産主義者による説得にも応じようとしなかった[45]。ダーンゲーもベルリン行きに難色を示した。実はこの時、シンガーラヴェールとダーンゲーの間では、ローイの招聘に応じないという合意が成立していた[46]。ダーンゲーは「インド人がわざわざヨーロッパ人の会議に出て共産主義を必死で吸収し、そこで義務とされたことを全てインドでも実行しなくてはならないと考えるのは、狂気の沙汰だ」とし[47]、シンガーラヴェールも「ベルリンで得るものは何もない」と言い切った[48]。つまり両者とも、ヨーロッパで作り上げられた戦術をインドに移植することに違和感を覚え、国外にいるローイがインド各地の共産主義運動を統率しようとするのを警戒していたのである。

コミンテルンから距離をおき、ローイの指示も鵜呑みにせずに、インド現地の事情に即して行動しようとするシンガーラヴェールの姿勢は、『マニフェスト』の表紙を飾る労農党のシンボルマークにも表われていた。このシンボルマークには、鎌とハンマーのほかにガンディーの非暴力主義と建設的プログラムを象徴するチャルカーが添えられていた。また、労農党メンバーは、ガンディー帽とカッダル製の制服に赤色の布を首に巻き、党のシンボルマークをかたどった徽章をつけることが決まった[49]。こうしてシンガーラヴェールは、独自の現実路線を貫こうという姿勢を、インドの政治指導者や一般民衆に対して視覚的に明示したのである。

3　ヒンドゥスターン労働者農民党の始動と挫折

　シンガーラヴェールは、労働者や農民にヒンドゥスターン労働者農民党への入党をうながすために、『マニフェスト』の各地方語版を作り配布した[50]。各地で集会を開催し、共産主義色を鮮明にすることなく、労働者や農民のための組織を結成する必要性を訴えた[51]。さらに、労農党は民衆の利益を追求するべく議会掌握を目指す民衆のための政党であるとして、労働者の利益を代弁していない議会に労働者代表を送ろう、と会衆を鼓舞した[52]。ヨーロッパ諸国やアメリカ、オーストラリアにも『マニフェスト』を送付して支援を求めた結果[53]、アムステルダム運輸労働者組合から印刷機を、ニュージーランド労働組合から資金の提供を受けて[54]、23年12月に労農党機関紙『労働者農民ガゼット』を創刊した[55]。イギリス共産党のS・サクラトワーラーは、労働者の階級意識を醸成するためには彼らの組織化が必要であり、そのためにはまず労働組合法制定に全力をあげるべきだとし、現政治体制下での労働者の権利獲得を目指す労農党の活動を後押しした[56]。

　シンガーラヴェールは、労働者の集会があるという情報を得ると出かけていき、労農党への参加を呼びかけた。労働組合のメンバーに対しても頻繁にコンタクトをとり、時には個人的に自宅へ招いて労農党の理念を宣伝した。しかし労働者たちは労農党に入党するのを躊躇した。たとえば23年5月のある日、シンガーラヴェールがマドラス市内の労働組合メンバーを集めていつもどおり労農党への参加を呼びかけると、チョーライ・ミルの労働者が立ち上がり、

「指導者と呼ばれる連中は、都合のいいときはおれたち労働者を持ち上げるが、用済みになると見捨てて置いてきぼりにする。おれたちはひどい目にあった。新しい党はボリシェビキの党だと言われていて、おれたちはみんな恐怖を抱いている。新しい党なんて必要ないから、もし本当に労働運動に興味を持っているのなら組合を再興してくれ」と要求したという[57]。この発言に象徴されるように、第一次高揚期の労働争議で労働者を「裏切った」労働運動指導者や政治家への不信感と「ボリシェビキ」に対する否定的イメージが、労働者の間に染み付いていたのである[58]。

シンガーラヴェールらの活動は、「指導者」に対する労働者の不信感と「ボリシェビキ」に対する偏見を取り除くことが重要課題となった。宣伝活動では共産主義には触れず、「ヒンドゥスターン労働者農民党は大衆の利益を追求するために議会掌握を目指す大衆のための政党だ」と強調した[59]。また主な組合の代表を説得して労働者を動員する約束をとりつけた末に大集会を開催し[60]、現行議会は労働者の利益を代弁していないと批判し、労働者代表を送り込もうと会衆を鼓舞した[61]。

しかしシンガーラヴェールの活動方針は、ローイの指示に忠実な他の共産主義者からは疑いの目で見られた。彼は、各地の共産主義グループにヒンドゥスターン労働者農民党の下に結集するよう呼びかけたが反応が芳しくなかったため、ローイに説得を依頼した[62]。ローイも、各地の共産主義者にシンガーラヴェールに協力するよう要請した[63]。これを受けてようやくラホール・グループのグラーム・フサインが労農党の方針に賛同し、北インドでも党員を募ると回答してきた[64]。ボンベイのダーンゲーも協力を申し出たが、『マニフェスト』に不適切な表現が多すぎるとして、共産主義者が一堂に会して『マニフェスト』を再検討する機会を設けるよう要求した[65]。しかしシンガーラヴェールは、既に『マニフェスト』を公表し労農党創設を宣言した今となってはマドラスの党中央委員会が立案する規則に従って各州支部を作るべきであるとして、ダーンゲーの要求を却下してしまった。結局共産主義者たちは、ヒンドゥスターン労働者農民党の下に結集することなく、個々の活動を継続することになった[66]。

イギリス植民地政府は、共産主義活動の広がりに警戒を強め、全国の共産主義者を一斉検挙することを検討し始めた。しかし、シンガーラヴェールとダー

ンゲーに関しては、政府は対処に苦慮した。なぜなら彼らの活動は合法の範囲におさまっていたためである[67]。特にシンガーラヴェールの活動は公然と行われ一般にもその活動内容がよく知られていただけに、十分な証拠なく逮捕に踏み切ることはできなかった。そこで、家宅捜査によって共産主義活動や秘密組織に関わっているという物的証拠を集めるか、あるいは演説内容を分析して階級対立を扇動するような文言を探し出して、通常法で処置するという判断が下された[68]。

　演説の内容を分析した司法長官は、シンガーラヴェールの演説内容を吟味する限り法に触れる部分は何もないとして起訴に異議を唱えた[69]。ところが23年8月28日、『ヒンドゥー』紙に、シンガーラヴェールが国外の共産主義者と関係を持っている事実を暴露する記事が掲載された。記事によると、ローイからシンガーラヴェールに宛てた手紙が3通、ヒンドゥー新聞社気付で送付されてきた。新聞社は、ローイがシンガーラヴェールの住所を知らないためにそうしたのだと推測し、手紙をシンガーラヴェールに転送した。しかしその後も頻繁にシンガーラヴェール宛の手紙がヒンドゥー新聞社に届き、しかもそれらの手紙が全て政府当局に検閲されていることが判明した。新聞社は、「ボリシェビキ文献」の流布に加担していると嫌疑をかけられることを恐れ、ローイに運び屋として利用されたと自ら告発したのである。

　この記事は、シンガーラヴェールが国際的な共産主義活動に関わっていることを初めて一般に知らしめた。しかし同時にこの記事は、思わぬ副次的効果を生んだ。すなわち、ローイとシンガーラヴェールのやり取りが公表されたために、非暴力主義を掲げてローイの指示に対抗しているシンガーラヴェールの姿も明るみに出たのである。編集長のランガスワーミー・アイヤンガールは、「手紙を検閲した政府は、シンガーラヴェール氏が暴力を肯定するローイ一派に属していないと分かっただろう。またシンガーラヴェール氏は、当社の記事のおかげで、暴力手段に訴えようとするローイに対し異議を唱えているという自分の立場を公にする機会を与えられたわけである」とコメントを加えた[70]。

　植民地政府は24年2月、インドの共産主義活動に関与した主要人物を一斉検挙し、4月から5月にかけて次々と有罪判決を下していった。国外にいて逮捕を逃れたローイ以外の主なメンバーは懲役4年の判決を受けた。いわゆる

カーンプル共同謀議事件である。しかしシンガーラヴェールは病気を理由に不起訴となった。ローイや他の共産主義者と接触していたという事実だけでは証拠として不十分だったことも不起訴になった一因であった。懲役を免れたシンガーラヴェールは直ちに活動を再開した[71]。ヒンドゥスターン労働者農民党は事件の煽りをうけて消滅してしまったが、マドラスにおける共産主義活動は、他地域のように指導者を失うことなく継続されたのである。

小　括

　インドにおける共産主義運動は様々な立場のグループが並存し、活動戦略や会議派との関係において地域差が生じた。特に、ローイが部下を派遣して結成させたグループと、誌友拡張作戦による共産主義への共鳴者が結成したグループとの相違は大きく、後者はコミンテルンとローイがインド固有の政治経済状況を無視して画一的な方針を強制することに反発し距離をおこうとする傾向を示した。

　後者の代表であるマドラス・グループのシンガーラヴェールは、労働者と農民の地位向上を目指してヒンドゥスターン労働者農民党を創設したが、その活動方針をめぐってローイとの見解の相違を鮮明にした。シンガーラヴェールは、労働者と農民の権利を獲得することを党是とした。そのためには、まず民族独立を達成し、その後プロレタリア独裁の実現を目指すとした。民族独立を達成するためには会議派との連携が不可欠であるとの認識に基づき、労農党を会議派内政党として急進的要素を払拭し、非暴力による目標達成を謳った。また同時に、貧困問題の解決を独立後に持ち越すことなく、現行の統治機構を利用するのも厭わないという現実路線を採用した。シンガーラヴェールは、貧困問題が植民地支配体制に根ざすものである以上、完全独立は必要条件であるとしながらも、民族独立という大義や共産主義理論の追求のために大衆の切迫した願望を犠牲にするべきではなく、利用できるものは植民地政府でも利用する、という姿勢をとったのである。

　これに対してローイは、民族独立と社会主義革命への準備を平行して推進しようとした。彼は、ブルジョワ民族主義政党（会議派）の裏切りに備えて独立した共産主義組織を整備する必要性を主張しながらも、民族独立のためには会

議派への協力は不可欠であると認め、二重組織論を構想した。二重組織論では、合法的大衆政党としての労農党の核として非合法的秘密組織の共産党が機能し、前者が会議派に協力する一方で、後者が社会主義革命に備えてプロレタリアを教化するとされた。

ただしローイも、シンガーラヴェールの活動方針を現地の実情に裏打ちされたものとして尊重し、独立問題やインドにおける階級意識の成熟度に関する認識を少しずつ修正していった。レーニンと論争した時点でのローイは、インドの資本主義が充分に成熟し階級闘争の段階に入っているとの認識から、ブルジョワ民族運動に協力するよりも共産党を設立して最大限綱領を遂行することに重点を置いていた。しかし次第に、社会主義革命を推し進めるほどプロレタリア階級意識が成熟していないこと、まずは民族独立を達成する必要がありそのためには会議派の影響力を無視できないことを認めざるをえなくなった。その結果編み出されたのが、二重組織論とインドの発展段階に応じた可変的プログラムであった。共産主義色を排した合法組織と秘密組織の共産党とを分けて、前者と会議派との連携を容易にし、後者に階級意識強化の役割を担わせ、その活動成果に応じてプログラムを適宜変更していくという策を採ったのである。

シンガーラヴェールは、共産主義を前面に出すことなく労働者と農民の地位向上を第一目的に掲げた地道な活動を展開した結果、植民地政府の弾圧を逃れることに成功し、徐々に労働者の間に支持者を獲得していった。これが、20年代後半に自尊運動が共産主義に傾倒する素地を作り、またさらに、分裂したインドの共産主義勢力が30年代に南インドに活路を見出す誘因となるのである。

註

1) ベンガル語ではマノベンドロナト・ライ、本名はノレン・ボッタチャルジョと発音される。

2) Report on Shaukat Usmani, Singaravelu, Gulam Hussain, Dange, Muzaffar Ahmed and other Communist Agents in India, 23 Jun. 1923, *USSF 493*; Haithcox, J. P. *Communism and Nationalism in India: M.N.Roy and Comintern Policy 1920-1939*, Princeton, Princeton University Press, 1971, pp. 5-7.

3) ドイツ政府が、アメリカ在住のインド人とドイツ人に資金援助してインドで反乱を誘発し、イギリスにヨーロッパから主要軍隊を回すことを余儀なくさせて、ドイツの戦況

第 3 章　共産主義の流入と受容　　107

を有利にしようと試みた事件。アメリカの中立法を侵犯したとして 100 人を超えるインド人、ドイツ人、アメリカ人が起訴された。

4）Report on Shaukat Usmani, Singaravelu, Gulam Hussain, Dange, Muzaffar Ahmed and other Communist Agents in India, 23 Jun. 1923, *USSF 493*.

5）レーニン・ローイ論争は、世界革命における植民地の役割をめぐる意見対立でもあった。レーニンは、ヨーロッパにおける革命が世界共産主義革命の成否を決すると考え、植民地における革命には二次的な意味しか与えなかった。ローイは、世界資本主義が資源と収入を主に植民地（特にアジア）から得ていることを考慮すれば東方の革命が勝利しなければ西方の共産主義運動も瓦解するという認識に立った。Haithcox, *op. cit.*, p. 5；いいだもも『コミンテルン再考　第三インタナショナル史と植民地解放』谷沢書房、1985 年、52 頁。コミンテルン史については以下を参照した。いいだもも編訳『民族・植民地問題と共産主義：コミンテルン全資料・解題』社会評論社、1980 年；伊藤秀一「20 世紀のアジアとコミンテルン」島田慶次他編『アジア歴史研究入門』5、同朋舎、1984 年、489-554 頁；興亜院政務部『コミンテルン及びソ聯邦の印度革命に関する資料』（興亜資料政治篇第 8 號）、興亜院政務部、1940 年；マクダーマト＆アグニュー、萩原直訳『コミンテルン史　レーニンからスターリンへ』大月書店、1996 年；Deglas, J. ed. *The Communist International, 1919-1943; Documents*, 3 vols., 1st edition, London, OUP, 1956-1960: New impression, London, OUP, 1971（ジェーン・デグラス、荒畑寒村他訳『コミンテルン・ドキュメント』全 3 巻、現代思想社、1969-1972 年）。

6）具体的には封建的諸制度の廃止や普通選挙の実現など。Meyer, A.G. *Marxism: The Unity of Theory and Practice*, Cambridge, Harvard University Press, 1954, pp. 109-110.

7）この頃レーニンは「悪い共産主義者よりは良い民族主義者のほうが好ましい」と発言していた。Intelligence Bureau, Home Department, Government of India, *Communism in India 1924-1927*, Government of India Press, Calcutta, 1927（以下、*CII*）, p. 7.

8）レーニンのテーゼとローイの補足テーゼがそれぞれ修正を経て採用された。Haithcox, *op. cit.*, p. 11-15.

9）元ムハージリン（列強によるオスマン帝国解体とカリフ制の危機に抗議してトルコへの渡航を試みたインドのムスリム）が多く含まれていた。彼らは、トルコへの途上アフガニスタンで反ボリシェビキ勢力に拘束されたところをソヴィエト・ロシア軍に救出され、ローイがタシュケントに設立した教育機関で共産主義について学んだ。シャウカット・ウスマーニーが代表的人物である。

10）22 年 5 月にベルリンで創刊した。最初の誌名は"Vanguard"であったが、23 年 2 月 15 日から"Advance Vanguard"に改名した。ローイの著作『過渡期のインド』、『インドの問題とその解決』、『我々は何を望むか』なども配布された。

11）『前衛』は数千部がインドに持ち込まれたとされている。Report on Shaukat Usmani, Singaravelu, Gulam Hussain, Dange, Muzaffar Ahmed and other Communist Agents in India, 23 Jun. 1923, *USSF 493*.

12) Summary, Indian Communists 21 Nov. 1922-10 May 1923, *USSF 492* ; *CII*, p. 18.
13) Note, Intelligence Bureau, GOI, 23 Aug. 1922, *L/P & J/12-46*.
14) *CII*, p. 19.
15) Summary, Indian Communists 21 Nov. 1922-10 May 1923, *L/P & J/12-47*.
16) 彼はチェッティというカースト・タイトルを持つが、有力商人カーストのチェッティとは関係のない下層の漁民カーストの出身とされている。
17) Murukesan, K., Cuppiramaniyam, C.E. *Cinkāravēlu—Tennintiyāvin Mutal Kamyūnist*, Cennai, Niyu Cencuri Puk Havus, 1991, pp. 2-21.
18) Translation of Confidential Minutes of a Meeting of the Colonial Commission of the Third International, held at Moscow on 11 Nov. 1922, Appendix of the Northern Summary No.989, 6 Dec. 1922, *L/P & J/12-46*.
19) Letter from Roy to Singaravelu, 9 Nov. 1922, *L/P & J/12-47* ; Letter from Roy to Singaravelu, 12 Nov. 1922, *USSF 493*.
20) "Programme for the Indian National Congress", Ray, S.E. ed. *Selected Works of M. N. Roy*, vol.1, Delhi, Oxford University Press, 1987, pp. 452-454.
21) Letter from Roy to Singaravelu, 12 Nov. 1922, *USSF 493*.
22) 「スワラージ」を自治領ではなく完全独立と明確に定義した点、民族運動の手段にゼネストを加えて民衆を動員される客体ではなく運動主体にしようとした点に、シンガラヴェールと当時の民族運動指導者を区別する特徴がある。
23) Letter from Singaravelu to Roy, 28 Nov. 1922, *USSF 493*.
24) Extract from Weekly Report, Intelligence Bureau, GOI, 3 Jan. 1923, *L/P & J/12-47*.
25) ベンガル出身の政治家。自治要求運動を契機に頭角を現した。労働問題に一定の関心を示し20年と24年にはAITUCの大会議長を務めている。
26) Extract from Weekly Report of Intelligence Bureau, GOI, 17 Jan. 1923, *L/P & J/12-47*.
27) Summary, Indian Communists, 11 May 1923, *USSF 492*.
28) 彼は、「スワラージ」が完全独立か自治権か明言していない。Extract from Weekly Report of Intelligence Bureau, GOI, 3 Jan. 1923, *L/P & J/12-47*.
29) Thirty-seventh session of the Indian National Congress, Gaya, the 26th of December 1922, Presidential Address, Mitra, H.N. ed. *The Indian Annual Register 1919-1947*, New Delhi, Gian Publishing House, 1990 (reprint), vol. 1 of 1923, p. 843.
30) Extract from Weekly Report of the Director, Intelligence Bureau, Home Department, GOI, 17 Jan. 1923, *L/P & J/12-47*.
31) Summary, Indian Communist, 21 Nov. 1922-10 May 1923, *L/P & J/12-47*.
32) Letter from Singaravelu to Dange, 3 Feb. 1923, *USSF 493*.
33) "Manifesto to Indian Labourers and Peasants for Organizing a Political Party of Their Own", enclosed to Letter No. 536C-SF347, from Special Branch, Criminal Investigation Department（以下、CID）, to Chief Secretary, GOM, 9 Apr. 1923, *USSF 424*.

第 3 章　共産主義の流入と受容

34）マドラス州内の共産主義者に加えて、著名な労働運動指導者のマニ・ラールや、ローイのかつての同志で次第に対立するようになっていたアバニ・ムケルジーも関与した。Letter No.859C/SF347-1, 13 Jun. 1923; Letter No. 859C/SF347-1, 13 Jun. 1923; Copy of a Report from an Officer of This Department No.73, 23 Mar. 1923, Police Department, GOM, *USSF 424*.

35）"Manifesto of Workers' and Peasants' Party of Hindustan", enclosed to Letter 536C-SF347, from Special Branch, CID, to the Chief Secretary, GOM, 9 Apr. 1923, *USSF 424*.

36）シンガーラヴェールは新党をヒンドゥスターン労働者農民党（Workers' and Peasants' Party of Hindustan）と命名したが、ローイは労働者階級党（a working class party）と言及するにとどまっている。

37）"A Memorandum to the Conference for Organizing a Working Class Party in India", *USSF 492*.

38）以下は、特に注記しない限り『マニフェスト』と『覚書』から引用、参照した。

39）ただし、「生産手段の再分配を断行するつもりであることは、ここで宣言しておく」とアピールしている。

40）ローイはインド各地の共産主義グループへの手紙でもこの方針を説明し、理解と協力を求めた。Letter from Roy to Manager, Hindustan Press, Bombay, 8 Jul. 1923, *USSF 493*.

41）なお、インド各地の共産主義グループに関して、シンガーラヴェールは、それらを会議派内組織である労農党に統合解消しようと構想した。しかしローイは、各グループを秘密組織の共産党として統合して存続させるよう主張した。

42）Letter from Roy to Singaravelu, 6 Jan. 1923, *USSF 493*.

43）*Vanguard*, 1 Dec. 1923, *USSF 493*.

44）Note, 12 Jan. 1923, *L/P & J/12-47*; Letter from Roy to Singaravelu, 6 Jan. 1923, *USSF 493*.

45）Letter from Gulam Hussain to Singaravelu, 11 Jan.1923; Letter from Usmani to Singaravelu, 9 Feb. 1923, *USSF 493*.

46）Summary, Indian Communists 21 Nov. 1922-10 May 1923, *USSF 492*.

47）Letter from Dange to Singaravelu, 29 Jan. 1923, *USSF 493*.

48）Letter from Singaravelu to Dange, 3 Feb. 1923, *USSF 493*.

49）Copy of a Paragraph of Madras Police Abstract No.17, 12 May 1923, *USSF 424*.

50）Extract from Weekly Report of Intelligence Bureau, Home Department, GOI, 20 Jun. 1923, *L/P & J/12-48*.

51）*Swarajya*, 27 Apr. 1923, quoted in Letter No.669C/SF416-2, from Special Branch, CID, to the Chief Secretary, GOI, 30 Apr. 1923, *USSF 424*.

52）Copy of a Report of an Officer of This Department No. 126, 15 May 1923, quoted in the Letter No. 747C-SF416-2, Special Branch, CID, 16 May 1923, *USSF 424*.

53）Letter 669C/SF416-2, Special Branch, CID, to Chief Secretary, GOI, 30 Apr.1923, *USSF424*.

54）Report No.219, Special Branch, CID, 21 Sep. 1923, *USSF 493*.

55）Letter from Singaravelu to H.Pall〔Roy〕, 13 Dec. 1923, *USSF 493*.

56）Letter from Saklatvala to Singaravelu, 13 Mar. 1924, *USSF 493*.

57) Letter 747C/SF416-2, Special Branch, CID, to the Chief Secretary, GOI, 16 May 1923, *USSF 424*.
58) Letter DO341S, from Special Branch, CID, to the Secretary, Home Department, GOI, 4 Sep. 1923, *USSF 493*.
59) 彼は、「労働者が議員に当選するなど馬鹿らしい妄想だと考えるかもしれないが、数年すれば当選も確実になる。イギリス下院では10年前には2人しか当選しなかったのが、現在では142名にまで膨れ上がっている」と説明した。Copy of a Report of an Officer of This Department No. 126, 15 May 1923, quoted in the Letter No. 747C/SF416-2, Special Branch, CID, 16 May 1923, *USSF 424*.
60) 組合長たちは、労働者を動員する条件として、彼らの恐怖心を取り除くために集会を労農党主催にしないこと、出席者の顔が政府や経営側に判別されないよう開始時刻を夜にすることを提案している。
61) Letter No. 747C/SF416-2, Special Branch, CID, 16 May 1923, *USSF 424*.
62) Letter from Singaravelu to Gulam Hussain, 5 May 1923, *USSF 493*; Copy of the letter from Roy to Dange, 7 May 1923, quoted in the Letter No. 834C/SF416-2, from Special Branch, CID, to the Chief Secretary, GOI, 8 Jun. 1923, *USSF 424*.
63) たとえば、ベンガル・グループに対して、ローイは次のように述べた。「彼〔シンガーラヴェール〕は極めて有能で勇敢で誠実な人物だ。新しい党〔共産党〕をおおっぴらに結党するには時期尚早で追々考えるべきだ。まず各地で労働者や農民を組織して小党をつくり、それらがたくさん出来たら、公に共産党を宣言すればよい。もちろん、この秘密活動に平行してオープンな活動も必要だ。人民党もしくは労働者農民党の名で、あからさまな共産主義宣伝はせず、非協力運動に失望した者や新しい方向を模索している者をあつめ、のちに共産主義を宣言すればよい。マドラスのシンガーラヴェールはこの方針を推し進めている。諸君の仕事は2つ、つまり共産党（極秘に──原注）と大衆政党（オープンに──原注）を作ることだ」。Letter from Roy to Muzaffar Ahmed, 13 May 1923, *L/P & J/12-48*.
64) Letter, 747C/SF416-2, Special Branch, CID, to the Chief Secretary, Government of India, 16 May 1923, *USSF 424*.
65) Letter from S.D.Hassan to Singaravelu, 3 May 1923, *USSF 493*.
66) Letter from Singaravelu to Gulam Hussain, 5 May 1923, *USSF 493*.
67) Telegram from Viceroy to the Secretary to the State, 25 May 1923, *L/P & J/12-51*.
68) Letter D253S, GOM, to Stevenson, 5 Jul. 1923, *USSF 493*; Secret Letter D1484, from the Secretary, GOI, to the Chief Secretary, GOM, 22 Jun. 1923, *USSF 492*.
69) Opinion of Advocate General, *USSF 493*.
70) Report No.1336C/CF-416-5 30 Aug. 1923, *USSF493*.
71) *CII*, p. 60.

第4章
秘密組織と合法的大衆組織

　カーンプル共同謀議事件によって主な共産主義者は逮捕されたものの、弾圧を逃れた者や新世代の共産主義者を中心に共産主義活動は連綿として続けられた。事件から1年もたたない内に、全国政党としての共産党を創設し活動基盤を強化しようとする動きが生じてくる。

　本章は、まず第1節で、共産主義勢力がインド共産党を創設し全国各地に散らばるグループを統合しようとして挫折するまでの経緯を追う。そしてその挫折が却って各グループをして現実路線へと転換せしめ、各地での労農党結成を促進したことを論証していく。第2節では、インド統治法改正問題をめぐって議論百出する会議派に目を向け、その混乱の中から若手左派勢力が台頭してくる過程を、共産主義勢力の路線転換の影響と絡めつつ考察していく。

第1節　共産党と労農党
1　共産主義組織統一の試み——対コミンテルン関係をめぐる相克

　カーンプル共同謀議事件はインド内外の共産主義者に心理的変化を生じさせた。ローイは最小限綱領の実施をより重視する方向へと向かい始める。なお、23年末までにドイツでの共産党による一連の武装蜂起と革命の試みが失敗したことは、コミンテルンにもその革命戦略の修正を余儀なくさせた[1]。世界革命においてアジアが果たすべき役割が見直されることになり、コミンテルン第五回大会（24年）では、ヨーロッパにおける革命に頼らずアジアにおける活動にも力を入れることが決定された[2]。つまり、植民地における反帝国主義民族闘争が世界規模での革命を導く重要な役割を担うと認知されたわけである。インドにおける活動予算が4倍に増額されたことが、コミンテルンの戦略修正を象徴していた[3]。23年末、コミンテルン東方問題特別委員会は、民族解放

という目的を推進するために既存の民族主義組織や宗教組織をも利用することを決定した。

　インドの共産主義者の間でも、まずは既存組織に入り込んで足場を固めるべきであるという考えをもつ者が現れた。たとえば、ボンベイの共産主義者J・P・ベルゲロータは、いまこそ共産主義者が会議派を掌握するべきだと訴えた。カーンプル共同謀議事件の打撃を深刻に受け止めていたローイも、ベルゲロータのような意見を考慮して、かつてシンガーラヴェールが提唱していたように会議派の指導権を握って組織を丸ごと合法的大衆政党へ移行させることを選択肢の一つとして考慮するようになった。

　ちょうどその頃、会議派内部で「固守派」と「変革派」の対立が続いていたことが、この選択肢の実現可能性を高めた。両派は表面的には妥協し、24年11月に「変革派」の要求どおり会議派党員が議会に参加することを正式に承認したものの、「固守派」はガンディーに従って「建設的プログラム」に専念したため、両派がそれぞれ勝手に活動しているというのが実情であった[4]。ローイは、指導層が分裂している今なら共産主義者が会議派の指導権を掌握できると考えた。各地の共産主義者たちに対し、目前に迫ったベルガウム年次大会に乗り込んで会議派を合法的大衆政党に転換し名称を人民党に改名するよう指示した[5]。

　しかしその一方で、肝心の共産主義組織の再生計画は、カーンプル共同謀議事件によって主要な共産主義活動家が軒並み逮捕されていたため、遅々として進まなかった。共産主義組織再編の拠点として新たに注目を集めたのはマドラスである。その理由は2点あった。第一に、マドラスは、共産主義文献の集散地及び国外からの活動家の上陸地点であった[6]。近郊のポンディシェリーでは、カーンプル共同謀議事件を逃れたR・C・L・シャルマーがフランス植民地政府の監視を受けながらも各地の共産主義者と関係を維持し[7]、各地から人員を受け入れてプロパガンダ活動を行っていた[8]。第二に、同様に逮捕を逃れたシンガーラヴェールを中心とするグループが、会議派とも決別することなく、労働者の間で地道な活動を行っていた。彼の活動は、既存の民族主義組織を利用するというコミンテルンの新方針にも合致していたために、改めてローイの注意を引いたのである[9]。

第 4 章　秘密組織と合法的大衆組織

　しかし、コミンテルンやローイとは無関係に、24 年 9 月、カーンプルにおいて、S・サティヤバクタがインド共産党（Indian Communist Party）結成を宣言した。彼はもともと非協力運動に参加していたが、次第にガンディーの方針に物足りなさを感じるようになった。ダーンゲーと交流関係を持ち、23 年 2 月には農民及び労働者を対象とする地方語新聞を作ることを提案している。労働組合のメンバーとして労働者の間で宣伝活動も行っていた。サティヤバクタのインド共産党は、全国組織を自称してはいたものの、カーンプル共同謀議事件以前に各地に存在していたような地方グループの域を出るものではなかった。しかし 25 年に入ると、各地の共産主義者がサティヤバクタの組織を核に全国組織としてのインド共産党を結成しようと動き始めた。12 月にインド共産党創立全国大会を開くことが決定し、先立つ 9 月にシンガーラヴェールなど各地の活動家 18 名を集めた準備委員会が発足した[10]。

　しかし、コミンテルンといかなる関係を持つべきかという問題をめぐって、早くも対立が生じた。S・V・ガーテーやベルゲロータらがコミンテルンへの加盟を主張したのに対し、シンガーラヴェールとサティヤバクタはコミンテルンと直接接触を持つことに反対した[11]。その理由をサティヤバクタは以下のように説明している。

　　〔コミンテルンに加盟しない理由を〕検討してみよう。第一に、各国政府
　　が対立している現状では国際共産主義など非現実的である。第二に、共産
　　主義は未発達なドクトリンであり、ロシアにおいてさえ頻繁に変更が加え
　　られている。第三に、宗教社会状況は国ごとに異なるために普遍的規則や
　　普遍的計画を定めることは出来ない。インドや他の東洋の感傷的で保守的
　　で盲目的なまでに宗教的な人々が西洋の大衆の合理性に到達するには、何
　　世代もかかるだろう。最後に、インドは外国支配を受けているため海外と
　　のコミュニケーションも困難である。このような状況では、国際主義は不
　　可能であるばかりか、むしろ害を成すと思われる。したがって、まずは独
　　立を勝ち取ることが急務である。独立して初めて、インドに共産主義社会
　　を確立し国際環境の中にインドを位置付けることが出来る。

　　我々はコミンテルンに敵対しているわけではない。もし公然と代表を送

ることが出来るならそうしたい。共産主義の全般的原理には賛成しており、その経済原理をインドに広めることにも異論はない。なぜなら経済状況は社会宗教の変化の根幹をなすからだ。だからこそ我々は他国の共産主義者とも関係を結んできた。しかし、コミンテルンに加盟するのは、上に述べた理由から不可能であり、かつ有害である[12]。

サティヤバクタは、イギリス政府がコミンテルンを敵視している現状ではコミンテルン加盟は無謀だが、独立した暁には加盟するという意向を示していた。ただし、その関係はあくまでも対等で相互扶助的なものであり、命令や指図は受けないというのが彼の立場であった[13]。党名についても、サティヤバクタは、党がコミンテルンの支部ではなく独立独歩の政党であることを示すために、"Indian Communist Party" という名称にこだわった。シンガーラヴェールもこれを支持した。しかし、親コミンテルン派は、"Communist Party of India" を主張して譲らなかった[14]。

サティヤバクタは、親コミンテルン派を封じ込めるために、シンガーラヴェールに12月の創立大会議長を務めるよう強く要請した[15]。これを引き受けたシンガーラヴェールは、サティヤバクタの立場を支持しながらも、カーンプル共同謀議事件の打撃から立ち直ろうと動き始めたばかりの共産主義活動が分裂するのを阻止しようと、両者の仲介に努めた。コミンテルン加盟問題が大会の議題にのぼるのを回避し、かわりに、カーンプル事件容疑者の釈放を求める署名を集めて陳情書を提出すること、メーデー集会を開いて党員獲得に努めることなどを提案した[16]。植民地政府に政治犯の釈放を陳情するという発想に、シンガーラヴェール独特の「穏健」性が滲み出ていた。

シンガーラヴェールの努力の甲斐あって、とりあえず共産党創立大会では、シンガーラヴェール、サティヤバクタ、ガーテー、ムザッファル・アフメド等、反コミンテルン派と親コミンテルン派を取り混ぜた執行委員会が発足した。しかし次第に後者の発言力が増していき[17]、共産党本部をボンベイに移すことを決定した[18]。サティヤバクタは、ガーテーやベルゲロータを、コミンテルンの言うなりの「モスクワの赤」と呼んで批判した[19]。こうして、サティヤバクタが設立した共産党を全国レベルの統一組織に発展させようという試みは

第4章　秘密組織と合法的大衆組織

暗礁に乗り上げた。

2 労働者農民党の誕生

　共産党を全国組織として再編強化する動きは失敗したが、この失敗は各地の共産主義者グループが地元に目を向け地道な活動に取り組む転機となった。彼らは労働運動や農民運動を支援することに関心を抱くようになった。インドでの共産主義活動を指導することになったイギリス共産党[20]が労働者や農民間での活動を重視していたことも、この傾向を促進した。なおこの時期は、会議派に変わる新しい組織を求める気運が高まりつつあった[21]。「固守派」と「変革派」に分裂した会議派は、派閥抗争と相俟って混乱状況にあった。その狭間で進むべき道を模索していた青年層の間では、民衆の支持を獲得する必要性を感じ、労働者や農民に目を向ける傾向が強くなっていた[22]。たとえばベンガルでは、25年11月に会議派内組織として労働者スワラージ党（Labour Swaraj Party）が結成され、完全独立を達成するために非暴力的大衆行動（ノン・バイオレント・マス・アクション）を断行すると喧伝した[23]。20年代半ばは、このような会議派青年層の志向性と地道に大衆基盤確立を目指す共産主義者の志向性が合致した時期であった。共産主義者の間で階級闘争や暴力革命などの理論が後退したことが、それまで共産主義に漠然とした恐怖心を抱いていた人びとをも惹きつけた[24]。

　27年以降、各地で労働者農民党の結成が相次いだ。ベンガルを嚆矢としてボンベイやパンジャーブが続いた[25]。イギリス共産党が派遣したドナルド・キャンベル[26]やフィリップ・スプラット[27]、ブラッドレーは、インドの状況を注意深く観察し、性急に共産党組織を作ることよりも労働者や農民に接触して彼らを組織化し慎重に基盤を築くことが重要だと判断した[28]。キャンベルは、K・N・ジョーグレーカル、D・R・テーングディ、S・S・ミラジカル、ガーテーに接触し、27年1月にボンベイ農民労働者党を結成させた[29]。スプラットは、パンジャーブや連合州でも労働者農民党の結成を助けた[30]。

　労農党が労働者や農民の間に勢力を伸ばした方法は、「平和的浸透」と称され、上から共産主義を押し付け「教化」するというよりは、労働争議を共に戦って信頼を勝ち取るというものであった。各労農党が活動した時期は労働争議が激化した時期に相当した。ボンベイでは綿工場労働者のストライキが頻発

し、初めは組合「穏健派」がそれらを指導したがほとんどが失敗に終わり、労働者たちは「穏健派」に失望していた。労農党はこれを好機としてストライキ委員会を組織し、すばやい対応で評判を高めた。ボンベイ農民労働者党は、ボンベイに存在する 32 組合のうち 15 組合に影響力を及ぼすようになった[31]。

このように各地の労農党がかつての共産主義組織に比べて格段に勢力を伸ばすと、これらを統合して全国組織にしようという気運が高まった[32]。28 年 12 月、カルカッタで全インド労働者農民党創設大会が開かれ、以下の行動プログラムに従って運動を推進することを決定した。

(1) 大地主制と封建制の廃止、小作料削減に向けて農民を組織する
(2) 小作料・地租不払いデモンストレーションを組織する
(3) 物価高、塩税、間接税に反対する
(4) 労働組合承認とストライキ権を要求する
(5) 1 日 8 時間労働、週 44 時間労働、最低賃金保証、住環境改善、生活水準向上を要求する
(6) 都市部における借家人の家賃引き下げ要求ストライキを組織する
(7) 民族ボランティアを組織する
(8) 武器保持権を要求する
(9) 全国規模のゼネストを組織する[33]

(1) と (2) で地主制の問題に踏み込んだ点で、会議派に比べればラディカルな側面を有していた。しかしその他は過去の労働運動で出された要求であり、特に急進的な特徴はない。労農党創設大会は、社会主義革命は時期尚早と確認し、革命に向けての心構えを労働者、農民、小ブルジョワジーに説くこと、大衆の日常的問題の解決を通じて支持者拡大に努めることに重点をおくと決定した[34]。

ローイは、インドにおけるこのような動向を見て、既存の労農党を非合法組織としての共産党の代替物とし、同時に、会議派を掌握して人民党すなわち合法的大衆政党へと変貌させるよう、インド各地の共産主義者たちに指示した。つまり彼は、20 年代初頭に構想した二重組織論を保持しつつも、その配役を

変えたのである[35]。秘密組織の共産党（労農党）が合法大衆組織たる人民党（会議派）の核となりその活動指針を決定するというのが、彼の二重組織論の基礎理念であった。しかし現実は、労農党は大衆政党として機能し、核であるはずの共産党は有名無実の状態に陥っていた。ローイは、共産党本来の活動よりも労農党の組織化に重点が移りすぎていると危惧した。ベンガル労農党とボンベイ農民労働者党がAITUCの中で存在感を強めていったことも、労農党が共産主義組織としての本来の役割をないがしろにしているという彼の警戒心を助長した[36]。彼は、AITUCが完全独立ではなく自治領要求に甘んじている点、労使交渉のために調停委員会の設置を要求している点、議会に労働者代表の席を要求している点を、議会主義的で「改良主義」的であると批判していた[37]。ここに、実際に労働問題に取り組んでいる現地の共産主義者とローイのギャップがあった。

ただし、一部の共産主義活動家の間でも、共産党本体がないがしろにされていることへの反省が生まれ、29年3月のインド共産党大会（ボンベイ）で、ローイの提案に従って共産党を秘密組織として再編・強化することが承認された。当面の活動方針としては、労働者及び農民に共産主義を教授すること、小ブルジョワジーも活用すること、ただしその際には小ブルジョワジーにしばしば見られる非暴力主義を否定すること、反帝国主義・民族運動に平行して反封建制・反資本主義活動を必ず同時に進行させることが確認された[38]。

第2節　会議派における左派勢力の台頭
1　若手左派勢力の台頭——自治領要求から完全独立要求へ

1919年インド統治法は、施行から10年後に統治の実態を調査し法改正を検討すると規定していた。この規定に基づき、27年11月、ジョン・サイモンを長とするインド憲政委員会（いわゆるサイモン委員会）が任命された。しかしインドの将来を決定するその委員会にインド人が一人も含まれていなかった。しかも委員会の任務は、自治権を拡大することを検討するのではなく、どの程度責任統治を拡大あるいは制限するべきか調査報告することとされていた。

これを知ったインド人の多くは怒りを爆発させた。27年末の会議派年次大会では、J・ネルーを中心とする若手党員がイニシアティヴをとって、サイモ

ン委員会をボイコットし完全独立を求める決議を採択した。28年にインドに上陸した同委員会は、訪問する先々で「サイモン帰れ」という叫びに迎えられた。予想以上の激しい反発に驚いたインド担当大臣バーケンヘッドは、「ならばインド人自身がインドの全政党が同意できるような憲政改革案を作ってみろ」と挑戦状を突きつけてきた。挑発を受けたインド側は、J・ネルーの父、M・ネルーを長とする全政党協議会を結成し、憲法案の起草にとりかかった。協議会にはマドラス州の正義党とパンジャーブ州の連合党を除いた全ての政治グループが参加し、28年8月に憲法案（いわゆるネルー報告）をまとめた。しかしこの憲法案は、多様な立場や宗派の駆け引きや妥協の産物であるだけに様々な欠陥や問題点を抱えていた。中でも若手急進派の非難を招いたのは、イギリス連邦内での自治領の地位しか要求していない事であった。また、地主や資本家などの富裕層の圧力を受けて大地主制度を改革する道を断ったことも、若手急進派には受け入れがたかった。

　若手急進派は、ネルー報告で示された指導層の保守性に反発して抗議行動を開始し、会議派内部にインド独立連盟を結成した。その中心となったのがスバース・チャンドラ・ボースとJ・ネルーである。インド独立連盟は、その綱領において、完全独立要求のほかに社会的経済的不平等の是正、基幹産業の国有化、地主制度の有償廃止などを掲げ、「生産と分配の手段を国家が統制する社会主義的民主国家」を樹立すると謳った[39]。

　ガンディーは左派の伸張に危機感を覚えた。しかし、会議派内部に生じた若手左派はもはや無視しえぬほどに強力になっており、ガンディーも彼らに譲歩せざるを得なかった。ガンディーが出した妥協案は、ネルー報告が求める自治領の地位をイギリス政府がインドに付与すると1年以内に約束しなければ、完全独立を要求に掲げて不服従運動を開始するというものであった[40]。

2　不服従運動とゼネラルストライキ

　会議派指導層と若手急進派が妥協の末に植民地政府に与えた1年間という猶予期間が終わりに近づくにつれて、若手左派は、完全独立要求運動を行うという前提のもとに、いかなる方法でそれを実行するか議論するようになった。しかし期限切れ直前の29年10月31日、インド総督アーウィンが中途半端な提

案をしてきたことが事態を複雑にした。彼は、インドの将来について話し合うべく全政党をロンドンに招いて円卓会議を開催すると提案したのである。それはあたかも自治領の地位を約束するかに見せかけつつ、すぐに自治領を認めるわけではない曖昧なものであった。それでもガンディーは、J・ネルーやボースの反対を押し切って、条件つきでこの提案を受け入れようとした。ところが今度は総督がガンディーの条件を拒否したために、交渉は暗礁に乗り上げた。こうしてついに同年12月の会議派ラホール大会は、若手左派の望み通り、完全独立（プールナ・スワラージ）を要求する市民的不服従運動を開始することを宣言した。

　運動実施は決まったものの、不服従運動をどのように遂行していくのかは何も決まっていなかったため、今度は運動の具体的内容について論争が繰り広げられた。左派青年層は、直ちに全国規模でのストライキを行うことを要求した[41]。J・ネルーは、早晩完全独立要求運動が開始されると予想して、既に労働者と農民を会議派に取り込もうと奔走していた[42]。各地で集会を開いては不労所得階級を弾劾し、「スワラージとは、すなわちパンの問題である。労働者と農民が力をつけることがスワラージ獲得には不可欠である」とし、「労働者と農民の楽園であるロシアをイギリスが敵視するのは、ロシアの経済原理が階級社会を崩壊させると恐れているためだ。しかし会議派は社会主義に則り富が平等に配分される社会を目指す」と宣言して、労働者や農民を惹きつけようとした。ボースは、農民問題においてネルーよりさらに一歩踏み込んで、地主に対する小作の苦境を解決するべくベンガル州会議派内部に小作民苦情処理委員会を設置した。加えて労働者組織委員会も設立して、自ら両委員会の委員長に就任した。保守指導層は労働者や農民が急進化してインド人資本家や地主に矛先が向くのを恐れ、ゼネストを不服従運動に組み込むことに反対した。しかしその一方で、指導層の中からも、会議派は労使の仲介役に徹し、会議派が特定階級に加担しているというイメージが固定化するのを回避するべきだ、という意見も出された。これは、共産主義者を中心とする左派勢力から会議派はブルジョワ政党だと批判されてきたことを踏まえた提言であった[43]。

　結局、不服従運動の内容を練る作業はガンディーに一任された。ガンディーがこれまで民衆の参加を重視する一方でその急進化を抑え、地主や資本家の支持を維持してきたことを考慮すれば、運動内容にストライキが加えられるはず

がなかった。したがって、ガンディーが運動内容を決定することになった時点で、会議派が先頭に立ってゼネラルストライキを主導する可能性は実質的に潰えたといえる。ところが、会議派指導者に指導されずとも、労働者が自らゼネストを起こしかねない情勢になってきた。というのも、ゼネストの位置付けをめぐって活発な議論が交わされたのを知った労働者が、自分達の協力なしにはガンディーの不服従運動は成功しないと考えるようになったためである[44]。

　下から突き上げられたガンディーは、労働者や農民の不満が先鋭化してその矛先がインド人資本家や地主に向けられる危険を回避する必要性に迫られた[45]。彼は、1か月を費やして運動の具体的内容を練った上で、30年1月31日アーウィン総督に11項目からなる要求を提出し、不服従運動開始を宣言した。ところがその要求内容は、左派はもちろん、多くの「穏健派」政治家をも困惑させた。なぜなら要求は、完全独立はおろか自治領の地位さえ要求していなかったからである。11項目要求は、ブルジョワジーと民衆双方の利益に配慮しつつ両者間に対立を引き起こすこともない、巧みなバランスの上に成り立っていた。項目には、ブルジョワジーの利に適う要求（ルピーの対ポンド為替レートの引き下げ、関税自主権）と、一般民衆の生活に関わる要求（地租減額[46]、塩税と塩専売制度の廃止）が混ぜ込まれていた。そして、11項目要求が受諾されなかった場合には、塩税法を敢えて犯して塩を作りイギリス支配への抵抗姿勢を示そうとした。この運動は、地主や資本家を敵に回す恐れが全くなく、当時深刻になりつつあったコミュナル対立を煽るような宗教的象徴性もなく、かつ労働者と農民の日常生活に直結する内容を含み、彼らの参加を仰ぐのにうってつけであった。こうしてガンディーは、労働者や農民の不満を地主や資本家とは無関係な闘争へと誘導し、巧妙に階級的分断を回避したのである。

　3月12日、ガンディーは「塩の行進」を開始した。グジャラート地方のダンディーを目指して行進したガンディー一行は、4月初頭にダンディーの海岸で塩を拾うことによって意図的に塩税法を犯し逮捕された。他の会議派指導者も次々と逮捕されていった。主要な指導者が逮捕された後、インド各地でガンディーの意図を超えて大規模な蜂起が起きた。チッタゴンでは武器庫が占拠され、ショーラープルではインド共和国軍を名乗るグループが独立を宣言し、また工場労働者がストライキを起こし警察署や裁判所を襲撃した。マドラスでは、

ラージャージーが組織した塩の行進にストライキ中のチョーライ・ミル労働者が参入し、暴動に発展した[47]。不服従運動は次第に農村部にも拡大し、村番税不払いなど会議派の予定外の運動が開始された。

　このように民衆が「非暴力」を無視したにもかかわらず、ガンディーは、もはや非協力運動の時のように一方的に不服従運動を停止しようとはしなかった。この態度の差は何に起因するのであろうか。10年前と異なる点を挙げるとすれば、労働者や農民の権利意識が格段に高まっていたことがある。また、会議派内左派や共産主義者など、ゼネラルストライキを戦略的に利用しようとする勢力が影響力を強めていた。ガンディーは、労働者や農民の支持が左派勢力に流れることを恐れて、あえて不服従運動を停止しなかったといえよう。

小　括

　カーンプル共同謀議事件の衝撃は、残された共産主義者や新世代の共産主義者、そしてローイにも、共産主義組織のあり方、及び活動方針について変更を余儀なくさせた。新しい方針は、会議派の指導権を把握してこれを合法的大衆政党とし、同時に核となる秘密共産主義組織を創るというものである。つまり、政府の目を逃れるために会議派を隠れ蓑として労働者や農民の支持を得るべく合法活動を行い、一方で公然と行うことができない活動については秘密組織が担当するというものであった。各地のグループは、核となる共産党の創設を目指して25年にカーンプルに集合したものの、結局コミンテルンに加盟するか否かをめぐって対立し、全国組織としての共産党の結成には至らなかった。

　しかしその挫折が却って、各地の共産主義グループを現実路線へと向かわせる原動力になった。理論を追求するだけでは組織基盤を強化できないという反省が生まれ、次第に労働運動や農民運動を支援して支持を獲得していくという地道な戦略が好まれるようになっていった。各地で相次いで設立された労働者農民党は、この新傾向の成果であった。

　共産主義者が現実路線へと転換したことは、それまで共産主義に付きまとっていた過激なイメージや恐怖心を緩和し、共鳴者を得るのに寄与した。特に会議派の中で旧来の指導部の方針に飽き足らなくなっていた青年層が急速に傾倒していった。労農党は、合法的大衆政党としての性格上、民族運動組織との連

携も否定しなかったために、共産主義者と会議派若手左派は急速に接近していった。

　会議派内部で台頭した若手左派勢力は、サイモン委員会問題を機に指導部に公然と異議を唱えた。保守指導層が自治領の地位しか要求していないことに業を煮やし、「完全独立」を会議派の目標にすると決議したのである。ガンディーも左派勢力を封じ込めることは出来ず、1年間の猶予期間を経た後に完全独立を求める「不服従運動」を開始すると妥協せざるを得なくなった。次に若手左派は、不服従運動の具体的内容をめぐって指導層と論争を繰り広げた。若手左派はゼネストを起こして植民地政府を動揺させるよう主張したが、指導層はストを契機にインド人資本家や地主に民衆の攻撃の矛先が向くことを恐れ、この主張を拒否した。したがって、左派勢力は完全独立要求運動を開始させるのには成功したものの、ゼネストを起こすことに関しては保守指導層に敗北したといえる。

　ところが、ゼネストをめぐって政治運動指導者の間で侃々諤々の論争が展開されたという事実が、労働者に自信を与え、自分達の応援なしには独立運動も成功しないと考えさせるようになった。こうして、会議派指導者が指導しなくても労働者のイニシアティヴでゼネストが起きる可能性が出てきた。ガンディーは、労働者の不満に裏打ちされた若手左派の主張を無下に否定せず、かつ資本家・地主層の離反も防ぐべく、非階級対立的な運動戦略を編み出す必要に迫られた。彼が不服従運動の中核をなす運動として編み出した「塩の行進」は、大衆を搾取する植民地政府（資本家階級ではない）への抗議を「塩税反対」という形で表現したものである。こうしてガンディーは、大衆運動の激化がインド人資本家や地主への攻撃へと発展することのないよう、巧みに階級融和的な行動プログラムを生み出した。

　それでもガンディーの思惑に反して、不服従運動は各地で労働運動や反地主闘争に発展した。しかしガンディーは、非協力運動の時のように独断で運動を中止することはなかった。不服従運動が展開されたこの時期が非協力運動時と異なる特徴は、共産主義勢力の存在と労働者の自意識の向上である。ガンディーは、安易に運動を停止すれば民衆の支持が共産主義勢力に流れてしまうと推量して、過激化する民衆の行動を敢えて放置したのである。

第 4 章　秘密組織と合法的大衆組織

　なお、不服従運動は、一般の人びと（ボランティアと称された）が意図的に法を破ることによって植民地支配に異議を唱えるという戦術であったために、逮捕者が激増した。たとえば、ベンガル、ビハール、連合州、パンジャーブでは投獄者がそれぞれ 1 万人を突破し、その他ボンベイ市だけでも 5000 人近く、タミル地方やアーンドラ地方でもそれぞれ 3000 人近くが投獄されている。31 年 3 月のガンディー・アーウィン協定[48]によって、指導者レベルでは「休戦」が実現したが、一般民衆レベルでは運動が中断されることはなかった。32 年にガンディーが不服従運動の「再開」を宣言すると、逮捕者はますます増加していった[49]。

　このように一般の人々が多数投獄されたことが、次章で述べるメーラト共同謀議事件で逮捕された共産主義者との獄中での出会いを生み共産主義の一層の浸透を助けることになるのは、歴史の皮肉といえよう。

註
1 ）Haithcox, J.P. *Communism and Nationalism in India: M.N.Roy and Comintern Policy 1920-1939*, Princeton, Princeton University Press, 1971, pp. 41-42.
2 ）Letter, from M.N.Roy to Evelyn Roy, quoted in Note W/PF, 23 Apr. 1924, *L/P & J/12-48*.
3 ）Intelligence Bureau, Home Department, GOI, *Communism in India 1924-1927*（以下、*CII*）, p. 77.
4 ）ガンディーが非協力運動の首謀者として逮捕され不在中に、デリー臨時大会（23 年 9 月）とココナダ年次大会（23 年 12 月）が開催され、「建設的プログラム」を会議派の基本方針として確認した上で、会議派党員が選挙に参加することを認めるという折衷案が採択された。しかし、24 年 2 月にガンディーが出獄すると、議会に参加した者を会議派幹部職から解任することや、一定の長さの糸を紡ぐことを党員資格の条件とすることなどを主張して、両派の対立を再燃させた。結局、ガンディーが折れる形で 24 年 11 月の妥協に至った。
5 ）Extract from Weekly Report of the Director, Intelligence Bureau, Home Department, GOI, 3 Dec. 1924, *L/P & J/12-57*.
6 ）*CII*, p. 63.
7 ）ポンディシェリー総督は、イギリス政府の要請を受けて一時はシャルマーに退去を命令したが、25 年 9 月に恩赦によりポンディシェリーへ戻ることを許可した。パリにいたローイの妻エヴェリンがシャルマーの活動を支援していた。Extract from Weekly Report of the Director, Intelligence Bureau, Home Department, GOI, 9 Jul., 17 Sep., 1925, *L/P & J/12-56*.
8 ）Extract from Weekly Report of the Director, Intelligence Bureau, Home Department, GOI, 15

Oct. 1924, *L/P & J/12-56*.
9) *CII*, pp. 77, 90.
10) Extract from Weekly Report of the Director, Intelligence Bureau, Home Department, GOI, 9 Jul., 1 Oct. 1925, *L/P & J/12-57*.
11) *CII*, p. 175.
12) "The Indian Communists and M.N.Roy", 1 May 1926, *USSF 424*.
13) Extract from Weekly Report of the Director, Intelligence Bureau, Home Department, GOI, 9 Jul. 1925, *L/P & J/12-57*.
14) Extract from Weekly Report of the Director, Intelligence Bureau, Home Department, GOI, 25 Mar. 1926, *L/P & J/12-58*.
15) Extract from Weekly Report of the Director, Intelligence Bureau, Home Department, GOI, 17 Dec. 1925, *L/P & J/12-58*.
16) Extract from Weekly Report of the Director, Intelligence Bureau, Home Department, GOI, 11 Mar. 1926, *L/P & J/12-54*.
17) これによって、党名も Communist Party of India が使用されるようになっていった。Extract from Weekly Report of the Director, Intelligence Bureau, Home Department, GOI, 21 Jan. 1926, *L/P & J/12-58*.
18) *CII*, pp. 177-179.
19) Extract from Weekly Report of the Director, Intelligence Bureau, Home Department, GOI, 8 Apr. 1926, *L/P & J/12-58*.
20) このころコミンテルンでは、ローイの指導力を疑問視する声が強くなっていた。ローイが現地の事情を正確には掌握していなかった上に誇張を含んだ報告を行っていたことが、カーンプル共同謀議事件を機に明らかになったためである（*CII*, pp. 77, 113）。第五回コミンテルン大会で、植民地における共産主義宣伝活動は宗主国の共産党が指導するという方針が採用されたことも手伝って、25年9月の執行委員会は、イギリス共産党が直接インドに人員を派遣しインドにおける共産主義活動を指導することを決定した。Extract from Weekly Report of the Director, Intelligence Bureau, Home Department, GOI, 6 Nov. 1925, *L/P & J/12-50*.
21) たとえば、26年に共産党に入党したアブデュル・カーディル・アーザード・スバーニーはその典型である。彼はキラーファト運動を支持し、非協力運動の理念にも共感して熱心に活動した。しかしその挫折に接して新しい道を模索するようになり、「共産主義は非協力より崇高だ」と確信して入党したという。Extract from Weekly Report of the Director, Intelligence Bureau, Home Department, GOI, 5 Aug. 1926, *L/P & J/12-58*.
22) Extract from Weekly Report of the Director, Intelligence Bureau, Home Department, GOI, 17 Dec. 1925, *L/P & J/12-134*.
23) Extract from Weekly Report of the Director, Intelligence Bureau, Home Department, GOI, 26 Nov. 1925, *L/P & J/12-134*.

第 4 章　秘密組織と合法的大衆組織

24）Extract from Weekly Report of the Director, Intelligence Bureau, Home Department, GOI, 10 Feb. 1927, *L/P & J/12-62.*
25）Extract from Weekly Report of the Director, Intelligence Bureau, Home Department, GOI, 8 Mar. 1928, *L/P & J/12-63.*
26）スコットランド出身の元炭鉱労働者。ジョージ・アリソンの偽名で26年4月にボンベイに到着し、スプラットと共にボンベイで活動した。しかし翌27年1月に旅券偽造罪で逮捕され、イギリスへ送還された。
27）26年12月、書籍商に変装してインドに入った。
28）*CII*, p. 114.
29）Extract from Weekly Report of the Director, Intelligence Bureau, Home Department, GOI, 1 May 1927, *L/P & J/12-62*; *CII*, pp. 147-148.
30）カルカッタでは、シブナート・バネルジー、ゴーパル・バサクなどが労農党創設を担った。「個人プレーが目立つボンベイに比して家庭的な雰囲気」だったという。連合州では、当時大学生だったP・C・ジョーシが労農党の総書記となり、青年層への共産主義宣伝に貢献した。*CII*, pp. 117-119, 122-125.
31）Extract from Weekly Report of the Director, Intelligence Bureau, Home Department, GOI, 26 Apr. 1928, *L/P & J/12-63.*
32）Extract from Weekly Report of the Director, Intelligence Bureau, Home Department, GOI, 15 Mar. 1928, *L/P & J/12-63.*
33）Extract from Weekly Report of the Director, Intelligence Bureau, Home Department, GOI, 22 Nov. 1928, *L/P & J/12-64.*
34）*CII*, p. 128.
35）*CII*, p. 115.
36）Extract from Weekly Report of the Director, Intelligence Bureau, Home Department, GOI, 15 Mar. 1928, *L/P & J/12-63.*
37）Extract from Weekly Report of the Director, Intelligence Bureau, Home Department, GOI, 25 Mar. 1926, *L/P & J/12-134.*
38）*CII*, pp. 136-144.
39）Haithcox, *op. cit.*, p. 93.
40）この妥協がなされたカルカッタ大会（1928年12月）では、ボースが完全独立という目標を掲げることを主張し、J・ネルーをはじめ、マドラスのサティヤムールティ、共産主義者のジョーグレーカルらの支持を受けた。しかし投票の結果1350対973で敗れた。
41）Copy of the New Scotland Yard Report, 11 Dec. 1929, *L/P & J/12-135.*
42）たとえば、29年3月8日から10日にかけて開催された第三回パンジャーブ労農党会議に出席し、同年末までに自治領が認められなかった暁には完全独立を要求する不服従運動を開始し「民衆が政府を把握することを目指して」ゼネストを展開すると発言した。Extract from Weekly Report of the Director, Intelligence Bureau, Home Department, GOI, 21 Mar.

1929, *L/P & J/12-64*.
43) Criminal Investigation Department, "Congress and Labour since January 1920", *USSF 698*.
44) Extract from Weekly Report of the Director, Intelligence Bureau, Home Department, GOI, 20 Mar. 1930, *L/P & J/12-135*.
45) 植民地政府も、独立要求運動にゼネストが連動することを懸念した。会議派内部の混乱を見て、不服従運動がゼネストを利用する確証はないとしながらも、出来る限り緊密に労働者とコンタクトをとって不満解消に努め、政治家が付け入る隙を与えないよう各州政府に指示を出した。Letter D-3564 (Pol), from the Home Secretary, GOI, to the Chief Secretary, Government of Madras, 23 Oct. 1929, *USSF 698*.
46) ただし、地主への地代支払い拒否ではなく政府への地租支払い拒否であるところに、階級対立を回避しようとするガンディーの巧妙さが表れている。
47) *FNR*, 2nd half of Apr., 1930.
48) 31年3月に締結された。アーウィン総督は、家庭消費用の製塩許可、政治犯の一部釈放などの譲歩案を示し、ガンディーは不服従運動を停止して円卓会議に参加することを承諾した。
49) 不服従運動後半では逮捕者は前半より格段に増加したが、これはイギリス当局の弾圧が徹底化されたためであり、必ずしも前半より運動規模が拡大したとは言い切れない。

第5章
混乱の時代
——共産主義勢力の分裂

　共産主義勢力は、現実路線へ転換したことによって地道に発展の道を歩み始めたが、1920年代末に再び分裂の危機に見舞われた。この共産主義者の分裂は、彼らが労働運動に活動の重点を移していたために、労働運動の分裂をも誘発することになる。

　本章は、まず分裂の前段階を概観してから、分裂の経緯を追っていく。第1節では、植民地政府が断行した2回目の共産主義者弾圧であるメーラト共同謀議事件について述べ、その余波の中起こった労働運動の分裂について分析する。第2節では、共産主義勢力の分裂とそれが引き起こした労働運動の再分裂について考察していく。

第1節　混乱の予兆
1　メーラト共同謀議事件

　植民地政府は、共産主義者が労農党という媒体を通じて労働者や農民に対して影響力を行使し始めたこと、そして会議派からも賛同者が現れ党内左派を形成したことに危機感を強めた。

　共産主義者が労働者に影響力を増大させつつあることは、労働運動が第二次高揚期（1920年代末〜30年代初頭）を迎えたときに、様々な場面で証明された。たとえば、ベンガル州において1928年1月から半年以上続いた鉄道労働者ストライキや、清掃人ストライキ、ジュート工場労働者ストライキは、いずれも共産主義者が指導的役割を果たしていた[1]。同年7月の南インド鉄道労働者ストライキにはシンガーラヴェールとベンガル出身の共産主義者ムクンダラール・サルカールが関与していた。また、同年4月から8月にかけて起こったボンベイの綿工場労働者ストライキは、労働者が自ら組織し共産主義者との交流

を通じて発展させてきたギルニ・カームガール・ユニオン（工場労働者組合の意味、通称赤旗組合）[2]が、経営側から譲歩を引き出した。この成功によってユニオンは、「穏健派」のN・M・ジョーシが組合長を務めるボンベイ繊維労働組合（Bombay Textile Labour Union）から労働者の支持を奪った[3]。会議派左派勢力が不服従運動の手段としてゼネラルストライキを採用しようと試みた背景には、このような労働運動の高揚があったのである。

　植民地政府は、会議派左派勢力と共産主義者が結びついてゼネストを政治的に利用する事態に発展するのを危惧し、これを未然に防ぐ方法を検討し始めた。29年3月に予定されていたインド共産党ボンベイ会議は、植民地政府にとって、主な共産主義者や労働運動指導者を一斉検挙する絶好の機会であった。会議が開催された翌日の3月20日、共産主義者及び労働運動指導者31名が一挙に逮捕された。彼らはメーラトの監獄に収監され裁判にかけられたため、逮捕から1933年の結審までの一連の出来事をメーラト共同謀議事件と呼ぶ[4]。

2　全インド労働組合会議の分裂──「穏健派」の離脱

　検挙を免れた労働運動指導者や若手の共産主義者たちは、メーラト共同謀議事件を教訓に、合法的活動に一層力を注ぐようになった[5]。労働争議を支援し労働者の信頼を獲得するという下からの基盤確立に平行して、全国の労働組合を束ねるAITUCに参加すれば上からも共産主義を浸透させることができるという思惑から、共産主義者が次々とAITUCに参加していった。AITUC内の会議派左派メンバーに助けられて幹部の地位を獲得する者も現れた。

　29年のAITUC大会は、会議派左派の代表的存在であるJ・ネルーを議長に迎え、11月30日から12月1日にかけてナーグプルで開催されることになった。大会に先立ち、11月28日に予備会議が持たれたが、その会場に「穏健派」指導者を侮辱する掲示が何者かによって貼られていた。これはネルーの指示で撤去されたが、大会会場にいつの間にか飾られていた赤旗や鎌とハンマーのシンボルについては、ネルーは撤去を命じなかった。会議は険悪な雰囲気が漂うなかで開会を迎えた。

　大会には、会議派左派のJ・ネルーとボースに加えて、共産主義者のR・S・ルイカル、ブーペンドラ・ナート・ダット、S・V・デーシュパンデー、ジン

ワーラが顔をそろえた。「穏健派」からは、N・M・ジョーシ、チャマーン・ラールのほかに、マドラスで「穏健派」の労働運動指導者として有名になっていたB・シヴァ・ラオとV・V・ギリが出席した[6]。

　大会では、共産主義者と「穏健派」の間で激しい論争が繰り広げられた。主な争点は4点で、内2点は、不服従運動開始を目前に控えてAITUCはいかなる態度をとるべきかをめぐる議論であり、他の2点は共産主義者の台頭を危惧した「穏健派」がAITUCへの共産主義の浸透を防ごうと提起した議論であった。まず、不服従運動と同時に労働者も全国で一斉にゼネラルストライキを起こすべきか否かをめぐって論争が展開された。29年末は、自治要求に甘んじる会議派指導層と完全独立を求める若手左派を取り持ったガンディーの妥協案に対する植民地政府の回答待ちの期限であった。しかし植民地政府の回答は得られず、完全独立要求運動の開始は時間の問題になっていた。デーシュパンデーが独立運動の手段としてゼネストを起こすことを提案し、ネルーやボースがこれに賛同した。特にボースは、ゼネストは植民地政府を脅かす有効な手段になりうると積極的にデーシュパンデーを支持した。しかしギリとチャマーン・ラールは、ストライキを政治的に利用することに難色を示した。彼らは、労働者の要求が政治問題に埋没し、労働者の不満の解決が却って困難になるとして、労働問題を政治運動から切り離すよう求めた[7]。

　次の争点は、インドにおける労働問題を調査するべく本国政府から派遣された王立労働問題委員会（Royal Commission on Labour in India）をボイコットするか否かであった。ネルーは、王立委員会に協力することに反対した。彼は、植民地支配下のインドで労働者が抱える問題は慈善活動や雇用主の良心によって改善されるような単純なものではなく[8]、ましてや植民地政府によって解決されるものではないと主張し、王立委員会がインドの労働者の実情を調査したところで何も変わらないと指摘した。王立委員会が実質的にイギリス初の労働党内閣によって任命されたことから変革を期待する意見も出されたが、これに対してネルーは、メーラト共同謀議事件の経緯が労働党内閣の本性を露呈していると論破した。さらに、労働者階級の窮状は帝国主義と資本主義の産物である現行の政治経済体制に由来するのであるから、労働者の階級意識が日々強まり反帝国主義運動・反資本主義運動としての民族運動を支援しようという機運

が盛り上っている現状を積極的に活用するべきである、と主張した。ネルーは、王立委員会に対して「全力で非協力」するべきであると演説を締めくくった。共産主義者を中心とする左派が主張した王立委員会ボイコットは、賛成52票、反対41票で採択された[9]。

こうして、議長のネルーに後押しされて左派が優勢になってくると、「穏健派」は共産主義者の影響力を押しとどめようした。彼らはまず、ギルニ・カームガール・ユニオンとインド亜大陸鉄道員組合(Great Indian Peninsular Railwaymen's Union, 以下GIP鉄道員組合)のAITUC加盟に反対した。この2組織は共産主義の影響が極めて強いことで知られ、しかも加入労働者数が多かった。AITUC大会では各加盟組合の組合員数にしたがって比例原則で票決を行っていたため、この2組合の加盟を許せば共産主義者の発言力が一層強くなると「穏健派」は危惧したのである。両組合の加盟問題は大会最大の争点となった。この問題が議題にあがったときは、100名からなる幹部委員全員が出席して、侃々諤々の議論が交わされた。「穏健派」は露骨に反共産主義姿勢を示した[10]。投票の結果、幹部100人の票は文字通り真二つに分かれた。しかし議長のネルーが賛成票を投じたため、両組合の加盟は承認された。AITUCの反帝国主義連盟への加盟問題についても、票が割れた。共産主義者は同連盟への参加は独立運動遂行の面でもメリットが大きいとして賛成し、「穏健派」は反対した。決定は再びネルーにゆだねられたが、そのネルーは、反帝国主義連盟の創立に立会い幹部に任命されていた事実が示すように連盟が掲げる理念に共感していた。彼が同連盟はインドの労働者に常に同情的であるとして賛成票を投じたため、AITUCの反帝国主義連盟への加盟は一票差で可決された[11]。

ナーグプル大会が終わるころには、AITUCにおける左派勢力の優位は決定的になっていた。もっとも会期中は、投票数が示すように、左派勢力と「穏健派」は数の上では伯仲していた。しかし左派の意見が次々と採択されていくと、AITUCが共産主義者ら左派に乗っ取られたという印象を組織内外に与えた。「穏健派」は、ナーグプル大会を自らの敗北と受け止め、左派に牛耳られた(と感じた)AITUCを脱退してしまった[12]。

「穏健派」はAITUC脱退後すぐに会合を持ち、全インド労働組合連合(All

India Trade Union Federation, AITUF)を結成した。主なメンバーには、ジョーシとチャマーン・ラール、マドラス州のシヴァ・ラオとギリが含まれていた[13]。彼らは、左派に対抗してAITUFを結成したものの、確固たる共通の運動方針を持つわけではなかった。たとえば、インド総督アーウィンが提案した円卓会議[14]に代表を送る是非について、AITUF内でも意見が分かれた。チャマーン・ラールとギリは、労働運動が政治問題に絡むことを徹底的に回避する立場にたっていた。彼らは、「労働者が会議派の民族運動を支援し、その結果会議派が権力を手にしたとしても、労働者はその恩恵にあずかることができない」ほど厳しい環境におかれている、と考えた。そのためまずは労働者の経済的地位向上運動に専念するべきだと主張して、円卓会議に労働者代表を送ることに反対した。これに対し、シヴァ・ラオとジョーシは、円卓会議を合法的手段で労働者の声を広く知らしめる好機ととらえ、代表派遣に積極的であった。ところが、その労働者代表として自らを任じ円卓会議に参加すると独断で決めてしまったため、ラールやギリの反発を招いた[15]。「穏健派」もこのように、労働運動と民族運動の関係について統一見解を打ち出すことはできなかったのである。

　一方、期せずしてAITUCの指導権を掌握することになった左派諸勢力も、AITUCの旗の下に一致団結したわけではなかった。AITUC内部の多様性は、例によってコミンテルン加盟問題が浮上した際に顕在化した。AITUCナーグプル大会では、反帝国主義連盟への加入決定に引き続き、コミンテルンへの加盟を求める意見が出された。この時点では既に「穏健派」が欠席し、出席者はほぼ会議派左派と共産主義者で占められていたにもかかわらず、加盟は否決された。この事実は、会議派左派のみならず共産主義者の中にも様々な立場が混在することを象徴していた[16]。

　「穏健派」離脱後のAITUCでは、左派勢力の中でも特に共産主義者の影響力が強まっていった。たとえば、新たに書記に就任したデーシュパンデーとベンガル労農党のアブドゥル・ハーリムは、いずれも共産主義者であった。彼らは、会議派内部でも不服従運動とゼネストを連動させる是非をめぐって紛糾しているのに鑑みて、自分たちで労働者を動員しようと各地で活動を開始した。しかし、上から労働者を政治的に動員しようというこの試みは、全般的に不成

功に終わった。30年頃には労働者側が争議への熱意を失いつつあったためである。不況下で「合理化」という名の人員削減が進行する中、労働者はみだりにストを起こして解雇されるのを恐れるようになっていた。したがって共産主義者の失敗の原因は、失業を恐れる労働者の心情に鈍感だったことにある。共産主義者が企画した30年のメーデー集会は、カルカッタでは盛り上がりに欠け、ボンベイでは2000人の失業者が集まったものの彼らの興味関心を惹くようなテーマを提示できず、却って労働者を失望させた[17]。共産主義者は、インド最大の労働者組織を掌握したにもかかわらず、大不況の下で保身に走らざるを得ない労働者をも魅了するような活動方針を打ち出せず、動員に失敗したのである。

AITUC、AITUF双方の内部対立と混乱を見て、AITUC幹部の中から、労働運動指導層を今一度統合し低迷する労働運動を盛り立てようとする動きが生じた[18]。これを受けてAITUFの方でもAITUCとの協力の道を模索する者が現れた。R・L・バクレー[19]は、「AITUFとAITUCを原型をとどめたまま連合させ、共産主義に惹かれる組合はAITUCに、共産主義に惹かれない組合はAITUFに加盟する。共通見解がある場合は合同決議として発表し、それ以外のときは双方個別に行動する」という折衷的構想を練り上げ、賛同者を募った[20]。30年12月、彼は「穏健派」メンバーを説得するべく会合を開いた。会合には、ギリ、チャマーン・ラール、ターラー・チャンド、ヤムナーダース・メヘター[21]が出席した。彼らのうち、チャンドとメヘターがAITUCとの連合に理解を示したため、バクレーは、とりあえず連合会議を設置することを提案した。連合会議とは、AITUC、AITUF、及び全インド鉄道員連合がそれぞれ代表5人を派遣して討議する機会を提供するものであった[22]。

第2節 「極左」路線をめぐる相克
1 コミンテルン第六回大会

こうして労働運動は統合に向けて一歩踏み出したかのように見えた。しかし、共産主義陣営の中での対立が表面化したために、事態は再び混乱状況に陥る。共産主義者の内部分裂は、この頃コミンテルンの「左旋回」が顕著になり、デーシュパンデー率いるグループがこれに従う傾向を示したことが主因で

第5章 混乱の時代

ある。既述のように、会議派では20年代後半に左派勢力が台頭し、彼らの活動によって会議派自体が少しずつ変貌する兆しを見せていた。しかしコミンテルンは、この傾向に逆行するかのようにブルジョワ民主主義組織への不信感を強めた。コミンテルン第六回大会に先立つ28年5月25日、コミンテルン執行委員会の綱領委員会は、コミンテルンの戦略の基礎となるべき『共産主義インターナショナルの綱領草案』を起草した。同年2月の第九回執行委員会総会で設置された綱領委員会の本来の任務は、コミンテルン第四回大会（1922年）以来討議が重ねられ第五回大会（1924年）で採択された綱領草案に編集上の訂正を加えて、第六回大会（1928年）で審議にかけることであった。ところが綱領委員会は、第五回大会以降に情勢が変化したこと（主に中国における国共合作の崩壊をさす）を理由に[23]、旧草案とは大幅に異なる内容の新草案を作成した[24]。『共産主義インターナショナルの綱領草案』は、民族ブルジョワジーは「既に反革命陣営に公然と身を売り渡しているか、または現に売り渡しつつある」ため、労働者と農民を独立組織の指導の下に組織化し民族ブルジョワジーの影響から解放しなければならない、とした[25]。

　このようにコミンテルンの方針が「左」へ傾斜したために、ローイとコミンテルンとの見解の相違がにわかに拡大した。すでにローイは、インドでは独立を勝ち取ることが優先課題であり、そのためにはブルジョワ民族運動との連携が不可欠であるという認識を一層強めていた。植民地支配下にある限り共産主義組織は常に監視の対象となり弾圧されるということを、ローイは2度の共同謀議事件で悟っていた。彼自身は、中国での民族ブルジョワジーの「裏切り」を目の当たりにしたが[26]、だからといって中国の事例をインドにそのまま当てはめることには同意できなかった。彼によれば、中国で統一戦線を崩壊させた元凶である軍閥に類する存在はインドには見られず、会議派内で若手左派が躍進していることが会議派との連携を容易にするはずであった。ローイは、植民地インドでは政治的独立なしには労働者の組織化と教化さえままならないという認識に立ち、まずは独立を勝ち取ることが先決で、ブルジョワ民族主義組織（会議派）との統一戦線を維持するべきだと訴えた。また、ブルジョワ民族主義者と共闘できる可能性を有する労農党も共産党と平行して存続させるよう要求した[27]。イギリス共産党も、労農党が果たしている役割を重視して、ロー

イを支持した。

　しかしコミンテルンでは、労農党はプロレタリアだけから成る単一階級の党ではなく小ブルジョワジーなども含む複数階級の党であり、それだけに小ブルジョワジーの影響に晒されやすいという意見が優勢に立った。スターリンを筆頭とするその一派は、インドに「真の共産党」がないのは遺憾であるとし、一時期一部の同志が労農党を共産党の代替物と見なしたが、労農党はいつか小ブルジョワ政党に変わって共産主義から離れ大衆との接触を妨げることになると断定し、ローイとイギリス共産党の意見を却下した[28]。

　ただそれでも、「討論が許された、また反対意見が公的機関紙『インプレコール』に発表されたコミンテルン機関の最後の会議」[29]と評される第六回大会の性格を反映し、採択された『植民地・半植民地諸国における革命運動についてのテーゼ』（以下、『テーゼ』）は、スターリンのように明確に「左」へ移行しようとする一派と、戦略の抜本的変更を躊躇する一派との妥協の産物となっていた[30]。『テーゼ』は、民族主義政党との関係を完全に断絶することまでは要求しなかったのである。

　『テーゼ』によると、中国の民族ブルジョワジーは既に反革命陣営に完全に加わったが、インドではまだ「典型的なブルジョワ民族主義運動――帝国主義と革命の間でバランスを取る日和見主義的な運動〔強調原文〕」が存在し、プロレタリア革命が差し迫った危機とならないうちは民族運動を捨てることはない、とされた[31]。つまり『テーゼ』は、インドにおいては必ずしもブルジョワ民族運動と完全に断絶する必要はないと認めていた。次に『テーゼ』は、民族ブルジョワジーとの関係において植民地・半植民地の共産主義者が犯しがちな過ちを2つ指摘していた。一つは、民族ブルジョワジーの「民族改良主義」的傾向を忘れてこれと連携し、土地革命などのスローガンを曖昧にするなどの過ちを犯すことである。しかしその一方で、もう一つの過ちとして、民族ブルジョワジーの「民族改良主義」的傾向が人民の支持を得ているという事実を過小評価する過ちをあげ、その場合は共産主義者が人民から孤立する事態を招いてしまうと警告を発していた。これらを踏まえ『テーゼ』は、インドにおける共産主義活動の課題として、まずは各地に散らばる共産主義グループや個人を統合し「単一の自立的で中央集権的な党」を組織することに専念し、その上で、

民族ブルジョワジーの改良主義的傾向を暴露するという目的意識をもって民族主義的諸団体と一時的に協定を結ぶことを認める、とした[32]。

以上のように、コミンテルン第六回大会で採択されたテーゼは、異なる意見をそれぞれ反映し、「極左」路線への転換を提起しつつも曖昧な部分を残していた。そのため少なくともこの時点では、インドの共産主義グループはコミンテルンの「左旋回」には反応を示さなかった。つまり、第六回大会で示された「左旋回」傾向は、当座は共産主義者と会議派内左派が歩み寄るのを妨げる障害にはならなかったのである。

2　コミンテルンの「左旋回」──「ローイ派」と「正統派」の分裂

コミンテルンの「左旋回」は、30年頃には明確な形を取るようになった。その背景にはコミンテルン内部での勢力地図の塗り替えがあった。29年、スターリンがブハーリン一派との闘争に勝利して独裁的地位を確立し、誰にも遠慮することなく「極左」路線に乗り出した。民族ブルジョワジーの役割は全て否定され、中間的存在を一切認めない「階級対階級」戦術が前面に押し出されるようになった。

スターリンは、かつてレーニンが革命的な役割を担う人物として期待を寄せたガンディーを、「公然たる反革命勢力」と断定した。さらには会議派左派をも、「労働者と農民を暴力を伴わない社会民主主義へ導き、大衆が独立した政治勢力となるのを妨害する危険な存在」と断罪した[33]。28年の『植民地・半植民地における革命運動についてのテーゼ』においては、民族運動組織との関係は「大衆の間での活動が妨害されない限り、一時的協定を結んでもよい」と曖昧に規定されていたが、29年8月になると「植民地における共産党組織はブルジョワ民族運動組織から完全に離脱するべき」とされ、事実上会議派と絶縁するよう指示された。もはやスターリンは、従来のようにコミンテルン内部に多様な意見が並存するのを許そうとはしなかった。スターリンと対立しベルリンでドイツ共産党反主流派と共に「極左」路線批判の論陣を張ったローイは、コミンテルンから追放された。

コミンテルンの新路線が明示されたことを受けて、インド共産主義者の中からも、これに従おうとする動きが生じた。デーシュパンデーは、新たな労働組

合を結成し労働者や農民に武装蜂起を唆すような宣伝ビラを配布し始めた[34]。しかし彼と同じくボンベイを拠点にしていたルイカルは、インドの現状を無視してコミンテルンの指示を無批判に遂行することに懸念を抱いた。彼が恐れたのは、これまで現実路線の遂行によって会議派左派とも良好な関係を結び労働組合にも拠点を築いてきたにもかかわらず、「極左」路線でその成果が水泡に帰すことであった。ルイカルは、30年1月19日のAITUC執行委員会会合にあわせてデーシュパンデーに書簡を送り、共産党員としてではなくGIP鉄道員組合代表としての立場に立って「全業種の労働者が共通の要求として掲げることが出来るような純粋に経済的なプログラムを策定しないと、AITUCは労働者の支持を失ってしまう」と警告した[35]。ルイカルはこうして、一部の共産主義者が労働者の要求をなおざりにして過激な政治プログラムに走るのを牽制しようとしたのである。

ルイカルの忠告にもかかわらず、30年11月17日から18日にかけて開催されたAITUC執行委員会会合で、デーシュパンデーのグループと反対派の対立は決定的になった。会合第1日目、デーシュパンデーは、最初は会議派との協力をほのめかすような発言をしていたものの、議論が進むにつれて、武力闘争をAITUCの活動における唯一の手段にするべきだと主張し始めた。さらには、ガンディーのみならずJ・ネルーまで「ブルジョワのリーダー」と決め付けたため、様々な左派勢力を含むAITUCの代表としては不適切な発言だと非難の声が上がった[36]。

翌日、ネルー批判に不快感を抱いたメンバーが会場に姿を現さなかったために[37]、デーシュパンデーらは誰にも邪魔されることなく15項目からなる決議を採択した。ただしその決議内容は、全体としては、必ずしも「極左」的でも過激でもない。確かに決議の前文は、以下のように「極左」路線に基づいている。

> AITUC執行委員会は、全加盟組織に対し、直ちにゼネラルストライキを起こすよう呼びかける。これは以下の状況を考慮したためである。(1) 勤労大衆は帝国主義の圧力と雇用主の攻撃を受けて苦境へ追い込まれている、(2) 階級意識が十分発達し闘争を起こす準備は出来ている、(3) 政府、

雇用主、反動的労働組合の攻撃を阻止しなくてはならない、(4) 民族ブルジョワジーがイギリス帝国主義と取引し労働者と農民を犠牲にしてインド独立の大義を裏切るのを防止しなくてはならない、(5) イギリス帝国主義が大衆の団結を突き崩そうとテロ行為や宣伝工作をするのに対抗する必要がある[38]。

　しかし後半は一転して、ゼネストに際して掲げるべき要求事項を列挙している。しかもその多くは、最低賃金（月額45ルピー）の保障、1日8時間労働など、過去の労働争議で既に出されてきた要求にすぎない。さらには、ストライキ権とピケット権の承認、出版集会の自由の保障、メーラット共同謀議事件容疑者を含む全政治犯の即時無条件釈放など、植民地政府から譲歩を引き出そうとする項目まである。インドの完全独立と労働者農民共和国の確立もゼネストの目的に掲げられたが、独立と同時に労働者農民共和国を確立するのか、それとも独立後に漸次実現するのか、その実現のために如何なる手段をとるのか、そもそもここでいう共和国とはプロレタリアート独裁を意味するのか否かなど、曖昧な部分も多い。

　以上の事実に示されるように、デーシュパンデーらは、コミンテルンの指示に全面的に服従したわけではなかった。むしろ、コミンテルンの指示が必ずしも具体的な行動内容までは規定していない点を逆手にとり、インドの現状に適合する活動方針を模索していたとも推測される。

　一方、コミンテルンを追放されたローイは、ついにインドに帰国することを決意した。帰印に先立ち論考を発表し、インドでは共産主義への道は民族革命を通じて初めて可能であるため、共産主義者は「土地の国有化を望む前にその国土をインド民族のものとするために行動しなければならない」と表明した。
　30年12月、14年ぶりにインドの土を踏んだローイは、程なくして、インドにおけるストライキは「革命的階級意識」の表明ではなく耐え難い生活状況に対する「自然のままの反抗」に過ぎず、自分は今までインドのプロレタリアートの革命性を過大評価していたと認識した。彼は、コミンテルンの「極左」路線を非現実的な机上の空論と批判し、賃金上昇など具体的要求を掲げることによって労働者の支持を得るところから始めなければならないと強調した。さら

に労働運動を民族主義的課題に結びつけ民族運動の大衆基盤を確立することに重点をおいた。ローイの現実路線は、会議派からも多数の賛同者を獲得した。特に、労働者の利害と民族運動を関連付け労働運動の関心を独立闘争へと惹きつけるという方針は、会議派左派の目的と一致した。ローイは会議派労働者委員会の構成員として迎えられ、コミンテルンの方針に不満を抱く共産主義者グループと会議派左派を橋渡しする役割を担うようになっていった[39]。

　こうしてインドの共産主義活動は、2つの潮流が並行して展開されることになった。一つは、デーシュパンデーを中心とし、相対的にコミンテルンの「極左」路線に近い立場にあったことから「正統派」と呼ばれた。第二のグループは、民族独立の達成を重視して会議派内部の左派との連携を志向し、「ローイ派」と呼ばれた[40]。ただし、これまで述べてきた経緯からも明らかなように、「ローイ派」と称されるグループはローイの思想的影響を受けて彼に従ったわけではない。彼らは、ローイと接触する前から会議派と連携して完全独立を目指すことと、労働者の日々の要求に応えて支持基盤を固めることを目指していた。ローイはその流れに合流したのである。

3　全インド労働組合会議の再分裂――「正統派」の離脱

　共産主義者の「正統派」と「ローイ派」への分裂は、共産主義者が掌握しているAITUCにも飛び火した。「ローイ派」はAITUC傘下の労働組合に接触し、GIP鉄道員組合やボンベイ港湾労働者組合、ギルニ・カームガール・ユニオンなどの指導権を掌握していった[41]。これらの組合は加入労働者数が多かっただけに「正統派」は危機感を募らせた。彼らは、このままAITUC大会を開催すれば「ローイ派」が優位に立つと危惧し、31年2月に予定されていたボンベイ大会を中止してしまった。GIP鉄道員組合に関しては「ローイ派」が食い込んでいたとはいえ主導権を完全に掌握したわけではなかったため、「正統派」の不安は杞憂だったのであるが、「正統派」が警戒するほど「ローイ派」の勢力伸長が著しかったといえよう[42]。

　31年7月、AITUC議長に就任したボースの要請でようやくカルカッタで開催されたAITUC大会は、結果的に「正統派」と「ローイ派」の分裂を決定づけた。ローイは、「正統派」に対峙するのに備えて会議派左派のボースの協力

を取り付けていた$^{43)}$。またローイの現実路線は、共産主義者の間でも「正統派」より多くの支持を集めていた$^{44)}$。焦ったデーシュパンデーは、ボースへの不信任決議案を提出してボースの追い落としを図ったが、数で勝る「ローイ派」に阻まれて不信任案は否決された$^{45)}$。

「ローイ派」に敗れた「正統派」は、結局 AITUC を離脱し、赤色全インド労働組合会議（Red All-India Trade Union Congress、以下、赤色 AITUC）を結成した$^{46)}$。こうして、AITUC には会議派左派と「ローイ派」が残り、議長にルイカル、書記長にはムクンダラール・サルカールが就任し、さらには副議長4人の中2つの席が「ローイ派」に占められることになった。

AITUC が再分裂した後の状況は、植民地当局の表現を借りれば「インドにおける労働運動の四分裂」であった$^{47)}$。すなわち、「穏健派」の AITUF、「正統派」の赤色 AITUC、AITUC 内の「ローイ派」と「民族主義派（会議派左派）」が、労働者の支持を獲得しようと鎬を削る状況が生じたのである$^{48)}$。

小　括

　労農党結成を境に地道に発展への道を歩み始めた共産主義勢力は、会議派左派の協力を得て AITUC にも進出し影響力を強めていった。これに恐れをなした「穏健派」が自ら AITUC を脱退して新たに AITUF を結成したために、AITUC は期せずして左派勢力の掌握するところとなった。

　植民地政府は、労働運動への共産主義者の影響力増大、会議派との関係緊密化に危機感を募らせ、メーラト共同謀議事件で再び共産主義活動を弾圧した。しかしその打撃は限定的なものにとどまった。

　コミンテルン第六回大会以降の「左旋回」傾向は、共産主義活動の分裂をもたらした。すなわち、コミンテルンに従う「正統派」と独自路線を貫こうとする「ローイ派」の分裂である。

　ただし「極左」路線の影響は、先行研究が主張するところの、インド共産党はコミンテルンに従って民族運動と断絶したため孤立し組織発展が阻害された、というような形で現れることはなかった。その論拠は次の3点である。(1) コミンテルンの「極左」路線は最初から民族運動との完全断絶を指示したわけではなく、曖昧な部分を多く残していた。(2) インドの共産主義者全員が一丸と

なってコミンテルンに盲従したわけではなく、「極左」路線に従わなかったグループも一定の勢力を保った。(3) コミンテルンに忠実な「正統派」でさえコミンテルンの指示を鵜呑みにはせず、独自の解釈を加えてインド独特の事情に適合させようと工夫した。

とはいえ共産主義者の分裂は、労働運動の再分裂を引き起こした。AITUC内で「正統派」と「ローイ派」が対立し、「正統派」がAITUCを離脱した。「正統派」は新たに赤色AITUCを結成したが、「ローイ派」ほど広範な支持を得ることは出来なかった。

その後「正統派」は、次第に戦略を見直し、コミンテルンの指示に独自の解釈を加えることによって道を切り開くようになる。その意味で、「ローイ派」の存在は、「正統派」がコミンテルンの「極左」路線に盲従するのに歯止めをかけ、会議派左派が共産主義者にアクセスする接点としての役割を担ったといえる。次の章では、このような共産主義運動の新たな展開について述べていくことにしよう。

註

1) Sarkar, S. *Modern India 1885-1947*, Madras, Macmillan, 1983, p. 269.
2) この組織の前身であるギルニ・カームガール・マハーマンダルは、23年ボンベイの繊維産業労働者の組合として結成された。これを率いたA・A・アルウェーとG・R・カスレーは織布工であった。次第に共産主義が強くなり、28年にギルニ・カームガール・ユニオンへと名称を変更した。
3) このストライキの詳しい経緯については以下を参照のこと。Newman, R. *Workers and Unions in Bombay, 1918-1929: A Study of Organization in the Cotton Mills*. Canberra, Australian National University, 1981, pp. 168-209.
4) Intelligence Bureau, Home Department, GOI, *India and Communism 1935*（以下、*IAC*）, pp. 130-134.
5) *Ibid.*, p. 161.
6) Extract from Weekly Report of the Director, Intelligence Bureau, Home Department, GOI, 5 Dec. 1929, *L/P & J/12-135*.
7) Letter D-3564 (Pol), from the Home Secretary, GOI, to the Chief Secretary, Government of Madras, 23 Oct. 1929, *USSF 698*.
8) ガンディーが労働運動の解決方法として経営側の慈善と良心に頼ったことを想起すれば、ネルーはここで暗にガンディーを批判しているととれる。

第 5 章　混乱の時代

9） Extract from Weekly Report of the Director, Intelligence Bureau, Home Department, GOI, 5 Dec. 1929, *L/P & J/12-135*.

10） Extract from Weekly Report of the Director, Intelligence Bureau, Home Department, GOI, 12 Dec. 1929, *L/P & J/12-135*.

11） Extract from Weekly Report of the Director, Intelligence Bureau, Home Department, GOI, 5 Dec. 1929, *L/P & J/12-135*.

12） *IAC*, p. 159. ジョーシやチャマーン・ラールは、ジンワーラやルイカルをイギリスのスパイと呼び、デーシュパンデーをモスクワの手先と非難した。チャマーン・ラールは、「日々モスクワの指令を待つのが嫌な人間は、脱退する以外に選択肢がなかった」と語った。Extract from Weekly Report of the Director, Intelligence Bureau, Home Department, GOI, 5 Dec. 1929, 12 Dec. 1929, *L/P & J/12-135*.

13） ネルーは、労働者を結集して民族運動を強力なものにしようと考えていたことから、ジョーシらの行動を批判すると同時に分離を思いとどまらせようと説得を試みたが、徒労に終わった（Extract from Weekly Report of the Director, Intelligence Bureau, Home Department, GOI, 5 Dec. 1929, *L/P & J/12-135*）。AITUC の分裂は、主要な新聞にも否定的に取り上げられた。主要英字紙は「穏健派」の肩を持ち、ネルーが「穏健派」に発言の機会すら与えなかったと非難し、分裂を引き起こした張本人と断罪した。『ヒンドゥスターン・タイムズ』紙のような中道の新聞も、「政治的に目覚めた労働者の意見は左派急進派に代弁されるようになり、国内の政治運動から切り離されてしまった。ネルーは自分が議長を務めた時に採用された決議内容が自分の立場を危うくしていることを自覚し、これ〔左派急進派〕から離れるべきである。ホィットリー委員会〔王立労働問題委員会〕のボイコットなど愚かとしか言いようがない」と、ネルーを批判した。ただ、カルカッタを本拠とする『自由』紙は、「労働運動というものは、右も左も含む幅広いものであって、異なる意見が存在するのは当然である。しかし異なる意見が存在するからといって分裂行為が正当化されるわけではない」として、「穏健派」を非難した。これに対して、シヴァ・ラオが次のように反論している。「左派と右派には共有する原理が何もない。だから一緒にいる必要も意味もない。健全な労働組合主義は、交渉と和解によって争議を解決し民主的手段によって状況改善を目指すものである。しかし左派は、労働者の不満をいたずらに助長し、革命と独裁による資本主義打倒を目指している」。Extract from Weekly Report of the Director, Intelligence Bureau, Home Department, GOI, 18 Dec. 1930, *L/P & J/12-135*.

14） 29 年のアーウィン総督の提案に基づき、インドの様々な政治グループやコミュニティの代表、藩王国の代表を集めてイギリスで 3 度にわたって開かれた。第一回（30 年 11 月〜31 年 1 月）と、第三回（32 年 11 月〜12 月）は会議派がボイコットしたが、第二回（31 年 9 月〜12 月）は、ガンディー・アーウィン協定を受けてガンディーも出席している。

15） *FNR*, 1st half of Oct., 1930; Extract from Weekly Report of the Director, Intelligence Bureau,

Home Department, GOI, 18 Dec. 1930, *LP & J/12-135*. しかしガンディーが第二回円卓会議への出席を承諾したことを受けて、ギリも最終的には会議に参加した。*FNR*, 1st half of Mar., 1931.

16) ちなみにネルーは、共産主義の基本理念には共感するがソ連の行動方針には賛同できない部分があるとして、直接コミンテルンに加盟することには反対した。Extract from Weekly Report of the Director, Intelligence Bureau, Intelligence Bureau, Home Department, GOI, 5 Dec. 1929, *L/P & J/12-135*.

17) Extract from Weekly Report of the Director, Intelligence Bureau, Home Department, GOI, 8 May 1930, *L/P & J/12-135*.

18) Extract from Weekly Report of the Director, Intelligence Bureau, Home Department, GOI, 27 Nov. 1930, *L/P & J/12-135*.

19) ボンベイの「穏健派」労働組合指導者。26年には、N・M・ジョーシと共に、ボンベイ繊維労働組合を創立した。*Royal Commission on Labour in India, Report*, 1931, p. 320.

20) Extract from Weekly Report of the Director, Intelligence Bureau, Home Department, GOI, 20 Nov. 1930, *L/P & J/12-135*.

21)「穏健派」労働運動指導者として台頭した。当時は全インド鉄道員連合議長の地位にあった。のちにローイと協力関係を築くことになる。

22) Extract from Weekly Report of the Director, Intelligence Bureau, Home Department, GOI, 18 Dec. 1930, *L/P & J/12-135*.

23) 情勢の変化として委員会が列挙したのは、資本主義の全般的危機の形態の変化、帝国主義の基本的勢力の移動、アジア大陸における激動、特に中国革命、ソ連邦における社会主義建設の大きな前進、資本主義世界とソ連邦との対立の激化、現代資本主義の経済構造の変化、資本主義の政治的上部構造の移動、ファシズムの成長とそれの大資本のテロル独裁への転化、労働運動内の主要敵としての社会民主主義の帝国主義的変質、反対派に対するコミンテルンの闘争、戦術の左への転換、である。村田陽一編訳『コミンテルン資料集』第4巻、大月書店、1981年、588頁。

24) 主な起草者はブハーリンであるが、実際にはスターリンが深く関与し、その過程で両者の意見に相違が見られるようになっていた。

25) Haithcox, J.P. *Communism and Nationalism in India: M.N. Roy and Comintern Policy 1920-1939*, Bombay, Princeton University Press, 1971, p. 108；マクダーマット＆アグニュー、荻原直訳『コミンテルン史 レーニンからスターリンへ』大月書店、1998年、133-34頁。

26) ローイは、コミンテルンの指令で国共合作を維持させるため27年2月中国に派遣されていた。

27) *IAC*, p. 162.

28) Haithcox, *op. cit.*, p. 110-120.

29) *Ibid.*, p. 117.

30) スターリンとブハーリンは、かつて中国問題をめぐって共同し、国共合作に反対する

第5章　混乱の時代

トロツキーやジノヴィエフの一派を失脚させていた。国共合作の失敗が明らかになりつつあった時点でも、ブハーリンはその責任を中国共産党に転嫁してスターリンと自分の立場を守り、その後「極左」路線へと転換していった。しかし次第に、ブハーリンとスターリンとの間で「左旋回」の度合いについて意見が分かれ、権力闘争とあいまって対立が深まっていった。この後ブハーリンはスターリン一派に敗れ、コミンテルン第六回大会はブハーリンが出席できた最後の大会になった。いいだもも『コミンテルン再考　第三インタナショナル史と植民地解放』谷沢書房、1985年、97頁。

31）"Revolutionary Movement in the Colonies and Semi-Colonies: Thesis adopted by the Sixth Congress of the Communist International 1928", Basu, J. chief ed. *Documents of the Communist Movement in India*, vol. I, Calcutta, National Book Agency, 1997, Appendix X, pp. 928-929.

32）*Ibid.*, pp. 931-961.

33）Haithcox, *op. cit.*, pp. 108.

34）このビラは、実際にはボンベイのインド共産党の一部メンバーが作成したものであるにもかかわらずAITUCの名で発行されたために、AITUCの一部に動揺が広まった。Extract from Weekly Report of the Director, Intelligence Bureau, Home Department, GOI, 8 May 1930, *L/P & J/12-135*.

35）Extract from Weekly Report of the Director, Intelligence Bureau, Home Department, GOI, 16 Jan. 1930, *L/P & J/12-135*.

36）AITUCは、ナーグプル大会の後、共産主義者が主導する組織になったとはいえ、会議派左派のメンバーも所属していた。Extract from Weekly Report of the Director, Intelligence Bureau, Home Department, GOI, 27 Nov. 1930, *L/P & J/12-135*.

37）会合を欠席したメンバーは別会場に集まりAITUFとの和解について話し合ったが、合意には至らなかった。

38）Extract from Weekly Report of the Director, Intelligence Bureau, Home Department, GOI, 27 Nov. 1930, *L/P & J/12-135*.

39）*IAC*, pp. 166-168.

40）Report No.13/Bol/30, Intelligence Bureau, Home Department, GOI, 15 Jan. 1931, *L/P & J/12-136*.

41）*IAC*, pp. 162, 185.

42）"The Struggle in the Indian Trade Union Movement", London, March 3rd, *L/P & J/12-136*.　これはタス通信ロンドン支局からモスクワ本社へ送られた記事で、おそらく同通信ボンベイ特派員のM・チュンチタパタムが書いたものと思われる。Letter, 9 Mar. 1931, *L/P & J/12-136*.

43）Copy of the Enclosure No.1, "The Condition of the Trade Union Movement in India", Extract from Weekly Report of the Director, Intelligence Bureau, Home Department, GOI, 9 Jul. 1931, *L/P & J/12-135*.

44）*IAC*, pp. 166-168.

45) Extract from Weekly Report of the Director, Intelligence Bureau, Home Department, GOI, 9 Jul. 1931, *L/P & J/12-135*.
46) チャットーパディヤーヤがデーシュパンデーの行動を後押ししたと言われる。
47) Copy of the Enclosure No.1, "The Condition of the Trade Union Movement in India", Extract from Weekly Report of the Director, Intelligence Bureau, Home Department, GOI, 9 Jul. 1931, *L/P & J/12-135*.
48) 「正統派」が抜けた後の AITUC には多数の組合が加盟した。主要鉄道組合も AITUC が掌握したが、マドラスの鉄道組合と BB & CI 鉄道組合だけは「穏健派」のジョーシとギリが掌握していた。*IAC*, p. 211.

第6章
中央から地方へ
―― 行動プログラム決定権の移動と現実路線の確立

　分裂は再生の始まりであった。二分された共産主義グループは、互いに意識しながら活動戦略を模索した。新たな活動の舞台が求められたのもその模索の一環であった。両派が新たな活動の舞台として注目したのは南インドである。本章では、特に「正統派」が「ローイ派」への対抗から現実路線へ回帰し、再び共産主義活動を活性化させていく過程を、南インドを中心に見ていこう。

　第1節は、「正統派」の活動を「ローイ派」のそれと絡めながら叙述し、両派の競合が共産主義活動の新たな展開を生んだことを論ずる。メーラト共同謀議事件の副次的効果についても併せて分析する。

　第2節と第3節は、視点を移して南インドにおける共産主義活動の進展を明らかにしていく。第2節は、非バラモン運動の一潮流である自尊運動の歴史と運動理念を述べ、特に運動が共産主義へと傾斜していく様を詳述する。第3節では、共産主義的自尊運動の宣伝活動を考察する。そしてその活動がいかなる効果をもたらしたのか、植民地政府の対応を分析することによって推測してみよう。

第1節　現実路線への回帰と統合の試み
1　「正統派」と「ローイ派」の南インドへの進出

　1920年代の共産主義活動は、これまで見てきたように、対立と分裂を繰り返してきた上に政府の弾圧を受けて、順調な発展を阻害されたかのようにみえる。確かに全インド政党としての組織強化という観点からすれば、その歩みは順調とは程遠いものであった。しかし共産主義の浸透という観点からすれば、各グループの対立も政府の弾圧でさえも、必ずしも負の影響だけをもたらしたわけではない。

メーラト共同謀議事件は、短期的に見れば確かに共産主義活動を中断させ打撃を与えた。しかし長期的には予期せぬ副次的効果をもたらした。第一に、3年半も続いた裁判が新聞各社の関心を集め、裁判内容が一言一句にいたるまで紙上で紹介されたために、裁判そのものが共産主義宣伝の場と化した。労働争議の激化や民衆の権利意識の高揚を背景に、メーラト事件は、5年前のカーンプル事件に比して遥かに世論の注目を集めた。法廷での答弁が逐一記事として取り上げられたことは、共産主義に対する世間の理解を深めるのに貢献した。被告たちもこの予期外の効果に気づき、法廷での証言を思想宣伝の場ととらえて長大な弁論を行うようになった。第二は、不服従運動に参加し投獄されていた大勢の会議派ボランティアが監獄内で共産主義者と出会い影響を受けた。特に南インドのラージャムンドリー監獄やコーインバトゥール監獄には北インド出身の共産主義者が数多く収監されていた。彼らは、ガンディーがアーウィン総督と協定を結んで不服従運動を停止し円卓会議参加を決めたことにボランティアたちが失望していることに目をつけ、ここぞとばかりに共産主義を宣伝した。監獄内では、しばしば共産主義勉強会が開かれた。こうして共産主義に共感した元ボランティアは、釈放されると監獄内外の連絡役となり、人的ネットワークを拡大していった。時には監獄職員が彼らの連絡を取り持つことすらあった[1]。

　メーラト事件は、南インドと北インドに点在していた共産主義者の交流を本格化させ、北インドに本拠を置く共産主義組織が南インドに支部を設置する重要な契機となった[2]。33年5月には、ヒンドゥスターン社会主義共和国軍のマドラス支部が設立された。中心となったのは元会議派ボランティアの青年達で、ティルチラーパッリの監獄とラージャムンドリーの監獄でベンガルの共産主義者と接触しその薫陶を受けていた[3]。彼らは、人民武装蜂起を目指してポンディシェリーで武器を密輸入した。さらに資金調達のために地税を保管している村役場や郡役場を襲撃する手筈を整えたが、計画は当局に発覚しメンバーは逮捕された[4]。コカナダ爆弾陰謀事件またはマドラス陰謀事件として知られるこの事件は、北インドを中心とするテロリズム志向の共産主義が南インドにまで波及した証拠として、植民地政府に衝撃を与えた[5]。

　のちにインド共産党マドラス州支部の母体の一つとなるネッルール共産党も、

獄中で共産主義に触れた元ボランティアが設立したものである。33年4月、K・クリシュナ・ラオとヴェンネラカンティ・ラーガヴァイヤが労働協会という組織を創設した。2人は非協力運動に共に参加して以来の仲間で、その人脈で青年層を仲間に引き入れていった。その中には不服従運動に参加して投獄され、同様に共産主義の薫陶を受けたP・スンダララーマ・レッディやG・ハヌマーン・レッディ、K・スッバラーマ・レッディも含まれていた。彼らの影響で、労働協会は共産主義組織へと変質した。スンダララーマ・レッディは、獄中で築いた人脈を利用して、当時マドラスにいた「正統派」共産主義者アミール・ハイダル・カーンと接触する。彼はカーンの紹介でボンベイの共産党員とも会談し、マドラス、ネッルール、ボンベイ間の連携役を果たすようになった[6]。著名な共産主義者が投獄されているという評判を聞いて監獄を訪れ、共産主義を学ぼうとする人物もいた。マドゥライでインド労働者平等同盟を創設したP・K・ナーラーヤナ・アイヤンガールは、そのような人物の一人である[7]。

　こうして獄中での接触と交流は、立場の違いを超えて広範なネットワークを形成した。南インドの「正統派」と位置付けられるネッルール共産党は、マドラス市やボンベイの「正統派」と連絡を取りながら、同時にヒンドゥスターン社会主義共和国軍マドラス支部のメンバーでコカナダ爆弾陰謀事件に関わった「テロリスト」とも交流を続けた[8]。社会主義に傾倒しガンジャム県とヴィザガパタム県に社会党を組織しようとしたデーバカル・パトナイクは、ラージャムンドリー監獄やベッラリー監獄で共にすごしたベンガル人「テロリスト」と文通し、彼のネットワークを通じて暴力革命志向の活動家とも交流を持っていた[9]。このような雰囲気を反映して、34年初頭にE・クリシュナ・アイヤルによって創刊された共産主義宣伝紙『新時代(ナヴァ・ユガ)』の執筆陣には、「正統派」のV・K・ナラシンハム、「ローイ派」でムクンダラール・サルカールの同志であるN・S・シュリーニヴァーサ・アイヤル、社会主義者のH・D・ラージャーが名を連ねることになった[10]。こうして、北インド起源の共産主義組織は、植民地当局も予期せぬ形で南インドに進出する足場を築いたのである。

　一方コミンテルンは、このような動向を知る由もなく、二度の弾圧策で壊滅的打撃を受けた（と考えた）インド共産党の再建作業を進めようとした。手始めに、インド共産党の活動指針として、30年12月に『インド共産党行動綱領

草案』[11]を発表した。『綱領草案』は、会議派とガンディー主義を酷評するにとどまらず、ネルーやボースに代表される会議派左派の活動でさえ革命への最大の障害として断罪するなど、一見「極左」路線に貫かれている[12]。先行研究の多くも『綱領草案』を「極左」路線の集大成と位置付けてきた[13]。しかし『綱領草案』が前半と後半に分かれている点に留意し、前後での語調の差異を注意深く分析すると、この綱領を実行に移す時に「極左」路線を希釈する余地があることが分かる。

　前半は「主目標」について述べている。主目標とは社会主義国家を樹立するための前提条件の実現をさす。具体的には暴力による植民地支配転覆と完全独立、イギリス系工場・銀行・鉄道・農場の国有化、ソヴィエト支配体制樹立、少数民族への自決権（分離独立も含む）付与、藩王国廃止、インド連邦労働者農民共和国設立などが列挙されている。

　一方、後半の全てが「部分的要求」の説明にあてられていることに留意したい。後半ではまず、主目標を追求するだけでは大衆を動員するには不十分だとされ、大衆を教化し革命闘争へと導くためには「部分的要求のための闘争」も展開しなくてはならないと主張されていた。「部分的要求」の説明では、労働者、農民、パリアー及び奴隷、都市小ブルジョワジー、女性、兵士、青年、というように「大衆」を分類した上で、それぞれに応じて個別具体的な要求が列挙されている。共産党は、労働組合に代表されるあらゆる合法的・半合法的手段を駆使してこれらの「部分的要求」の実現に尽力すべきだとされた。こうして見ると『綱領草案』は、原則としては「極左」路線を踏襲しているものの、具体的戦略面では、労働者の「日々の利益」に配慮した合法的活動を展開して実績をあげる必要があるという立場へ早くも変質しつつあることが窺える。

　コミンテルンは、「ローイ派」に押され気味のインド共産党（正統派）を支援するために、アメリカ人のウィリアム・N・ウェイトとヘンリー・G・リンド、及びインド人のアミール・ハイダル・カーンをインドへ派遣した。アミール・ハイダル・カーンは31年3月ボンベイからインドに上陸したが、ボンベイにおける共産主義活動は派閥争いの様相を呈しており組織強化の拠点としては不適切だと考えた。そこで彼が活動の拠点として目をつけたのが南インドのマドラスであった[14]。

カーンが南インドに注目した理由は、地理的にヨーロッパとの連絡が容易であること、仏領ポンディシェリーが近くそこで活動するインド人共産主義者がインド国内外の連絡を助けていたことに加えて、共産主義が労働者や下層カーストの間にある程度広まっていたことが大きかった。まずシンガーラヴェールが、労働者の間で地道な活動を続け、活動拠点をマドラスに移していたイギリス共産党員スプラットを通じて国外の共産主義運動とも交流を保っていた[15]。植民地政府は、シンガーラヴェールの活動を警戒して27年に1年間の演説禁止令を発令し、その命令に従わなかったとして逮捕した。彼は扇動的演説をしないと宣誓して放免されたが、すぐに政治労働者党を結成し、労働者を惹き付けようとしていた[16]。ただしその活動はあくまでも合法活動にとどまり、メーラト共同謀議事件では起訴を免れていた。このように南インドの共産主義活動は、コミンテルンの指示をめぐる混乱や分裂とは無関係に、植民地当局の弾圧も回避しつつ継続されていた。また、非バラモン下層カーストをターゲットとする自尊運動が、20年代末から共産主義に傾倒しつつあった。さらには、ボンベイやカルカッタでは20年代末をピークに労働争議が停滞していたのに対し、マドラスでは30年代に入ってもストが頻発していたため、カーンにとってマドラスは、労働者の間に勢力を伸ばすのに好都合であった。

31年3月、マドラスに移ったカーンは、従来の共産主義運動が州を越えた組織を確立できなかったという反省点に立ち、ボンベイやカルカッタの共産主義グループとの連携にも配慮を怠らなかった。ただし彼は、このような上からの党組織強化だけでなく、下からの地盤強化を重点的に行うべきだと考えた。そこで、青年労働者連盟（Young Workers' League）[17]を結成して労働運動へ積極的に関与した。既に綿工場労働者の間で活動していたD・スッバ・ラオをはじめとする在地の共産主義者と積極的に交流して、各工場に地歩を築いていった。このような精力的活動により、マドラスにおける共産主義者の数は増加していった。34年にボンベイで各州共産党代表会合が開かれた際にマドラスのメンバーが急増していた事実は、南インドにおける共産主義活動の躍進を象徴していた[18]。

カーンの活動は、表向きはあくまでも合法の範囲にとどまっていた。組織活動にしても、共産党マドラス支部を立ち上げるのではなく、青年労働者連盟と

いう名の組織をつくるにとどめていた。また、シャンカールという偽名を使って公然と合法活動を展開することによって、却って植民地当局の目を逃れていた。しかし、彼の旺盛な活動はやがて当局の注目するところとなり、マドラスに移ってから約１年後に、モスクワを訪問した経歴が露見した。彼は家宅捜索を受けて共産主義を宣伝する大量のパンフレットを押収され、32年５月７日、マドラスで全インド労働者会議を開催しようとしていた矢先に逮捕されてしまった[19]。しかし、入れ替わるようにメーラト事件の容疑者が釈放され、共産主義活動の減速を防いだ。

このころから「正統派」は明確に現実路線を志向し、党組織の強化も緩慢ながら着実に進み始めた。その背景には、コミンテルンが「極左」路線の修正へと向かったこと、そして「正統派」が無理に各地方グループを統合してコミンテルンの指示を強制するのではなく各地方グループが置かれた状況の違いを認めた上で各々の裁量に任せたことがある。

コミンテルンは、32年５月に発表した『インド共産党への公開書簡』[20]の中で、「インド共産党が脆弱なのは、イギリス帝国主義と戦う大衆運動から隔絶し合法的形態の大衆運動を利用しなかったこと、及び労働者の支持を確立してこれを主導する役割を果たせなかったことに原因がある」と批判した。その上で、従来通り独自の共産党組織の結成をうながしつつも、合法的組織を通じて活動することが重要だと明言した。これによって、共産主義者はみだりに会議派と対立して共産党結成に固執することなく、労働運動を通じて労働者の不満の解消に努めつつ支持基盤を拡大することが可能になった。

カーンの後を継いで共産党組織再編に乗り出したジョーグレーカル、ミラジカル、ガーテーらも、無批判にコミンテルンの指示に従うことが却って失敗を招くという教訓を生かそうとした。彼らは、政治社会状況が地域によって異なることを認め、共産党の理念と最終目標は党中央執行委員会が設定するが、その目標を達成するための活動内容については各州支部が独自に決定する、という方針を固めた[21]。その結果、各地のグループが活動方針や手段をめぐって対立するという問題は緩和され、インド共産党は34年ごろからようやく本格的に組織強化への道を歩み始めたのである。

一方、「ローイ派」の中心となったのは、「正統派」離脱後のAITUCで書記

長を務めていたムクンダラール・サルカールであった。彼は、28年の南インド鉄道労働者ストライキで指導者として招聘されたのを機にマドラスに拠点を移した。彼もやはり、労働組合運動に重点を置いた地道な活動を展開した。32年のメーデーには、シンガーラヴェールを議長に迎えて大規模な労働者集会を開催した。このときのサルカールの演説内容は、「暴力的」で扇動的であったため、マドラス州政府は、ちょうどストライキ中であったチョーライ・ミル労働者やマッチ工場労働者に刺激を与えることを警戒して、彼を逮捕した[22]。しかし彼は1年後に出獄して早々に労働運動に復帰し、各地のストライキを支援した[23]。彼との接触を通じて、マドラスの労働者リーダーの多くが共産主義の影響を受けた。警察当局の表現を借りれば、「ムクンダラール・サルカールが多くの労働者リーダーに共産主義を植え付けた結果、労働者のリーダーは些細な理由でストライキを起こすようになった」のである[24]。こうして「ローイ派」と「正統派」の相違は縮小していった。

2　左派諸勢力の統合——会議派社会党結成と全インド労働組合会議再統一

　AITUCがナーグプル大会で分裂した後、労働運動の弱体化を避けるために統合の動きがあったが、共産主義者の分裂によってその動きは中断されていた。しかし再び統合の気運が高まった。まずギルニ・カームガール・ユニオンが統一の土台となる『統一綱領草案』を提示して先鞭をつけた。31年7月、AITUC書記長ムクンダラール・サルカールの名で、統一を呼びかける『マニフェスト』が発せられた。この『マニフェスト』は、労働運動の再統一という大義のためにAITUFを含む様々な勢力と折り合いをつけようとする姿勢をアピールするものであった。『マニフェスト』はまず、基本的立場として、労働組合を階級闘争組織と定義した。なぜなら、そもそも労働階級の利益が資本家のそれと対立するからこそ労働組合が必要とされるのであり、互いの利益が対立する限り階級闘争は不可避だからである[25]。ただしAITUCはあくまでも労働者のための組織であるとして、労働者階級の喫緊の要求を実現するためあらゆる合理的手段を利用するという原則を承認することを唯一の加盟条件とした。このように労働者の生活に直結する不満の解消という短期目標のみを掲げ、民族独立やプロレタリアート独裁というような長期的政治目標への言及を避ける

ことによって、再統一を実現しようとしたのである。
　その後、労働組合統一委員会が結成され、ギルニ・カームガール・ユニオンの『統一綱領草案』を土台に新たな『統一綱領草案』が作成された。これを討議すべく、32年7月14日から16日にかけてマドラスで労働組合統一会議が開催された。会議には、「穏健派」のシヴァ・ラオ、ギリ、ヤムナーダース・メヘター、ジョーシ、「ローイ派」が主導するギルニ・カームガール・ユニオンが指名したG・Y・チトニスなど主な労働運動指導者のほか50組合の代表も加わり、総勢70名が参加した[26]。
　会合では、『統一綱領草案』の条項が個別に討議された[27]。しかし第一条の労働組合の定義に関して、早くも対立が生じた。「穏健派」であるはずのシヴァ・ラオが、「労働組合は階級闘争組織である。基本的責務は労働者を組織してその権利と利益を守ることにある。労使は資本主義システムにおいては和解し得ない」と、あたかも共産主義者のような定義を行った。メヘターもこの定義を支持した。これに対して、「労働組合は労働者を保護する組織である」、「労働組合運動は階級闘争ではなく資本家との共同作業により目的を達していくべきである」というような反論が出された。しかし最終的には、シヴァ・ラオの案が一票差で可決された。ここで、「ローイ派」のR・A・ケードギーカルが、労働組合を階級闘争組織とみなす以上、「共産主義者もAITUCメンバーとして受け入れる」という一文を挿入するべきだと提案した。これに対し、メンバーは非暴力主義者に限定するべきだ、と反論が出た。ギリが仲裁に入り、「独立達成後に始まるであろう資本家との闘いに備えて、今は労働者の組織化に集中するべきだ」と諭した。彼はさらに続けて、労働者を組織化するためには労働運動組織の統一が不可欠であり、対立する立場を統一するには統一綱領を「中道」に設定しておくべきだ、と説いた。この意見は多くの賛同を得て、参加資格について具体的条件を明記しないことに落ち着いた。
　活動内容に関しては、コーインバトゥール労働組合代表のシェイフ・セルヴァイが、「完全独立のみが労働者階級の経済社会的解放をもたらすことから、独立闘争を優先させる」という修正案を示し、28対6で可決された。さらにジョーシが、この文の直後に「行動計画の実施に際しては労働者以外の階級と協力する可能性を排除しない」という一文を挿入するよう主張し、これも22

対 8 で可決された。緊急の要求を実現する手段については「平和的で合法的・民主的方法を採用する」という提案が全会一致で採択された。ところが海外組織加盟問題になると、再び紛糾した。「ローイ派」のケードギーカルは、かつてのようにコミンテルン加盟問題で分裂するのを回避するため「海外組織への加盟は一切不可」という一文を加えようとしたが、6 対 21 で否決された。結局「さまざまな国際組織に適宜代表を派遣する」として「加盟」という語句を避けたギリの妥協案が 21 対 4 で可決された。こうして、四分裂していた労働組合組織を再統合するための共通原則として『労働組合統一綱領』が完成した。

　ところが AITUF メンバーの一部が、国際組織への加盟問題で異議を唱えて統合への流れをせき止めた[28]。AITUF は既にアムステルダムの国際労働組合連盟とジュネーブの国際労働機構に加盟していたため、加盟維持に固執して『統一綱領』の承諾を拒否したのである。そこで彼ら「穏健派」と「正統派」に配慮して、AITUC としてはいかなる国際組織にも加盟しないが、参加組合が個別に加盟することは認める、と規定が変更された。それでも「穏健派」は譲らず、国際労働組合連盟と国際労働機構に加盟するという修正案を採択させてしまった。すると今度は「ローイ派」が多数を占める AITUC が『統一綱領』を拒否するに至った。結局こうして、労働者組織の統一への道は再び断たれた。

　この挫折を補うかのように、「ローイ派」と「正統派」の距離が縮まっていった。34 年 1 月に開催された全インド繊維労働者会議において、両派は繊維労働者のゼネストを起こすことで合意した。ストは 3 か月以内に開始されることになり、合同ストライキ委員会が結成され各地で資金を募るなど準備活動が展開された。2 月にはショーラープルで労働者自身のイニシアティヴで想定外のストが勃発し、アジメール、カーンプルに飛び火したが、ボンベイでは予定通り 4 月にストが開始され、5 月 1 日のメーデーに他地域でも同情ストが始まった。しかし、ストが長期化すると、いかなるタイミングで、いかにしてストを終了させるかという問題をめぐって意見の相違が目立ち始めた。「ローイ派」は労使交渉による問題解決を目指した。ところが「正統派」は実力行使による徹底抗戦を主張し、全インドのあらゆる業種にストを拡大しようとした。ストライキ委員会は内部分裂し、スト自体も失敗に終わった。

　「ローイ派」は、会議派左派との共闘の可能性も探っていた。33 年 12 月の

AITUCカーンプル大会は、会議派左派のJ・ネルーを迎え、会議派の主導権を左派が掌握するために会議派内部に社会党を組織することを決議した。翌年4月には、ボンベイ、ベンガル、連合州の「ローイ派」が集まり、会議派社会党の基本的立場として、まず民族独立を勝ち取ることに専念し、労働者及び農民による支配体制の実現はその後追求していくことを確認した[29]。この方針を基に、34年5月パトナーで全インド社会主義者会議が開催され、全インド会議派社会党結党を宣言した。なお各地方では既に、会議派指導部に失望した人々が左派グループを形成しており、全インド会議派社会党結成の流れに乗じて自ら会議派社会党支部を名乗った。こうして、アラハーバード、ベナーレス、デリー、アフマダーバード、カラーチー、プネー、カルカッタ、パトナーに次々と会議派社会党の「支部」が誕生した。

南インドでも、会議派社会党の「支部」を設けようとする活動が始まった。タミルナードゥ会議派内に社会党を組織しようと熱心に活動したのはH・D・ラージャーである[30]。彼は「ローイ派」のムクンダラール・サルカールと交流があったが、敢えてどの「派」にも属さず、自由思想者協会（The Free Thinkers' Association）を設立して共産主義文献の収集と青年層を対象とする教育活動に専念していた[31]。しかし会議派社会党創設に刺激され、会議派党員で労働運動に関与している者などに働きかけて、南インドにも社会党支部を作って北インドのグループと共闘しようと提案した[32]。しかし、ラージャージーを筆頭とするタミルナードゥ会議派の指導部が支部設立を阻んだ。全インド会議派社会党創設メンバーの一人で党書記のJ・P・ナーラーヤンがマドラスまでやってきてラージャージーらの説得に当たったが、徒労に終わった[33]。一方、ケーララやアーンドラ、カルナータカの各地方では支部設置がすすんだ。34年6月には、N・G・ランガーのイニシアティヴでアーンドラ会議派社会党が誕生し、ラージャムンドリー監獄でベンガル人共産主義者の薫陶を受けた元ボランティアのパトナイクの活躍によりガンジャムやヴィザガパタムに県支部も組織された[34]。なおケーララ地方では、社会党から会議派委員会メンバーの半数が選出され、実質的に社会党がケーララ会議派を掌握するに至った[35]。

このように、会議派社会党地方支部の成立事情は様々であった。そもそも

全インド会議派社会党自体、「社会党」と銘打ってはいるものの、様々な政治的思想を持つ人々の寄り合い所帯であった。そのため党規約の作成に際しては、意見が対立する部分では出来る限り最大公約数をとるという努力がなされた[36]。完成した『全インド会議派社会党規約及び行動プログラム』[37]は、冒頭で「党の目的は完全独立の達成である。その意味するところは、イギリス帝国から分離し社会主義体制を樹立することである」と宣言した。独立運動が優先されていること、社会主義体制を志向していることはわかるが、社会主義体制が完全独立と同時に樹立されるのか、それとも独立後に漸次実現されていくのかは明確ではない。この点は、左派勢力の中でも意見が分かれる論点であっただけに、敢えて明言をさけ対立を回避したものと考えられよう。

　立場の異なるメンバー間の対立や離反を避ける工夫は、「当座の要求」を規定する部分にも見出せる。『党規約』は、「当座の要求」に関しては地域固有の事情に応じて支部単位で行動プログラムを設定する権限を与えた。これによって、たとえばケーララ会議派社会党は、共産主義色の強いプログラムを打ち出した。『ケーララ会議派社会党マニフェスト』[38]は、「経済的自由は政治的自由の後に獲得できるという政治アジテーターの主張には同意できない。政治的自由の基盤は経済的自由であるべきだ」と宣言して、事実上、社会主義革命を民族独立闘争と同時に進行させるという立場をとった。他地域の社会党規約にしばしば見られる「非暴力的手段」という表現も一切使用していない。なお、労働者や農民のための「当座の要求」については抽象的で具体性に欠けている。一方『アーンドラ会議派社会党行動プログラム』[39]は、工場労働者のための諸要求については「ストライキ」や「階級闘争」という用語を回避し、雇用主との合同委員会の設置を提案するなどガンディー主義的にも見えるものの、小作人や農業労働者の権利問題に言及し、それまで会議派が極力避けてきた領域に踏み込んだという点は注目に値する。こうして全インド会議派社会党は、政治的立場が異なる指導部の多様な意見の最大公約数をとって『党規約』を制定し、実際の行動計画は「支部」の裁量にゆだねることによって、緩やかな統一体を形成した。

　会議派社会党は会議派内組織として結成されたものの、それを指導部に承認させるのには困難を伴った。ガンディーやⅤ・パテール[40]らは真っ向から社

会党に反対し、社会党員が組織内部に影響力を伸ばすのを妨害した。社会党員の間では、ガンディーがいる限り社会主義的政策を採用させることは不可能だという認識が広まり、指導部を改革するのではなく下部組織から会議派を再編成し指導部に意識変革を迫るという逆方向の行動指針が打ち出された。そこで社会党の戦略として、会議派の地方組織に活動内容の決定権を委譲するよう指導部に要求すること、労働組合や農民組合の組織強化に努めそれらを末端組織とすること、労働者や農民の間で日常的に活動し支持獲得に努めることが打ち出された。これらの戦略を実施するために、労働委員会、農民委員会、宣伝委員会、統一戦線委員会という4つの小委員会が設置された[41]。

会議派社会党は、「正統派」を含む共産主義勢力にも門戸を開いた。「正統派」の方も「極左」路線から脱却し会議派に歩み寄る姿勢を示した。このころコミンテルンでも「反ファシズム統一人民戦線」を唱えるようになっていたことが、「正統派」の動きを後押しした。コミンテルン第七回大会（1935年）で採択された『植民地における反帝国主義人民闘争テーゼ』は、植民地における共産主義者に対して「民族主義的改良主義者の指導する反帝国主義運動」にも積極的に参加するよう勧告した。さらに、インドにおいては「反帝国主義統一戦線」を樹立するべく会議派の内外で活動するべきだとした[42]。インド共産党の書記長に就任したP・C・ジョーシは会議派に接触を試みた。会議派社会党は、この一連の流れを、共産党の「極左」路線からの脱却として評価し、36年1月の党大会で共産党員の入党を正式に承認した。

労働運動の領域でも再び統合にむけた動きが本格化した。35年4月、「正統派」の赤色AITUCは「ローイ派」と会議派社会党が主導するAITUCに復帰した。さらにその数か月後には、AITUFを交えた「合同労働委員会」が設置され、左派諸勢力が再結集したAITUCと「穏健派」のAITUFが相互協力について定期的に協議していくことになった。

第2節　南インドにおける共産主義運動——非バラモン運動との共闘
1　下層カーストの台頭と自尊運動の開始

会議派社会党の下に集結した「ローイ派」と「正統派」は、マドラス州のタミル地方においては、会議派社会党を通じて会議派に影響力を行使するとい

う戦略を採らなかった。前述のようにラージャージーらの妨害により、タミルナードゥ会議派の内部に社会党を創設する試みは難航していた。しかしその傍らで、自尊運動という新しい非バラモン運動が次第に共産主義に傾倒し、独自の左派組織を結成するに至った。そのため共産主義勢力は、タミル地方では会議派左派だけに頼る必要性がなかったのである。

　自尊運動の創始者であるペリヤール[43]は、1879年、コーインバトゥール県イーロードに生まれた。裕福で信仰心の篤い両親の下で育ち、20代にはベナーレスに巡礼したが、その間にカースト制に疑念を抱いたとされる。1917年にはイーロード市評議会議長に就任したが、ガンディーの非協力運動に共感してこれを辞職し、会議派に入党した。その後タミルナードゥ会議派委員会委員長の地位にまで上り詰めたほど熱心な党員であった。しかし、会議派はマドラス州においては圧倒的にバラモン優勢で、政治的にも社会的にもきわめて保守的な傾向が強かった。そのためペリヤールはバラモン指導層に反発し、非バラモン運動の理念に惹かれていった[44]。

　彼は、非バラモンの中でも特に下層に位置する人びととの地位向上に関心を抱いた。たとえば、ペリヤールの名を一挙に高めたヴァイッカム・サティヤーグラハは、「不可触民」の権利のための戦いであった。ケーララ地方に位置するトラヴァンコール藩王国の地方都市ヴァイッカムでは、「不可触民」は、寺院の境内に入ることはおろか寺院周辺の道路を歩くことさえ許されていなかった。ペリヤールは、同地における「不可触民」への激しい差別慣行[45]に抗議して、1924年、道路の通行許可を求める運動を展開した。結果的には、藩王の決断により寺院前の道路がカーストの区別なくあらゆる人に開放されることになった。また、会議派が設立した国民学校が給食室をバラモン用と非バラモン用に分けていることに対して非バラモン生徒の保護者から非難の声があがったとき、ペリヤールはバラモン専用食堂の廃止を求める論陣を張った。これらの一連の出来事は、ペリヤールの名を高める一方で、彼のバラモンへの反感、そのバラモンが牛耳る会議派への失望を決定的なものにした。彼は会議派を離脱し、自尊運動を開始した。

　自尊運動は、非バラモン諸カーストに対して、政治社会的地位を上げる手段として、バラモンの慣習を模倣するのではなく、ドラヴィダ民族の末裔たる

非バラモンとしての誇りをもって団結しバラモンに対抗するよう訴える点では、正義党と同じ思想基盤に立つ。ただし正義党は、バラモン以外の全コミュニティを代表するとしながら、実際には非バラモンの上層カーストの利益を代弁していた。正義党が政権を担った20年代前半に「不可触民」にも公職を留保するなど一定の保護措置をとった意義は大きいものの、B&Cミル・ストライキでは「不可触民」出身労働者の要求に耳を傾けず彼らを失望させた[46]。また正義党は、民衆の権利意識が増大しつつある事実に気付かず、政党としての組織強化にも無頓着であった。ペリヤールの自尊運動は、正義党の関心対象からこぼれ落ちた「不可触民」を含む下層カーストの不満をくみ上げようとしたのである。

自尊運動は、異カースト間の共食禁止や通婚禁止などの慣行を迷信的な悪習であるとし、それらの悪習を正当化してきたヒンドゥー教の諸法典とバラモン僧を攻撃した。ペリヤールは、カーストごとに遵守すべき慣習がありしかもそれに宗教的理由が与えられていることが、カースト差別廃止の障害になっていると考えた[47]。特に「不可触民」が宗教上の観念で不浄と見なされ寺院や井戸、道路の使用を禁じられていることは、差別を助長する悪弊の最たるものであり、断固廃止するべきだと主張した[48]。

このように初期の自尊運動は、カースト差別を批判してもカースト制の廃止は唱えていなかった。しかし、カースト差別への批判を強めれば強めるほど、カースト制そのものと、その制度を正当化しているヒンドゥー教への疑念が生じるのは不可避であった。程なくして自尊運動は、ヒンドゥー教をも批判の射程に入れるようになった。29年2月のマドラス州自尊会議（チングルプット大会）の開会演説において、ヒンドゥー教は利己的で差別的な宗教として断罪された[49]。

チングルプット大会において、自尊運動の正式な組織として自尊連盟（Self-Respect League）が発足した。同時に作成された党規則によると、連盟は「中央委員会」と「ユニオン」で構成される。ユニオンは自尊連盟への加盟組織で、自尊運動の理念に則った活動を行うボランティア団体である。したがって厳密には党支部ではないが、活動内容については中央委員会の監督を受けることとされた。中央委員会は自尊集会で選出され、さらにそこから15名の幹部が選出されることになった[50]。党員資格は、個人の平等・自由・正義を保証す

る社会の再構築[51]という党の目的に従い、生まれに基づく宗教的・社会的・政治的特権を放棄した、バラモンでない人なら誰でも党員になれると規定された[52]。自尊運動は、ダンダパニ・ピッライ[53]を始め、J・N・ラーマナータン、S・カンナッパなど、貧困層の地位向上に携わってきた人びとの参加を受けて活動範囲を広げていった[54]。

　30年イーロードで開催された大会は、チングルプット大会で示された基本理念と目標を実現するための具体的指針を示した。カースト制を廃止するために、異カースト間の結婚を奨励すること、カーストシンボル[55]の使用を中止すること、「不可触民」制を廃止することなどが決定された。また、バラモンの僧侶としての権威を否定すべく「寺を建てない、儀礼に金を使わない、バラモン僧を雇わない」という方針も打ち出された。翌31年のヴィルドナガル大会で採択された決議は、ガンディーと会議派はカースト制を擁護していると糾弾した[56]。

　ヒンドゥー教そのものが否定されるようになると、それまで運動に一定の理解を示していた非バラモンの中にも反感を抱くものが現れた。様々な対抗組織が形成されたが、それらの多くは守旧的な性格のものであった[57]。また一方で、ヒンドゥー社会の弊害を冷静に認識し、菜食厳守などの一定条件を満たせば「不可触民」にも寺院入場を許すべきだとする団体も現れた[58]。これらの動きは、自尊運動が社会に与えた影響の大きさを窺わせる。

2　自尊運動の共産主義への傾倒とサマダルマ党結成

　自尊運動は、30年に入ると急速に共産主義色を強め、民族運動にも影響を与えるようになる。なお、従来の研究は、自尊運動はペリヤールの訪ソ後に共産主義へ傾倒したもののすぐにこれを放棄したと評してきた[59]。以下、自尊運動のさらなる急進化の過程を追いつつ、この評価の妥当性を検討してみよう。

　自尊運動活動家は、下層カーストの地位の低さは宗教的要因だけではなく経済社会的要因とも絡み合っていると考えた。たとえば「不可触民」労働者は、宗教的に不浄とみなされ職業選択の幅が極度に狭められるために、ストが長期化すると他カースト出身の労働者のように臨時の職を得ることができなかった。こうして経済的に苦境に陥りスト破りをせざるを得ず、一層他カースト労働者

から差別されるという悪循環に陥っていた。ペリヤールは労働争議や農民闘争が相次ぐのを目の当たりにし、経済問題にも注意を払うようになった[60]。ガンディーのカッダル奨励運動に関して、彼は当初は「民族の自尊心」が涵養されるという理由でこれを支持していたが、次第に安価な外国製品をボイコットすれば貧困層、特にストライキ中の労働者の生活が一層圧迫されると異議を唱えるようになった[61]。

28年11月、ペリヤールは英語誌『革命』を創刊した[62]。これは24年創刊のタミル語紙『人民政府(クデイ・アラス)』と共に自尊連盟の機関誌となり、その名称が示すとおり共産主義色が濃い記事を掲載した[63]。31年3月にヒンドゥスターン社会主義共和国軍のバガット・シンらが処刑されると、翌4月にトゥティコリンで開かれた自尊会議は、バガット・シンの愛国心と勇気を称え、「彼らが掲げていた社会主義、共産主義がインドにもたらす利益を歓迎する」という決議を採択した[64]。

自尊運動が経済問題も視野に入れた活動へと転換するにつれて、シンガーラヴェールが自尊運動に関心を寄せるようになった[65]。会議派に見切りをつけようとしていた彼にとって、下層カーストを中心に広く支持基盤を拡大している自尊運動は、会議派に替わる共闘相手として魅力的であった。「正統派」もペリヤールに接触して、ヨーロッパ及びロシア訪問を勧め、コミンテルン要人や各国共産党幹部と面会するよう手配した。さらには「ローイ派」のムクンダラール・サルカールもペリヤールに接触した[66]。

自尊運動の共産主義への傾倒は、様々な方面に波紋を投げかけた。まず正義党は、会議派に対抗してペリヤールと協力関係を結んでいたものの、自尊運動がヒンドゥー教自体を攻撃するようになった上に共産主義を喧伝し始めると、次第に距離を取るようになった。また、ペリヤールに委託していた機関紙『ドラヴィダ民族』が共産主義プロパガンダ紙に陥るのを恐れて、これを切り捨てた[67]。なお正義党内でも、共産主義に共鳴して労働組合を接点に大衆基盤の確立を目指すグループが生まれ、「正義党左派」と呼ばれる勢力を形成したが[68]、彼らは自尊運動に吸収されていった。自尊運動内部からも共産主義化に抵抗する動きが生じた。自尊連盟は、コーインバトゥールの実業家R・K・シャンムガム・チェッティが委員長を務めていたことに象徴されるように、少数とはい

え富裕層をメンバーに含んでいた。彼らは社会改革運動としての自尊運動を支持していたのであって、革命を望んでいたわけではなかった。当然彼らは不安を抱き、共産主義化を阻止しようとした。正義党との遊離、自尊運動内での軋轢に比例するように、ペリヤールとシンガーラヴェールとの関係は緊密になっていった[69]。

　シンガーラヴェールの影響下でペリヤールは共産主義への関心を一層強め、ソヴィエト・ロシアの現状を視察する決意を固める。2人は、ペリヤールの帰国後にその知見を生かして共産主義組織を創設すること、ペリヤールの不在中はシンガーラヴェールがその準備作業を進めることで合意した[70]。

　31年12月13日、ペリヤールはマドラスを発ち、マルセイユ経由でモスクワに向かった。4か月にわたるロシア滞在中、各地の集団農場や工場を視察し、貧富の差がないことや農奴出身者が政府の要職についていることに深い感銘を受けたという。メーデー集会では、インド社会の現状についての講演を依頼され、インドの被抑圧階級の貧困状況について演説した。その後ベルリンへ移って反帝国主義連盟の幹部と接触した[71]。32年6月15日、ロンドンに到着するとイギリス共産党に歓迎され、同党員C・P・ダットの紹介状によってS・サクラトワーラーの保護を受けた。イギリス滞在中は、ヨークシャーの炭鉱労働者のデモに参加し[72]、その後はアイルランドやスペインを歴訪するなど、精力的な視察は1年にわたった[73]。

　一方シンガーラヴェールは、着々と新党結成の準備をすすめた。彼の計画は、ペリヤールを党首とする政党を結成して州議会で議席を取り、議会を通じて労働問題に取り組みつつ共産主義の理念を浸透させていくというものであった[74]。この構想への賛同者を得るため、若手の自尊運動活動家の協力を得て、各地で会合を開いた。しかしシンガーラヴェールの活動は、一部の自尊連盟指導層にとっては、自尊運動そのものを共産主義運動へと塗り替えていく乗っ取り作戦と映った。32年5月、W・P・A・スンダラパーンディア・ナーダル[75]を始めとする自尊連盟中央委員会のメンバー5名が声明を発表し、「自尊運動が無責任な人間に支配され、自尊連盟の真の精神に反する社会主義・共産主義を伝道するようになった」と非難した。彼らは、しばらくは自尊連盟の活動に加わらず、円卓会議出席のためにロンドン滞在中のシャンムガム・チェッティが帰国

したら脱党を検討する、と宣言した。シンガーラヴェールは、中央委員会が活動を停止したのを利用し、若手左派メンバーを結集して自尊連盟を主導するようになった。32年初頭セーラムで開催された自尊会議を始め、同年6月のタンジョール県自尊会議、7月のラームナド県自尊会議で議長を務め、ロシア型政府を樹立しようと呼びかけた[76]。こうして自尊運動が政治運動としての性格も有するようになると、単なる社会宗教改革運動に飽き足らない青年層が惹きつけられていった。ここで注目すべきは、「正統派」共産主義者も自尊運動に参加したことである。P・ジーヴァーナンダンは、会議派ボランティアとして獄中にあったときに「正統派」の薫陶をうけ共産主義者となったが、その後自尊運動のメンバーとして精力的に活動し、シンガーラヴェールやペリヤールを支えた[77]。彼を初めとする若手活動家は、後に南インドにおける共産党活動の中心的役割を担うようになる。

32年11月、ペリヤールがロシア・ヨーロッパ訪問を終えて帰国した。共産主義者や労働運動指導者との交流の成果は、帰国直後の32年12月にイーロードで開催された大会で披露された。ペリヤールは、シンガーラヴェールとともに自尊運動の新たな活動方針を発表した。下記のいわゆるイーロード・プログラムである。

(1) イギリス及び資本主義的政府からの完全独立を勝ち取る
(2) 国家の負債を放棄する
(3) 鉄道、船舶などの公共交通機関、銀行、水利、土地等を公有化する
(4) 農業用地、森林を無償公有化する
(5) 労働者及び農民が負う個人的負債や債務を取り消す
(6) 藩王国を廃止し、労働者と農民が統治するインド連邦に編入する
(7) 1日7時間労働、賃金上昇、国家による失業手当、福利厚生、無料図書館などの文化施設の整備を通じて労働者及び農民の生活水準を向上させる
(8) これらは自尊運動の主目的である[78]

(1)の完全独立要求は、非バラモン運動としては初めて目標に掲げられた。

(4) は、農業労働者や小作人の大半が非バラモン下層カーストと「不可触民」である現実を踏まえている。特にスト期間中は、森林での薪拾いが労働者の生計を支える重要な収入源になること、しかし「不可触民」には森林に立ち入る権利がなく不利な状況に追い込まれることも考慮されている。このあたりは、長らく労働運動に関わってきたシンガーラヴェールの経験が生かされたと推測される[79]。(5) と (7) は、労働者が恒常的に抱える主要な問題である。ただ、当時は1日8時間労働要求が一般的だったところを7時間に短縮した点、無料図書館の設置が提起されている点が特徴的といえよう。このように、イーロード・プログラムは、カースト制批判や宗教否定を後退させ、政治経済的目標を前面に押し出してきた。しかもこれらの共産主義的色彩の濃い項目を「自尊運動の主目的」と明言して、自尊運動が政治経済体制の変革を目指して一歩踏み出したことを内外に示した。

この新方針を実行に移すために、イーロード大会は、自尊連盟に加えて南インド・サマダルマ党（Samadharma Party of South India）を設立すると宣言した[80]。宣言は、「自尊運動はこの8年の間に、カースト制度やその他の迷信・宗教がいかに極悪非道であるか、経済状況がいかに劣悪であるかを大衆に知らしめることに関しては成功してきた」が、「宗教や慣習を廃止し経済状況を向上させるには国家の力が不可欠であることも次第に明らかになってきた」とする。そこで既存の自尊連盟は社会改革に専念するものとし、政治改革を推進する組織として新たにサマダルマ党を結成するとした[81]。同党は、議会に参加することによって以下の項目を実現していくと表明した。

(1) 立法手段によって全ての宗教的慣行やカースト規制を廃止して公共施設を大衆に開放し、また大衆を宗教的迷信・カースト規制から解放することによって経済的生活水準を改善する
(2) 地方・州・中央の全レベルでの成人普通選挙を実現する
(3) 労働者へ最低賃金を保証する
(4) 小作人及び農業労働者に生産物の適切な分配と住宅と水を保障する
(5) 寺院、教会、モスク、及び宗教的基金や収入を、教育、厚生、住居、託児所、孤児養育の目的に活用する許可を政府から得る

(6) 公文書におけるカーストタイトル使用を禁止し、カーストタイトルを使用する個人には公共サービスの提供を中止する
(7) 住宅、交通機関、医療サービスを公営化して地方自治体の管理下におく。市・郡・県・村営の託児所を設ける
(8) 州・郡・県・村の議会全てに候補者を立て、上記の項目の実現を目指す

　これらは現行の議会制度の中で実現されるべき目標として設定されたために、より具体的で現実的な項目が並んでいる。農民問題に関して、地主制廃止や土地の無償接収再分配などの要求は姿を消したが、小作人・農業労働者への配慮を明記した点は注目に値する。託児所は特に女性労働者が切望していたものであった[82]。
　なお、ペリヤールに1か月遅れて帰国したS・ラーマナータンは、議会選挙参加を前提とする政党の結成に反対した。彼は、政治運動にかまけて社会改革が疎かになるのを恐れ、自尊運動は、あくまで社会改革運動として迷信の根絶と大衆の啓蒙に専念するべきだと主張した。また、社会主義国家実現のための戦いは議会の外で労働者組織を通じて行われなければならず、自尊運動はまず大衆の心をつかむことに全力を挙げるべきだ、というのが彼の言い分であった。ペリヤールと彼の意見の相違は、改革を実現するために議会を利用するか否かであった。ラーマナータンもイーロード・プログラムの内容には賛同している[83]。ただ彼は、現行政治体制の利用を否定し、来るべき革命に備えて大衆を教化していくことを重視するという意味で、より「正統派」の立場に近かった。これに対しペリヤールは、労働者の要求を一刻も早く実現していくためには現行政治体制をも利用しようとした点において、シンガーラヴェールと軌を一にしたのである。自尊運動活動家の間では、ペリヤールとシンガーラヴェールに支持が集まった。33年3月の集会では、ガンディーが「不可触民」への分離選挙権付与を拒絶したことが批判され、このような行為を阻止するためにも行政を掌握する必要があると確認された[84]。
　なお、自尊運動を支持したのがいかなる階層の人々であったのか正確に把握するのは、史料上の制約もあって難しい。しかし、32年のイーロード大会

出席者名簿から類推することは可能である。警察当局は、会議出席者109名の氏名を、居住地や職業と共に記録している[85]。まず居住地については、マドラス市7名（シンガーラヴェールを含む）以外、ほとんどがタミル南部諸県あるいは西部諸県の住民であり、タミル北部及びアーンドラ地方、ケーララ地方の住民は皆無である。職業は半数以上が不明であるが、判明している者の中では、教員6名、ジャーナリスト9名、商人4名、建築業者1名、自動車修理業者1名、事務員1名、工場マイストリ1名、自尊運動活動家17名、南インド鉄道労働者組合メンバー（議長）1名である。なお、女性も7名出席しているが、個人で参加している2名（内1人は教員）を除いて、夫婦あるいは父娘での出席となっている。以上から判断すると、自尊運動を支えたのは、地域的にはタミル語圏の南部及び西部がメインであった。職業階層としては、知識人層が主導的役割を果たし、正義党のように経済的にも有力な上層非バラモンの支援者があまりいなかったと推測される。なお、党員費として年間4アンナを徴収することになっていたが、本格的に徴収が行われた形跡はなく、中心的活動家や集会に参加した地元民からの寄付、機関紙やパンフレットの売上金で活動資金がまかなわれていた。時には集会会場で劇を上演し、鑑賞代の名目で寄付を募る例もあった。なお、コーインバトゥール、マドゥライ、セーラムでは寄付が多く集まっていることから、運動理念への共感者が多かったものと考えられる[86]。

　サマダルマ党の組織整備は、「ペリヤールの副官[87]」と称されたジーヴァーナンダンとA・ポンナンバラムの2人を筆頭とする若手活動家を中心に進められた。彼らは、新方針への賛同者を増やしてサマダルマ党を強化しようと精力的な活動を展開した。34年3月4日に党大会を開催し、サマダルマ党の中央委員会を正式に発足させた。中央委員会委員長にはシンガーラヴェールが就任した。さらに、州内全県に支部を設立して党員獲得に努めるべく、サマダルマ（社会主義）宣伝要員10名を選出した。この中には、ジーヴァーナンダン、ポンナンバラム、シンガーラヴェールが含まれていた[88]。その宣伝の効果か、新方針に賛同する新しい連盟や協会が各地で結成され、北アルコットやチングルプットなどタミル北部諸県にも少しずつ拠点が築かれていった[89]。

　ペリヤール、シンガーラヴェール、ジーヴァーナンダンを中心とする社会主義・共産主義勢力と、その急進性に反対し正義党との連携を重視する勢力は、

ほとんど別組織の様相を呈するようになった。植民地政府の警察報告は、当時の自尊運動を次のように評しており、示唆的である。

> カースト制廃止、反バラモン主義等を掲げる社会改革運動として始まった自尊運動は、EVR〔ペリヤール—引用者〕、シンガーラヴェール・チェッティ、S・ラーマナータンら有害人物の手に落ち、文盲の大衆に共産主義や社会主義を宣伝する運動に成り下がった。そして今、確実にその信奉者を増やしている[90]。

こうして、自尊運動の共産主義化は、社会改革運動としての自尊運動への賛同者の一部を離反させることになったが[91]、新たに育成された若手活動家の努力で地方小都市にまで支部が形成され、影響力を伸ばしていった。

第3節　「共産主義」プロパガンダと植民地政府の対抗
1　自尊運動の活動と演説内容

ペリヤールは、労働者やその他の民衆を集めて運動の理念をわかりやすく説明し支持を獲得することを重視していた。シンガーラヴェールとともに共産主義的プログラムを採用した32年末以降は、プログラムの宣伝に努め、精力的に各地をまわっては共産主義的要素を盛り込んだ演説を行うようになった[92]。彼の演説会は頻繁で、33年前半の4か月間に記録に残っているだけでも44回の演説を行った[93]。その内容は「いつも通り、反資本家・反宗教・反バラモン」であった[94]。

ペリヤールが唱える「共産主義」は、社会主義国家やプロレタリアート独裁を実現すると明言するわけではなく、そこに到達するまでの道筋や戦略について規定するわけでもなく、その意味では共産主義とは言い難いものであった。ペリヤールの演説の中では比較的共産主義色が強い次の演説を見てみよう。

> 一言で言えば、自尊運動は破壊活動である。人民の利益に反するものは全て破壊されねばならない。今や上下の区別のみならず貧富の差も拭い去る段階に来ている。あらゆる人が平等な立場にたつ機会を与えられるべき

だ。我々はそのための活動を行ってきたが、その結果、富裕者が不満を抱くようになった。自尊運動はもはや改革運動ではない、革命運動になった、と多くの人が言う。我々自身も、〔自尊運動は〕革命運動であると勇気をもって宣言する。

すべての人が革命の準備をしなければならない。革命を恐れてはならない。宗教の世界でも革命があったではないか。では政治の世界での革命とは何か？定義が必要だ。10年、20年前なら、王はヴィシュヌ神の化身で神聖な存在とみなされていた。どんな集会も、まず王に忠誠を誓い王の治世の永からんことを祈ってから本題に入った。しかし今や人民は政治的に遥かに成長した。各地で、「なぜ王は存在するのか？国家にとっては王の存在は不利益なのでは？」と問い始めている。

人々は「王の臣民であることは良くない」と言い始めた。各地で、ココナッツの実を切り落とすごとく王の首を切り落とし始めた。あるいは王を国から追放するようになった。王が軍隊を持っていようと警察を持っていようと、人々は「お前の居場所はもうない。とっとと荷をまとめて出ていけ」と言う勇気を持つようになった。これが政治における革命である。

たとえその政権が法によって維持されていようが巧妙な手練手管で維持されていようが、人々の間には「王は必要ない、自分で自分を治めよう」という感情が生まれている。王による支配を廃止するのは文明化の証である。そのような国には宗教や資本主義は存在しない。そうなって初めて、さまざまな可能性が生まれるのだ。

今日の社会改革を見てみよ。宗教改革を見てみよ。パライヤや不可触民が寺院入場を許されたと仮定してみよ。高位カーストと下位カーストが対等の地位にあるのが当たり前になったと仮定してみよ。どうすれば金持ちが貧民を抑圧するために編み出した構造を変えられるか考えなければならない。もしそうする心構えがあるなら大して難しいことはない。このような感情が発達したら、すべての貧者は団結すべきだ。そうすれば、〔宗派やカーストの別が無くなり〕存在するのは資本家階級と貧困階級だけになる。傲慢なやつらをひきずりおろせ。

この国には残虐行為が蔓延している。これを排除するために、我々は新

しい方法を考え出さなければならない。法律はそのために効力を発揮するべきだ。もしそれが不可能なら、我々は団結して戦う。〔中略〕そうすれば10年後には資本主義がなくなり、共産主義が樹立されるだろう。〔中略〕人生は泡沫にすぎないなどというような愚かな考えを捨てなければ、我々が置かれた現状を変革することはできない。現政府も宗教も神もいらない。これらはみんな我々を欺いているのだ[95]。

このように「共産主義の樹立」を明言する演説は、ペリヤールの演説の中では例外的である。彼の演説は概して共産主義を前面に押し出すことはなかった。「共産主義」という単語に言及すること自体、残っている記録を見る限りでは2回しかない。しかも、「共産主義に憧れるのを恐れる必要はない[96]」、「10年後には資本主義がなくなり共産主義が実現するだろう[97]」というように、なんらかの条件によって自ずと「共産主義」が現出するというような受動的態度が読み取れる。

それでは、どのような条件がそろえば「共産主義が実現」するのか。彼の演説は一回聞くだけでは明快な解答を得ることは難しい。ただし、平明な表現が使われていることもあって、トピックごとに内容を把握し全体像を構築することは可能である。たとえば次の演説を見てみよう。

　　近頃、政府など必要ないという感情が高まっている。我々の発展を邪魔するような考え方は全て断ち切ろうという感情も生じている。外国では、民衆が王に対して、一週間以内に国外へ出て行けと宣言している。王政打倒を目的にする組織さえある。臣民であること自体が悪であると彼らは言う。いったん自尊精神が目覚めれば、どんな神も、ヴェーダも、宗教も、武力も、それを阻むことは出来ない。
　　今日、我々のコミュニティ（インド人——原注）は何かに苦しめられている——その何かとは、宗教、神、高位カースト、政府、名前こそ違うがみんな同じだ。他人の利益を省みないコミュニティは改心せよ。さもなければ滅びよ。〔中略〕政府や法律は金持ちとバラモンだけを保護してきた。〔しかし〕今ではその力は失われつつある。今後は、金持ちも貧乏人と歩

調を合わせなくてはならなくなる。そしていずれ平等が実現するだろう。
　自尊運動は、平等実現の方法（共産主義——原注[98]）を打ちだし、資本家と労働者がそれぞれどのくらい所有するべきか区別してきた。共通の利益となるような設備はみんなで共有するべきだ。労働者階級は、適切なシェアを受けるべきだ。その比率を決定するのは労働者だ。農産物をどう配分するかも決めなくてはならない。給料のほかに特別手当をいかなる形で与えるかも決めなくてはならない。そんなことが出来るのかと疑う人もいるだろう。しかし、神の名のもとに、あるいは武力によって行われてきたことがすべて廃され、しかるべき方法で行われれば、すべてが実現可能なのだ[99]。

　以上のペリヤールの演説から読み取れる主張を敢えて単純化すれば以下のようになろう。

　（1）あらゆる差異・区別のない平等な社会が理想的である
　（2）平等社会を実現するためには革命が必要である
　（3）革命とは「王」を倒すことである
　（4）「王」を倒すためには宗教をなくすことが必要である

　この4点を、ペリヤールのその他の演説とあわせて、詳しく分析していこう。
　ペリヤールが平等社会の理想像として念頭においていたのは、ソヴィエト・ロシアである。「ヨーロッパ諸国とロシアを歴訪した経験からすると、どの国でも労働者が失業と貧困に喘いでいるにも関わらず、ロシアだけは全てが国家によって運営されているので、みんなが幸せに暮らしている[100]」「ロシアでは、土地や家を所有する者はいない。つまり私有財産がない。〔中略〕ロシアでは、労働者や清掃人の給料と首相の給料が同じだ[101]」「ロシアでは、理想的政府の下で窮乏する人民が消滅し、不満も解消した[102]」というように、ロシアを理想とする表現が頻繁に登場する[103]。
　それでは、ロシアのような理想的平等社会を実現するためにはどうするべきか。ペリヤールは、革命が必要だと断言する。彼の言う革命とは、現在の社会

政治体制において利益を独占しているコミュニティを排除することである。彼によると、万人に共通する利益という意味での「共通の利益」などない。彼は次のような例を挙げて説明する。「政府と人民の関係を見てみよう。税金を減らせば役人の給料が減る。しかし役人の給料を増やそうとすれば税金があがる。この事実ひとつとっても、「共通の利益」を追求するなど見せ掛けのまやかしにすぎないとわかる[104]」。したがって「現在苦しんでいる人のために善行をするべきだ。そのために他の人が苦しむことになっても構わない。これを人が革命だというならそれでよい」。つまり、既得権益を保持する階層と妥協し共存を目指すことを改革運動とするなら、虐げられた階層の利益のみを追求し既得権益保持層を排除する行為が「革命」であり、自尊運動はこの意味での革命を目指すとしたのである[105]。

「革命」が既得権益保持層の排除を意味するならば、「既得権益保持者」とは具体的に何をさすのか。この点に関してペリヤールは、「他人の利益を省みないコミュニティ」という表現に代表されるように明確な指摘を避けることが多い。「金持ちの残酷さ、資本家の不正、高位カーストの傲慢さが、社会を壊滅状態に陥れた[106]」という発言から、富裕層と高位カーストが排除されるべき対象として想定されたといえよう。彼はさらに、「政府が金持ちとバラモンだけを保護してきたこと[107]」を非難する。ただし、この「政府」が現在のイギリス植民地政府をさしているかといえば、決してそうとは断言できない。彼の演説で頻繁に攻撃対象になっているのは「王」と表現される存在である。演説では、海外で革命により王政が廃止された例が引き合いに出されることが多い[108]。しかしその一方で、インドを統治するイギリス帝国の首長を名指しで批判してその支配からの脱却を謳うような具体的表現も慎重に回避されている[109]。彼が攻撃しているのは実在する「王」ではなく、王に代表されるような権威に貧しい人々が無批判に従属している状況である。そして貧困層が自らを虐げている権威に従属しているという事実に無自覚なのは宗教の権威を借りた心理操作がなされているためだとされ、宗教が最終的な攻撃対象となるのである。

ペリヤールは、宗教こそが、虐げられた人々から思考する主体性を剥奪し、現状への反感も疑問も抱かない従順で特定階層に都合の良い「臣民」を作り上

げている元凶である、と断定する。そもそもカースト制度は宗教によって正当化された身分制度である。さらには、貧富の差に関しても「僧侶や神父がしゃしゃり出てきて、貧富の差があるのは神の御意思だと言って労働者や被抑圧階級を言いくるめてしまう[110]」ために、人々は向上心を奪われる。同時に、富裕層や上位カーストへの反抗は神の摂理への反逆だと吹き込まれるために、現状に甘んじてしまう。こうして人々は「神への祈りと王への拝礼を通じて隷属的になり[111]」、その一方で「聖職者は、神の名の下に、あるいは神の権威をまとった王の名の下に、私服を肥やしてきた」。しかし海外では、「神を崇めて豊かになった国などない」という事実に人民が気付き、「王」を廃し宗教を排除するのに成功した[112]。「そのような国では宗教も資本主義も同時に消滅し文明化を達成している[113]」。一方「インドは宗教が存在するせいで他国から軽蔑されている。宗教さえなければ、インドは他の国と同レベルにまで達していたはずなのだ[114]」。

　こうして彼は、被抑圧民や貧困層の窮状、国の停滞の元凶であるところの宗教を消滅させることこそが「自尊運動の根本原理」であると宣言するに至る[115]。「ロシアで宗教が消滅してから程なくして資本家の政府が覆されたように、神と宗教が忘れられればインドの現在の困難も解決され[116]」平等社会が現出するとされた。

　ペリヤールは、宗教さえなくなれば平等社会への道は平坦だという考えから、革命のために暴力的手段を取ることは想定外であると繰り返し強調している[117]。「ロシアでは国王は殺され、家屋の引き渡しを拒んだ人間は撃たれた。しかしこの国ではそのようなことをしたくない。インドにふさわしい形で、その〔ロシアの〕ような政府を樹立したい」と主張し、イギリスを始めとする西欧諸国では共産党員も議会に参加し国政に影響力を行使しているのだから[118]、合法的手段、すなわち議会活動を通じて自尊運動の理念を実現していくと示唆した[119]。

　ペリヤールの理論はこのように、ソヴィエト・ロシアを範とする政治体制を最終目標とするものの、それを実現する政治経済闘争の手段とプロセスについては具体性に欠ける。彼の演説は、宗教を攻撃するという点だけは常に明確なメッセージを発信しているが、それ以外は何を攻撃しているのか曖昧なままで

ある。しかしその曖昧さゆえに、彼の演説は、聴衆側に「敵」を設定する自由を与えていた。つまり、同じ演説を聞いても、聴衆が「不可触民」であればカーストヒンドゥーを、工場労働者であれば雇用主や資本家を「敵」と想起することができた。たとえばある集会で、「不可触民」が困窮している傍らで地主が儀礼に湯水のごとく金を使っているとペリヤールが批判すると、興奮した聴衆が地主を攻撃するのではなくヒンドゥー寺院に突入し、バラモンに暴行を加える事態に発展した[120]。この事例は、聴衆の構成やその場の雰囲気などによって演説内容とは直接的には関係ない「敵」が想起された典型例といえる。

　ペリヤールの演説が曖昧な表現にとどまったのは、植民地政府の監視の目を逃れるためでもあった。共産主義化した自尊運動を警戒した植民地当局は、常に彼の行動を監視しその演説内容を一言一句記録しており、彼自身もそれに気付いていた。彼は、西欧諸国の革命に頻繁に言及しながら、その一方でインドにはインドに相応しいやり方があり暴力は使わないと繰り返し強調した。このような発言内容も全て速記録され、植民地当局が共産主義組織の弾圧に乗り出し自尊運動も弾圧するべきか否か検討する際に、参照されることになる。

　こうして自尊運動は、共産主義から平等社会の追求と宗教否定という要素を抽出し、カースト制廃絶や宗教廃止などの社会宗教改革運動としての側面と、労働者の権利要求、富の再分配など政治経済改革運動としての側面とを使い分けながら活動の場を広げていった。たとえば、33年4月23日、ティルチラーパッリで開かれた第二回不可触民キリスト教徒集会で、ペリヤールは、ヒンドゥー教徒とキリスト教徒の区別なく経済的地位向上を図らなければ「不可触民」の地位は改善しないと訴えた。これによって、宗教対立や宗教的地位向上にかまけることなく経済問題にも取り組むよう注意が喚起され、宗教集会の場は一転、経済問題討議の場になった[121]。逆に、労働者集会では、単に労使関係を論ずるにとどまらず、宗教に惑わされたりカーストごとに分断されたりすることなく団結するよう訴えたために、宗教社会改革も議論されるようになった。もし自尊運動が「正統な」共産主義活動であれば労働運動もしくは農民運動を通じた活動が関の山で、共産主義は一部の労働者や農民にしか伝わらなかったであろう。しかし共産主義は、南インドにおいては、社会宗教改革を前面に押し出す自尊運動と結びついたために様々な場に活路を見出すことが出

来たのである。

2 「共産主義」の一般化

　30年代前半は、様々な政治団体によって様々な宣伝活動が展開された。活動団体が増加した上に、各団体が地方レベルで積極的に活動するようになったためである。つまり従来のように著名な政治指導者が新聞紙上や演説で政党の見解を代弁するだけではなく、メンバー一人一人が民衆の支持を得るために在地で宣伝活動に従事せざるを得ない状況になっていたといえる。

　この変化に伴って、宣伝活動にも新しい傾向が見られるようになった。第一は、宣伝メディアが多様化したことであり、第二は、特定の政治思想を示すはずのシンボルや標語が地方レベルでは本来の文脈から外れて流用される現象が見られることである。

　まず宣伝対象の拡大に伴って、文字が読めない民衆をターゲットとする壁画、イラスト入りパンフレット、歌、演劇などの多彩な宣伝方法が編み出された。壁画は30年代初頭から急速に増加した。たとえば、会議派が不服従運動を展開していた時期に、顔を黒く塗られた酒飲みがロバに乗せられて市内を引き回されるという図柄の壁画が出現した。これは、不服従運動と建設的プログラムの中で推奨された禁酒運動を宣伝するために描かれた壁画であった[122]。文字を切り抜いたステンシル板でスローガン壁画を作る方法もこの時期に現れた。ステンシルを使えば短時間で壁画を量産することが可能になるだけではなく、文字を書けない人間でも正確にスローガンを転写できるという利点があった[123]。移動劇団によるドラマ上演は、自尊運動が頻用した手段である。宗教のない平等な社会を舞台とする劇が各地で上演され、宗教批判や共産主義のエッセンスを農村部に伝えるのに貢献した。一方会議派も、『チャルカーの勝利』という劇を農村で上演し、上演禁止措置を受けるとタイトルだけ『自己抑制の勝利』と変えて上演を続けた。各政治団体が移動劇団を利用して農村部にも影響力を伸ばそうとしたことが窺われる。扇動的な歌が作詞作曲され様々な場で歌われているという政府報告も、この時期から増加している。バガット・シンを讃える歌が作られ職業歌手によって披露されると、たちまちその歌詞が有名になり、急速に民衆に広まっていったという[124]。また35年7月グン

トゥール県で起きた荷車引きのストライキでは、『金持ちへの抵抗歌』を歌いながら練り歩くという示威活動が行われ耳目を集めた[125]。

パンフレットも、謄写器を利用した大量生産が可能になったことから、都市部のみならず地方にも流布し始めた。パンフレットは、文字メディアという性質上、直接その内容を理解できるのは識字層に限定されるものの、新聞や雑誌よりも低コストで容易に製作できるため、様々な種類のパンフレットが大量に流通した。非識字の農民や労働者も理解できるよう、風刺画やイラストで内容を伝える工夫もなされるようになった[126]。労働者リーダーがひそかに工場に持ち込んで仲間に大量配布し、解説を交えながら読み聞かせることも日常的に行われた[127]。

南インドの共産主義者は、文字が読めず毎日を無事に過ごすことで精一杯な貧困層の関心を惹きつけるために、新しいメディアを駆使して平易な言葉で宣伝活動を行った。特に好まれた内容は、ソヴィエト・ロシアを理想郷として描くことであった。たとえば、マドラス州北部のアーンドラ地方に拠点を置いていた共産主義組織の一つ、労働者保護協会(クーリー)が発行したパンフレット『ロシアの労働者』はその典型である。

Q. 世界で労働者が最も幸福なのはどこだろう？
A. ロシアだ。
Q. どうして？
A. 政府を掌握しているのが労働者だからだ。
Q. その長所は？
A. ロシアでは、土地は労働者のものだ。工場、炭鉱、銀行、鉄道も労働者のものだ。衣食に事欠き掘建小屋に住んでいた労働者も、今ではたらふく食べ、豪華な家に住んでいる。ロシアの労働システムは世界で最も理想的だ。労働者は他の国では困窮しているのにロシアでは映画や演劇を楽しんでいる。男も女も子どもも賃金は平等だ。60歳以上は働かなくていい。16-18才は1日6時間以上働いてはいけない。1931年までに賃金は11％も上がった。鉱山の労働者は6時間以上働いてはいけない。労働時間を制限すれば余暇が増え、労働者の教育水準とモラルが日増しに向上する。ロ

第6章　中央から地方へ

シアでは皆が働かなければならないので「労働者」はいない。つまり、主人と労働者の区別はない。女性が働く場合は、経営者が子どもの食事とミルクのめんどうをみる。母親は就業時間中に子どもを見に行ける。労働者が病気になったら病院に行ける。遺族は政府の保護を受ける。労働者の健康と成長のために眼鏡やブーツが支給されている。月に6日の休日がある。妊婦は出産前後2か月ずつ休暇をとれる。通常の休日に加えて15日から30日の有給休暇があり、給料は前払いだ。(中略)もし我が国でこのような便宜を得たいなら、カーストや宗教の区別を捨てて、労働者協会を始めよう。今こそ眠りから覚めよ。敵は誰か、友は誰か、悟れ。今、何をなすべきか考えよう[128]。

共産主義者によるこの種の「理想郷」宣伝はあまりに反響が大きかったため、会議派も「労働者ユートピア」について宣伝活動を行ったが、共産主義者によるそれに比べて魅力がなくインパクトにも欠けていたという[129]。

「理想郷」に憧れ無意識のうちに「共産主義」に惹かれていった民衆は、共産主義者が作詞した歌も自然と受け入れた。労働者がデモ行進やストの場でこの種の歌を歌うという事例も現れた。次のような「労働者（クーリー）の歌」の歌詞が残されている。

　労働者が団結したら、食べ物が無いことなどあろうか
　いまや実権を持つのは労働者だ
　なぜ我々労働者にカーストの区別があるのか
　団結せよ、我々は労働者だ

　労働者よ、団結せよ
　我々の労働でこれらの宮殿を建てたのではないのか？
　我々は工場を建てるために労働した　しかしそれを引き渡し
　我ら貧しい労働者は掘建て小屋にすむ
　どんなに懸命に働いてもたらふく食べることは出来ない

労働者よ、団結せよ
晴れの日も雨の日も、我々は懸命に働き健康を損ねた
我々は穀物をたくさん育てた　しかしその収穫を全て怠け者に引き渡し
我らは空腹をかかえて山野をさまよう

労働者よ、団結せよ
我々が服を作り　やつらが着る
我々が家を建て　やつらが住む
我々が収穫し　やつらが食べる
我々が労働し　やつらが楽しむ

労働者よ、団結せよ
やつらは忘れている　我々が人間だということを
我々の激しい労働の成果は灰燼に帰した
やつらは我々をおろか者と呼んできた
やつらは我々を激しく虐待してきた

労働者よ、団結せよ
なぜ、ある者は食べ　残りは飢えるのか
なぜ、ある者は邸宅に住み　残りは掘建てなのか
なぜ、ある者は主人で　残りは奴隷なのか
なぜ、ある者は上流で　残りは下流なのか

（中略）
労働者よ、団結せよ
よく考えろ　全てはストライキにかかっている
ストライキをすれば賃金があがる
ストライキは資本家へ痛打を与える
ストライキは労働者を祝福する
労働者よ、団結せよ[130]

第6章　中央から地方へ

このように歌詞には特殊用語がなく平易な内容で、誰にでも理解できる。繰り返しを多用することによって記憶しやすいよう工夫もされている。したがって、デモ行進などの場でこの種の歌を耳にした一般の人びとも、自然と歌詞を覚えることが出来たであろう。

こうして30年代前半の南インドでは、自尊運動のみならず様々な団体の宣伝活動によって、共産主義的な理念が急速に普及した。ただしそれらはオブラートに包まれていたため、必ずしも共産主義とは認識されずに浸透し、共産主義的な標語やシンボルが流用される現象が生じた。たとえば「革命よ、永遠なれ」という標語を記したプラカードが、一見「革命」とは無関係の団体によるデモや集会でも頻繁に見られるようになった。会議派も、地方組織ほど「革命よ、永遠なれ」という標語を使用するようになった[131]。それだけ「共産主義」的理念が民衆に普及しており、その民衆の支持を獲得するために、民衆の反応に敏感な末端組織ほど公式の組織理念を無視して「共産主義」的標語を利用しようとしたものと推測される。

赤旗というシンボルについても、必ずしもその意味が理解されないまま流布したらしい。たとえば、33年にマドラス・南マーラッタ鉄道労働者組合が前年のストライキを記念して集会を開いた時、赤く染めたカッダルに鎌とハンマーのエンブレムをあしらった「赤旗」が掲げられたことは、ガンディー主義と「共産主義」が奇妙に同居していたことを示している。また、ジョージ6世戴冠日に、ある鉄道労働者がヴィザガパタム駅に赤旗を掲揚した。驚いた当局がこの労働者を取り調べたところ、「本当はユニオンジャックを掲揚したかったが、あいにく見当たらなかったので、次に良いものとして赤旗を掲揚した」と悪びれもせず答えたという[132]。この発言の真意を探るのは容易ではないが、労働者の意識においては、「イギリス国王」と「赤旗にシンボライズされるもの」は、工場経営者や地主ではない何か良いものとして矛盾なく並立していたと推測することも可能だろう。

共産主義者や急進的な社会宗教改革運動家にとって、ガンディーの妥協的な穏健性は常に非難の対象であった。しかし民衆の間では、その運動理念が各々に都合よく解釈され、ガンディー自身は偶像化され祭り上げられる現象が生

じていた[133]。そこで共産主義者は、しばしばガンディーをシンボルとして利用した。共産主義者が、レーニンを「ロシアのガンディー」と形容したのはその典型である[134]。また共産主義者は、ガンディーが「不可触民」差別の廃止を訴えながらカースト（ヴァルナ）制は是認したり、資本家・雇用主の慈悲心と労働者の自己抑制を前提とする労使の協調を唱えるなど、極めて穏健な「改革」を唱えていたにすぎないにもかかわらず、「ガンディーは改革を追求している」という点を抽出して、ガンディーの名を借りて共産主義プロパガンダを行うこともあった[135]。

　ガンディーを都合よく利用したのは、共産主義者だけではなかった。「穏健派」の労働運動指導者として有名だったギリも次第に左派思想の普及に影響され、「ガンディーは社会主義者である」と定義し、社会主義者ガンディーが「建設的プログラムを通じて階級のない大衆のためのスワラージを達成してくれる」と演説した[136]。

　以上見てきたように、30年代南インドの共産主義組織は、広く民衆をターゲットに、多様なメディアを駆使して宣伝活動を展開した。そこでは複雑な理論や抽象論、階級闘争プログラムが言及されることはなく、ひたすら共産主義が目指す理想郷がロシアという実例とともに語られた。こうして共産主義は、一般にはそれとは意識されないほどに浸透していった。会議派も末端組織に行くほどその人気を利用しようとしたために、結果として、会議派党員も末端において「共産主義」の浸透を促進した。こうして「共産主義」は一般化したのである。

3　共産主義対策をめぐる植民地政府内の対立

　マドラス州政府は共産主義の広がりに危機感を募らせた。州政府はまず、各組織の指導者を逮捕・投獄して活動を根絶することを検討した。しかし、逮捕するためには法的根拠が必要になる。当時のマドラスで、民族運動や共産主義活動などの政治活動の取り締まりを可能にする法律として想定されたのは、インド刑法の124条A〔現行政治体制への敵愾心を煽る行為を禁止する〕と、同153条A〔階級間対立を煽る行為を禁止する〕の2つであった。しかし、これらの条項の適用を正当化する「証拠の十分さ」をめぐって行政府と司法府が対

第6章　中央から地方へ　　179

立した。行政府は、これ以上共産主義が自尊運動と連動して浸透するのを阻止するために、一刻も早くペリヤールらを逮捕するべきだと考えていた。行政府にとって、ペリヤールの演説は、明らかに聴衆に政府への敵愾心あるいは階級対立を煽るものであった。地方の行政官も自尊運動への警戒心を募らせていた。特に、自尊運動が活発で支持者も多かったコーインバトゥール、セーラム、ラームナド、マドゥライなど南部諸県の長官は、彼の演説を一言一句記録して州政府に提出し、逮捕を求めた[137]。

　ところが、速記記録を分析した司法府は、ペリヤールらの活動が階級対立や現政府への反逆を煽動していると断定するには証拠が不十分だという見解を示した。既述のように、ペリヤールをはじめとする自尊運動活動家や共産主義者の演説は、意図的に過激な表現を排し合法の範囲に留まろうとしていた。そのため司法府は、かつてシンガーラヴェールへの扇動罪適用を躊躇したのと同じ理由で、ペリヤールを逮捕することに消極的な態度をとったのである。たとえば州司法長官は、「演説の一部を切り取ってその語句を根拠に処罰するのは不当であり、演説全体から判断するべきだ」と前置きした上で、ペリヤールの演説は時々「ヒステリックな感情の発露」から王権への暴力的攻撃表現が現れるものの、全体的にみると「議会や政府を覆そうという意図はない」などの表現によって「他の暴力的表現を緩和している」ため、124条A、153条Aのいずれにも抵触しないと判断した。彼によると、そもそも「王権への暴力的攻撃」も歴史的事実を紹介しているだけで、「王権」が現在のインドにおける政治体制を具体的に指しているという証拠はない。また、ロシアを賛美する類の演説は「共産主義を最終目標に掲げることがいかに素晴らしいかという理想論を延々と述べている」にすぎず、現行政府に対する反感を煽っていると断定することは不可能であるとして、ペリヤールを逮捕することに反対した[138]。そのほかにも、マドゥライの検察官は同県で行われたペリヤールの演説内容を分析して、「EVR〔ペリヤール〕に153条Aを適用できるかどうか微妙なところだ。というのも自尊運動はカースト制及び宗教廃止という立場をとっているためである。つまり、労働者に対立するものとして資本家を暴力的に非難しているものの、あくまでも全人類の平等を唱道している。したがって153条を適用することは困難である」という見解を示した[139]。つまり、自尊運動と結びついた

共産主義は自尊運動のレトリックを使用するため、階級対立感情を煽って資本家を排除し労働者独裁を目指すというよりは、むしろカーストを含むあらゆる「差異」を廃止して平等社会を実現しようとしていることになり、153条適用は不可能だ、というのが法曹界の見解であった。ペリヤールや他の共産主義者たちが植民地当局の弾圧を逃れるために採用した戦略は、見事に効を奏したわけである。結局マドラス州政府は、司法府との見解不一致のため、自尊運動に対して有効な抑圧策をとることが出来なかった[140]。

　司法府の厳格な法解釈に阻まれて共産主義の伸張に対抗策を打ち出せなかったのはマドラス州だけではない。ボンベイ州政府も同様の困難に直面し、共産主義者の活動を抑止することを目的とする法律を制定するよう、インド中央政府に要請した[141]。ボンベイ州政府は、共産主義者が労働組合運動という合法的手段を通じて活動しているため既存法では対処できず、できる可能性があっても司法府がそれを不可能にする、と訴えた[142]。ボンベイ州政府によると、頻発するストライキの背後には必ず共産主義者が存在し、彼らは労使問題を解決する素振りを見せながら、実際はあくまでも共産主義の目的遂行のためにゼネストを起こそうと画策していた。1926年の労働組合法制定により組合活動は合法化され、ゼネストも一定の条件を満たせば非合法ではなくなったために、共産主義者が労働運動の枠内で活動している限りその活動を取り締まることは困難であった。そこで1932年犯罪法改正法（Criminal Law Amendment Act）の7条〔妨害行為やピケットの禁止〕を適用するという手段が検討されたものの、司法府から、ピケットやストライキが明らかに反政府活動と連動しているという十分な証拠がない限り産業ストライキに同条項を適用するべきではない、という意見が出された。したがって、現行法では労働運動という合法活動の衣をかぶった共産主義活動を防止できない、というのがボンベイ州政府の悩みであった。

　そこでボンベイ州政府は、1932年犯罪法改正法7条の適用対象を拡大すること、さらに1932年ボンベイ特別（非常時）権限法（Bombay Special (Emergency) Powers Act）の3条及び4条を共産主義活動に適用することを視野に入れた新法の制定を中央政府に提案した。ボンベイ特別（非常時）権限法とは、裁判なしの拘禁、扇動的演説を行った者及び行う恐れのある者の行動範囲制限、集会

への警察同席、農村での扇動行為禁止を可能とする、ボンベイ州限定の時限立法である。同州政府は中央政府に対して、共産主義の労働者への影響力伸張を考慮して「28 年から 29 年に労働運動が高揚したときのように事態が深刻化してからでは手遅れだということを認識してほしい」と促し、このボンベイ州限定の時限立法が期限切れになる前に全インドレベルの恒久法にするよう訴えたのである。マドラス州政府もボンベイ州政府の意見に賛同して、共産主義活動対策法の制定を要請した[143]。

両州政府の要請に押された中央政府は、33 年末から法案作成に着手し、34 年初頭に『現行の経済構造あるいは現行の政治体制の破壊を志向する活動を禁止するための法案』（A Bill to Prohibit Certain Activities Tending to the Subversion of the Existing Economic Structure or of the Existing Form of Government）、略称『革命運動法案』を起草した。ところが同年 5 月、中央政府は同法案成立に向けた工程を停止した。その理由は、会議派の一部（スワラージ党）があらゆる弾圧的法規の撤廃を公約に掲げて選挙戦参加を宣言したことから、この種の法案が議会を通過する可能性が低くなり、たとえ強硬に法律を成立させたとしても批判は避けられなくなったため、と説明された。その上で中央政府は、共産主義者の活動は恐れていたほど効果を挙げておらず今のところは緊急の脅威とはなりえないという見解を示し、当座は既存法と時限立法で対応し、もし共産主義勢力が伸張して真に危険な状況に陥ったら改めて法案の導入を検討するとして、州政府に理解を求めた[144]。

34 年も半ばを過ぎたころ、中央政府の意向で中断された共産主義活動対策は早くも再検討されることになった。政治運動対策として使用されていた時限立法の有効期限が 35 年末に切れることが各州で問題視されたためである。35 年時点で、反政府活動やテロ活動などのいわゆる破壊活動対策として有効とみなされた法律及び条項は以下が存在した。

(1) インド出版（非常事態対処権）法 Indian Press (Emergency Powers) Act, Act XXIII of 1931
(2) 犯罪法改正法 Criminal Law Amendment Act, Act XXIII of 1932[145]
(3) インド刑法 Indian Penal Code（特に 124 条 A、153 条 A）

(4) 刑事訴訟法 Criminal Procedure Code
(5) 1818年政令第3号 Regulation III of 1818、及びマドラス州、ボンベイ州制定の同種法
(6) インド犯罪法（改正）法 Indian Criminal law (Amendment) Act, Act XIV of 1908
(7) 扇動的集会禁止法 Prevention of Seditious Meeting Act, Act X of 1911
(8) 各州制定の時限立法及び時限条項

　(1)、(2)、(8) は、不服従運動を弾圧するために既存法を補強する目的で制定された時限立法及び臨時挿入条項だったが、テロ活動や共産主義活動対策にも転用されてきた[146]。そのためこれらの失効は各州政府で深刻に受け止められた。各州政府は、失効を補うために『革命運動法案』の再導入を改めて要請した[147]。そこで中央政府は、各州政府に対して同法案内容を提示し、このまま法案成立を目指すか、それとも時限立法を延長あるいは恒久法とすることでその代用とするか、あるいは引き続き既存法のみで対処するか、意見を求めた。同時に中央政府の見解として、不服従運動対策として制定された時限立法を他の運動に適用し、しかもその運動が現在では脅威でないにもかかわらず将来脅威となる恐れがあるという理由で有効期限を延長することは正当化されえないとして事実上この選択肢を否定し、共産主義勢力への対応は基本的に既存法の (3) と (6) で十分可能であると主張した。端的に言えば中央政府は相変わらず法案導入に消極的だった[148]。

　なお『革命運動法案』は、主に以下のような条項からなっていた[149]。

　2条　以下の組織を非合法組織とする
　　(a)　既存の工業、農業、経済構造や政治形態の武力または暴力による転覆を目的とする組織
　　(b)　(a) で特定された目的を遂行するために、工業、農業、階級の紛争や、財産、生産手段、通信移動手段の破壊を宣伝促進する組織
　3条　各州参事会における知事、あるいは地方政府が非合法組織を特定する権限を有する

4条　地方政府は、2条で特定された非合法組織の構成員や同組織を支援する組織の構成員、英領インドの外で2条に規定されたような活動を行う組織の構成員の行動範囲を制限する政令を発する権限を有する

5条　地方政府は2条で特定された非合法組織への送金を差し押さえる権限を有する

6条　2条に規定されたような活動を宣伝する新聞や書籍に対して、税関法、刑事訴訟法、インド郵便法を適用し、それらの接収及び発行禁止を可能にする

11条　2条で規定された組織の構成員及びそれを支援する組織の構成員あるいは個人は、裁判によって最長2年の禁固刑を科せられる

　このように同法案の特徴は、反政府活動のみならず既存の経済産業構造の転覆も処罰対象にしたこと、非合法組織を指定し、送金差し押さえ、印刷物接収などによってその活動を抑止する権限を各地方行政府に付与したこと、非合法組織のメンバーのみならずその支援者も処罰の対象に含めたことが挙げられる。中央政府の認識としては、失効する時限立法の内容も反映させた、共産主義活動を取り締まるのに十分効果的な法案であった。ところが州政府は、地元の共産主義活動の実態に照らして同法案の欠陥を指摘した[150]。

　マドラス州政府は、第2条にみる非合法組織の定義を問題視した。警察当局や各県長官は、マドラス州における共産主義活動として自尊運動を挙げ、同運動が「暴力」を否定し合法の枠を越えないよう極めて慎重に活動していることを繰り返し指摘していた[151]。これらの報告を考慮すると、自尊運動は第2条の定義に該当しない可能性が高かった。加えて、海外組織との繋がりがなく資金援助も無い「純粋にローカルな共産主義組織」であるだけに、非合法組織の支部や支援組織として指定することも不可能であった[152]。マドラス州政府は、このように「常に合法と違法のボーダーラインに乗っている」、「ヴェールをかぶった共産主義組織[153]」を取り締まるためには「武力あるいは暴力による目的遂行を目論む組織」という表現は障害になるとして、傍点部分の削除を求めた[154]。

　しかし中央政府は、「武力あるいは暴力」という表現を削除することはでき

ないという立場をとった。その理由が、法案の趣旨を説明するために法案に添付された覚書に記されている。第2条に関する覚書を見てみよう。

　　同条項は、共産主義の目的及びその目的を遂行するための活動（産業ストライキや農業アジテーションなど）を一般的な言葉で明確に定義することを目指した。同条項の定義は、基本的に非合法組織を特定するために使用されるが、11条と併せて読まれれば個人による共産主義活動も罪に問うことができ、4条と併せて読まれれば個別の共産主義者にも行政措置をとることが可能になる。
　　この定義は、共産主義活動以外の活動が含まれてしまうほど適用範囲が広がることがないよう起草された。それゆえに、「目的遂行のために武力あるいは暴力を用いること」という言及がなされている。

　つまり中央政府は、『革命運動法案』の適用範囲を厳密に共産主義活動に限定するという明確な意図をもって「暴力」の文言を加えたのである。中央政府は世論と会議派の政府批判を強く意識していた。ガンディーが不服従運動を指導して逮捕されたことは国内外のメディアによって報道されてきた。不服従運動の非暴力的で秩序だった側面が強調されるほど、対照的に政府の暴力的な「非道」ぶりが浮き彫りになり、植民地支配への批判を招いていた。そのため中央政府は、会議派の一部が弾圧法規の廃止を目指して議会選挙への参戦を表明するという状況にあって、さらなる政府批判の材料を与えるような行動を極力回避しようとした。共産主義運動の弾圧に際して「合法性」に固執したのも同様の理由によるものと説明できよう。
　結局中央政府は、各州政府による再三の要請にもかかわらず、またもや法案導入を中止した。そしてその後二度と『革命運動法案』導入を検討することはなかった。同法案をめぐる以上の顛末は、民族運動と共産主義の脅威に対する中央政府と地方政府の認識の相違を反映している。地方政府は、共産主義が労働運動や農民運動を通じて合法的に浸透していくのを日々目の当たりにしているため、これを予防するため強硬手段を採ることも厭わなかったのに対し、中央政府は、会議派に代表される民族運動の動向を注視し、植民地支配の正当性

を守ることがより重要だと判断したのである。

　マドラス州政府は、共産主義活動を抑制するのに法的手段には頼れなくなったと考え、新たな対策として共産主義への対抗プロパガンダ実行を検討するようになった。そこで警察当局及び各県長官に、いかなる内容をいかなる方法で宣伝するべきか諮問した[155]。各県長官に共通する意見は、そもそも現状では共産主義を表立って喧伝する組織はなく曖昧な言葉で宣伝しているに過ぎないため、あえて政府が反共プロパガンダを行えば却って共産主義への注目が集まる、という懸念であった。たとえば、コーインバトゥール県長官は、「当県では共産主義宣伝は、イーロード、コーインバトゥール、ティルップール、ウダマルペットなどで自尊運動活動家によって行われている。ただし彼らは決して共産主義者を自称しない」と指摘し、「反共プロパガンダは、その目的に反し、却って共産主義を活性化させる恐れがある」とした[156]。ティルチラーパッリ県長官は「ある労働者リーダーが共産主義思想に言及しているが、ごく一般的な用語を使っているため誰もそうとは気付いていない。このような状況下で対抗プロパガンダを行ってもむしろ害になるだけだ」と反対した[157]。一方、ニルギリ県長官は若干異なる見解を示した[158]。

〔ニルギリでは〕直接的な共産主義者の活動はない。しかし3か所の夏季駐在地（ヒルステーション）、特にウーティには「先見的見解」を持つ人物が頻繁に訪れている。自尊運動グループも存在する。また、昨年1月のガンディー訪問は、直接的な影響はなかったとはいえ、既存の社会宗教秩序を破壊しなくてはならないという考えを広めてしまった。この風潮は共産主義が浸透するのを助長している。対抗プロパガンダは、政府の方針を補完する程度ならば有効である。政府の方針とはすなわち、目立たないよう、しかし断固として、宗教的社会的守旧派を支援することである。〔中略〕真っ向から共産主義を攻撃したり経済問題を論じたりしてしまうと、共産主義というものは検討に値するものであり政府も恐れるほどのものである、という印象を大衆に与えてしまう。〔中略〕映画を利用するのも効果的と思われる[159]。

　つまり、ニルギリ県長官は、表立って共産主義批判を行うと経済問題を正面

から論ぜざるを得ず、却って大衆の注意を喚起する恐れがあるため、まず共産主義を「宗教への脅威」に置き換えて、宗教的保守層をターゲットに宗教の危機を訴えてはどうか、と提案したのである。この対抗プロパガンダは、自尊運動を通じた共産主義宣伝が弾圧を逃れるために政治経済問題よりも宗教攻撃の側面を前面に押し出したことを逆手にとる戦略であった。

　一方警察当局は、自尊運動を始めとする共産主義宣伝活動の大半が、理想郷としてのロシア社会の紹介に費やされていることを念頭において、次のように提案した。

> 現在のところ共産主義宣伝者は、犯罪法に抵触する言動を注意深く回避しており、大衆に現状への不満と来るべき地上の楽園への希望を植え付ける準備作業として、ソ連の状況をインドに適用すれば人民全員が幸福になれる、と説いている。このような宣伝に対抗するためには、単なる否定や反論では不十分である。十分な説得力をもってその虚構を証明してみせなければならない。単に否定するだけでは、不満を抱いている無知な大衆に〔共産主義が〕簡単に手に入ると約束した天国をあきらめさせることは出来ない[160]。

　このように警察は、マドラス州における共産主義活動が事実上「理想郷」宣伝になっているという事実を踏まえて、共産主義者が賞賛する「理想社会」が抱える欺瞞や、共産主義社会実現過程で起こり得る混乱と矛盾を論理的に説明するべきだと提案した。さらに政府だけではなく、共産主義に反感を抱く政党に対抗プロパガンダを代行させるという案も提示した。

　マドラス州政府がこれらの提言を受けて対抗プロパガンダを実施したのか否か、その内容はいかなるものであったのか、という疑問に答えるような史料は、管見の限りでは見つかっていない。しかし少なくとも確実に言えることは、自尊運動による共産主義宣伝活動が「合法的」な手段と内容であったために法の目をかいくぐるのに成功したこと、それだけに州政府も対処に苦慮し対抗プロパガンダという窮余の一策を検討せざるを得なくなったということである。

小 括

　1920年代には離合集散を繰り返していた共産主義勢力は、30年代に入るとようやく統合へと向かい、相対的に安定した発展を見せるようになった。「極左」路線の是非をめぐって分裂した「正統派」と「ローイ派」がお互いの存在を意識し競合したことが共産主義の進展につながった。「正統派」は、「ローイ派」が現実路線によって支持基盤を拡充していくのに刺激された。焦燥感を覚えた「正統派」は「極左」路線を修正し、現実路線へ回帰しようとした。党の理念としてはコミンテルンの指示通りの路線を掲げたが、実践面においては現実路線を採用し、さらに州支部に具体的活動方針を決定する権限を付与することによって、現実路線とコミンテルンの「極左」路線との並存を可能にしたのである。

　「ローイ派」と「正統派」が新たな活動の舞台として注目したのは南インドであった。両派が南に着目した主な理由は、第一に、共産主義が既に浸透しており、支持を獲得するのに一から共産主義宣伝を始める必要がなかったことである。南インドにおける共産主義の浸透に貢献したのはシンガーラヴェールであった。彼は、地道な現実路線を貫いて2度の弾圧を逃れ、途切れることなく労働者の間で共産主義宣伝を継続してきた。第二に、ペリヤールの自尊運動が、ラディカルな非バラモン運動として下層非バラモンに支持基盤を広げていたことが挙げられる。

　ペリヤールが主導する自尊運動は、正義党が看過してきた非バラモン下層カーストの地位向上を目的とする急進的な宗教社会改革運動として出発した。しかし労働争議が激化する中、下層カーストの困窮の原因が宗教的要因のみならず経済的要素にも起因すると思い至るのに時間はかからなかった。ペリヤールを始めとする自尊運動活動家は、労働者の間に浸透しつつあった共産主義に急速に惹かれていった。この変化に共産主義勢力も着目しペリヤールに接触を試みた。1年にわたるヨーロッパ・ロシア訪問はペリヤールに多大な影響を及ぼし、共産主義的自尊運動を開始する決意をさせた。こうして南インドにおける共産主義は、自尊運動の反カースト制、反宗教という側面と結びつくことによって、下層カースト（貧困層）による下層カーストのための政治体制樹立と理想的平等社会実現を目標とする思想へと衣替えした。これは、共産主義への

民衆の偏見を除去するため、そしてインド犯罪法（改正）法に基づき共産党を非合法化した政府の目を逃れるための戦略であった。

この自尊運動の衣を纏った「共産主義」は、具体的に何を攻撃対象にしているのか明言を避けた。しかしその曖昧さが聞き手に攻撃対象を設定する自由を与え、労働者のみならず一般民衆にも「共産主義」を浸透させる効果を生み出した。これは、他の共産主義活動には不可能な「不明瞭の効果」であった。

マドラス州政府は自尊運動による共産主義の浸透を警戒し、弾圧策を検討した。しかし、自尊運動が合法範囲内での活動を心がけ、敵を曖昧にして階級対立扇動罪を逃れる演説を行ってきたことが功を奏し、司法府は自尊運動活動家を逮捕するには充分な法的根拠がないという判断を下した。そこで州政府は、中央政府に対して、共産主義浸透の抑止を目的とする法の整備を要請した。しかし今度は、中央政府と地方政府の間で思惑の相違が明らかになった。州政府は、共産主義活動の脅威を肌で感じており、それ以上の伸張を予防する必要性を訴えた。しかし中央政府は、予防拘禁を正当化するような法律がさらなる反英運動を招くことを恐れ、法制定作業を断念した。その結果マドラス州政府は、窮余の一策として、対抗プロパガンダという方法を案出したのである。

この事実に示されるように、ペリヤールらの合法的な共産主義宣伝戦略は見事に成功し、共産主義の一般化に貢献した。そして、この共産主義の一般化という現象が、会議派の指導者ラージャージーに、労働運動と左派勢力に対する姿勢を修正するよう迫ることになる。

註

1）ラージャムンドリー監獄で働いていたラクシュミーナーラーヤナムールティという人物は、次のような証言を残している。「私は1923年から32年までベランプール監獄に勤務していました。32年2月に不服従運動のシンパと疑われてウェルズリー・サナトリウム監獄に異動になりました。確かに私はこの運動に共感していました。1年半勤務した後、ベランプールに戻り、ラージャムンドリー監獄の売店の副店長の職を得ました。バッタチャルジーがよく写真のことで店にやってきました。ある時彼は、私の故郷のことなどを訪ねてきました。私は、自分がベランプールの出身で、不服従運動のシンパだったためにベッラリーに移され、その後この監獄に来たこと、今も会議派シンパだが、そのために苦労していると説明しました。すると彼は、何故カッダル製の服を身にまとっているのか質問してきました。私は、カッダルに無限の信頼をよせておりカッダル

第 6 章　中央から地方へ

を通じてのみ経済的救済を得られるのだと答えました。すると彼はカッダル以外の手段についても質問してきて、話は非暴力の問題に及びました。私は、非暴力は我々の理想を実現するための最良かつ最も効果的な方法だと答えました。この会話で、彼は私に興味をもったようでした。私がデーバカル・パトナイクとも知り合いだと知ると、彼に手紙を届けて欲しいと言ってきました。彼は、もしパトナイクに直接会えれば手紙を手渡しして、バッタチャルジーが会いたがっていると伝えて欲しいと頼みました。〔後略〕」この証言からは、共産主義者が会議派ボランティアと意見交換の末に協力者として取り込もうとする方法、あるいは監獄職員を通じて外部との連絡ネットワークを構築しようとする方法が見て取れる。Statement of S. Lakshminarayanamurthi, 4 Jul. 1934, USSF 897.

2) 北インド出身共産主義者の一部は、出獄後も南インドに潜伏して活動を続けた。ニルギリ山中が潜伏地の一つであったが、同地は左派勢力が強いケーララ地方にもタミル地方にもアクセスしやすいことがその理由の一つと考えられる。FNR, 1st half of Oct., 1933.

3) Letter DO13c/34, Inspector-General of Police, 26 Feb. 1934; Letter No.109s, Secretary, GOM, 7 May 1934, USSF 897.

4) この事件に連座してムクンダラール・サルカールも逮捕されたが、直接陰謀事件に関与していたかどうかは不明である。FNR, 1st half of Sep., 1933.

5) FNR, 2nd half of Jul., 1933.

6) Letter from Special Branch, CID, to the Chief Secretary, GOM, 18 Jul. 1934, USSF 897. スンダララーマ・レッディは、後にマドラス労働者保護連盟 (Madras Labour Protection League) の書記になり、さらにインド共産党中央委員に就任した。FNR, 2nd half of Oct., 1936.

7) Letter DO13c/34, Inspector-General of Police, 26 Feb. 1934, USSF 897.

8) Letter DO No.〔無表記〕, Special Branch, CID, 18 Jul. 1934, USSF 897; FNR 2nd half of Jul., 1933.

9) Report 1540c "Communism in Andhra District", Special Branch, CID, 14 Jul. 1934, USSF 897.

10) Report 1480c/SB "Communism Propaganda through〔欠損〕", Inspector-General of Police, 4 Jul. 1934, USSF 897.

11) "Draft Platform of Action of the Communist Party of India", IAC, Appendix II, pp. 328-343.

12) 「会議派左派は見せ掛けの革命的言葉遣いで民衆を惑わせ、革命的大衆闘争を分裂させているため、結局ブルジョワジーを利することになる」と批判されている。

13) たとえば、Overstreet, G.D., Windmiller, M.L. Communism in India, Bombay, Perennial, 1960, pp. 144-146.

14) IAC, pp. 175-178.

15) スプラットはメーラト共同謀議事件で逮捕されたが、34年9月に釈放されると再びマドラスで共産主義活動に携わった。彼は「ローイ派」や「改良主義者」にも理解を示し、全インド反帝国主義統一前線の名のもとにこれらを統合することを目指した。ちなみに彼は後にシンガーラヴェールの娘と結婚した。IAC, pp. 204-205.

16) Extract from Weekly Report of the Director, Intelligence Bureau, Home Department, GOI, 23

Jun.1927, *L/P & J/12-54*.
17) この組織は後にネッルール共産党と合体してインド共産党マドラス州支部を形成した。
18) *IAC*, pp. 177-178, 205-208.
19) *FNR*, 1st half of May, 2nd half of May, 1932.
20) 中国、イギリス、ドイツの各共産党からインド共産党へ宛てた公開書簡という形で『インプレコール』誌上に発表された。全文は以下に掲載されている。Basu, J. chief ed. *Documents of the Communist Movement in India*, vol. III, New Delhi, National Book Agency, 1997, pp. 15-41. なお、ヘイスコックスによると、この公開書簡はコミンテルンが「極左」路線を破棄する不完全だが最初の一歩とされている。Haithcox, J. P. *Communism and Nationalism in India: M.N.Roy and Comintern Policy 1920-1939*, Princeton, Princeton University Press, 1971, p. 206.
21) *IAC*, pp. 188-190.
22) *FNR*, 1st and 2nd half of May, 1932.
23) *FNR*, 1st half of May, 1933.
24) Letter DO No. 〔無表記〕, Special Branch, CID, 26 Feb. 1934, *USSF 897*.
25) 続けてマニフェストは、労働組合を階級闘争組織とする理由を次のように説明している。「労働組合は階級組織であるから、その行動プログラム、方針、戦略は、常に労働階級の集団的利益という観点でのみ決定されなければならない。労働階級の利益は資本家の許可によって保護されることなどないため、組合は本質的に階級闘争組織となるのである。この性質と戦略についての考え方以外に健全な組合主義などありえない」。
26) 当局は、マドラス出身者が参加者の大半を占めていると指摘している。Report, Deputy Inspector-General of Police, Railway and CID, 31 Jul. 1932, *PW & L GO 1815, 1932*.
27) 個別討議に参加したのは 34 名である。以下の討議内容は特別に注がない限り、以下の資料によった。"Proceedings of the Trade Union Unity Conference", *PW & L GO 1815, 1932*.
28) AITUF の中でも、メヘター、シヴァ・ラオ、ギリ、S・R・ヴァラダラジュル・ナーイドゥは統合に積極的であったが、ジョーシやアフターブ・アリーらが消極的だった。Report, Deputy Inspector-General of Police, Railway and CID, 31 Jul. 1932, *PW & L GO 1815, 1932*.
29) *IAC*, pp. 199-214.
30) Note No.1394c, Special Branch, CID to Inspector-General of Police, Madras, 19 Jun. 1934, *USSF 897*.
31) Letter 109s, Secretary, GOM, 7 May 1934, *USSF 897*.
32) Letter No.1276, Special Branch, CID, 5 Jun. 1934, *USSF 897*.
33) Letter No.1384c, Special Branch, CID, 18 Jun. 1934, *USSF 897*.
34) Report No.1540c, Special Branch, CID, 14 Jul. 1934, *USSF 897*.
35) *FNR*, 1st half of Jun., 1935.
36) 全インド会議派社会党創立大会で任命されたランガー以下 11 名が、党規約と行動プログラムの作成にあたった。Letter No.1384c, Special Branch, CID, to the Chief Secretary,

GOM, 18 Jun. 1934, *USSF 897*.

37) "Constitution and Programme, All India Congress Socialist Party", *USSF 897*.
38) "Manifesto, Kerala Congress Socialist Party", *USSF 897*.
39) "Programme, Andhra Congress Socialist Party", *USSF 897*.
40) グジャラート地方出身の政治家。ガンディーがインド政治に登場して以来、その右腕として彼を支えた。独立後はネルー内閣の内務大臣を務めた。
41) *IAC*, p.221-226.
42) 桑島昭「会議派社会党―『民族戦線と階級戦線の結び目』―」『国際関係論研究』3、1968年、3頁。
43) E・V・ラーマスワーミ・ナーイッカルは有力農民カーストのナーイドゥのサブカーストであるバリジャ・ナーイドゥの出身。「ナーイッカル」はバリジャ・ナーイドゥのカーストタイトル（カーストを示す一種の称号）である。略称のEVRで表記されることが一般的だが、ここでは日本の先行研究に従い尊称のペリヤールを使用する。ペリヤールの経歴については以下が詳しい。"An Admirer" *Periyar E.V. Ramasami: A Pen Portrait*, Madras, The Periyar Self-Respect Propaganda Institution, 1962; *Periyar―An Anthology*, Madras, The Periyar Self-Respect Propaganda Institution, 1992; Diel, A. *Periyar E.V. Ramasamy: A Study of the Influence of Personality in Contemporary India*, Delhi, BI, 1978.
44) Report 288c, Special Branch, CID, 12 Feb. 1929, *USSF 896*.
45) トラヴァンコール藩王国を含むケーララ地方は「不可触民」差別が特に激しいことで有名、「不可触民」どころか「不可視民」制度があるとさえ言われていた。*Madras Legislative Assembly Debates*（*MLAD*）, vol.VII, p. 426.
46) 詳細は第2章を参照のこと。
47) "Speech at the Self-Respect Conference, 22 Nov. 1927", in Ramaswami, E.V. *Religion and Society: Selections from Periyar's Speeches and Writings*, Madras, Emerald Publishers, 1991.
48) "Resolutions passed at the Tirunelvelli District Self-Respect Conference under the Presidentship of Sriram Naicker", in Mangalamurugesan, N.K. *Self-Respect Movement in Tamilnadu 1920-1940*, Madurai, Koodal Publishers, n.d. [1979?], pp. 168-172.
49) Nathan, A.V. *Justice Year Book*, Madras, no publisher's name, 1929, Section IV, p. 110.
50) "Draft constitution of the Self Respect League", quoted in Mangaramurugesan, N.K. *op. cit.*, Appendix 5. ちなみに、初代中央委員会委員に選ばれたのは次のとおり。委員長：R・K・シャンムガム・チェッティ、副委員長：W・P・A・スンダラパーンディアン、ペリヤール、書記：S・ラーマナータン、会計：V・S・シャンムガム、その他一般委員12名。Names of Office-Bearers and Members of the Central Council elected at the Third Provincial Conference, Appendix B, Report 1427c, Deputy Inspector-General of Police, 22 Jun., 1934, *USSF 896*.
51) 非バラモン運動の理論によると、アーリヤ民族が侵略してカースト制度を作る前のインドにはドラヴィダ民族による平等社会が存在したとされるため、非バラモン運動の目

52) Report 288c, Special Branch, CID, 12 Feb. 1929, *USSF 896*.
53) シンガーラヴェールのヒンドゥスターン労働者農民党結成を支援した人物である。
54) Report 288c, Special Branch, CID, 12 Feb. 1929, *USSF 896*.
55) カーストシンボルとは、個人名の末尾に付されるチェッティ、ピッライ、ナーイッカルなどのタイトルのほかにも服装などがある。ペリヤールはこれを機にナーイッカルというタイトルを捨て、他の指導者もこれに従った。
56) Report 1427, Deputy Inspector-General of Police, 22 Jun. 1934, *USSF 896*.
57) 29年4月に開催されたアガスティヤ・サンガ会議はカースト制を援護し、生まれによる優劣・浄不浄の区別のない平等社会など望ましくないと明言してはばからなかった。Mangalamurgesan, *op. cit.*, p. 90.
58) 29年3月、ティンネヴェリ県で開催されたシャイヴァ・シッダーンタ会議など。
59) マンガラムルゲサン、アーシック、アルーランの研究は、共産主義化に触れてはいるもののペリヤール個人の嗜好かつ一過性のものとして軽視しており、共産主義グループとの共闘や労働運動との関係には全く言及していない (Mangalamurugesan, N.K. *op. cit.*, pp. 105-108; Irschick, E.F. *Tamil Revivalism in the 1930's*, Madras, Cre-A, 1986, pp. 101-102; Arooran, K.N. *Tamil Renaissance and Dravidian Nationalism 1905-1944*, Madurai, Koodal Publishers, 1980, pp. 177-180)。ハードグレイヴは、ペリヤールが個人的にロシアへ旅行したと触れるのみで、共産主義に傾倒したことは説明していない (Hardgrave Jr., R.L. *The Dravidian Movement*, Bombay, Popular Publishers, 1965, p. 26)。ギータとラージャドゥライは、自尊運動の共産主義化はペリヤール個人のレベルにとどまったとし、彼にとって共産主義は「平等という正義」の一部分に過ぎなかったために経済的不平等もすべてカースト問題に還元してすぐに共産主義から遠ざかったと評している。Geetha, V., Rajadurai, S.V. *Towards A Non-Brahmin Millennium: From Iyothee Thass to Periyar*, Calcutta, Samya, 1998, pp. 420-460.
60) ペリヤールは1928年の南インド鉄道ストライキでは労働者を積極的に支持した。Report 1427c, Deputy Inspector-General of Police, 22 Jun. 1934, *USSF 896*.
61) この変化は27年ティンネヴェリ大会決議と31年ヴィルドナガル大会決議に表れている。*Kuṭiaracu*, 11 Dec. 1927; Report 1427, Deputy Inspector-General of Police, 22 Jun. 1934, *USSF 896*.
62) ペリヤール同様に共産主義に傾倒しつつあったS・ラーマナータンの協力を得た。のちに彼はペリヤールのロシア・ヨーロッパ旅行に通訳として同行した。Letter 2844c, Special Branch, CID, 13 Sep. 1932, *USSF 839*.
63) なお、英語誌『革命(レヴォルーション)』は31年に休刊し、33年11月からタミル語誌『革命(プラッチ)』が発行された。34年8月には同じくタミル語誌『理性(パグッタリヴ)』も創刊された (Geetha&Rajadhurai, *op. cit.*, pp. 252, 256)。なお、34年10月12日の警察報告には、『理性』がまず創刊され『革命』に引き継がれたが、煽動的記事掲載によって罰金を科せられ発行停止すると『理性』が再発刊されたとある。Report 2491c, Deputy Inspector-General of Police, 12 Oct. 1934, *USSF 896*.

64) Report 1427c, Deputy Inspector-General of Police, 22 Jun. 1934, *USSF 896*.
65) Letter 1839c, Special Branch, CID, 10 Jun. 1932, *USSF 839*.
66) Letter 1477c, Special Branch, CID, 30 Jun. 1934, *USSF 896*.
67) Report 1427c, Deputy Inspector-General of Police, 22 Jun. 1934, *USSF 896*. なお、正義党のこの処置によって資金源を断たれたペリヤールは多額の負債を抱え込んだ。この負債が原因で、後にペリヤールは逮捕されることになる。Letter 1522c, Deputy Inspector-General of Police, Railways and CID, 30 Jun. 1933, USSF 839.
68) *FNR*, 1st half of Sep., 1928; 2nd half of Feb., 1929.
69) Letter 1839c, Special Branch, CID, 10 Jun. 1932, *USSF 839*.
70) Report 1427c, Deputy Inspector-General of Police, 22 Jun. 1934, *USSF 896*.
71) Letter 1917c, Special Branch, CID, 29 Jun. 1932, *USSF 839*.
72) Letter 2471c, Special Branch, CID, 12 Aug. 1932, *USSF 839*.
73) Letter 2844c, Special Branch, CID, 13 Sep. 1932, *USSF 839*.
74) Letter 1839c, Special Branch, CID, 10 Jun. 1932, *USSF 839*.
75) 彼はこのころ、カーストタイトルを使用しないという決議に基づいて「ナーダル」を捨て、スンダラパーンディアンと名乗っていたが、ここでは原史料の表記に従った。
76) Letter 1839c, Special Branch, CID, 10 Jun. 1932, *USSF 839*.
77) ジーヴァーナンダンは1907年、インドの南端カーニヤクマリ近郊のブータパンディに生まれた。青年時代に非バラモン運動に触れて宗教社会改革に興味を抱き、ヴァイッカム・サティヤーグラハにも参加している。ペリヤールと接触したのはこのときであった。しかし、ペリヤールがその後自尊運動を開始して会議派と袂を分かったのに対し、ジーヴァーナンダンはガンディーにも惹かれて会議派に入党し、会議派の活動を続けながら自尊運動にも関わるという経歴を歩んだ。その後不服従運動に参加し逮捕された。このころからガンディーの方針に不満を抱き、獄中で共産主義者と交わり、共産主義へと急速に傾倒していった。Gousalya, S. *Life and Work of Jeevanandan*, Madurai, Unpublished M.Phil thesis, Madurai Kamaraj University, 1981.
78) "The Aims and Ideals of the Self Respect Party of South India", Appendix C, Report 1427c, Deputy Inspector-General of Police, 22 Jun. 1934, *USSF 896*.
79) サルカールは、「概してインドの左翼は、カーストと階級との複雑な相互関係について十分な関心を払うことができなかった。したがって、ガンディーが会議派社会党の綱領草案は不可触民制について触れていないと非難したのは的をえていた」と評している (Sarkar, S. *Modern India 1885-1947*, Madras, Macmillan, 1983, p. 329)。しかし、南インドにおける自尊運動と共産主義運動の連携は、この「欠点」を補う可能性を秘めていた。自尊運動はバラモンに対する非バラモン諸カーストの闘争により重点をおき、共産主義のほうは資本家に対する労働者の闘争をより重視するという傾向があったのは否めないが、それでも、20年代初頭の労働争議で露呈した各カースト特有の事情が引き起こす労働者間の分断に気づき、それを行動綱領に取り入れたのは、自尊運動と共産運動の連携の成

果である。

80) "Samadharma Party of South India, Revised Proposals", Appendix C, Report 1427c, Deputy Inspector-General of Police, 22 Jun. 1934, *USSF 896*.
81) 「サマダルマ」は社会主義を指すが、シンガーラヴェールの定義によると、共同所有、共同配分、利益の共有、民主的統制、労働者の支配などを意味する。サマダルマ党の幹部委員会として、タミル地方各地から32人の自尊運動活動家が選出された。Report 1427c, Deputy Inspector-General of Police, 22 Jun. 1934, *USSF 896*.
82) 王立労働問題委員会が行った聞き取り調査でも、女性労働者は地域や業種を問わず、託児所がないことへ不満を顕わにしている。*Royal Commission on Labour in India*, vol.VII, part 2, Oral Evidence, p. 61.
83) 33年12月2日、シヴァガンガで開催された第三回ラームナド県自尊会議で議長を務めた時の発言。Appendix F, Report 1427c, Deputy Inspector-General of Police, 22 Jun. 1934, *USSF 896*.
84) *FNR*, 1st half of Mar., 1933. 33年4月14日のマドゥライ集会だけは、この方針がマドラス州全体レベルの大会で採択されたものではないと批判し、一地方会議で方針を変更するべきではないと決議した。Report 1427c, Deputy Inspector-General of Police, 22 Jun. 1934, *USSF 896*.
85) "Members present", Appendix D, Report 1427c, Deputy Inspector-General of Police, 22 Jun. 1934, *USSF 896*.
86) Report 1427c, Deputy Inspector-General of Police, 22 Jun. 1934, *USSF 896*.
87) *Ibid*.
88) Appendix F, Report 1427c, Deputy Inspector-General of Police, 22 Jun. 1934, *USSF 896*.
89) その他の自尊運動活動家も各地で宣伝活動を行ってペリヤールを支えた。共産主義を宣伝しロシア式政府の素晴らしさを説明すると同時に、政治犯の釈放要求、溢れる失業者の再雇用を求めるという具体的な問題に言及することも怠らなかった。シンガーラヴェールもマドラス市を中心に講演した。*FNR*, 1st half of May, 2nd half of May, 1st half of Jul., 1933.
90) Report 1427c, Deputy Inspector-General of Police, 22 Jun. 1934, *USSF 896*.
91) 自尊連盟中央委員会メンバーのスンダラパーンディア・ナーダルらは、自尊運動から「戦闘的共産主義分子」を「武装解除」しようとしたが失敗に終わった。Report 1427c, Deputy Inspector-General of Police, 22 Jun. 1934, *USSF 896*.
92) *FNR*, 1st half of Mar. and 2nd half of May, 1933.
93) Letter 1085c, Special Branch, CID to the Chief Secretary, GOM, 11 May 1933, *USSF 839*.
94) *FNR*, 2nd half of Jun., 1935.
95) Extract from the Speech by EVR, Salem, 19 Mar. 1933, quoted in Letter 502c, Special Branch, CID, 3 Mar. 1933, *USSF 839*.
96) Extract of the Speech by EVR and Raghavan, Erode, 19 Jan. 1933, quoted in the Letter 225c,

Special Branch, CID, 31 Jan. 1933, *USSF 839*.
97) Extract of the Speech by EVR, 19 Mar. 1933, Salem, quoted in the Letter 502c, Special Branch, CID, 3 Mar. 1933, *USSF 839*.
98) 括弧でくくられた共産主義という単語はペリヤール自身が明言したのか、速記・翻訳の時点で補足されたのか不明である。
99) Extract from the Speech by EVR, 19 Feb. 1933, Salem, quoted in Letter 481c, Special Branch, CID, 28 Feb. 1933, *USSF 839*.
100) 32年11月20日の演説。場所は言及されていないが、2日後にマドラス市内で演説していることから、マドラス市あるいはその近郊であろう。*Ibid*.
101) Substances of Speeches by EVR in Chronological Order, *USSF 839*.
102) Extract from Speeches by EVR, enclosure of the Letter 1085c, Special Branch, CID, 11 May 1933, *USSF 839*.
103) たとえば、33年3月15日コーインバトゥール県アルッパパライヤンでの演説、3月19日ラームナド県カライクディでの演説、4月10日タンジョール県ニーダーマンガラムでの演説や、2月9日チェンニマライでの演説が挙げられる。Substances of Speeches by EVR in Chronological Order, *USSF 839*.
104) Extract from Speech by EVR, 30 Jan. 1933, quoted in the Letter 290c, Special Branch, CID, 7 Feb. 1933, *USSF 839*.
105) *Ibid*.
106) Extract from Speech by EVR, Mayavaram, Tanjore, 7 Feb. 1933, quoted in the Letter 400c, Special Branch, CID, 21 Feb. 1933, *USSF 839*.
107) Extract from Speech by EVR, 19 Feb. 1933, Salem, quoted in the Letter 481c, Special Branch, CID, 28 Feb. 1933, *USSF 839*.
108) たとえば、32年12月29日コーインバトゥール、33年1月30日カンチープラム、1月31日コーインバトゥール、2月12日トラヴァンコール、2月19日セーラム、2月28日ヴィルドゥナガル、3月12日ティルヴァッルール、3月19日セーラム、4月4日タンジョールでの各演説など枚挙に暇がない。Letter 1085c Special Branch, CID, 11 May 1933, *USSF 839*.
109) 33年1月30日のコーインバトゥールでの演説で「ジョージ5世が神聖な存在だといまどき誰が信じるか?」と発言したのが唯一の例である。Extract from Speech by EVR, 30 Jan. 1933, Coimbatore, quoted in the Letter 290c, Special Branch, CID, 7 Feb. 1933, *USSF 839*.
110) Extract from the Speeches by EVR, *USSF 839*.
111) 33年3月20日テンマパッティの小学校での演説。*Ibid*.
112) 32年11月8日トゥティコリンでの演説。*Ibid*.
113) 33年3月19日セーラムでの演説。*Ibid*.
114) 33年3月28日イーロード自尊青年連盟集会での演説。*Ibid*.
115) 33年3月28日イーロード自尊青年連盟集会での演説。*Ibid*.

116) 33年4月18日、アルップコッタイでの演説。*Ibid.*
117) Letter 1085c, Special Branch, CID, 11 May 1933, *USSF 839*.
118) 33年1月19日イーロードでの演説。Extract form Speech by EVR, *USSF 839*.
119) 33年3月20日ラームナド県シヴァガンガ自尊協会での演説。*Ibid.*
120) Letter 1085c, Special Branch, CID, 11 May 1933, *USSF 839*.
121) Extract from the Speeches by EVR, *USSF 839*.
122) *FNR*, 2nd half of Aug., 1931; 1st half of Mar., 1932, etc.
123) ステンシルで壁画を書く人員が臨時に雇われるケースもあった。雇われた者は、生活費を稼ぐために内容も意味も分からないままスローガンを壁に書き続けたという。*FNR*, 2nd half of Oct., 1932.
124) *FNR*, 2nd half of Aug., 2nd half of Oct., 1931.
125) *FNR*, 1st half of Jul., 1935.
126) 政治パンフレットはポンディシェリーで印刷されることが多かった。*FNR*, 2nd half of Jan., 2nd half of Feb., 1932.
127) Interview with A.Subramanian, General Secretary, Coimbatore Textilemill Workers' Union, 17 Nov. 1999; Interview with Maarippendeva, L.Ramakrishnan, S.Narayanaswami, A.R.Narayanaswami, ex-millworker and trade unionists, 3 Jun. 1999.
128) Leaflet No.5, "Coolies in Russia" published by the Coolie Protection League, enclosed in the Report, Inspector-General of Police, 24 May 1935, *USSF 931*.
129) *FNR*, 2nd half of May, 1931.
130) "Song of Coolies" enclosed in the Report, Inspector-General of Police, 24 May 1935, *USSF 931*.
131) *FNR*, 2nd half of Feb., 1932; 2nd half of Jan., 1935.
132) *FNR*, 2nd half of May, 1937.
133) サルカールは、ガンディーの影響力が直接及んだ地域はごく限られており、民衆自身がうわさを頼りにガンディーを神格化して自分達の運動を正当化したり、指導者が運動や思想を正当化するためにガンディーを利用したことのほうが影響が大きかったと指摘している（Sarkar, S. "The Decline of the Subaltern Studies", in Chaturvedi, V. ed. *Mapping Subaltern Studies and the Postcolonial*, London, Verso, 2000, pp. 281-299）。また、ガンディーの活動の実態とイメージとのギャップについては、次の研究も参照されたい。Amin, S. "Gandhi as Mahatma: Gorakhpur District, Eastern UP, 1921-2", in Guha, R. ed. *Subaltern Studies III*, Delhi, Oxford University Press, 1984, pp. 1-61.
134) Translation of the Extract from a Speech in Telugu of Vennelakanth Ragavayya, 12 Jun. 1934, Nellore, District Harijan Conference, *USSF 897*.
135) Reports from Collectors and Other Officers, *USSF 897*.
136) *FNR*, 1st half of Oct., 1933.
137) Extract from the Fortnightly Report, District Magistrate, Coimbatore, 26 Feb. 1933; Letter CO83/33, District Magistrate, Ramnad, to Chief Secretary, Public Department, GOM, 7 Apr. 1933;

第 6 章　中央から地方へ

Extract from Fortnightly Report, District Magistrate, Tanjore, 29 Apr. 1933, *USSF 839*.
138) Opinion, P.Venkataramamurthy, Advocate-General, 9 May 1933 and 5 Jul. 1933, *USSF 839*.
139) The Opinion of the Public Prosecutor of Madura, 5 Apr. 1933, *USSF 839*.
140) 結局ペリヤールは、雑誌『ドラヴィダ民族』発行の経費がかさんで借金を重ねていたことが仇となり、タイプライターや紙まで差し押さえられた末、33 年 6 月に逮捕され、6 か月間拘禁されることになった。しかし、ペリヤールが逮捕されても、その他の自尊運動活動家や共産主義者による活動は止まることなく、政府はこれを放置せざるを得なかった。Letter 1522c, from Deputy Inspector-General of Police, Railways and CID, Mylapore, to the Under Secretary, GOM, 30 Jun. 1933, *USSF 839*.
141) Letter SD3132, from Home Department, Government of Bombay, to the Home Department, Government of India, 21 Jun. 1933, *USSF 897*.
142) ボンベイ州内の工業地帯では経済状況の悪化により、経営が賃金切り下げや経営合理化に着手したために、労働者の不満が鬱積しており、その不穏な空気を利用して共産主義者がギルニ・カームガール・ユニオンや青年労働者連盟を通じて勢力を伸張していた。彼らはゼネストこそが不満を解決する唯一の手段であると公言し、28 年のようなゼネストが再び起きる可能性が生じていた。
143) Letter SD3132, from Home Department, Government of Bombay, to the Home Department, Government of India, 21 Jun. 1933, *USSF 897*.
144) Letter No.F7/II/34-Poll., Home Department, GOI, to All Local Governments, 16 May 1934, *USSF 897*.
145) 不服従運動活動家を取り締まるために (6) に時限条項を挿入すると定めた。これにより、政治的ストライキやピケットの取り締まり、及び事務所などの不動産及び活動資金を差し押さえることが可能になった。
146) Letter No.F6/I/35-Poll., Home Department, GOI, to All Local Governments, 29 Apr. 1935, *USSF 931*.
147) Letter No. SD2660, from the Government of Bombay, 30 Aug. 1934, *USSF 897*.
148) Letter No.F6/I/35-Poll., Home Department, GOI, to All Local Governments, 29 Apr. 1935, *USSF 931*.
149) 同法案は 34 年 5 月に改正されたが、内容に大きな変更はない。なお原案も改正案も *USSF 897* に全文収録されている。本書で言及する同法案の条項については、*USSF 897* に収録されたものを参照した。
150) ボンベイ州政府は、行政府に共産主義者の活動を抑制する一定の権限が付与されることを評価しながらも、共産主義者やその協力者を拘禁するためには司法府の許可が必要とされることに異議を申し立てた。Letter SD2660, GOB to GOI, 30 Aug. 1934, *USSF 897*.
151) マドラス州政府は、警察当局及び各県長官に、州内の共産主義活動について改めて報告するよう要請し、法案と中央政府の見解に対する意見を求めている。Memo No.190, 13 May 1935, *USSF 931*.

152) Letter 109s, from Secretary, Home Department, GOM, to the Secretary, Home Department, GOI, 7 Mar. 1934, *USSF 897*.

153) Report No. 1480/C/SB, from Inspector-General of Police to the Chief Secretary, GOM, 4 Jul. 1934, *USSF 897*. なおマドラス州政府は、会議派社会党や「ローイ派」のみならず「正統派」でさえ合法の範囲内で慎重に行動していると指摘した。会議派社会党は「党規則と目的は完全にコミンテルンの計画を体現しているにもかかわらず、その目的を遂行する手段となると暴力を排除」していた。共産党「正統派」も、政府に公然と反抗してきた既存組織を解体してカモフラージュ用の合法組織に改組することによって支部を増やしていた（Report of the Inspector General of Police, 24 May 1935, *USSF 931*）。彼等が活動の隠れ蓑にするために創設させた労働組合や農民組合も、立法手段によって問題解決をはかるという成文規則を掲げていた（Constitution of the Alaganipad Agricultural Workers Union, Enclosure, Report of the Inspector-General of Police, 24 May 1935, *USSF 931*）。したがって組合活動も暴力による既存産業構造の転覆を目論んでいることにはならない、とマドラス州政府は危惧した。

154) Letter No.241s, from the Secretary, Home Department, GOM, to the Secretary, GOI, Home Department, 12 Jun. 1935, *USSF 931*; Report of the Inspector-General of Police, 24 May 1935, *USSF 931*.

155) Memorandum No.255-S, 5 Jun. 1934, *USSF 897*.

156) Letter from G.W. Wells, District Magistrate, Coimbatore, to the Chief Secretary to GOM, 7 Jun. 1934, *USSF 897*.

157) Letter from Rao Bahadur C.J. Paul, District Magistrate, Trichinopoly, to the Chief Secretary to the GOM, Public (General) Department, 9 Jun. 1934, *USSF 897*.

158) 西ガーツ山脈に位置するニルギリは、コーヒーや茶のプランテーションが点在し、プランテーション労働者を多数抱えていた地域である。各プランテーションは孤立して点在し、周辺社会からも隔絶されており、敷地内への出入りには事前に農園主の許可を得る必要があるため、内部の労働状況が外部に伝わりにくくなっていた。また、部外の労働運動活動家がプランテーション労働者にアクセスすることも困難を極めた。*Royal Commission on Labour in India*, vol.VII, part 2, Oral Evidence, pp. 397-414.

159) Letter from A.G. Blake, Collector of the Nilgiris, to the Under Secretary to the GOM, Public Department, 12 Jul. 1934, *USSF 897*.

160) Copy of Note No.1394/C, from Superintendent of Police, Special Branch, CID, to the Inspector-General of Police, Madras, 19 Jun. 1934, *USSF 897*.

第7章
労働者リーダーの誕生

　1920年代後半から30年代初頭にかけて、労働運動は第二の高揚期を迎えた。その原因は、不況という経済要因もさることながら、共産主義者が労働者の中で活動し影響を与えたことが大きかった。共産主義者の活動に刺激されて、会議派もようやく本格的に労働問題に目を向け始めた。このように、様々な政治勢力が労働者に接触し労働運動に介入したことは、一方で、労働者の自立を促進することになる。

　本章は、第二次高揚期の労働運動の展開とその特質について、南インドを例に分析していく。第1節では、労働組合増加の背景を探り、これへの経営側の反応、及び経営に対する政府の対応にも言及する。第2節では、この第二高揚期の労働運動の特徴を、主なストライキの経緯を詳細に分析することによって解明していく。

第1節　労働運動への諸勢力の参入
1　労働組合法成立と労働運動の活性化

　既述のように、労働争議の第一次高揚期（18年〜21年）に設立された労働組合は、労働者の要求を汲み上げる姿勢に欠けていたことが災いして労働者の信用を失い、ほとんど有名無実の存在になっていた。しかし、20年代半ばごろから共産主義者が労働者の組織化に着手すると、その他の政治運動指導者や労働運動指導者も刺激されて既存組織の立て直しを図るようになった。

　1926年に労働組合法が成立し、労働組合の存在が法的に承認された[1]。これによって、既存の組合が組織再生に乗り出したのみならず、新規創設が相次いだ。法に則り正式に登録される労働組合数が増え、これに平行して組合員数も増加していった（図7-1）。南インドでも、一時機能を停止していた労働組

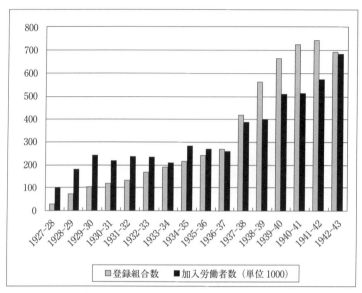

図 7-1　登録組合数及び加入労働者数

出典) Sharma, G.K. *Labour Movement in India: Its Past and Present*, Jullundur, University Publishers, 1963, p. 158 に基づき筆者作成.

合が組合法成立を契機に次々と活動再開にむけて動き始めた[2]。

　マドラス労働組合（Madras Labour Union）はマドラス繊維工場労働者組合（Madras Labour Union for Textile Mill Workers）と改名し、B・シヴァ・ラオを指導者に迎えて組織再編と強化に乗り出した。シヴァ・ラオは、シンガーラヴェールが展開する労働運動に対抗心を燃やしていた[3]。シンガーラヴェールを「トラブルメーカー」と名指しで批判し、「ストばかり主張する連中に惑わされず組合を強化しよう」と主張して、地方都市や他業種の労働組合結成にも力を注いだ[4]。30 年にはマドラス州全体の労働組合を統括する組合連合体として中央労働委員会（Central Labour Board）を整備したが、これは、彼の活動拠点であるマドラス繊維工場労働者組合がマドラス市内の綿業労働者のための組合であり、他地域・他業種の組合に足場がないことを気にかけたためであった。一方シンガーラヴェールを中心とする共産主義者は、拠点となる特定の組合こそ持たなかったものの、組合会合や労働者集会に頻繁に足を運んで各地に協力者を獲得していた[5]。

20年代後半には、鉄道労働者の組織化が進み、南インドの二大鉄道会社それぞれに組合が結成された。南インド鉄道組合（South India Railway Union）は共産主義活動家の進出が著しく、26年から28年にかけて立て続けに起きたストライキに深く関与した。一方、マドラス・南マーラッタ鉄道労働者組合（Madras and Southern Mahratta Railway Employee's Union）は、会議派政治家のV・パテールの肝いりで創設されたことも手伝って、「穏健派」の牙城となった。30年代に入るとV・V・ギリとE・カークが主導するようになり、南インド鉄道組合とは対照的に交渉による問題解決を基本方針とした[6]。AITUFに加盟して、共産主義者への対抗姿勢を鮮明にした[7]。

不服従運動に参加する民衆が増えるにつれて、会議派指導部の中からもようやく労働者を動員するべく労働問題に目を向けようとする動きが生じた。たとえば、K・バシャンは石油会社労働者に、S・サティヤムールティとT・プラカーシャンは鉄道労働者に接触を試みた。ただし、彼らが接触したのがいずれもイギリス人が経営する企業の労働者であったことからも明らかなように、彼らは民族運動に労働者を動員することを第一目的とし、インド人資本家の支持を失うような行為は回避しようとした。ここにこの時期の会議派指導者による労働運動の限界があった[8]。

2　経営と政府の対応

労働者が組織化を進めるのを見て、経営側も団結し（時には互いに牽制しながらであったが）労働争議に対処する必要性を感じ、イギリス系経営会社が中心となって南インド雇用主連盟（Employers' Federation of South India）を結成した。26年から27年にかけて産業・地域を問わずストライキが頻発するようになると、雇用主連盟は、政治家が労働者を扇動していると考えた。そこで労働局長に陳情書を提出し、「ほとんどのストライキは、脅迫とテロリズムで維持されている。労働者の大半はストに参加せず仕事をしたいと思っているのに、身の安全が保障されていないためにストに参加せざるを得なくなっている」として、復職を望む労働者の安全を保障する対策をとるよう要請した。具体的には、警察が労働者の出勤退勤を警護すること、労働者が働きに行っている間にストライカーに家屋を荒らされたり家族が暴行されたりする場合があるため労働者居

住区に警察官を配備することを要求した[9]。

しかし、マドラス州政府の反応は、必ずしも経営側に好意的ではなかった。まず警察当局は、労働者とその家族一人一人にボディガードをつけるなど論外であるとした上で、経営側の主張そのものが多分に誇張を含んでいると指摘した[10]。また州政府は、政治家が労働問題に関心を抱くのは当然の成り行きであって、労働者の不満を解決しようと活動すること自体を違法とするのは不可能だと考えた。結局州政府は、労働者が安全に出勤できるよう何らかの対策を講じると口では約束したものの、労働者居住区への警官配備は非現実的だと却下した[11]。つまりマドラス州政府は、様々な政治勢力が労働運動に関与を深めていることに気づきながらも、あくまでも法に基づき慎重に対処する姿勢をとったといえる。

雇用主連盟の陳情に対する州政府の対応は、労働者や労働運動指導者、政治家に、政府が合法性を重視しているという印象を与えた。それは裏を返せば、共産主義活動を含むいかなる政治活動も合法の範囲内であれば継続可能である、という認識が広まることを意味した。この認識は、マドラス州における労働争議の展開において、労働者及びその指導者の行動に影響を与えることになる。

第2節　労働者と指導者の「緊密化」

1　チョーライ・ミル・ストライキ（1928年）

1927年8月、マドラス市内に立地するチョーライ・ミルの梳綿部門及び紡績部門に出来高制が導入された。経営側は、出来高制は働き次第で賃金上昇が望めると説明したが、労働者は、機械の性能が悪く不良品が多く出るため出来高制では実質賃金が下がると不満を抱いた。28年6月には、1人で織機2台を同時操作する二織機システムの導入が告知され、不満を鬱積させていた労働者の神経を逆なでした。

マドラス繊維工場労働者組合の幹部は、日ごろから労働者に接触するようになっていたために彼らの不満が爆発寸前になっているのを察知した。そこで6月12日、労働者の不満を覚書にして経営側に提出した。覚書には、出来高制に加えて二織機システムの導入に伴う賃金減少の可能性が指摘されていたのみならず、欠勤への厳しい罰則規定や病気を事由とする欠勤不許可など、労働者

の日常的な不満も列挙されていた。

　労働局長は、スト発生を危惧して、経営側に慎重な対応を心がけるよう要請した。経営は、妥協案として10％の賃上げを実施し、欠勤と産休の問題については前向きに検討すると提案した。ただし二織機システムは計画通り導入するとした。しかし二織機システムこそが労働者の不満が爆発した原因であったため、経営の譲歩案は労働者を納得させるには不十分だった。マドラス繊維工場労働者組合長のシヴァ・ラオは、とりあえず給料日の8月14日まではストを起こさないよう労働者を説得したうえで、労働局長に対しては第三者からなる調査委員会を任命するよう要請した。しかし労働局長は、調査委員会に関する法的規定がなくその勧告にも強制力がないために経営側が勧告を受け入れない可能性が高いと危惧して、調査委員会設置を躊躇した[12]。この間、労働者は10％の賃上げを条件に出来高制を受け入れたが、二織機システムに関しては反対姿勢を崩そうとしなかった。一方経営側も譲らず、8月17日から同システムを導入すると発表した[13]。

　二織機システム導入予定日の8月17日、織布工400人全員がストライキを開始した。彼らは、新システムでは1人で織機2台を同時に操作することになり精神的にも肉体的にも負担が増加するにもかかわらず、2台目への賃金が1台目の50％相当では不十分だとし、75％を要求した。労働局長は、自ら現場に赴いて事態の深刻さに気づいた。そこで、シヴァ・ラオの要求通り、綿業の知識を有する専門家からなる調査委員会を任命して適正な賃金率を検討させ、経営側に勧告することにした。この労働局長の行動を受けて、労働者は調査委員会の調査結果を待たずに翌18日に復職した。つまり労働者は、政府が介入の意思を示したことでひとまず満足し、要求が受け入れられるか否か不明なまま復帰したことになる。経営側は、調査委員会の勧告を待たずに、2台目に1台目の60％相当の賃金を支払うこと、原材料の品質を向上させて不良品発生率を抑えることを発表した[14]。

　しかし調査委員会は、2台目への賃金は1台目の80％が妥当という見解を労働局長に報告した。経営側の提案が60％、労働者の要求でさえ75％にとどまっていたにもかかわらず、80％という賃金率が妥当であると判断した理由として、(1) フルダブル稼動時に比べて二織機システムでの出来高は90～95％

なので、80%の支払いは妥当かつ可能である、(2) 他の工場では第二織機に第一織機の92.5%から100%相当の賃金を払っている、(3) 現行の賃金レート自体、他工場に比べて低い上に、当工場ではボーナスも共済基金もない、(4) 供給される糸の品質が悪いため二織機の同時操作は労働者にとって負担となる、という4点を列挙した。このように、調査委員会報告は、全面的に労働者を支持する内容となっていた。

10月2日、労働局長は経営側に対して、調査委員会報告書とともに以下の通達を発した。

> 調査委員会報告は、織機に関する日常操作記録を精読し頻繁に工場を訪問調査した上での知見に基づいている。調査委員会が渡した質問票に対して貴殿からの回答が得られなかったという報告も受けているが、この質問票のことは9月5日に貴殿と私と調査委員2名の会合の席で実施を決めただけに驚きを禁じえない。同調査委員は実務面でも理論面でも十分な専門知識を有しているのだから、貴殿がその勧告を拒否する理由はない。速やかに取締役会の理解を得るよう忠告する。
>
> 私の勧告には法的強制力はないが、貴殿の工場における争議を調停し、労働者の福祉と貴殿の利益に損失が生じないよう最大限の努力をしている。この勧告を貴殿が拒否した場合、いかなる結果を招くか分からないが、世論の反発を招くことは確実だ。私の忠告を受け入れ、委員会が勧告する賃金レートを適用することが貴殿の真の利益になると確信し、また貴殿が必ずそうするものと信じている[15]。

経営側は、労働者が要求する賃金率75%よりも更に高い80%を勧告されて驚愕した。不利な状況に追い込まれたと自覚した経営側は、交渉を弁護士に代行させることにした。依頼を受けた弁護士は、労働局長に対し、調査委員会が労働者の視点に立つばかりで利益率や産業不振などの問題を考慮していないと批判し、第二織機への賃金率は60%が妥当だと主張した[16]。しかし労働局長は、弁護士には返答せず、経営側に直接手紙を出して反論した。

第7章　労働者リーダーの誕生

弁護士事務所から手紙を拝受した。法律上の問題は一切ないにもかかわらずなぜ貴殿が弁護士に頼ったのか理解に苦しむ。交渉は直接行った方が良いと考え、貴殿に私の回答を伝える。

まず、なぜ貴殿は60％から75％の間で決めてほしいと言うのか。75％などという数字はこれまでに出てこなかったと思うが。委員会の任務は、貴殿が主張する60％というレートが妥当か否か検討し、適切なレートを提示することだ。75％などという上限を設ける必然性はない。貴殿の手紙を拝見すると、委員会が関連要素を総合的に考慮していないと不満を抱いているようだが、そもそも貴殿は質問表に回答せず、委員会への情報提供を怠ったではないか[17]。

このように、労働局長は経営側に対し厳しい態度でのぞんだ。一方労働者は、自らの要求を上回る内容の委員会報告を歓迎し、シヴァ・ラオは同報告を公表するよう労働局長に要請した。彼は、調査委員会勧告が法的拘束力を持たないために、経営がこれを無視して葬り去ることを危惧した。そこで報告書を広く世間の目に触れさせることによって世論に訴え、経営側に世論の圧力がかかることを期待したのである[18]。

この頃には、世論形成に果たすメディアの役割が明確に意識されるようになっていた。運動指導者は、世間の注意を喚起する効果を狙って、新聞に積極的に投稿し始めた。労働者の立場や不満、労働組合の主張を知らしめるために、従来のように新聞の取材を待つのではなく、自ら争議の経緯を説明し労働者の要求を開示するという方法を取った[19]。

経営側は、15年以上勤続し勤務時間を厳守する作業員に限って有給休暇を認めること、妊婦への待遇を検討することを約束する一方、女性労働者の賃上げ要求を却下し、病気を理由とする欠勤も承認しないという回答を労働局長に提出した[20]。これを受けた労働組合は、経営側が容易に実現できるはずの要求さえ拒否したことを遺憾とする書簡を労働局長に送った。

最終的には経営側が折れて調査委員会勧告を受け入れ、第二織機に80％相当額の賃金を支払うことを約束した。こうして、この労働争議は労働者側の勝利に終わった。ただしその功績は、労働組合ではなく調停に尽力した労働局長

に帰するものとされ、彼の仲介手腕が賞賛された。争議の経緯からも明らかなように、労働組合も経営側も必ず労働局長を通じて相手に意向を伝達しており、決して直接対峙していない。手紙の交換でさえ直接ではなく労働局長宛てに発送された。労働組合から労働局長宛ての手紙に、「〔労働局長が〕いまだに経営側と確固たる合意に至ってないのは残念だ」という文言さえ見られることを考慮すると、労働組合自体が労働局長を交渉代行人であるかのように認識していたといっても過言ではなかろう[21]。

　以上のように、このストライキでは、経営と労働組合は直接交渉することはなく、政府が両者を仲介し妥協点を模索するという「交渉の主体」になっていた。労働者はまだ経営側と直接交渉する能力を身につけておらず、経営側も労働者を対等な交渉相手とは認識していなかった。ストライキが「注意喚起型」であった点も 20 年代前半の争議形態に近い。しかし新傾向としてこの争議では、労働運動指導者がメディアの影響力を認識して積極的に投稿して労働者の立場を有利にしようとした点を指摘できる。なお労働者は、この後ストライキ経験を重ねるにつれて発話能力を獲得し、次第に争議の主体としての自己を確認し、経営側にもそれを認識させるようになっていく。

2　マドラス石油会社ストライキ（1927 年）

　27 年 4 月 19 日、マドラス市内のビルマ石油会社[22]の労働者 800 名が予告なしにストライキを開始した。ストの直接契機は、労働者 94 名が解雇されたことであった[23]。経営側は、新しい機械の導入によって余剰人員が生じたため解雇したと説明したが、労働者側は、この 94 名が組合活動[24]に関与していたことを理由とする犠牲解雇だと主張した[25]。スト発生の報に接して、ただちにシンガーラヴェールが支援に名乗りをあげた[26]。5 月に入るとアジアティック石油会社とスタンダード石油会社の一部労働者も加わり、ストライキは一気に拡大した。

　政府は当事者を集めて問題を解決しようと試み、労働局長と局長補佐、警察長官が仲介の労をとった。5 月 10 日朝、警察署において、3 人の立会いの下に、労働者代表とビルマ石油会社代表が会談し、いくつかの条件[27]で労働者に復職をうながす合意が成立した。会談が行われている間、ストライカーたち

は日頃から集会につかっていたセンニアンマン寺に集まり、代表が会談から戻るのを待っていた。一方職場には200～300人のストライカーが棍棒を持って集結し、スト不参加の労働者が出勤するのを妨害した。警察が出動して事務職員の通勤路を確保しようとしたが、その傍らで数人のストライカーが丸太を持ってきて道路脇に積み上げ始めた。ストライカーが石油運搬車の走行を妨害するために丸太を利用するつもりだと察知した警察は、丸太を撤去するための応援を頼んだが、応援出動した警察隊はトラブル誘発を避けるため銃を携帯していなかった。9時45分、3台の石油運搬車が会社敷地内から出てくると、「来たぞ！」「逃すな！　丸太を積め！」という叫びとともに、数人のムスリム労働者がすばやくトラックの行き先に丸太を積み上げた。警官隊が慌てて除去しようとしたが、ストライカーたちが三方からトラックを取り囲み投石し始めた。そのうち、センニアンマン寺にいたストライカーも駆けつけ、その数は1000人に膨れ上がった。この内数百人が棍棒を所持していたために、非武装の警官は抵抗するすべもなく、石油会社の事務所に逃げ込んで電話で救援を頼んだ。工場長のブラックは、ヨーロッパ人スタッフと共に、棍棒や銃を持って現場へ駆けつけた。この経営側の一団が到着すると、ストライカーは彼らに向かって投石し始め、投石合戦が繰り広げられた。トラックの南に陣取った経営側の一団に押し出されたストライカーが会社施設のある西側に向かい始めると、経営側は施設が襲撃されるのを恐れてこれを阻止しようとした。そのときトラックから火の手があがり、ストライカーは南側へ逃げた。しかしそこに控えていたヨーロッパ人スタッフ5人が発砲し、多数の負傷者がでた。ようやく武装治安維持隊が現地に到着したが、トラックは既に焼失し、会社の損益は2万ルピーにのぼった。

　ストに関連して起きたこの傷害・器物破損事件に関する裁判では、次の2点が焦点になった。第一に、経営スタッフの発砲の妥当性が問われた。経営側は正当防衛だったと主張した。しかし、治安維持は警察の任務であるから民間人は控えるよう警官隊の警告を受けながら発砲したことが問題視された。また、現場近くに住む一般住民が突然家の中へ入ってきた会社スタッフに銃身で殴りつけられ負傷したことも問題視された。第二はトラック出火の原因である。労働者側は、会社スタッフが発砲した弾がトラックの装甲を破って石油に引火

したと主張したが、経営側は、スタッフの一隊がトラック脇を通り過ぎてから15分以上も経った後に火がついたこと、トラックの装甲が銃弾を通すほど薄くないことを根拠に労働者が放火したと主張した[28]。

事件は新聞各社の注目を集め、各社が一斉に事件を報じた。民族運動に比較的近い『ヒンドゥー』紙のみならず『正義』紙さえ、経営陣の発砲行為を責めると同時に政府の対応の不手際を批判した。それは、政府がもっと早く適切な仲裁措置をとっていれば事態の悪化を阻止できたはずだ、という趣旨の非難であった[29]。ストライキ委員会を結成したシンガーラヴェールは、直ちに以下の声明文を発表し、各社に送付した。

> 我々、トンディアルペット地区の石油労働組合の特別幹部委員会は、マドラスの人々にアピールする。ビルマ石油会社の高圧的かつ不当なロックアウト宣言により、女子どもを含む6000人もの労働者が仕事を奪われ経済不況の中で苦境に立たされた。長年賃金が全く上がらなかったために、労働者たちは1日当たり1アンナの賃上げを要求してきた。しかし経営側は、最近のマドラス市内の物価上昇も考慮せず、これを拒絶してきた。我々は、一般の人びとが享受する生活上の便宜すら得られなかった。その上、労働者が要求をまとめる前に、115名の労働者が正当な理由もなく突然解雇された。それでも労働者は、労働局長を介して、犠牲解雇を取り消し彼らの賃金もカットしないのであれば復職するという譲歩案を示した。しかし経営側は頑固で、面目を保つことに固執し、労働者に不当な困難を強いたのである。したがって組合は一般の人びとにお願いしたい。解雇された労働者を呼び戻し危機的状況を終わらせるよう経営に圧力をかけてほしい。我々はいつでもストライキを行う用意がある。皆さんに資金援助を求めたい[30]。

注目すべきは、シンガーラヴェールが、世論の同情を集め経営に圧力をかけるという明確な意図をもってこの声明文を投稿していることである。従来の労働争議では、争議の経緯を伝える記事が結果的に世論に影響をあたえてきた。しかしここでのシンガーラヴェールは、取材されるのを待つのではなく自ら記

事を寄稿して、労働者の立場を説明しようとしている。これは、新聞に代表されるメディアが世論形成に与える影響力を運動指導者が認識した証左である。また同時に、世論が政府や経営の行動に及ぼす影響力も感知されたことを意味した。

事件翌日の5月11日、高等裁判所前の海岸で、マドラス市内の石油会社3社の労働者が合同集会を開いた。チャッカライ・チェッティが演説し、丸腰の罪のない民衆に発砲した者は法に基づき死刑になるべきだとし、事件の真相を解明するべく民間の第三者からなる調査委員会を設置するよう州政府に要請した。一方労働者には、要求が実現するまでストライキを継続するよう訴え、一般市民には、失業中の労働者と負傷者のために資金援助を呼びかけた。これらの政府、労働者、一般市民への要請はそれぞれ投票にかけられ、決議として採択された。翌12日の集会では、シンガーラヴェールも「介入は政府の義務である」として政府に調停を求めた[31]。ストライキに批判的な「穏健派」が多数を占めていたインド奉仕者協会（Servants of India Society）も、州政府に公正な調査を要請した[32]。

事態を重くみた州政府は、警察長官とマドラス市長に現場検証と被害者への聞き取り調査を命じた。さらに、ビルマ石油会社の経営陣とシンガーラヴェール、チャッカライ・チェッティを含む労働組合幹部4名に報告書の提出を求めた[33]。13日に行われた現場検証には労働組合幹部も同行し、その場で経営側に日当1アンナの賃上げを要求した。これに対して経営側は、賃上げに関しては経営代理会社のカルカッタ本社に電報で照会し、その他の要求についても文書で提出されれば本社に打診すると返答した。また労働者全員を復職させることも容認した。このような経営側の譲歩をうけて労働者は平静を取り戻した[34]。その結果、労働局長を仲介者として25日から27日にかけて労使会談が実現した。

経営側が譲歩姿勢を示したのは、スタッフの発砲が世論の批判を招き、政府もスタッフの行為を過剰防衛と判断する方向へ傾いたためであった。このような雰囲気を有利ととったマドラス州石油労働者組合（Madras Presidency Oilmen's Union）[35]の組合長N・A・ムルゲーサ・ムダリヤールは、起訴されていた労働者23人の救出に乗り出し、「経営と労働者の間に友好ムードが漂っている今裁判を起こせば、いたずらに興奮を巻き起こしトラブルを生む恐れがある」とし

て、政府に起訴を取り下げるよう求めた。また経営に対しては、負傷した労働者に賠償金を払うよう、労働局長を介して要求した[36]。警察側も雰囲気を察知して政府に起訴取り下げを打診したため[37]、州政府は23名全員の起訴を取り下げた[38]。

このように、石油会社ストライキにおける経営と政府の対応は、あきらかに世論を意識しその影響を受けていた。そしてその世論形成には、新聞各社による事件報道に加えて、労働運動指導者が自ら投稿して労働者の窮状を訴えたことが寄与していた。こうして、世論というものがクローズアップされた結果、以降の労働争議においては、新聞が一層活用されるようになる。さらには、労働者自身が直接世論に訴える手段を生み出すようになっていく。

3 南インド鉄道会社ネガパタム作業所ストライキ（1926年～28年）

26年から28年にかけて南インド鉄道会社ネガパタム作業所で発生した労働争議は、先に挙げた特徴をほぼ全て備えている点で、第二高揚期のストライキの典型例といえる。さらにこのストでは、複数の指導者が労働者の支持を得ようと争ったが、労働者の選択によって穏健な指導者から急進的な指導者へと主導権が移行していく現象がみられた。まずは争議の経緯を見てみよう。

26年9月、タンジョール県ネガパタム作業所に勤務する作業員8人が、9月27日付けでティルチラーパッリ県ゴールデンロック作業所へ異動するよう命じられた。会社の計画では、10月4日にさらに50人を、その後2500人から4000人を漸次ゴールデンロックへ異動させ、最終的にはネガパタム作業所を閉鎖することになっていた。この通知を受けた労働者は、作業所が最終的に閉鎖される際に、合理化の一環として一部労働者が解雇されるのではないかと危惧した。また、ネガパタム作業所で慣習的に黙認されてきた1か月あたり3日ほどの「無断」欠勤が禁じられるのではないかということも不安のたねであった。なお欠勤は当日朝に本人が届け出る規則になっていたため、病気や事故などによる欠勤は自動的に「無断」欠勤扱いになっていた。そのため1か月あたり3日までなら「無断」欠勤を黙認する慣習が出来上がり、70年以上続く労働者の「権利」になっていた[39]。

9月17日夕方、労働者たちはネガパタム作業所責任者のランバートに面会

第7章 労働者リーダーの誕生

し⁴⁰⁾、ゴールデンロックに異動する労働者全員の15％賃上げ、鉄道労働者住宅の家賃軽減、1か月あたり3日の「無断」欠勤の保障という3項目を要求した⁴¹⁾。しかし、ランバートがこれを無視したために、労働者は9月20日に集会を開き、異動を命じられた8人は命令を拒否すること、マドラス市ペランブール作業所とコーインバトゥール県ポダヌール作業所の労働者に支援を仰ぐことを決定した⁴²⁾。9月21日、労働組合⁴³⁾主催で、3000人の労働者を集める集会が

図7-2 マドラス州の鉄道路線と作業所
出典）筆者作成.

開かれた。最初はネガパタム鉄道労働者組合長で弁護士のK・スブラマニア・チェッティ、副組合長で整備工のタンブスワーミ・チェッティが進行役を務めた。この二人は「政治勢力との結びつきもなく穏健かつ理性的」と評される「穏健派」で、ストライキには反対の立場をとっていた⁴⁴⁾。しかし集会の途中でポダヌール鉄道労働者組合書記のシェイフ・セルヴァイが現れ進行役を引き継いだあたりから、次第に集会の雰囲気が変わりはじめた。演壇に上がった全員が、要求が実現しない場合は座り込みストを断行するべきだと主張した。唯一アルムガム・ピッライという労働者が、労働者の大半は「サティヤーグラハ⁴⁵⁾を行う心の準備が出来ていない」うえに資金も不足しているとして、ストに反対した。組合長と副組合長も彼を支持した。議論の末、最初に異動を命じられた8人がこれを拒否して解雇された場合に各作業所から代表2名が集まって「サティヤーグラハ」を行うか否か協議するという妥協がなされた⁴⁶⁾。

ここまでの経緯から明らかなのは、第一に、労働者の行動に計画性が見られることである⁴⁷⁾。労働者があらかじめ経営に対して要求を提示していること、ストを起こすまでに採るべき手段を討議していること、ストに備えて他の作業

所に支援を募っていることなどから、労働争議の進め方も一定の手順を踏むようになっていたことが分かる。第二は、組合幹部の間で意見対立があったことである。つまり、ネガパタムの労働組合の一部幹部はストには反対で交渉による解決を目指したが、スト推進派も一定数存在した。ポダヌール鉄道労働者組合書記のシェイフ・セルヴァイがネガパタムまで来たのは、ネガパタムの組合内のスト推進派から応援要請を受けたためであろう。なお、この後ポダヌールの組合[48]でも対立が生じた。24日に組合幹部の一部がシェイフ・セルヴァイと組合長のカンニア・ラージュを除いて集会を開き、組合はまだ弱体で組合費も集まらず十分機能しているとはいえないので今は慎重に行動するべきだと主張し、スト反対の立場を明確にした[49]。

　労働者の中でも意見の相違が見られた。21日の全体集会でスト断行を訴える演説が行われ、その後23日に座り込みストが起きていることから[50]、ストを支持する労働者が一定数存在したことは明らかである。しかし同時に、アルムガム・ピッライほど明確に反対しなくてもストを起こそうという意志もない労働者も少なからずいたものと想像される。ポダヌール組合でも、ネガパタム作業所の状況に同情はするが同情ストはしたくないという雰囲気が支配していた[51]。9月22日、ネガパタム鉄道労働者組合長のスブラマニア・チェッティは、郡長[52]に仲介を依頼した[53]。説明を聞いた郡長は、労働者が最も固執しているのが「無断」欠勤の権利保障であると判断した[54]。そこで、月3日を上限とする「無断」欠勤を無給を条件に認める、という案を示した。つまり「無断」欠勤自体は承認し、これを理由に解雇されることはないと保証すれば労働者は納得し、無給にすれば経営側にも受け入れ可能で、労働組合も面目を保てるという三方丸く収まる妥協案を、行政側が提示したわけである。スブラマニア・チェティら一部の組合幹部はこの提案に賛成した[55]。しかし経営はこの提案に回答せず、労働者に対して、異動日を10月4日まで延長するのでそれまでに身の振り方を今一度熟考するよう通告した。

　この経営側の頑なな態度が、組合幹部や労働者間の対立を助長した。9月24日、スト推進派の組合幹部が1500人の労働者を集める集会を開き、経営が自分達の要求を前向きに検討する姿勢を示すまでは異動を拒否すること、異動を拒否した8人が解雇されたら直ちに「サティヤーグラハ」を開始すること な

第7章　労働者リーダーの誕生　　　　213

どを決議した。50 人の労働者が「サティヤーグラハ」を主導すると名乗りをあげた[56]。一方、翌 25 日に、スブラマニア・チェッティがストライキを阻止しようとして演説し、万が一ストが起きたら自分は副組合長、書記と共に辞任すると脅した[57]。労働者の間でもやはりスト推進派と反対派とに意見が割れた。ストに積極的なのは日給労働者であり、月給労働者は乗り気ではなかった。スト基金のために給料 1 日分を組合に支払ったのもほとんどが日給労働者だった[58]。なお、日給労働者でも、長期勤続特別手当を得ている労働者はストに消極的であった。

　労働者の間でも意見が割れているという情報を得た犯罪捜査局（Criminal Investigation Department）は、ひそかに労働者の切り崩しにかかった。犯罪捜査局が最初にとった方法はコミュナル対立を煽ることであった。労働者の中に多数のキリスト教徒が含まれることに着目し、情報部員が身分を隠して神父に面会し、ストに反対するよう誘導しようとしたのである。しかし労働者間の意見対立に宗教の違いは全く影響していなかったため、この試みは失敗した。次に犯罪捜査局は、労働者が座り込みストを合法行為だと信じていることに気づき、座り込みは違法であり座り込みストが起きたときには軍隊が出動するという噂を流すことにした。情報部の人員が偽装して労働者の間に入り込み、噂を流して回った[59]。

　シェイフ・セルヴァイは、座り込みは違法ではないと主張して噂を抑え込もうとした。しかし疑心暗鬼になった労働者が労働組合事務所に押しかけ、有給休暇を求めて座り込みストをすることは合法か違法か、ガンディーに問い合わせるよう訴えた[60]。組合幹部が直ちにガンディーに電報を打ったところ、翌日届いたガンディーの返信には、座り込みストは非合法行為だと明記されており、労働者間に動揺が走った[61]。鉄道当局は、ここぞとばかりに労働者を集めて演説し、ゴールデンロックに異動する者には警察の護衛つきの特別列車を手配し身の安全を保障するが、異動を拒否したものは解雇すると通達した[62]。しかしそれでも労働者は、ゴールデンロックまでの鉄道パスを受け取ろうとしなかった。作業所責任者のランバートが再度移動中の安全を保障したが、一度はパスを受け取った労働者もそれを返却してしまった[63]。こうした雰囲気の中で次第にスト断行を支持する声が強くなってきたため、「穏健派」のスブ

ラマニア・チェッティとタンプスワーミ・チェッティは、組合幹部を辞任して抵抗した[64]。彼らに「絶対的な信頼」を置く労働者も少なからず存在したため、労働組合が分裂する恐れがでてきた。「急進派」幹部のマニッカ・ダースとクリシュナスワーミ・ピッライは、ポダヌール鉄道労働者組合へ支援を求めに行った[65]。9月30日、経営は、異動を拒否した96人を10月4日付けで停職処分にすると発表した。これを受けて、労働者はついに座り込みストを開始した。同時に非暴力を厳守するよう忠告書も配布された。なお興味深いことに、座り込みを行った場所は作業所ではなく郡長の家の前であった。労働者は作業所を出ると家族を伴って郡長の家に行き、その場でハンガーストライキを開始したのである。

　ここまでの経緯からは、組合の「穏健派」幹部のみならず、ストに積極的な労働者でさえもガンディーを信奉していたか、あるいはガンディーを崇拝する仲間の意向を無視できなかったことがうかがえる。なぜなら彼らはガンディーに座り込みストの是非を問い、ストライキを「サティヤーグラハ」と称し、その実施にあたっては「非暴力」を掲げたためである。鉄道は植民地支配を支える重要なインフラであり被雇用者数も多いために、早くから共産主義者が進出した部門であるが、経営が純粋にイギリス系であることから、会議派にとっても争議に関与しやすい部門であった。上述の経緯は、ネガパタムの鉄道労働者の間で会議派系の指導者が活動するようになっていたことを裏付けている。なお、彼らが「非暴力」方針を印刷物の形で明示した点も注目に値する。労働者に指示するだけなら口頭で伝えれば十分である。労働者の大半は非識字であったから、文書での通達はむしろ不適切といえる。しかし敢えて文書で通達が出されたのは、労働者向けというよりもむしろ経営や政府に対して合法の範囲内で労働運動を展開しているという事実を目に見える形で示し、同時に世論の共感も得ようとする戦略だったのではなかろうか。座り込みストの場として経営関係者ではなく政府役人の自宅が選択されたのは、政府が経営に接触して譲歩を引き出すことを労働者が期待したためであった。ここでも政府は、「中立的な仲介者」として振舞うべきものと労働者及び運動指導者に認識されていたのである。

　このように、ストは非暴力的で統制の取れたものであったが、それでもスト

という実力行使に反対する労働者もいた。車両部に勤務するペレイラという労働者が、ストの是非について、従来の挙手による採択ではなく無記名投票を実施して労働者の真意を諮るべきだと主張した。集会では、扇動的な意見に押されて慎重な意見が霞みがちで、勢いのある意見に敢えて反対の手を挙げる勇気がなかなか出ないが、無記名投票であれば各人が真意を示すことができる、というのが彼の意見であった。しかし結局、一部の労働者の反対で無記名投票は行われず、労働者全体集会を開くという提案も却下された[66]。スト推進派が反対意見を封じ込めるために積極的に行動していたことが見て取れる。

「急進派」の活動が功を奏したのか、異動命令に応じる労働者は一人も現れず、経営側が用意した特別移送列車は空のまま警護の警官だけを乗せてゴールデンロックに行く羽目になった[67]。また、日曜出勤の労働者も職場に現れなかった。鉄道当局は、労働者が今後出勤してもそのまま職場で座り込みストを始めるのではないかと危惧し、ロックアウトを検討し始めた。しかしここで郡長が介入し、ロックアウトを思いとどまるよう進言した。彼は次のような理由を挙げた。(1) 強固な労働組合組織の存在は確認されておらず、またもしそのような組織が多くの労働者の意に反してストライキを強制しているとしたら、ロックアウトは働こうとする労働者の意志を否定することになる、(2) 現時点でロックアウトを行えば却って労働者や世論の批判を受けるだけで、作業所を再開したときに座り込みストライキが起きる恐れがある、(3) ロックアウトは、罪のない労働者から仕事を奪ったとして鉄道当局の立場を悪化させ、他地域から政治アジテーターを集めることになる。郡長の意見に納得した鉄道当局はロックアウトを取りやめ、96人の停職処分も取り消すことにした。10月4日午前0時、作業所正面入口に以下の通告が掲示された。

> ゴールデンロックへの異動に対する労働者の断固たる姿勢に鑑み、10月4日付けで〔異動を拒否した〕車両部労働者を停職処分にするという決定を取り消す。平和的解決への道を可能な限り探るべく、本件を全て労働局長の調停にゆだねることとし、その提案を最終のものとして受諾することを決定した。労働者諸君も同様にされんことを望む[68]。

この掲示を見た郡長は、鉄道当局を強く批判した。彼に言わせると、「労働者の断固たる姿勢」とは明らかに「サティヤーグラハ」すなわち座り込みストを指しており、鉄道当局はこの「サティヤーグラハ」に屈したと自ら認め、しかもそれを世間に公表してしまった。さらには、鉄道当局の頑迷な態度が今回のトラブルを招いたにもかかわらず、ここに至って責任を放棄し、調停責任を政府に押し付けた、というのが批判の理由であった。郡長は、ここで労働局長が乗り出して調停に当たれば、「サティヤーグラハ」を正当化することになる上に、鉄道当局の責任転嫁を追認するようなものだとして、労働局長が調停役を引き受けることに反対した[69]。

郡長の批判はさておき、労働者の「断固たる姿勢」は鉄道当局の態度を多少なりとも軟化させ、96人の停職処分の取り消しと労働局長への調停依頼という譲歩を引き出すことに成功した。11月、労働局長が任命した調停委員のG・パディソンがネガパタムを訪れ、労使双方の意見を聞いた上で調停案を示し、双方がこれを受諾した[70]。

しかし27年末に、経営が南インド鉄道会社全体の大規模な人員削減計画を発表し、再び労働者の間に不穏な空気が広まった。特にネガパタム作業所が閉鎖されることになり、ゴールデンロック作業所への異動を余儀なくされた労働者の不安は深刻で、ストに訴えるべきだという意見が優勢になっていった[71]。しかしマドラス繊維工場労働者組合幹部で「穏健派」のE・カークが、異動が行われている最中は組合員が2か所に分散してしまい争議を起こすには不利だと諭した[72]。これに労働者も納得し、とりあえずは事態を注視することになった[73]。ところがカークは、モスクワに操られてストを扇動する共産主義者に踊らされるなと言うばかりで、何ら具体的な行動をとろうとしなかった[74]。カークの無策に業を煮やした労働者は、28年5月、彼に代わる指導者としてシンガーラヴェールを招聘した[75]。

6月、経営は人員削減計画を実行に移した。車両整備部門では171名中111名もの労働者が解雇された。この時かろうじて残ることができた労働者も異動後の雇用を保証されたわけではなかった。彼らはゴールデンロックに異動しても良いから雇用を保障してほしいと嘆願したが、経営は、技能テストに合格した者のみに異動を許可すると回答してきた。これを事実上の解雇通告とみなし

第 7 章　労働者リーダーの誕生　　217

た労働者は組合集会を開き、「サティヤーグラハ」実施を決定した[76]。こうして 6 月 29 日、ネガパタム、ゴールデンロック、ポダヌールで一斉に「サティヤーグラハ」が開始された。シンガーラヴェールの伝手でベンガルの共産主義者ムクンダラール・サルカールもはるばるカルカッタから招聘された。ネガパタムでは、労働者リーダーが市内の商店主に協力を訴え一斉罷業(ハルタール)を実現した。作業所周辺の商店は鉄道労働者が主な顧客だったため、商店主も協力的だったのである[77]。ストは概ね平和的で、秩序を保ちつつ行われた。女性労働者にも参加可能な手段として作業所の周囲にピケットが張られ、その間に男性労働者は募金活動を行い、他業種の労働者にもゼネストを呼びかけた[78]。しかし 7 月に入ると、労働者が過激な行動をとるようになってきた。チングルプットとマドゥライでは列車を転覆させた。ティンネヴェリでは駅を襲撃し、マドラス市内では線路を破壊した。マヤヴァラムでは何千人もの労働者が線路上に横たわって列車の運行を妨害した。彼らを排除しようとした警官隊との間で衝突がおき、警察の発砲により労働者 5 人が死亡した。トゥティコリンでも警察の発砲による負傷者が出た。

　シンガーラヴェールは、労働者 4000 人が一斉に退職金を要求すれば経営が恐慌をきたすだろうと考えて、全員一斉退職という作戦に打ってでた。ところが経営が全員の退職願を受理してしまったため、結果的にはこの戦略は大失敗であった[79]。労働者の一団が、サイモン委員会ボイコットと連動させてゼネストを起こすよう訴えて回ったものの、その間にネガパタム作業所は完全に閉鎖されてしまった。労働者がいなくなったネガパタムの労働組合事務所も閉鎖せざるをえなかった[80]。こうして南インド鉄道労働者ストライキは終息した。労働者が求めていた自主退職者への退職金増額やスト期間中の賃金支払いに関して、鉄道当局が労働局長の裁定に委ねその勧告に従うとしたことが、労働者たちがストで得たささやかな成果であった[81]。

　以上の経緯から明らかになった点をまとめてみよう。まず際立つ特徴は、労働者に接触する政治勢力の多様化に伴い、運動指導者である組合幹部の間で対立が激しくなったことである。一部の「穏健派」幹部は話し合いによる解決に固執したが、「急進派」幹部はストという実力行使によって経営側に譲歩を迫ろうとした。なお、指導者が対立し争っている間に、労働者の中からリーダー

的存在が現れたことに注意を喚起したい。著名な政治運動指導者や労働運動指導者と一般労働者の中間的存在が、一般労働者の中から誕生したのである。

このように、労働運動に関与する政治勢力の多様化、その結果としての運動指導者間の対立、労働者リーダーの生成に伴って、争議戦略を決定する手順が次第に整えられていった。ネガパタム作業所の争議では、労働者集会・議論・評決という手順を踏んでストライキを含む戦略を決定しようとする傾向がみられた。このような決定手順の整備は、指導者の独断専行をある程度制御すると同時に、労働者が己の希望や意志を組合の活動方針に反映させる道を拓き、労働者の自立化を助けることになる。

4　パパナサム・ミル・ストライキ（1930年）

30年、アンバサムドラムの紡績工場で起きたストライキは、労働者が次第に労働争議の主体として自立していく過程を示すものである。マーフィーは、労働運動における指導者の役割を強調し、特にこのパパナサム・ミル・ストライキを指導したS・R・ヴァラダラジュル・ナーイドゥが「独裁的な指導力」を発揮したと評している[82]。しかし争議の経緯を分析していくと、ナーイドゥが「独裁性」を発揮したとは言えず、むしろ、労働者が次第に指導者から自立していく様子が浮かび上がってくる。そして最終的に労働者は、経営側に対等な交渉相手としての地位を認めさせることになるのである。以下、争議の経緯を見ていこう。

30年2月3日、ティンネヴェリ県アンバサムドラム郡にあるハーヴェイ・カンパニー系列のパパナサム・ミルで、突如ストライキが発生した。原因は、同県トゥティコリンにある同系列工場に比べてパパナサムの賃金が低いため賃金を上げてほしいと要求したものの、すげなく拒否されたためであった[83]。ストには労働者総勢1500人中1200人が参加していた[84]。

スト発生のニュースを聞いたマドラス繊維工場労働者組合長のシヴァ・ラオは現地に急行し、同地に労働組合がないことを知って組合を創設しようとした。しかし労働者はラオの申し出を辞退した[85]。そして代わりに、S・R・ヴァラダラジュル・ナーイドゥを指導者として招聘した[86]。ナーイドゥは神智学協会のメンバーで、そこで労働運動指導者でもあるB・P・ワディアやG・アル

ンダーレと交流を深め、労働運動に関心を抱くようになった。26年にはマドラス繊維工場労働者組合の書記に任命され、29年末のAITUC分裂に伴い結成されたばかりのAITUF地方支部書記にも就任し、労働運動指導者としてその名が広まりつつあった。

ナーイドゥは2月8日に現地入りし、労働者の団結強化に乗り出した。そこでナーイドゥが採った戦略は、連日のように労働者全員を集めて集会を開き、スト参加者としての一体感を演出するというものであった。集会ではナーイドゥが必ず演壇に立ち、労働者を鼓舞するような話題を提供した。たとえば、2月12日までに要求が受け入れられなかった場合にはトゥティコリンとマドゥライの系列工場でも同情ストを起こす用意があると仄めかした。トゥティコリンの労働者も月給を受け取り次第同情ストを開始するらしいという噂も流れて、ナーイドゥの話を裏付けた[87]。彼はまた、マドラスから新たに指導者を招聘して指揮を委任し自分はマドゥライに行って支援の拡大を図るとも説明した[88]。繰糸部門の女性労働者が賃上げと引き換えにスト破りをするよう経営に迫られたが断ったという話を耳にすると、ナーイドゥは早速これを武勇談として紹介してその勇気を称え、男性労働者も彼女を見習って団結するよう説いた[89]。

ところがその裏でナーイドゥは、県長官に手紙を書き、賃金を上げるよう経営に圧力をかけて欲しいと頼み込んでいた[90]。パパナサム・ミルでは、労働組合はまだ整備されていなかった。また、労働者が直接経営と対峙しようとしても経営側は労働者を対等な交渉相手として認めようとしなかった。そのためナーイドゥの立場は、組合幹部でもなく労働者代表でもなく極めて曖昧で不安定であった。しかし政府に全面的に調停を依存するのも民族主義者としてのプライドが許さない。そこで彼は、表向きはストで経営に圧力をかけながら、秘密裡に政府に接触し解決を図ったのである。

地元ティンネヴェリ県の会議派支部は、労働者が「組織的でなく、資金もないまま、最悪のタイミングで」ストを始めてしまったと批判的で、県外からナーイドゥが介入してきたことにも困惑気味だった[91]。県会議派委員長にいたっては、如何なる態度をとるべきかと県長官にお伺いを立てる始末だった[92]。一方、タミルナードゥ会議派委員会は、パパナサム・ミル労働者に同情すると表明し、

ティンネヴェリ県会議派委員会に、労働者の利害を代弁して交渉する権限を与える、と通達してきた[93]。事態を傍観するわけにはいかなくなってしまった県会議派はしぶしぶ労働者に接触を試みたが、ナーイドゥに阻まれた[94]。経営側は、労働者に譲歩するにしても要求を一挙に呑むのは得策ではないと考えた。労働者が要求していることを全面的に受け入れれば、労働者が「脅迫すればどんな要求でもかなえてもらえるものとつけ上がる」と危惧したのである[95]。状況は硬直し、ストが長期化する恐れが出てきた。ナーイドゥは、ストライカーの足並みが乱れるのを防ごうと、周辺村の村長の協力を仰いで、スト破りを村八分にして制裁を加えようとした[96]。月給労働者が、出勤しようとする日給労働者を力ずくで阻止する事件もおきた。2月17日、県長官は、村八分を唆すような演説を禁止し、さらに刑事訴訟法144条に基づき、ナーイドゥ及び地元活動家7人[97]に対して集会演説禁止令を発令した[98]。

ここにいたってナーイドゥは、正式に州政府に調停を要請することにした。彼は労働局長に現地視察を求め、同時に調停委員会の設置を申請した[99]。なおマドラスで開かれた異業種労働組合合同集会において、シヴァ・ラオが、29年に制定されたばかりの労働争議法[100]に基づき労働局長に介入を要求することを提案してナーイドゥを援護した[101]。次にナーイドゥは、世論に訴えるべく新聞への投稿を開始した。以下は彼が『スワラージ』紙に投稿した2月21日付けの文章である。

〔前略〕労働者数は2400人で、村落出身だ。無知だが常識をきちんとわきまえている。創業以来45年、ストが起きたことはなかった。賃金はボンベイやアーメダバードはもちろんマドラスよりも低く、労働者は何度も賃上げ要求を繰り返してきたが、経営側は取り付く島もなかった。子どもが6人もいる老いた労働者が経営者に訴えた時、経営はいたわるどころか侮辱した。そこでついに労働者は3日にストを開始し、規律を守って14日間ストを維持してきた。ストが終了するまでこの平和的態度は守られると確信できる。〔中略〕女性労働者はもっと悲惨だ。子どもを綿埃だらけの職場の片隅に放置しなくてはならず、男性マイストリの監視下で女性ゆえの悲惨な扱いを受けている。このような不満の累積がついにストを引き起

第7章　労働者リーダーの誕生　　221

こしたのだ。〔中略〕マドゥライやトゥティコリンはまだマシだ。工場長のオズボーン氏が労働者一人一人に注意を払っている。

当地はマドラスに比べて原料入手に有利なのに、なぜ経営はこれほどの低賃金しか払わないのか驚くべきものがある。綿市場はごく近く、土地代は安く、経費も安い。生産された綿糸は地元の織物工や商人が消費する。中国や極東の市場は皆無だ。インドの原料でインドの労働力によりインドの職人と商人のための綿糸が作られている。それにもかかわらず労働者の状況は悲惨だ。疾病休暇も共済基金も産休もなく、医者すらいない。幼児死亡率が高いのは劣悪な環境の部屋に置き去りにされているからだ。ハーヴェイ氏の良心に訴えたい。この事態に対処し度量の大きさを示せるだろうか？

ナーイドゥはこのように、パパナサムの労働者がいかに劣悪な環境に置かれつつも忍従してきたか切々と訴えた上で、ついに耐えられなくなった労働者がストを起こしたが礼節をわきまえ非暴力を守っていると強調した。そして最後に、経営が態度を改めなければ「度量が小さい」と世間に烙印を押されることになる、と圧力を加えている。シヴァ・ラオも各新聞社に投稿してストを援護した。彼は、労働者が合法的手段での解決を望み調停委員会の設置を求めていることを強調し、それにもかかわらず動こうとしない州政府を無責任だと責めた。このときのラオの投稿は4回に及んでおり、世論に訴えることにいかに熱心であったかうかがえる[102]。

しかし経営側は、長引く不況で経営状態が悪化しており労働力を削減する必要があったからストの打撃は全くない、と強気の姿勢をみせた。労働者に配慮し人員削減を最小限に抑えるべく新工場は操業するが、旧工場に関してはストを止めない限り3月15日をもって閉鎖する、と発表した[103]。この経営の発言が本当であれば、労働者が経営から譲歩を引き出すには不利な状況だったといえる。ナーイドゥが再びティンネヴェリ県長官に面会すると、県長官は、労働組合もなく労働者の要求が文書化されてもいない今の状況で調停委員会を設置しても労働者側に勝算はないため、無条件で復職し好機を待つほうが得策だと忠告した[104]。不利な状況に陥ったことを悟ったナーイドゥは、にわかに、ス

トライカーに復職するよう忠告した。そもそもナーイドゥ自身、スト発生後に招聘された指導者に過ぎず、ストの趣旨にどこまで賛同していたのかも定かではない。それでもスト指導者として望まれた以上それを鼓舞しつつ、密かに県長官に仲介を頼んで少しでも経営側から譲歩を引き出したいというのがナーイドゥの本心だったのであろう。

　このころから、労働者の意向とナーイドゥの方針が微妙にずれ始める。まず、復職を促すナーイドゥの指示に反して労働者はストを続行した。彼ら彼女らは困窮し、村の係累を頼るものや、薪拾いで食い繋ぐ者も現れた[105]。それでも労働者は復職しようとはしなかった。ナーイドゥと労働者の間に溝が生じたのに平行して、労働者の中からリーダー的存在が頭角を現わしはじめた。2月22日と23日に200人のストライカーが参加する集会が開かれ、パラニヤンディ・ムダリヤールとY・シャルマーという労働者が演説した。彼らは、経営側が不況にあえいでいるというのは嘘で、実は通常通りの利益をあげながら賃上げを拒否していると主張し、仲間が暴行されても恐れるなと鼓舞した[106]。これを聞いた労働者の多くが、何らかの成果を得るまではストを続けようと決意を新たにしたという。25日、経営側は、タムタムを鳴らしてヴィクラマシンガプーラム中を回り、綿糸価格が下落したので工場を一時閉鎖し、ストライカーは全員解雇、再雇用を希望しても却下する、と通告してまわった。するとすかさずシャルマーらが集会を開き、本当に工場が閉鎖されるならば事務職員やタイムキーパーが通常通り出勤しているはずがない、経営側は我々をだましている、と発言し、飲酒をやめて節約に努め心の平穏を保ち団結して耐えようと訴えた[107]。経営側は連日タムタムを鳴らしながら脅してまわったが、ストライカーは動じる素振りを見せなかった。彼らは、ボンベイ・ビルマ商事会社に職を得たり、薪を売って日銭を稼いだりした。ちょうど近隣村が収穫期に入り人手を必要とするようになったのが幸いし、多くの労働者は米の収穫を手伝い現物収入を得ることができた。収穫期はストを起こすのに都合がいい時期であった。労働者が強硬にストを継続することができたのは、収穫期の臨時収入を計算に入れてのことだった[108]。

　労働局長は、長期化するストに終止符を打とうと経営に仲介を申し出た。しかしハーヴェイは、産業不振ゆえに工場を閉鎖したに過ぎないので調停は必要

ない、と拒否した。ただし、「労働者を扇動している部外者」ではなく労働者
とならば直接対話する用意があるとして、若干態度を軟化させた[109]。そこで郡
長が労働者に接触し、第三者を介さず直接経営に賃上げを交渉するよう忠告し
た[110]。労働者側もあと2、3週間もすれば収穫期が終わり、臨時収入の口が大
幅に減少して不利になると危惧していた。そこでスト中に結成されたパパナサ
ム労働組合の名で要求項目を文書化し、3月21日、調停委員会の設置を要求
した。要望書は、(1) 賃金30％アップ、(2) 年間20日の疾病有給休暇、(3)
勤続2年以上の労働者への年間15日の有給休暇、(4) 3か月の産休（賃金は
半額）、(5) 常勤医師の配置と軽食スタンド設置、(6) 半日学校の設置、(7)
女性労働者が男性労働者より5分早く退勤することを容認、などを列挙してい
た[111]。

　しかし調停委員会の設置は労働争議法の下では様々な制約があった。調停委
員会は、労使双方の要請がある場合、あるいは委員会設置が争議の解決に最も
有効な手段であると政府が判断した場合に設置される、と規定されていた。し
かし、経営側は政府の介入を一切拒否し、政府も委員会設置に難色を示してい
た。政府は、労働者がストを起こす前に要求を文書で示すべきであったのにそ
のような合法的手順を踏まなかったのが問題で、この「不手際」が経営側の立
場を強くしていると考えた。労働局長は、4月8日、調停委員会設置要請を却
下した。ただし、それは労働局長の公式の調停が否定されただけで、従来のよ
うな非公式の仲介がなくなったわけではなかった。労働局長は、調停を拒む経
営に対し、状況がかわったらいつでも申し出てほしい、と伝えている。

　農繁期が終わりに近づき臨時の生活手段がなくなった労働者は、工場再開
を望むようになった[112]。ところが再び労働者と指導者の間で意見が対立した。
今度は、労働者が復職したがったにもかかわらず、ナーイドゥがせめて賃上
げの確約を得るまではストを継続するべきだ、と反対したのである。ただし
ナーイドゥはその裏でまたもや郡長に面会し、経営から賃上げの約束を取り
付けてほしいと懇願していた[113]。ストの指導を引き受けたからには何らかの
成果を得なければ指導者としての威信に関わると考えたのか、彼は必死であっ
た。しかし郡長は彼を無視して労働者を集め、まずは無条件で復職し、その上
で経営に直接賃上げ交渉するよう勧めた。さらに、復職妨害行為を取り締まる

よう警察に命令し、念のためナーイドゥを工場周辺から遠ざける措置をとった。

　経営側は、旧工場は閉鎖するが新工場は再開すると公示し、4月16日2か月ぶりに工場を再開した[114]。ただちに690人が復職し[115]、18日には臨時雇いの労働者450名全員と常勤労働者1243名が出勤した。ナーイドゥが工場入口に現れ復職を阻止しようとしたが、警察に退去させられた。そこでナーイドゥは、その夜、まだ復職を拒否している労働者を集めて集会を開いたが、復帰した労働者がなだれ込んできて、彼を嘲笑し罵倒したという。県長官はナーイドゥに対し、刑事訴訟法144条に基づき、工場から半径4キロメートル以内への立ち入り禁止及び演説禁止令を出した[116]。結局ストは2か月も続いたにもかかわらず成果のないまま終了した。

　とはいえこのストは、労働者に様々な経験を与えた。まず、ストを突発的に起こしたものの、労働者はそれによって指導者を惹きつけようとしたわけではなく、自ら指導者を招聘し、かつその指導者の指示に盲従することもなかった。労働者の中から労働者リーダーが生まれたことは、争議を経験しながら自ら行動する意志を持ち始めたことを象徴している。指導者の指示に反してストを2か月も持続させる団結力を見せたのは、このような労働者自身の変化に負うところが大きい。それゆえ経営側も、部外者を排除する目論見もあったとはいえ、ついに労働者との直接交渉の席に着くことを約束したのである。それまで労働者を対等な交渉相手として認めてこなかった経営側の態度を考えればこれは大きな変化であり、労働者が獲得した成果といえよう。

5　マドゥライ・ミル・ストライキ（1931年）

　31年2月にマドゥライの紡績工場でおきた争議は、労働者リーダーの出現が労働者と労働組合と指導者（部外組合幹部）の関係を変質させたことを示す好例である。労働者の中からリーダーが台頭し、彼らが日常的に組合活動を支えるようになったため、相対的に部外組合幹部の役割が低下することになった。ただし、労働者にとって組合の存在がより身近になり団結が強まった反面、組合が労働者個人の行動を束縛する兆候も観察されるようになる。

　31年2月2日、マドゥライ市のマドゥライ・ミルで労働者同士の傷害事件が発生した。事件に絡んで労働者4名が解雇されると、その日の昼休みに、繰

糸部門の女性労働者を除く全労働者が工場事務所を取り囲んで抗議の座り込みを開始し4人を復帰させるよう求めた[117]。同時に、マドゥライ労働組合の組合費を工場の敷地内で徴集する権利を認めるよう要求した。経営側がこれを拒否すると、労働者は昼休みが過ぎても仕事に戻らず座り込みを続けた。警官隊が出動して傷害事件をおこした4人を逮捕し、その他の労働者はその場から退去させられた[118]。

経営側は、座り込みストに参加した労働者のリーダーと思しき35名を解雇することにした。これを知ったマドゥライ県長官は、直ちに仲裁に乗り出した。まず組合幹部にはストを起さないよう釘をさし、経営に対しては35人の解雇を思いとどまるよう忠告した。しかし経営側は、労働者の大半は経営に忠実であるにもかかわらず、一部の指導者に唆されてトラブルを起こしていると考えていた。そのため、解雇する人数を35名から15名へと減らしたものの、トラブルを唆す人間を解雇する方針は曲げなかった[119]。

マドゥライ労働組合の幹部でもあったS・R・ヴァラダラジュル・ナーイドゥは、県長官の忠告に従って、3日夕方の労働者集会で仕事に戻るよう指示し、労働者は翌日復帰した。しかし最初に傷害事件を起こして解雇された4人のうちの1人が古い入構許可証を使って工場にもぐりこんだ。現場監督がそれに気づき、その場にいた警察の助けを借りて彼を排除しようとした。すると彼は、周りの労働者に呼びかけて工場事務所に押しかけた。彼らはそこで初めて、他にも15人の仲間が解雇されたことを知り、解雇された19人全員の復職を求めて再び座り込みを開始した。経営はこの要求を拒否しつつも、座り込みストに参加した者であっても復職すれば犠牲解雇しないと保証し、労働者の団結を切り崩そうとした。労働者たちはしばらく座り込んでいたが、終業時刻になるとこれを中止して退勤した。ところが翌日、解雇された19人を除く全員が通常通り出勤しものの、そのうちの4～500人が再び事務所の周りに座り込み19人の復職を求めた。経営が断固拒絶し、働く気がないのなら出ていけと命令すると、労働者は今日までの給料を受領するまで退去しないと答えた。経営が、賃金を受け取った上で工場を出ていった労働者は再雇用しないとすると、労働者は、賃金はいらないが敷地には留まると主張した。そこで経営は警察に応援を頼んで彼らを工場から追い出した。同日夕方3000人を集めた労働者集

会が開かれ、ストライキ実施を決議した。しかし工場は、新規に労働者を雇って平常通りの操業を続けた。工場入口にピケットがはられたが、操業に大した影響は与えなかった[120]。

このころティンネヴェリ県を視察していた労働局長は、マドゥライ県長官から助力を乞われてマドゥライを訪れた。経営側は労働局長に以下の文書を提出した。

> 情報提供を兼ねて以下ご説明申し上げます。〔当工場では〕いかなる目的であろうとも、工場構内での集金行為を認めていません。この規則を破った者が数名いたため解雇しました。しかし次の給料日に、工場内で組合費を徴収しようとしているものが多数いるとの情報を得ました。（給料日は毎月10日です。）1月31日土曜日夜、労働組合に未加入の労働者が川岸に連れて行かれ、組合費を払うよう強要され暴行されました。翌日には、別の労働者が後ろ手に縛られて組合事務所に連れて行かれました。彼の仲間（彼はカッラル・カースト出身です[121]）が助け出そうとすると、ナイフで斬りつけられました。そこで私は、翌日日曜日に、この事件に関与した4人を解雇したうえで警察が聴取に来るまで事務所内に留め置きました。しかし昼休み後、労働者が事務所を取り囲み、構内での資金徴収を許可しろと要求してきました。彼らはこの時点では4人〔の処分〕については何も言っていませんでしたが、夕方になってから4人を解放するよう要求し始めました。〔中略〕以上の経緯から明らかなように、〔ストの〕そもそもの原因は工場内での集金禁止という規則にあります[122]。

経営側はこのように、組合費の徴収がしばしば暴力を伴い強制的に行われていることを強調したうえで、争議の原因はあくまでも工場の規律と秩序の問題であるとし、労働局長の介入を拒否した。また、解雇した19人以外の労働者については復職を認めるが、マドゥライには織布工を中心に失業者が大勢いるのでぐずぐずしていると空がなくなると付け加えた。この内容は労働局長を通じて労働者側に伝達された。ナーイドゥは、トラブルを起こした4人の解雇については異存なく、その他15人に対する処置もあながち不当ではないという

見解を表明した[123]。ところが2月10日、労働者と経営は傷害事件を起こした4人を除く15人を再雇用することで合意した。これは既存のマドゥライ労働組合を解散し、部外者を排除した内部委員会を発足させることが条件となっていた。この内部委員会は、月一回会合を開いて労働者の不満や要求を経営に提示することとされていた[124]。労働者集会はこの合意内容を全会一致で受諾した[125]。つまり労働者たちは、「部外者」のナーイドゥを排除することを承諾したのである。

　以上の経緯から推察し得るのは、まず労働組合の発展に平行して組合活動の指導体制に変化が生じたことである。争議の原因かつ焦点となったのは4名の労働者の処遇であるが、そもそもこの4人はどういう立場にあったのか。彼らはなぜ、経営側の表現を借りれば400人もの労働者を「唆して」自分たちの復職を要求させることが出来たのか。この4人は、工場敷地内での組合費徴収の許可を求めていたことから、組合を支える重要な役割を担うリーダー的存在であったと考えられる。また、多くの労働者が彼らの解雇に抗議し、ナーイドゥの指示に抗して数度の座り込みを敢行したことは、労働者たちが、地元に常駐しているわけでもない名目的な組合長より組合活動を日常的に支えていた労働者リーダーに信頼を寄せた証左といえよう。こうして、労働者リーダーが一般労働者を代弁し、部外組合幹部の思惑や指示を離れて自立的に行動する傾向が一層強まった。内部委員会設置に伴い、労働者は部外者を切り捨てたわけだが、それは労働者が部外者の指導なしでも自らの要求を提示する能力を獲得し、経営側も労働者を交渉相手として認めざるを得なくなったことを示している。この争議で労働者は、経営に対して直接交渉する常設ルートを確立するのに成功したのである。

小　括

　以上見てきたストライキの経緯から抽出される20年代後半から30年代初頭にかけての労働争議の特徴を整理しよう。

　まず挙げられる特徴は、労働者と政治家の関係が「緊密」になったことである。政治運動指導者は、民衆の支持を得るために労働者と直接かつ頻繁に接触するようになった。労働者集会で演説する機会を増やし労働者に理解しやすいよう

内容も工夫するようになったことは、彼らの心境の変化を物語っている。こうして政治家が労働者の不満や日々の問題を認識し始めたことから、それらが各政治勢力の政策に反映されるというフィードバック作用も見られるようになった。30年代に共産主義組織や会議派社会党、自尊連盟の行動プログラムが労働者の要求を具体的に列挙するようになったのは、このフィードバックの成果である。

　複数の政治勢力が労働運動に関わるようになると、より多くの労働者の支持を得るために恒常的に労働者と接する場として労働組合が重視されるようになった。26年労働組合法の成立によって組合が合法化されると、いずれの指導者も組合を存続させるために行動プログラムの合法性にこだわるようになった。労働争議で強硬手段を採る傾向が強い「急進派」でさえ合法性にこだわるようになった。合法志向は、南インド雇用主連盟の陳情に対して州政府が示した見解から得られた教訓、つまり合法の枠内にとどまる限り共産主義者といえども堂々と活動でき政府もこれを抑圧しない／できないという経験に基づいている。つまり南インドにおいては、共産主義者も民族主義者も労働者間での活動を継続するために現実路線を採用したのである。

　政府に「仲介」を求める姿勢は、「急進派」と「穏健派」、指導者と労働者を問わず共通して見られた。労働者が相変わらず政府を中立的存在と見なし、介入は政府の義務と考えていたため、共産主義者といえども労働者の意を汲んで政府の介入を求めた。仲介を求める相手は、公式には労働局長であるが、非公式には県長官、郡長から警察長官にいたるまで多岐にわたった。運動指導者が労働者にスト継続を指示しながら、裏では行政官に経営との交渉を依頼することも、それほど珍しくはなかった。調停委員会の設置を求める傾向も同じ文脈で理解できる。したがって、政府は常に労働運動を抑圧する機能を果たし労働者に反政府意識を抱かせたという見解[126]は再検討されるべきであろう。

　メディアと世論の関係が運動指導者レベルで認識されたことは、この時期最大の特徴の一つといってよい。運動指導者は、新聞に掲載される取材記事が世論に影響を与えることを感知し、取材されるのを待つのではなく、自ら記事を投稿し争議の経緯を説明して労働者の要求を伝え、同時に経営の横暴を強調して、世論の同情を集めようとした。運動指導者が期待したのは、世論が政府や

第 7 章　労働者リーダーの誕生

経営に圧力をかけて経営側から譲歩を引き出すことであった。なお、自分では記事を書くことが出来ない非識字の労働者が、新聞に取り上げられることを期待してハンガーストライキを起こした例もあり[127]、メディアと世論と労働争議の関係が新しい段階に入ったことを示している。

　この時期になると、労働者が自立的かつ戦略的に行動する例が増えてくる。もっとも労使交渉の場においては、まだ経営が労働者を対等な相手として認めていなかったことも手伝って、労働者が経営と直接交渉することは稀であった。しかし次第に、労働者自身が陳情書を経営に直接提出したり、経営者の家の周りに座り込みをして直接対話を求めたりする例が現れている。なお20年代初頭では、同じ座り込みをするにしても、経営ではなく州知事をはじめとする政府役人に陳情していたことを想起されたい。つまりストは、経営に直接圧力をかけることを狙った交渉手段としてのストライキへと変質し始めたのである。

　これらの行動を主導したのは、現役労働者すなわち「労働者リーダー」である。労働者リーダーは、労働者の利害の代弁者として組合の中で一定の地位を築くようになった。30年代も半ばになると、労働者リーダーが経営との直接交渉に乗り出す例も現れてくる[128]。労働者リーダーが台頭すると、労働者は労働運動指導者や政治家からの自立性を高めた。ストライキに至る過程で一般労働者の意見を諮る手続きを踏むようになったのは、その分、指導者の裁量が制限されることを意味した。労働者はしばしば部外の組合幹部と対立し、指導者を変えることさえした。さらには、29年2月にチッティヴァルサ・ジュート・ミルで起きたストライキのように、労働者が部外者の介入を断固拒否する例も見られるようになった[129]。経営側もこのような労働者の変質を認め、次第に直接労働者と対話する姿勢を示し始める。このことは、人前で意見を表明する発話能力を獲得しつつあった労働者に、経験を蓄積させ自信を与えることになった。

　その後労働者は、自己の不満や要求を的確に表現する語法や、より効果的に伝える手段を模索するようになる。また、労働者リーダーは次第に、政治指導者と一般労働者の仲介者的な存在へと変貌していく。

註

1）労働組合は所定の手続きを踏んで登録を申請し、登録が承認された場合は会計監査及び活動報告書の提出を義務付けられた。Indian Trade Unions Act, 1926, in Luthra, B.R. *Labour Movement in India 1919-1929*, Ambala Cantt., IBA Publications, 2004, Appendix B.

2）*FNR*, 1st half of Jan. and 1st half of Aug., 1926.

3）*FNR*, 1st half of May, 1928.

4）*FNR*, 2nd half of Apr., 1928; 1st half Jan., 1930.

5）*FNR*, 2nd half of Apr., 1928; 1st half Jan.and 2nd half of Mar., 1930; 2nd half of Oct., 1932.

6）マドラス・南マーラッタ鉄道会社の労働者は、長年賃金に関する不満を抱いてきた。組合長に就任したギリは、1931年から1年以上に渡って、ストライキに訴えようとする労働者を宥めつつ、経営との交渉を続けた。32年後半に余剰人員削減問題が浮上すると、ギリは、資金援助を募るなど周到に準備を進め、予告を経てストライキを断行した。しかし、スト開始後1か月もたたないうちに、組合側が全面的に譲歩する形でストは終了した。労働者は、1年以上忍従を強いられただけに、交渉は完全に無駄だったと強い失望感を抱いた。なお、31年から32年にかけての労使交渉過程は、政府隔週報告書に逐一報告されている。

7）*FNR*, 1st half of Sep., 1929; 1st half of Aug., 1933.

8）*FNR*, 1st half of May, 1931.

9）Letter from the Employers' Federation of Southern India to the George Paddinson, Commissioner of Labour, 2 Jun. 1927, *Public GO 1030, 1927*.

10）Letter, from the Commissioner of Police to GOM, 25 Jul. 1927, *Public GO 1030, 1927*.

11）Letter No.3751-1, from the Public Department, GOM, to the Employers' Federation of South India, 18 Aug. 1927, *Public GO 1030, 1927*.

12）Report of the Commissioner of Labour to the Secretary, PW&L Department, GOM, 16 Jul. 1928, *PW & L GO 120, 1929*.

13）Report of the Commissioner of Labour to the Secretary, PW&L Department, GOM, 9 Aug. 1928, *PW & L GO 120, 1929*.

14）Report of the Commissioner of Labour to the Secretary, Industries and Labour Department, GOI, 21 Aug. 1928, *PW & L GO 120, 1929*.

15）Letter from the Commissioner of Labour to the Agent, Madras United Spinning and Weaving Mills, 2 Oct. 1928, *PW & L GO 120, 1929*.

16）弁護士は、調査委員会の目的は労働者が要求する75％と経営側が提示する60％の間で値上げ率を検討することだったはずだと主張し、それ以上を提案するのは越権行為であるとした。

17）Letter from the Commissioner of Labour to Madras United Spinning and Weaving Mills, 7 Oct. 1928, *PW & L GO 120, 1929*.

18）Letter from B. Shiva Rao to Mahomed Osman, 4 Oct. 1928, *PW & L GO 120, 1929*.

第7章　労働者リーダーの誕生

19) たとえば、シヴァ・ラオは、チョーライ・ミル・ストライキの経緯と労働者の要求を詳細に説明する文章を『ヒンドゥー』紙（1928年10月17日）に投稿している。
20) Letter from the Agent of Madras United Spinning and Weaving Mills to the Commissioner of Labour, 16 Oct. 1928, *PW &L GO 120, 1929*.
21) Letter from Madras Labour Union to the Commissioner of Labour, n.d., *PW &L GO 120, 1929*.
22) ビルマ石油は、1927年時点では、アジアティック石油会社、スタンダード石油会社とともに、カルカッタに本社を置く経営代理会社の傘下に入っていた。
23) Telegram from Public Department, GOM, to Home Department, GOI, 11 May 1927, *Public GO 779, 1927*. なお、解雇された人数は、『ヒンドゥー』紙記事（1927年5月10日付）では114名、『正義』紙記事（同年5月10日付）に掲載されたシンガーラヴェールの演説では115名となっている。
24) 石油労働者組合（Kerosene Oil Workers' Union）を指すと思われる。同組合は、アジアティック石油会社、ビルマ石油会社、スタンダード石油会社の労働者組合として1920年3月に設立された。初代組合長はチャッカライ・チェッティだが、次第にシンガーラヴェールの影響力が及ぶようになった。*Royal Commission on Labour in India*, vol.VII, part 1, Written Evidence, pp. 50-51.
25) *Hindu*, 10 May 1927, *Public GO 779, 1927*.
26) *FNR*, 2nd halt of Apr., 1927.
27) この条件の具体的内容は不明である。
28) In the Presidency Magistrates' Court, Egmore, Madras Application No.3505 of 1927 before Dr. K. Pandalal, Bar-at-law, Chief Presidency Magistrate, Madras, 31 May 1927, *Public GO 779, 1927*.
29) *Hindu*, 10 May 1927; *Justice*, 10 May 1927, *Public GO 779, 1927*.
30) *Justice*, 10 May 1927, *Public GO 779, 1927*.
31) *Justice*, 12 May 1927, *Public GO 779, 1927*.
32) Telegram from the General Secretary, The Servants of India Society, Bombay, to the Home Department, GOI, 13 May 1927, *Public GO 779, 1927*.
33) In the Presidency Magistrates' Court, Egmore, Madras Application No.3505 of 1927 before Dr. K. Pandalal, Bar-at-law, Chief Presidency Magistrate, Madras, 31 May 1927, *Public GO 779, 1927*.
34) Letter from the Commissioner of Labour to PW&L Department, GOM, 13 May 1927, *Public GO 779, 1927*.
35) 同組合とシンガーラヴェール率いる石油労働者組合の関係は不明であるが、競合関係にあったと思われる。ただし、組合長のムルゲーサ・ムダリヤールが石油労働者組合を主体とするストライキ委員会にも名を連ねていることから、ストライキ発生により一時的に協力関係を結んだものと推測できる。
36) Letter from N.A. Murugesa Mudaliar, the President, Madras Presidency Oilmens' Union, to the Commissioner of Labour, 16 Jul. 1927, *Public GO 779, 1927*.
37) Letter No.1438, from the Commissioner of Police to the Public Department, GOM, 22 Jul. 1927,

Public GO 779, 1927.
38) Memo No.148s, 25 Jul. 1927, *Public GO 779, 1927.*
39) Letter R.C.Confidential No.10, from the Tahsirdar to the Officer in Charge of Workshops, 23 Sep. 1926, *Public GO 91, 1927.*
40) 面会に先立って、南インド鉄道組合は9月14日にポダヌールで集会を開き、（1）ゴールデンロックでの賃金を15％上げること、（2）15年以上勤続し移動を嫌っている労働者に特別手当を支給すること、（3）鉄道員住宅の家賃が高いため減額すること、（4）ネガパタムとポダヌールの労働者に認められている1か月あたり3日の有給休暇をゴールデンロックでも保障すること、（5）ポダヌールの労働者はゴールデンロック組合事務所開設資金として賃金1日分を寄付すること、という5項目を決議し、その決議内容を州政府及び経営に通知していた。したがって、ランバートは既に労働者の不満と要求を把握していたはずである。Letter, C.V. Kannia Raju, President, SIR Labour Union, Podanur, 17 Sep. 1926, *Public GO 91, 1927.*
41) Report, Superintendent, Government Railway Police, Trichinopoly, n.d., *Public GO 91, 1927.*
42) マドラス州政府は、各地の鉄道作業所で一斉に同情ストライキが起きた場合の影響の大きさを考慮して、直ちにマドラス、コーインバトゥールの警察に警戒態勢をとるよう指示した。ここからも、鉄道労働者の組織化が進み急進的労働組合運動が浸透しつつあり、政府が警戒を強めていたことが推察される。特に鉄道は物資や軍の輸送を担うことからも帝国維持に不可欠の装置であるだけに、共産主義者や会議派系活動家の鉄道労働者への接触も顕著であった。共産主義者は各地に点在する作業所間のネットワーク形成に力を入れ、ボンベイやゴールデンロックの鉄道労働組合は共産主義系活動家の拠点になっていった。Letter 1222c, from the Special Branch, CID, 22 Sep. 1926, *Public GO 91, 1927.*
43) 組合の名称は挙げられていないが、当時ネガパタム作業所には、ネガパタム鉄道労働者組合（Railway Labourers' Union, Negapatam）と、その一部をなす進歩的労働組合（The Progressive Labour Union）があった。前者は1918年にネガパタム作業所の全職員（労働者と事務員で約3000人）をメンバーとして結成されたとされるが、御用組合的で実質的活動はなかったようである。これに対して一部の労働者が進歩的労働組合を結成し労働者の地位向上を目指した。この組合は、南インド鉄道労働者協会（South Indian Railway Employee's Association）に加盟している。*Royal Commission on Labour in India,* vol.VII, part 1, Written Evidence, pp. 43-48, 54.
44) Letter R.C.Confidential No.10, from the Tahsirdar to the Officer in Charge of Workshops, 23 Sep. 1926, *Public GO 91, 1927.*
45) アルムガム・ピッライはストライキのかわりに「サティヤーグラハ」という言葉を使用した。この後にも、ストライキをサティヤーグラハと表現する例が散見される。
46) なお、この集会に出席した3000人あまりの労働者の大半は決議の内容が具体的に何を意味するのか理解できない様子だったと報告されている。Madras Police Abstract, No.37, 25 Sep. 1926, *Public GO 91, 1927.*

第 7 章　労働者リーダーの誕生　　　　　　　　　　　　　　233

47）Report of the Superintendent, Government Railway Police, Trichinopoly, n.d., *Public GO 91, 1927.*
48）ポダヌール鉄道労働者組合の組合長は貨物部の労働者C・V・カンニア・ラージュであったが、鉄道警察長官リードによれば、彼は単なる「お飾りのおろか者」で、実権を握っているのはシェイフ・セルヴァイであった。Special Report from the Deputy Superintendent of Police, Coimbatore, 24 Sep.1926, *Public GO 91, 1927.*
49）Special Reports from the Superintendent of Police, Coimbatore, 24 Sep. 1926, *Public GO 91, 1927.*
50）このストライキの規模や経緯などの詳細は不明である。Report, Superintendent, Government Railway Police, Trichinopoly, n.d., *Public GO 91, 1927.*
51）Special Report from the Deputy Superintendent of Police, Coimbatore, 24 Sep. 1926, *Public G.O. 91, 1927.*
52）県（District）の下位行政単位である郡（Taluk）で行政の任にあたる役人を郡長（Tahsildar）と呼ぶ。その下にはさらに郡長補佐（Deputy Tahsildar）がいた。MacLean, C.D. *Manual of the Administration of the Madras Presidency*, New Delhi, Asian Educational Services, 1885 (reprint 1987), vol.1, pp. 149-163.
53）Report L.Dis. Confidential No.10/26, from the Tahsildar, Negapatam, to the District Magistrate, Tanjore, 5 Oct.1927, *Public GO 91, 1927.*
54）Report from the Superintendent of Police, Negapatam, 3 Oct. 1926, *Public GO 91, 1927.*
55）Letter R.C.Confidential No.10, from the Tahsildar to the Officer in Charge of Workshops, 23 Sep. 1926, *Public GO 91, 1927.*
56）Letter from the Superintendent, Railway Police, Trichinopoly, 25 Feb. 1926, *Public GO 91, 1927.*
57）Letter from the Superintendent, Railway Police, Trichinopoly, 26 Sep. 1926, *Public GO 91, 1927.*
58）Letter from the Superintendent, Railway Police, Trichinopoly, 23 Sep. 1926, 26 Sep. 1926, *Public GO 91, 1927.*
59）Report of an Officer of CID, Negapatam, 26 Sep. 1926, *Public GO 91, 1927.*
60）Report of an Officer of CID, Negapatam, 28 Sep. 1926, *Public GO 91, 1927.*
61）Copy of the Telegram from the President of the Union to M.K. Gandhi, 26 Sep. 1926; Copy of the Telegram from M.K. Gandhi, 27 Sep. 1926, *Public GO 91, 1927.*
62）Report from the Superintendent, Railway Police, Trichinopoly, 29 Sep. 1926, *Public GO 91, 1927.*
63）Report from the Deputy Superintendent of Police, Negapatam, 29 Sep. 1926, *Public GO 91, 1927.*
64）辞任に際して、スブラマニア・チェッティは以下の文書を発表した。「ゴールデンロックへの異動を拒否した8人が解雇されたらサティヤーグラハを行うという決議に、私は全面的に反対する。労働者全員がサティヤーグラハの訓練を受けているわけではなく、暴力に訴える者が出ないという保証はない。この意見を私は繰り返し述べてきた。また、南インド鉄道の各作業所には合計6000人の労働者がいるが、当組合員は2500人だけだ。諸君の決議は非組合員を拘束することはできない。組合員ですら、サティヤーグラハに

関しては意見が分かれているのだ。鉄道労働者でもある副組合長は、サティヤーグラハを実行するべきではなく、経営が指名した8人はゴールデンロックに行くべきだと発言した。私は彼の意見に賛成する。〔中略〕このサティヤーグラハは違法である。マハートマ・ガンディーもこのサティヤーグラハが違法であると打電してきた。サティヤーグラハとは法に逆らい法に従わない行為に他ならないと主張する人がいる。しかし私は法律家の一人として、そんな行為には参加できない。多数の労働者が私の忠告を聞かず、私は諸君の決議に真っ向から反対しているため、組合長を辞任するしかない」。Letter from K.S. Subramania Chettiar, President of the Railway Union to the South Indian Railway Union, n.d., *Public GO 91, 1927*.

65) Report from the Deputy Superintendent of Police, Negapatam, 30 Sep. 1926, *Public GO 91, 1927*.
66) Report from an Officer of CID, 1 Oct. 1926, *Public GO 91, 1927*.
67) Report from the Superintendent of Police, Negapatam, 3 Oct. 1926, *Public GO 91, 1927*.
68) Report L.Dis. Confidential No.10/26, from the Joint Magistrate, Negapatam, to the District Magistrate, Tanjore, 5 Oct. 1926, *Public GO 91, 1927*.
69) *Ibid.;* Letter from the Collector of Tanjore to the Under Secretary, GOM, 6 Oct. 1926, *Public GO 91, 1927*.
70) *Royal Commission on Labour in India*, vol.VII, part 1, Written Evidence, pp. 27-28.
71) *FNR*, 2nd half of Dec., 1927.
72) "India: South Indian Railway Strike", published in *The Labour Monthly*, October 1928, London, quoted in Basu, J. chief ed., *Documents of the Communist Movement in India*, New Delhi, National Book Agency, 1997, vol.1, pp. 430-435.
73) *FNR*, 1st half of Jan., 1928.
74) "India: South Indian Railway Strike", published in *The Labour Monthly*, October 1928, London, quoted in Basu, J. *op. cit.*, vol.1, pp. 430-435.
75) *FNR*, 2nd half of May, 1928.
76) シンガーラヴェールも労働者の決議に賛成したが、現時点でストを起こしても資金不足のせいで成功する可能性は極めて低いと考え、時間稼ぎのために経営側に人員削減計画の延長を求めた。*FNR*, 1st half of Jun., 1928.
77) *FNR*, 2nd half of Jun., 1928.
78) *FNR*, 1st half of Jul., 1928.
79) シンガーラヴェールは、全インド鉄道員連合会合で、全インドで鉄道ストライキを起こすことを提案して巻き返しを図ったが、提案は否決された。この後、全インド鉄道員連合は非公式の会合を持ち、インドの労働運動から共産主義者を排除するべきだと主張した。しかし、そのような行動をとる権限がないという結論に至り、シンガーラヴェールらの行動を警戒することで合意した。*FNR*, 1st half of Aug., 1928.
80) *FNR*, 2nd half of Sep. and 1st half of Nov., 1928.
81) "India: South Indian Railway Strike", published in *The Labour Monthly*, October 1928, London,

第 7 章　労働者リーダーの誕生

quoted in Basu, J. *op. cit.*, vol.1, pp. 430-435. なお、この時失業した鉄道労働者の多数がシンガポール等の海峡植民地に職を求めて渡航した。*FNR*, 1st half of Oct., 1928.

82) Murphy, E. *Unions in Conflict: A Comparative Study of Four South Indian Textile Centres, 1918-1939*, Delhi, Manohar, 1981, pp. 113-120, 227-231.

83) 特定部門の賃金は労働者が主張するようにトゥティコリンとマドゥライのほうが高かったが、全部門平均はパパナサム工場のほうが上であった。またハーヴェイ系列の工場の賃金は同地にあるコイルパッティ・ミルよりも25％高かったという。Opinion, Labour Commissioner's Office, *PW & L GO 1166, 1930*.

84) Letter D/1/1226, from the Commissioner of Labour to the Department of Industries, GOI, 11 Feb. 1930, *PW & L GO 1490, 1930*.

85) 労働者がシヴァ・ラオを拒否した理由は明らかにされていない。Fortnightly Report from the District Magistrate, Tinnevelly, 12 Feb. 1930, *PW & L GO 1490, 1930*.

86) *Swarajya*, 11 Feb. 1930, *PW & L GO 1490, 1930*.

87) ただし、不審に思ったマドゥライ県長官がトゥティコリンに照会したところ、この噂は事実無根であることが判明したという。Endorsement of the District Magistrate, Tinnevelly, 15 Feb. 1930, *PW & L GO 1490, 1930*.

88) Diary of the Superintendent of Police, Tinnevelly, 9 Feb. 1930, *PW & L GO 1490, 1930*.

89) *Hindu*, 18 Feb. 1930.

90) Fortnightly Report from the District Magistrate, Tinnevelly, 14 Feb. 1930, *PW & L GO 1490, 1930*.

91) Diary of the Superintendent of Police, Tinnevelly, 9 Feb. 1930, *PW & L GO 1490, 1930*.

92) ティンネヴェリ県長官は、「彼は問題がおきるといつも私のところに相談にやって来る。奇妙な「非協力」があったものだ」と評しており、植民地政府と民族運動組織の地方末端レベルでの関係の一端を垣間見ることができる。Fortnightly Report from the District Magistrate, Tinnevelly, 12 Feb. 1930, *PW & L GO 1490, 1930*.

93) *Hindu*, 18 Feb. 1930.

94) Diary of the Superintendent of Police, Tinnevelly, 9 Feb. 1930, *PW & L GO 1490, 1930*.

95) Endorsement of the District Magistrate, Tinnevelly, 15 Feb. 1930, *PW & L GO 1490, 1930*.

96) Letter C/2/982, from the District Magistrate, Tinnevelly, to the Commissioner of Labour, 17 Feb. 1930, *PW & L GO 1490, 1930*.

97) アンバサムドラム郡ヴィクラマシンガプーラム村出身のピッライ6名とテーヴァル1名だった。彼らの政治的立場や職業は不明である。Order M.C.1 of 1930, 17 Feb. 1930, *PW & L GO 1490, 1930*.

98) Order M.C.1 of 1930, 17 Feb. 1930, *PW & L GO 1490, 1930*.

99) Letter, B/3/1547, from Tahsildar, Ambasamudram, to the District Magistrate, Tinnevelly, 18 Feb. 1930, *PW & L GO 1490, 1930*.

100) 労働争議における調査機関・仲裁機関の設置、合法的ストライキの定義などを規定

した。この法律については、従来の研究では労働争議を抑圧するものという否定的な見解が主流であったが、成田は、政府が調停機能を果たそうとした肯定的な側面を見出している（成田範道「インドにおける労働争議法（1929年）の制定」『アジア経済』36-1、1995年、49-64頁）。なお、労働争議法は中央立法であるが、マドラス州では既に見てきたように20年代初頭から労働局長のポストが設けられ調停行為を行なってきた。しかし労働局長の権限が曖昧であったことが労働者側の不満を生み、調停権限の強化が求められていた。したがってラオは、労働争議法に基づいて労働局長の勧告に強制力を付与するよう求めたと思われる。当時の労働運動指導者の態度からも、政府による調停は「抑圧」とはみなされていなかったことは明らかで、この点からも、成田論文の主張は支持されるべきである。

101) この合同大会にはマドラス繊維工場労働者組合、港湾公社港湾労働者組合、マッチ工場労働者組合、機械工組合が参加した。*Hindu*, 18 Feb. 1930.

102) *Justice*, 3 Mar. 1930; *Swarajya*, 20 Feb., 10 and 11 Mar. 1930.

103) Notice, Madura Mills Company Ltd., *PW & L GO 1490, 1930*.

104) Letter from the District Magistrate, Tinnevelly, to the Commissioner of Labour, 19 Feb. 1930, *PW & L GO 1490, 1930*.

105) Letter from the Tahsildar, Ambasamudram, to the District Magistrate, Tinnevelly, 21 Feb. 1930, *PW & L GO 1490, 1930*.

106) この集会の数日前に、薪を拾っていた労働者が何故復職しないのかと警察から質問を受け、黙っていたところ暴行されるという出来事があった。Report from the Collector to the Tahsildar, 24 Feb. 1930, *PW & L GO 1490, 1930*.

107) Report from the Collector to the Tahsildar, 26 Feb. 1930, *PW & L GO 1490, 1930*.

108) Letter from the Tahsildar to the District Magistrate, Tinnevelly, 5 Mar. 1930, *PW & L GO 1490, 1930*.

109) Letter from J.C. Harvey to the Commissioner of Labour, 13 Mar. 1930, *PW & L GO 1490, 1930*.

110) Letter from Tahsildar to the District Magistrate, Tinnevelly, 14 Mar. 1930, *PW & L GO 1490, 1930*.

111) 組合長のヴァラダラジュル・ナーイドゥのほかに12名のタミル語署名が見られる。名前から推測するとムスリム労働者もストライキに参加しており、ヒンドゥー教徒の中ではピッライとテーヴァルが目立つ。Letter from Papanasam Millworkers' Union, to GOM, 21 Mar. 1930, *PW & L GO 1166, 1930*.

112) Letter from Tahsildar, Ambasamudram, to the District Magistrate, Tinnevelly, 21 Feb. 1930, *PW & L GO 1490, 1930*.

113) Confidential Letter from Tahsildar to the District Magistrate, Tinnevelly, 16 Apr. 1930, *PW & L GO 1490, 1930*.

114) Notice, Madura Mill Company, 14 Apr. 1930, *PW & L GO 1490, 1930*.

第 7 章　労働者リーダーの誕生　　　237

115) Confidential Letter from Tahsildar to the District Magistrate, Tinnevelly, 16 Apr. 1930, *PW & L GO 1490, 1930*.
116) Letter from the District Magistrate, Tinnevelly, to the Commissioner of Labour, 23 Apr. 1930, *PW & L GO 1490, 1930*.
117) *Hindu*, 3 Feb. 1931.
118) Letter D/1/1159, from the Commissioner of Labour to the Department of Industries and Labour, GOI, 7 Feb. 1931, *PW & L GO 928, 1931*.
119) Letter from the District Magistrate, Madura, to the Commissioner of Labour, 4 Feb. 1931, *PW & L GO 928, 1931*.
120) Letter D/1/1159, from the Commissioner of Labour to the Department of Industries and Labour, GOI, 7 Feb. 1931, *PW & L GO 928, 1931*.
121) このように、組合加入を拒否して暴行された労働者がカッラルであったとわざわざ但し書きがついていることから、組合に参加している労働者と不参加の労働者にカースト差がある可能性は否定できない。なお、カッラルはマラワル、アガムダヤルとともにテーヴァルと自称する。非バラモンの中でも下層に位置する。
122) Letter from Gillespie, Manager, Madura Mills, to the Commissioner of Labour, 6 Feb. 1931, *PW & L GO 928, 1931*.
123) Report from the Commissioner of Labour to GOI, 7 Feb. 1931, *PW & L GO 928, 1931*.
124) Letter from Gillespie, Manager, Madura Mill, to the Commissioner of Labour, 10 Feb. 1931, *PW & L GO 928, 1931*.
125) *Hindu*, 10 Feb. 1931, *PW & L GO 928, 1931*.
126) Chandavarkar, R. *Imperial Power and Popular Politics: Class, Resistance and the State in India, c.1850-1950*, Cambridge, Cambridge University Press, 1998, p. 119.
127) 1935 年 2 月マラバール県のタイル工場で起きたストライキで、労働者が注意を引くために 10 日間のハンガーストライキを断行した。*FNR*, 1st half of Feb., 1935.
128) マドラス鉛筆工場労働者ストの例。*FNR*, 1st half of Jan., 1934.
129) このストライキは、賃上げの確約を取り付けて終了した。部外指導者の助けなく労働者のみの力で勝利を勝ち取った例である。*FNR*, 1st half and 2nd half of Feb., 1st half of Mar., 1929.

第3部
エリートと自立にむかう民衆

第8章
マドラス州会議派政権の誕生

　会議派指導層は、労働者の間に共産主義が急速に浸透しつつあることに危機感を募らせた。特にマドラス州のラージャージーは、共産主義が自尊運動に結びつき、オブラートに包まれた形で労働者のみならず一般の人々にも浸透していくのを看過できず、「非協力」主義から一転し政権獲得を目指すようになる。

　なお、先行研究の中には、1930年代後半に左派勢力が会議派の保守長老派に挑戦したものの結局会議派の指導権を奪取することに失敗したとして、その失敗を左派勢力の「敗北」とするものがある[1]。しかし、左派勢力が保守長老派に取って代わることができなかったという事実のみを強調するのは、インド政治社会に左派勢力が及ぼした影響の複雑な諸相を無視するものである。というのも、左派勢力は指導層に取って代わることはなかったが、会議派の体質を変化させたからである。

　そこで本章では、マドラス州の政治情勢を分析対象とし、自尊運動と共産主義の連携がいかに会議派に衝撃を与え危機感を抱かせたかを考察していく。第1節では、会議派がマドラス州で政権を樹立するに至る背景を探る。なお、ここで30年代に浮上した「不可触民」問題を紹介するが、その理由は、「不可触民」問題が会議派と共産主義的自尊運動の争点のひとつであり、その争いが会議派に方針転換を決意させる一因になったためである。第2節では、会議派政権の主な政策を紹介し、それらがいかなる意図を持って実施されていったのか、共産主義的自尊運動と関連させながら分析していく。

第1節 「非協力」から「協力」へ
1 新インド統治法とコミュナル問題の波紋

　不服従運動を停止したガンディーは、再び建設的プログラムの遂行に重点を移した。このとき彼は「不可触民」差別の廃止を特に重視した。しかし会議派党員の大半はガンディーの唐突な方針変換に困惑した。彼らにとっては、「不可触民」問題は民族運動の大義とは無関係と映り、その意図が理解できなかったのである。ガンディーへの信頼を完全に喪失し、共産主義へと一層傾倒していく若者も多かった。そこでまず、ガンディーがなぜ急に「不可触民」差別撤廃に乗り出したのか、その政治社会的背景を見てみよう。

　「不可触民」問題は、30年に入って初めて全インドレベルの政治問題として浮上した。新インド統治法の制定（1919年インド統治法改正）が現実味を帯び始め、ボンベイ州の「不可触民」出身の社会改革運動家B・R・アンベードカルを中心に「不可触民」の政治的権利を要求する声が高まったためである。ロンドンで開催された円卓会議にはインドの主要政党のみならず様々なコミュニティの代表が一堂に会し、新インド統治法の内容について討議する機会が与えられた。ガンディーが出席した第二回円卓会議（31年9月～12月）では、ヒンドゥー教徒とムスリムの対立や「不可触民」差別の弊害を解決する手段として分離選挙制度は適切か否かという問題が最大の争点となった。

　ガンディーは、分離選挙制度は宗教やカーストなどの枠組みを固定・強化しインド人としてのまとまりを阻害するものであると考えていた。特に「不可触民」専用の選挙区と議席を設ければ、「不可触民」を永久に「不可触民」たらしめることになり、差別の解消には逆効果であると懸念を表明した。「不可触民」代表の一人であるアンベードカルは、マイノリティの権利を守るためには分離選挙制度は必須だと訴えたが、ガンディーは決して妥協しようとしなかった。結局、第二回円卓会議は物別れに終わった。32年8月、イギリス首相マクドナルドは、このようなコミュニティ間の紛争を仲裁すると称していわゆる「コミュナル裁定」を発表した。裁定は、分離選挙制度や留保議席制度を今後も拡充していくとし、既に分離選挙権が与えられてきたムスリムに加え、新たに女性と「不可触民」にも分離選挙権を付与すると宣言した[2]。「不可触民」

にも分離選挙権を与えたのは、「不可触民」による権利要求運動が高揚しつつあった当時の政治社会状況に配慮したものであった。

ガンディーは裁定に強く反発した。彼にとって、分離選挙権を認めることは、そのコミュニティを他とは異なる独立した集団とみなすことを意味した。つまり、「不可触民」に分離選挙権が与えられれば、「不可触民」が残りのヒンドゥー教徒から切り離され独立した集団を形成することになりヒンドゥーの分裂を誘発する、と考えたのである。彼は、「不可触民」はヒンドゥー教徒の一部であるとし、「不可触民」に分離選挙権を与えることに抗議して「死に至る断食」を開始した。しかしこの無言の圧力の矛先は、「コミュナル裁定」を発表したイギリス政府ではなく、アンベードカルら「不可触民」に向けられた。心理的圧力をかけられたアンベードカルは妥協を余儀なくされ、32年9月プネーでガンディーと会談し分離選挙権を放棄させられた[3]。

このプネー協定は、ヒンドゥー教徒の分断を回避するという大義の下に、差別を行ってきたカーストヒンドゥーに改心を求めるのではなく、差別に苦しめられてきた「不可触民」に譲歩と忍従を強いるものであった。当然「不可触民」側は会議派への不信感を強めた。そのためガンディーは、彼らの不満を宥め離反を防ぐために「不可触民」差別撤廃に取り組むことを決意したのである。プネー協定締結後、ガンディーは政治活動から一切身を引いて、建設的プログラム、特に「不可触民」差別撤廃に専念すると表明した。不服従運動から建設的プログラムへの移行は、円卓会議から「コミュナル裁定」、プネー協定にいたる一連の経緯がガンディーに与えた衝撃の大きさを示していた。「不可触民」は19世紀末から既に社会改革運動の対象になり、「不可触民」自身もカースト単位で地位向上を目指すことはあった。しかしアンベードカルの活動は、「不可触民」が地域やカーストの枠を越え全インドレベルの政治の舞台で「被抑圧階級」としての法的認知と政治的権利を要求した初めての例であった。ガンディーは、アンベードカルと対峙して初めて、「不可触民」差別が想像以上に深刻で根深いものであると認識したのである。

不服従運動から「不可触民」差別撤廃運動への転換は一見脈絡がないため、大半の民族運動指導者の目にはこの転換は不可解なものに映った[4]。その目的が何であり民族運動のなかでいかなる位置を占めるのか理解できなかったの

である。ネルーら左派は、民族独立という大義の前には「不可触民」の地位など些細な事柄でしかなく、反帝国主義闘争から逸脱しているとガンディーを非難した[5]。

　しかし、当時ヒンドゥー教徒とムスリムの対立が日々深刻化しつつあった状況を考慮すれば、「不可触民」差別撤廃に込められたガンディーの意図は容易に推察できる。ガンディーの運動目標は、コミュニティ間の融和による「インド民族／国民」創出にあった。宗教間融和や階級間協調を奨励する方針も「インド民族／国民」の創出という大義から派生していた。非協力運動では、彼の働きかけによりムスリムのキラーファト運動との共闘が実現した。しかしその後、ムスリム代表を自認するムスリム連盟と会議派との立場の相違が顕著になり、不服従運動ではムスリムの協力はほとんど見られなくなっていた。会議派は「インド民族／国民」全体を代表する政治組織を自認していたが、多くのムスリムの目には会議派はヒンドゥー教徒の利益を代弁する組織と映るようになっていたのである。このようにムスリムが離反していく危機的状況に追い討ちをかけるように、ヒンドゥーコミュニティ（と彼が考えていたもの）の中から、「不可触民」差別の根源はヒンドゥー教の教義そのものにあるという批判の声があがったことは、ガンディーに衝撃を与えた。それゆえヒンドゥーコミュニティの分裂を阻止するために、「不可触民」差別撤廃が主要プログラムの一つとして浮上してきたのである。

　ガンディーが目指す「不可触民」解放運動の意義を的確に理解した指導者が皆無だったわけではない。ラージャージーは、「不可触民」差別撤廃運動を重視した代表例である。差別撤廃に即効性を与える具体的方策を考案し実行に移したという意味では、彼はガンディー以上に「不可触民」問題に対して熱意を示した。

　ただしその熱意を、ラージャージーがガンディーの信奉者であったためと解釈するのは単純に過ぎよう。先行研究は、彼について「ガンディーの副官」、「正統派ガンディー主義者」などの評価を下してきた[6]。しかし、ラージャージーが「不可触民」差別撤廃に情熱を燃やしたのは、南インド独特の政治社会状況を乗り切るために有効と計算したためであった。つまり、ガンディーに心酔していたというよりは、その行動プログラムの中から有用なものを選択的

に採用したというのが実情に近い。ラージャージーは長年会議派の中枢にあり、30年代半ばには「長老」というべき存在になっていた。「長老」の中ではガンディーに近く、その活動方針を支持・実践してきた。20年代は非協力運動に参加して州立法参事会選挙をボイコットし、建設的プログラムを推進した。30年代のマドラス州における不服従運動の先頭に立ち、南インド版「塩の行進」を実行したのも彼である。ただし参加者はごく僅かで盛り上がりに欠け、マドラス州各地の会議派指導者たちの視線も冷ややかだった[7]。

マドラス州では、ガンディーの非協力方針に賛同する者は決して多くなかった。非バラモン運動の存在が彼らに影を落としていたためである。会議派が非協力方針に従って選挙をボイコットする度に正義党が不戦勝で政権をとってきただけに、会議派メンバーの多くは焦燥感を募らせ、選挙に参加したいと望むようになっていた[8]。なお、民衆も他州に比べると不服従運動への熱意が低かった。マドラスを訪問した他州の会議派メンバーは、民衆にも会議派メンバーにも「驚くべき熱意の欠如」がみとめられる、と告白している[9]。

ただし、孤軍奮闘していたラージャージー自身、不服従運動が必要以上に激化することがないようコントロールしようとした。彼もガンディー同様に、不服従運動が激化して労働運動や農民運動と結びつき、インド人資本家に対する労働争議やインド人地主への地代不払い運動に変質するのを望まなかった。たとえば、マドゥライ県で失業中の綿工場労働者が不服従運動に参加しようとした時、彼はこれを断っている。西ゴダヴァリ県では、地元会議派メンバーが農民を組織して政府への地租不払い運動を起こしたが、「不可触民」の農業労働者が雇用主の農民に対して賃金が安すぎると不満を訴え始めた。ラージャージーはこれがインド人同士の争議の火種になることを怖れ、動員された農民たちが地租不払い運動に乗り気でなかったことも考慮して、運動を中止させた[10]。彼が不服従運動のプログラムとして酒屋にピケットを張ることを案出したのは、それが過激化しても階級闘争に結びつく恐れがないためでもあった[11]。しかしラージャージーの思惑に反して、32年ごろから過激な行為が目立つようになる。郵便ポストへの火炎瓶投げ入れ、派出所襲撃、駅舎放火などが頻発し、寺に爆発物が隠されているのが相次いで発見されるようになった[12]。これらの行為が会議派のボランティアによるものなのか否か曖昧になり、他の政治勢

力が不服従運動に便乗している可能性が高まってきた[13]。

　非バラモン運動の影響で「不可触民」が不服従運動に非協力的だったこともラージャージーを悩ませた。もともと南インドの「不可触民」やキリスト教徒は、非バラモン運動の影響も手伝って会議派への共感が薄かった。その上、植民地政府が「マイノリティの保護者」として不服従運動への対抗プロパガンダを打ったため、各地で「不可触民」とカーストヒンドゥーとの衝突が起きた。特にガンディーが分離選挙権反対の姿勢を鮮明にしたことは「不可触民」の反感を煽り、会議派ボランティアへの投石、カーストヒンドゥーの商店へのピケット、ガンディーの肖像画焼却など、激しい抗議活動を引き起こした。政治的権利を要求する「不可触民」の集会も増加した[14]。

　このように、不服従運動が会議派内外の支持を得られないまま混乱状況に陥ると、ラージャージーは、状況打開のために新しい戦略を練る必要性に迫られた。ガンディーが不服従運動を停止し「不可触民」差別撤廃に乗り出したことは、彼にとって戦略転換の好機であった。ラージャージーが「不可触民」差別撤廃運動を支持した理由は、これがヒンドゥーコミュニティ団結の手段になり得ると見抜いたためである。30年代の自尊運動が急進化の度を強め、ヒンドゥー教を否定し、共産主義と結びついて、〈非バラモン＝ドラヴィダ民族＝下層階級〉対〈バラモン＝アーリヤ民族＝上層階級〉という対立構造を一般に宣伝していたことが、ラージャージーをさらに追い詰めた。彼にとって自尊運動は、「インド民族／国民」統合をカースト・民族・階級などあらゆる切り口で妨害する危険な存在となっていた。

　こうしてラージャージーは「不可触民」差別撤廃運動に取り組み始めた。会議派の「不可触民」差別撤廃運動に対する民衆の視線は冷ややかであったが、ラージャージーは宣伝行脚につとめた。その熱意は、マドラス州政府隔週報告に32年10月から「不可触民制度撤廃運動について」という独立項目が設けられたことからもうかがえる[15]。こうしてガンディーの「不可触民」差別撤廃運動は、南インドにおいては、ラージャージーによって共産主義的自尊運動への対抗手段と見なされ、ガンディー以上の熱意をもって推進された。

2 1937年マドラス州選挙にむけての攻防

35年8月、新インド統治法が成立し、州の完全自治が実現した[16]。各地の会議派メンバーの間で今度こそ選挙戦を戦うべきであるという意見が出され、まず選挙戦に参加するべきか否か、そして選挙に勝利した場合組閣すべきか否かをめぐって、激しい論争がまき起こった。

マドラス州では選挙参加派が圧倒的多数を占めた。正義党というライバルが存在した上に、共産主義的自尊運動勢力も議会政党としてサマダルマ党を結成したことが、敵対勢力の不戦勝を阻止するべきだという意見を後押しした。それまでガンディーに従って非協力方針を遵守してきたラージャージーも例外ではなく、選挙戦への参戦を目指すようになった。会議派社会党員も同様の傾向を示した。たとえばアーンドラ会議派社会党メンバーは、34年の労働者集会において、議会政治への参加を目指すべきだと提案した[17]。これはネルーをはじめとする会議派左派勢力が議会ボイコットを主張したのと鋭い対象をなしている。ネルーは36年10月に南インド各地を歴訪し、「単に独立するだけでは、真の問題、すなわちあらゆる階級が直面している貧困と失業の問題を解決できない。したがって現在の政府の形態を完全に破壊する必要がある」として選挙をボイコットするよう訴えたが、マドラス州の左派勢力は賛同しなかった。それどころか会議派社会党員も他の会議派メンバーもネルーの主張を、「現政府を内側から変えろというメッセージである」と読み替え、選挙キャンペーンに利用してしまった[18]。

なお、新インド統治法では、有権者資格の一つである納税額が引き下げられ、有権者数が650万から3000万人（内女性が600万）に増加した。これはインドの成人人口の約四分の一に相当した。さらには労働者代表議席が新設された[19]。これにより、民衆の支持なしには当選は難しいという認識が広まった。民衆の支持を得るためにマドラス州の各政治勢力がとった戦略には3つの共通傾向があった。(1) 労働者への熱心なアプローチ、(2)「社会主義」の標榜、(3) 大衆基盤を持つ勢力との共闘、である。

労働者への熱心なアプローチを象徴するのが、「労働者」の名を冠した政治団体が雨後の竹の子のごとく誕生したことである。まず、B・シヴァ・ラオがマドラス中央労働委員会（Madras Central Labour Board）を復活させた。次

に、マドラス繊維工場労働者組合幹部でマドラス州立法参事会議員のV・M・ラーマスワーミ・ムダリヤールが音頭をとって34年2月にマドラス州労働党（Madras Provincial Labour Political Party）を結成した。するとその僅か3か月後に、同じくマドラス繊維工場労働者組合メンバーのG・チェルヴァパティ・チェッティが、南インド中央労働委員会（South Indian Central Labour Board）と南インド労働党（South Indian Labour Political Party）を設立した。この2組織は、その名称からも推察されるように、マドラス中央労働委員会とマドラス州労働党への対抗心を顕わにした。6月には、P・ヴァラダラジュル・ナーイドゥの呼びかけで、マドラス市内の労働組合関係者と地方の労働運動関係者を集めた集会が開かれ、乱立する労働者団体を統合して中央労働党（Central Labour Political Party）を設立するべく10月末に労働者大会を開くという合意に達した。しかし統合は実現せず、ナーイドゥは独自に労働党を設立した。自尊運動勢力は、もともと労働者とのコンタクトが密であったが、自尊連盟とサマダルマ党の結党後は一層頻繁に労働者を集めて集会を開いた。たとえば、ゴールデンロック作業所での鉄道労働者年次大会では、自尊運動活動家が出席して「万人が平等な社会を実現することが自尊運動の目的であり、宗教を攻撃しているのも平等社会を実現するためである」と演説し、貧困層の利益を代弁する政治勢力であるとアピールした[20]。

　これらの動向に刺激されて、会議派指導層も労働者の組織化に乗り出した。全インド会議派委員会は地方支部に質問票を配り、農業労働者や工場労働者とコンタクトを取るためにどのような活動をしているか回答させた上で、労働者や農民に積極的に接触するよう指示した。地方や農村部の非識字層を対象とする選挙用プロパガンダ映画も製作された[21]。しかし会議派は、20年代から労働運動に関与していた共産主義者や自尊運動勢力に比べてスタートが遅く、比較的大規模な綿工場やマドラス市内の工場の労働者にアクセスする余地は残されていなかった。そこで会議派は、それまで無視されてきたに等しい中小工場や地方工場に活路を見出し、組合設立を支援するようになった[22]。

　共産系指導者と会議派指導者は各地で覇権争いを繰り広げた。たとえば、「急進派」を含む無認可組織だったマドラス市電労働者協会が、会議派系指導者のアドバイスを受けて「急進派」を排除し、労働組合法に則って正式登録す

ると、共産主義者が再びこれを掌握しようと攻勢をかけた。印刷工組合は、共産系の組合と「穏健派」の組合に分裂した[23]。コーインバトゥール県ティルップール市に新しい組合が誕生し綿工場労働者の争議を支援すると、「穏健派」のコーインバトゥール労働組合[24]のC・バスデーヴが介入し「過激分子」と対立した[25]。労働者政党や組合の増加の裏に、当選を狙う政治家が安直に「労働者」を冠した組織を結成する傾向があったことは否めない。しかし視点を変えれば、それまで労働問題に無関心だった政治家でさえ労働者と正面から向かい合わざる得なくなるほど、労働者の支持を獲得することが重要な意味を持つようになったといえよう。

　左派思想とは無関係だったはずの組織や政治家までもが、労働者組織を支援するに際して左派的なスローガンを掲げるようになった。たとえば、マドラス州労働党を結成したラーマスワーミ・ムダリヤールは、それまで特に左派思想への共感を示すことはなかったにもかかわらず、党の基本目標として「社会主義に則った独立憲法を起草すること」及び「生産手段および生産物の再配分手段を公有化すること」を掲げた。さらに34年6月に開催された集会では、党の活動目的および規則を社会主義に則って制定するとした[26]。マドラス州を代表する「穏健派」であったシヴァ・ラオとギリの言動にも、社会主義への「傾倒」ぶりが目立つようになる。たとえばギリは、独立達成後には階級闘争が始まるとして、「反資本主義闘争に向けて今から準備しなければならない」と発言した[27]。34年5月にマドラス・南マーラッタ鉄道労働者組合長に再選されると、社会主義の信条を随所に取り入れた決議を採択した[28]。シヴァ・ラオも、「労働組合は階級闘争組織である。労使は資本主義システムにおいては和解し得ない」というように左翼用語を多用するようになった。さらには、会議派は労働者の利益を代弁しない資本家の組織であるから、選挙時には会議派候補を支持せず、マドラス中央労働委員会自ら候補を立てると決定した[29]。P・ヴァラダラジュル・ナーイドゥは、南インドの労働組合に共産主義を浸透させようと公言するようになり、甥のS・R・ヴァラダラジュル・ナーイドゥは、会議派に投票するよう労働者に呼びかけながらも同時に社会主義を宣伝し始めた。政府隔週報告は、「最近、地方語新聞に社会主義やソヴィエト・システムを賞賛する記事が増加した。中には極めて共産主義的なものも認めら

れる」と報告した30)。

このように30年代半ばのマドラスでは、政治団体が労働者を代弁する組織であると世間にアピールするためには、左派思想を掲げるのが最も効果的であり、共産主義的、社会主義的文言が労働者を惹きつける一種の呪文として認知されるようになっていた。この趨勢を反映して、各地で社会主義や共産主義を教授するセミナーが企画された31)。たとえばマドラス市内で開かれた「経済・政治サマースクール」は、タミルナードゥ会議派委員会主催にもかかわらずソヴィエト憲法の利点に関する講義を開催した32)。保守派の牙城であるタミルナードゥ会議派でさえ、社会主義や共産主義を無視することが難しくなっていたといえよう。著名な政治家が、社会主義を公然と批判したばかりに「労働者に無関心」というレッテルを貼られ人気を失うことさえあった。ラージャージーとタミルナードゥ会議派の主導権争いをしていたS・サティヤムールティは、ヨーロッパ人協会主催の会合で「会議派は過去にも未来にも社会主義を認めない」と発言した。この発言が新聞にすっぱ抜かれ、労働者や左派勢力の批判を招いた。彼はその後、ティルチラーパッリで開かれた労働者集会で聴衆から野次を浴びせられ、演説中止に追い込まれた。その他の集会でも労働者がサティヤムールティに「極めて敵対的な態度」をとり、「なぜ労働問題へ無関心なのか」と詰め寄って集会が大混乱に陥ったこともあった33)。

大衆基盤を持つ勢力との共闘志向を象徴するのが、自尊運動勢力をめぐる諸政党の動向である。まず会議派が、自尊運動勢力の協力を得ようとペリヤールに接近した。ラージャージーは、34年コーインバトゥール中央監獄で服役中に、ペリヤールも同じ監獄に収監されていたことから、何度か話し合いの機会を持ち、共闘を持ちかけていた。会議派社会党幹部のJ・P・ナーラーヤンも自尊運動家に働きかけた34)。さらには共産主義者のS・A・ダーンゲーも、南インド訪問中にティルチラーパッリで開催された自尊社会主義者会議(サマダルマ)に出席し、会議派社会党への参加を勧めた35)。会議派社会党で活動する社会主義者や共産主義者にとっては、左派支持票が自尊運動勢力と社会党を含む会議派の間で割れることを防ぎたいという意図もあったのであろう。一方正義党は、会議派に対抗するためには大衆基盤を獲得している勢力との連合が不可欠だとして、やはり自尊連盟に接触を試み、いずれ実施される州議会選挙に向けてペリヤー

こうして自尊運動勢力は、選挙戦略として、正義党との共闘、会議派（会議派社会党）との共闘、サマダルマ党単独での参戦という3つの選択肢を持つことになった。しかしペリヤールは、自尊会議を召還して協議すると繰り返すだけで選挙戦略を明らかにしなかった。言を左右する彼に対してメンバーの中から不満が生じ、無所属で立候補することを検討する者や、会議派社会党に参加してしまう者も出始めた[37]。ペリヤールの決断を促すかのように、ラージャージーは自尊運動の根拠地コーインバトゥールで講演会を開き、次のように述べた。

　これまで我々にとって最も手厳しい敵であった自尊運動活動家が、最近態度を変えつつあるのは喜ばしいことだ。愛情と嫌悪は紙一重である。無神論者は極めて敬虔である。自尊運動活動家の多くが、特に青年層が、最近では会議派に目を向けつつある。会議派は野望のためではなく信念に従って行動する誠実な人間の団体だからだ。過去の敵対関係は水に流して、自尊運動活動家を歓迎しようではないか[38]。

　なぜラージャージーは、これほど熱心に自尊運動を取り込もうとしたのか。そもそも会議派は、正義党に比べれば地方末端組織も整備され、大衆基盤を確立しつつあり、単独でも十分選挙戦を戦える可能性を秘めていた。また彼は、会議派指導者の中でも特に、左派に対して厳格な態度を取ることで知られていた。会議派社会党がタミルナードゥ支部を作るのが大幅に遅れたのは、彼が最後まで抵抗したためであったことは既に述べたとおりである。その彼が共産主義的自尊運動勢力を取り込もうとした理由は、次のように推測される。彼は、左派勢力の予想外の伸張を目の当たりにして、左派勢力を懐に取り込むことによって労働者の支持も取りつけると同時に、左派勢力をコントロールしようと目論むようになった。共産主義的自尊運動が「非暴力」を唱えて暴力革命を否定し議会主義を標榜していた点、コミンテルンとの繋がりを持つ一部共産主義組織とは一線を画していた点が、ラージャージーをして、左派の中では与(くみ)しやすい相手として自尊運動勢力を選択させる決定要因になった。最終的にペ

第 8 章　マドラス州会議派政権の誕生　　251

リヤールから共闘を断わられて、ついにラージャージーもタミルナードゥ会議派社会党の結成を黙認したことも、同様に解釈すれば筋道がたつ[39]。

　ペリヤールが最終的に正義党と組む意向を示すと、ラージャージーは一転、自尊運動勢力を批判する活動を開始した。その批判内容は、自尊運動が正義党と結びつき非バラモン運動勢力として結集したことを強く意識したものになっていた。ある日の演説で彼は、「我々会議派は不可触民差別の撲滅を誓っている。それをくれぐれも忘れないでほしい」と繰り返し強調した[40]。つまり彼は、政権を握ったら「不可触民」差別撤廃に取り組むという意思を示して、「不可触民」の支持を非バラモン運動勢力から奪おうとしたのである。

　こうして、マドラス州の会議派は、民衆の支持を獲得すべく選挙戦略を練りあげていった。必然的に民衆と直接接する地方支部の役割が大きくなり、州レベルの会議派委員会と県などの地方支部の間で齟齬が生じるようになった。たとえば、立候補者名簿の作成や地方評議会での議長選出において、州会議派委員会が推薦する人物と地方支部が望ましいと思う人物にずれが生じた。州会議派委員会と地方支部の意思疎通が希薄な中、上から一方的に指示が下される傾向があったために、地方支部が反発することもしばしばであった[41]。州会議派委員会が立候補者選考委員会の決定に逆らう党員を処罰するよう各県会議派に通達すると[42]、県会議派が反発し、せめて事前に立候補者について照会があるべきだと主張した。結局、州会議派委員会が各地を巡回し地方支部メンバーと協議して立候補者を選定するという妥協案が打ち出された[43]。

　37 年 1 月に行われたマドラス州議会選挙は、会議派の大勝利に終わった。会議派は、州立法議会（Legislative Assembly、下院に相当）215 議席の内 159 席、州立法参事会（Legislative Council、上院に相当）75 議席中 42 席を獲得した。一方正義党は、それぞれ 17 議席と 4 議席しか獲得できなかった[44]。インドのいくつかの州でも会議派が勝利をおさめたが、全インド運営委員会では組閣の是非をめぐって議論が紛糾した。しかし組閣を望む声が強く、ラージャージー自身も組閣に強い意欲を持っていたために最終的に組閣要請を受諾した[45]。こうして 37 年 6 月ラージャージーを首班とするマドラス州会議派政権が誕生した。マドラス州初の会議派政府には、注目すべき 2 人の人物が入閣を果たした。一人目は、工業・労働大臣に就任した V・V・ギリである。長年労働運動に関

わってきたギリの採用には、労働者の支持を確固たるものにしたいというラージャージーの意思が感じられる。しかもギリは近年、社会主義者であると公然とアピールするようになっていた[46]。「保守長老」のラージャージーを首班とする内閣としては大抜擢だったといえよう。二人目は広報大臣のS・ラーマナータンである。彼はペリヤールのヨーロッパ・ロシア歴訪に同行し自尊運動の共産主義化に貢献したが、ペリヤールが会議派社会党ではなく正義党と連携したのに失望し、会議派の公認を受けて立候補していた[47]。つまり彼は、自尊運動がその階級闘争的側面よりもカースト闘争的側面を前面に出したことに不満を抱いていたのである。その彼を、並居る会議派議員を抑えて大臣に任命したラージャージーは、それだけ非バラモン運動勢力への対抗意識を募らせていたといえよう。このようにラージャージーが、正式な会議派党員ではない、明らかに左派である人物を閣僚に加えたことは、ラージャージー政権の方向性を表していた。ラージャージー政権が、共産主義的自尊運動に対抗する目的で実施した政策は、「不可触民」差別撤廃、ヒンディー語「国語」化、労働問題への積極的介入の3つである。労働問題への姿勢については第9章で扱うこととし、次節では「不可触民」政策と「国語」政策を見ていこう。

第2節　会議派政権の諸政策——その目的と影響
1　寺院開放諸立法の制定——「不可触民」差別廃止に向けて

　州首相に就任したラージャージーは、矢継ぎ早に「不可触民」差別廃止の諸法案を上程した。37年10月には『ヒンドゥー教徒の特定階級に見られる世俗的規制を除去するための法[48]』（以下『規制除去法』）を作成し、翌年8月に議会を通過させた。『規制除去法』は、「不可触民」がそれまでアクセスできなかった公共施設を使用することを可能にするものである。しかし同法で定義される「公共施設」とは、道路、井戸、福利厚生施設、公共交通機関などの世俗的／非宗教施設に限られていた。一方「不可触民」がアクセスできない施設の象徴的存在はヒンドゥー寺院であった。「不可触民」はヒンドゥー教徒の一部とされながら「不可触民」であるがゆえにヒンドゥー寺院の境内に入ることを禁じられてきた。そこでラージャージーは38年初頭から、寺院への入場規制を除去する法案の作成に取り組み始めた。

第8章　マドラス州会議派政権の誕生

「不可触民」差別撤廃にこのような二段階の手続きを踏んだのは、2つの理由がある。まず、マドラス州では、寺院内で確立している慣習に関しては政府が干渉してはならないという「宗教不干渉(レリジャス・ノン・インターフィアランス)」原則が存在した。1925年に制定された『ヒンドゥー寄進法』の条文にも、「寺院内で確立している慣習に関しては政府は干渉しない」と明記されていた[49]。したがって政府が寺院に対し「不可触民」にも門戸を開放するよう命令すればこの原則に抵触するため、まずは「非宗教的」な世俗施設における差別撤廃を実現するという現実策がとられたのである。第二の理由は、寺院開放はカーストヒンドゥーからの激しい反発と抵抗が予想され、「民族／国民」統合という最終目標を達成するのに逆効果になると懸案されたことである。

「宗教不干渉」原則に抵触することなくカーストヒンドゥーの反発も招くことなく寺院開放を実現するために、ラージャージーが起草した寺院開放立法はいささか奇妙な内容をもっていた[50]。最大の特徴は、寺院を「不可触民」に開放するか否かを寺院ごとにカーストヒンドゥーによる投票で決定するとした点である。同法は、寺院開放を求める意見がカーストヒンドゥーから出された場合、当該寺院の周辺に居住するカーストヒンドゥーのみを有資格者とする住民投票を実施し、是非を決するとしていた。寺院開放は、政府が指導するのではなく、また「不可触民」が圧力をかけるのでもなく、カーストヒンドゥーが自発的に寛容と慈悲の精神をもって行うよう推奨されたのである。このような寺院開放法の内容は、自尊運動によるヒンドゥー教批判への反論でもあった[51]。

ラージャージーが自尊運動に対抗する手段として採用した政策のうち最初に実施された「不可触民」差別撤廃関連法は、一定の成果を挙げた。ただし、そもそも非バラモン運動がカースト差別や「不可触民」差別を批判してきた素地があったからこそ、ラージャージーの政策もかろうじて成果を挙げることができたと解釈するべきであろう。「不可触民」差別撤廃政策の一定の成果と次に挙げるヒンディー語「国語」化政策の大失敗とを比較すれば、この解釈の妥当性は明らかである。

2 ヒンディー語「国語」化政策の失敗とその影響

　ヒンディー語「国語」化は、ヒンディー語を「インド国民／民族」共通の言語、文化的素地にするという意図から生まれた、ラージャージー政権の主要政策の一つである。彼は、何百もの言語が乱立するインドに全ての人が理解し意思疎通ができる「国語」を創出する必要性を感じていた。手始めに彼は、マドラス州内の高等学校においてヒンディー語を必修科目にすると発表した。しかし、自尊運動勢力を中心に激しい反対運動がおこった。

　既述のように、非バラモン運動が唱える「非バラモン・アイデンティティ」は、南インド独特のドラヴィダ語族諸言語と「ドラヴィダ文化」への誇りに支えられていた。一方ヒンディー語は、北インドを中心に分布するアーリヤ語族に属し、南インドに分布する諸言語とは文字も文法も語彙も全く異なる。しかもヒンディー語は、他のアーリヤ系諸言語と同様サンスクリット語を起源とする。そしてそのサンスクリット語はヒンドゥー教の聖典言語であることから、非バラモン運動の文脈では、ヒンディー語はバラモン文化と分かちがたく結びつく言語と見なされていた。したがってそのヒンディー語の強制は、非バラモンの誇りを著しく傷つける行為と解釈されたのである。

　自尊運動勢力は、ヒンディー語の強制はドラヴィダ文化に対するアーリヤ文化の挑戦であり、バラモンによる非バラモン抑圧策だと反発した。マドラス州各地の会議派指導部が相変わらずバラモン優勢であったこと、ラージャージー自身バラモンであったことも反感を増幅させた。自尊運動勢力は、ヒンディー語必修化に抗して激しい反対運動を繰り広げた。ヒンディー語強制反対を叫ぶデモ行進が連日組織された[52]。ヒンディー語の授業が行われることになった学校では、生徒が授業をボイコットし、校門にピケットが張られた。そのほかにも、ハンガーストライキなど様々な抗議手段が採られた。正義党も自尊連盟を支持して、共に抗議運動を行った。

　反ヒンディー語闘争の過程で、〈バラモン＝上層階級＝アーリヤ民族＝ヒンディー語＝北インド〉と〈非バラモン＝下層階級＝ドラヴィダ民族＝タミル語＝南インド〉の対立という構造が構築された。こうして、そもそもの起源はカースト対立であったはずの非バラモン運動は、階級対立、民族対立、南北対立の様相を呈するようになった。ラージャージーは、「ひとつの国家ひとつの

民族ひとつの言語」を築くべくヒンディー語を導入しようとしたにもかかわらず、皮肉にもかえって対立を深めてしまったのである。あまりに激しい反対運動に直面し、彼はヒンディー語必修化撤回に追い込まれた。そして非バラモン運動勢力がこれ以上勢いを増すのを防ぐために有効でかつ現実的な政策を打ち出す必要に迫られることになる。

小 括

　ラージャージーが「非協力」方針を捨てて議会選挙に参加し政権を獲得する決意をした理由は、共産主義的自尊運動に対抗するためであった。彼は、ガンディーと同様に、宗教やカーストなどの枠を超えて「インド国民／民族」を創出することを目指していた。この立場からすると、自尊運動はその思想も活動内容も容認しがたいものであった。なぜなら自尊運動は、〈バラモン＝アーリヤ民族＝上層階級〉対〈非バラモン＝ドラヴィダ民族＝下層階級〉という対立構図を創出して、「民族」統一を脅かしたためである。しかも自尊運動は正義党と異なり大衆基盤を築きつつあり、共産主義もそのネットワークを通じて浸透を図ったために、ラージャージーはこの流れを阻止する必要に迫られた。

　新インド統治法により州レベルでの完全自治が実現したことは、ラージャージーに転機をもたらした。それまでガンディーの片腕として植民地政府への非協力を貫き、選挙ボイコットを通じて「非協力」をアピールしてきた姿勢を一変させ、政権獲得を目指すようになった。彼は、行政手段・立法手段を駆使して「インド国民／民族」統合を実現し、共産主義的自尊運動が生み出したカースト対立、階級対立、民族対立の危機に対処しようとしたのである。

　最初にラージャージーが採った措置は、「不可触民」差別撤廃を目的とする寺院開放諸立法の制定であった。これは自尊運動によるヒンドゥー教批判に反論することを隠れた目的としていた。続いて実施されたのは、ヒンディー語の国語化を目指す教育政策であった。しかしこれは、ドラヴィダ系言語と「ドラヴィダ文化」をアイデンティティの基盤とする非バラモンの神経を逆なでし、完全な失敗に終わった。

　そこで会議派政権は、共産主義的自尊運動という脅威に対抗するべく、よりラディカルな政策に踏み出すことになる。そもそもラージャージーが会議派社

会党の設立を黙認して左派勢力を取り込んだのは、労働者を会議派に惹きつけるためであった。閣僚のうち労働大臣を含む2つのポストを「左派」活動家に割り当てたことは、ラージャージーの決意のほどを示していた。最終章の第9章では、会議派政権下の1937年～39年に展開された労働運動を概観し、共産主義的自尊運動と会議派が対峙する中、労働者が如何なる行動をとったか、そしてその労働者の支持を共産主義的自尊運動から奪うために、会議派が如何なる労働問題政策を打ち出したのか分析していく。

註

1) Haithcox, J.P. *Communism and Nationalism in India: M.N.Roy and Comintern Policy 1920-1939*, Princeton, Princeton University Press, 1971, pp. 215.
2) 1919年インド統治法で既に非バラモン諸カーストへの留保議席が設定されていたマドラス州は特殊だったといえる。その背景に非バラモン運動があったことはいうまでもない。
3) この協定でガンディーは、分離選挙を放棄させる代償として留保議席を認めた。
4) 先行研究でも、建設的プログラムと「不可触民」差別廃止を「目的も意義もはなはだ漠然としていた」とするものがある。Sarkar, S. *Modern India 1885-1947*, Madras, Macmillan, 1983, p. 328.
5) *Madras Legislative Assembly Debates (MLAD)*, 1939, vol. XIII, pp. 119-20.
6) Copley, A. *C. Rajagopalachari: Ghandhi's Southern Commander*, Madras, Indo-British Historical Society, 1986; Sarkar, S. *op. cit.*, p. 299.
7) *FNR*, 2nd half of Mar., 1st half of Apr., 1st half of Jun., 2nd half of Jun., 1930.
8) たとえば、不服従運動期にタミルナードゥ会議派委員会が選挙ボイコットを決定したときには、C・N・ムットゥラーマリンガ・ムダリヤール、K・バシャン、S・シュリーニヴァーサ・アイヤンガール、S・サティヤムールティが委員を辞任するという騒動もおきた。彼らは、33年10月に、スワラージ党を復活させて議会政治に参加することを提案した。*FNR*, 1st half of Nov., 1933.
9) *FNR*, 2nd half of Feb., 1930.
10) *FNR*, 2nd half of May, 2nd half of Sep., 1931.
11) なお、不服従運動に消極的だったタミルナードゥの会議派指導者は、唯一スワデーシには関心を示し外国製布ボイコット運動を推進した。ただし、これはあまり成功したとはいえなかった。なぜなら一般消費者は、政治的意味よりも値段と質を重視して安価な外国布の方を好んだためである。*FNR*, 2nd half of Feb., 1932.
12) *FNR*, 2nd half of Apr. - 2nd half of Aug., 1932.
13) 政府はマドゥライが「テロリスト」の拠点になっていると分析している。*FNR*, 2nd

第 8 章　マドラス州会議派政権の誕生　　　　　　　　　　　　257

　　　half of Jul., 1932.
14）　*FNR*, 1st half of Oct. - 2nd half of Nov., 1931.
15）　*FNR*, 1st half of Sep. - 2nd half of Oct., 1932.
16）　新インド統治法は、最後の円卓会議（32 年 11-12 月）後、イギリス政府による起草が始まり、34 年にはその全容がほぼ明らかになっていた。
17）　*FNR*, 2nd half of Apr., 1934.
18）　*FNR*, 1st half of Oct., 1936.
19）　マドラス州では、マドラス市の鉄道労働者 1 議席、繊維工場労働者 1 議席、コーインバトゥール・マラバールの繊維労働者 1 議席、マドラス・チングルプットの港湾労働者 1 議席、ヴィザガパタム・東ゴダヴァリの港湾労働者と工場労働者 1 議席、西ゴダヴァリ・キストナ・グントゥールの工場労働者 1 議席の計 6 議席が労働者代表に留保された。
20）　*FNR*, 2nd half of May, 2nd half of Jun. and 2nd half of Aug., 1934.
21）　*FNR*, 2nd half of Jun., 1936, and 1st half of Feb., 1937.
22）　たとえば長年タミルナードゥ会議派委員を務めてきた P・R・K・シャルマーは、政府系機械工場エンジニア組合、政府系印刷工組合、西インドマッチ工場労働組合、マドラス鉛筆工場労働組合、ガネーシュ・アルミニウム工場労働組合などの設立をたすけて各組合長を兼任した。*Directory of the Madras Legislature*, Madras, The Madras Legislature Congress Party, 1938, p. 240.
23）　*FNR*, 1st half of Jun. and 1st half of Nov., 1936.
24）　幹部の多くはマドラス繊維工場労働者組合幹部を兼ね、普段はコーインバトゥールにいなかった。
25）　*FNR*, 2nd half of Jul., 1936.
26）　*FNR*, 1st half of Feb. and 1st half of Jun., 1934.
27）　"Proceedings of the Trade Union Unity Conference", *PW & L GO 1815, 1932*.
28）　*FNR*, 1st half of May, 1934.
29）　"Proceedings of the Trade Union Unity Conference", *PW & L GO 1815, 1932*; *FNR*, 1st half of Oct., 1936.
30）　*FNR*, 1st half of Oct., 1934.
31）　グントゥールでは 37 年のメーデーから 40 日間、青年層を集めて集中講義が行われた。アーンドラ地方を中心に各地でサマースクールを開いた N・G・ランガーとクリシュナ・ラオは、授業が終わる都度「革命と共に立ちあがれ！」と叫んだ。*FNR*, 1st half of May, 2nd half of May, 1937.
32）　*FNR*, 2nd half of May, 1937.
33）　*FNR*, 1st half and 2nd half of May, 1st half of Jun., 1936.
34）　Report 2491c, Deputy Inspector-General of Police, Railways and CID, 12 Oct., 1934, *USSF 896*.
35）　*FNR*, 1st half of Nov., 1936.
36）　*FNR*, 2nd half of Jul., 1936.

37) Report 2491c, Deputy Inspector-General of Police, Railways and CID, 12 Oct., 1934, *USSF 896*.
38) *Justice*, 29 Sep. 1934, *USSF 896*.
39) ただしタミルナードゥ会議派指導部は会議派社会党設立を正式に承認したわけではなく、公式には社会主義も認めようとしなかった。36年に会議派社会党全国運営委員会メンバーのアチュート・パトワルダンがマドラスを訪問した際には、指導部の誰一人として迎えに出ず、歓迎集会の会場として会議派事務所を使用することも許さなかった。*FNR*, 2nd half of Jul., 1936.
40) *FNR*, 2nd half of Sep., 1934.
41) *FNR*, 2nd half of Aug., 1936.
42) この通達は、タミルナードゥ会議派委員会の権限を強めようとしたS・サティヤムールティが中心となって打ち出した。
43) *FNR*, 2nd half of Sep., 2nd half of Oct., 1936. この一連の過程で、サティヤムールティは地方会議派メンバー、特に非バラモン・メンバーの信頼を失い、タミルナードゥ会議派委員長選挙でもラージャージーに負けた。これにより、ラージャージーがタミルナードゥ会議派のトップとしての地位を確立した。*FNR*, 1st half of Dec., 1936, 1st half of Jan., 1937.
44) *FNR*, 2nd half of Feb., 1937.
45) *FNR*, 2nd half of Jul., 1937.
46) Presidential Address by V.V. Giri, Indian Trade Union Federation, *PW & L GO 1815, 1932*.
47) *Directory of the Madras Legislature*, Madras, The Madras Legislature Congress Party, 1938, p. 228.
48) 法案名は最初、社会的規制除去（Removal of Social Disabilities）とあったが、後に世俗的規制除去（Removal of Civil Disabilities）に変更された。変更の経緯と理由については、拙稿「寺院開放諸立法と『政教分離』概念─1930年代マドラス州の場合─」『史学雑誌』110-1、2001年、51-72頁。
49) 「宗教不干渉」あるいは「政教分離主義（セキュラリズム）」は、もともとイギリス植民地政府が持ち込んだ概念である。しかし、伝統的に王権が担ってきたヒンドゥー寺院の財産管理機能がイギリス植民地政府の下で停止し、寺院運営が放任された結果、寺院では財産のずさんな管理や横領が蔓延した。19世紀末から20世紀初頭にかけて、寺院の腐敗を問題視し政府による管理を求める運動が高揚した。1919年のモンタギュー・チェムスファド改革によって部分的地方自治が導入されると、マドラス州では25年に『ヒンドゥー寄進法』が制定され、政府が寺院所有の土地や寄進財の運用を監督する体制が整えられた。ただし、この時「政教分離」のあり方が議論され、寺院の財産運用は「世俗的」で「非宗教的領域」として政府が介入するべきであるが、寺院内の儀礼や慣習にまで政府が介入することは「宗教不干渉」の原則に反するという合意が形成された。この「慣習」には、「不可触民」の境内入場を禁ずるという慣習が含まれていた。『ヒンドゥー寄進法』に「寺院内の慣習への政府の関与を禁ずる」と明記されたことにより、「不可触民」への寺院開放を求める法律を制定することは事実上不可能になった。拙稿「1925年マドラス・

ヒンドゥー寄進法の性格—「政教分離」理念の分析を手がかりに」『南アジア研究』10、1998年、92-115頁。
50) 寺院開放立法は、38年にマラバール県で実験的に導入され（マラバール寺院入場法）、その結果をもとに、翌年マドラス州全域に適用される法律が施行された（マドラス寺院入場公認免責法）。
51) 寺院開放法を制定するに当たって、議会で展開された議論とラージャージーの答弁を見ると、彼がヒンドゥーの団結を極めて重視していたこと、それゆえ自尊運動を危険視していたこと、ヒンドゥーの団結の手段として寺院開放を不可欠の手段と見なしていたことが分かる。拙稿「寺院開放諸立法と「政教分離」概念」、51-72頁。
52) 38年と39年の政府隔週報告には、運動の詳細と逮捕者数が報告されている。

第9章
労働者の自立と会議派の変質

　1937年から39年にかけて、マドラス州の労働運動は第三次高揚期を迎えた。この時期の労働運動では、争議の主役としての労働者の主体性が様々な形で発揮された。交渉能力を獲得した労働者は、もはや「注意喚起ストライキ」を起こすことはなくなった。その代わりストライキは交渉を有利に進めるための手段となり、同時に、労働者が様々な方法で自己を表現する舞台へと変貌していく。

　会議派は、従来のように在野で政府を批判する立場から一転して、政権与党として急増するストライキに対処しなくてはならなくなった。与党としての対処方法は、共産主義的自尊運動への対抗と労働者の支持獲得という2つの目的を同時に実現するものでなければならなかった。

　最終章である本章では、第1節で、会議派政権下の労働運動の展開とその特徴を明らかにする。第2節では、個別争議への会議派政権の対処方法を分析することを通じて、会議派の変質を解明していく。

第1節　労働争議の活性化と労働者の自立
1　会議派政権に期待する労働者

　マドラス州では、37年から39年にかけて大小様々な規模のストライキが頻発した。これは、初めて会議派州政権が誕生し、しかも閣僚にギリやラーマナータンが任命されたことに象徴されるように会議派が左傾化する傾向を示したことから、新政府に対する労働者の期待が高まったためである。その証拠に、組閣直後に起きたストの多くは、会議派系活動家が組合設立に関与した産業界、つまり組織化が遅れた隙間産業でのものであった。37年7月12日にマドラス州公共事業省で起きたストはその典型といえる。この日、常勤労働者189人中

153名が座り込みストを開始した。公共事業省では、管轄事業に従事する労働者に出来高制を導入するという計画が持ち上がっており、労働者が不安を募らせていた。公共事業省労働者組合の議長が会議派議員のP・R・K・シャルマーで、労働者のためなら会議派はどんな政策でも実行すると公言していたために、会議派政権成立と同時に労働者がストを起こした。シャルマーは、公共事業省大臣[1]と私的に会談し、屋外作業については出来高制導入を中止するという妥協点を探り出すのに成功した。

このストの顛末は労働者の期待をさらに高め、各地でストが急増した。7月だけでも、マドラス市内のガネーシュ・アルミニウム工場、テッリチェリー織布工場、西海岸電力供給公社、市内に点在するボタン製造工場でストが続けざまに起こった。ちなみにこれらの工場では会議派社会党メンバーが労働者に接触していたが、閣僚や会議派議員は、労働者の期待を裏切らないよう努めなければならなかった。たとえばボタン製造工場ストでは、シャルマーが労働者に接触して彼らの不満を労働大臣ギリに伝えた。その結果、経営側が組合を承認し労使合同委員会を設置するなどの要求を呑んだ。ギリも自ら工場に赴き、会議派政権の功績をアピールすることを怠らなかった[2]。高まる労働者の期待を前にして会議派政権は、労働者の期待を裏切らないよう、そして労働者が抱く会議派政権のイメージを壊さないよう労働争議に対処しなくてはならなくなったのである。

2 コーインバトゥールの玉突きストライキ（1937年）

37年コーインバトゥール市でおきた大規模ストライキは、会議派政権の試金石となった。マドラス州南西部、西ガーツ山脈のふもとに位置するコーインバトゥール市では、30年代後半になってから会議派系労働組合が設立され、既存の労働組合との間で激しい主導権争いが展開された。同市ではインド人が経営する工場が大半を占めていたために会議派系組合は微妙な立場にあり、会議派も与党として、民族主義政党として、そして大衆政党としていかなる態度をとるべきか決断を迫られた。まずはコーインバトゥールの最大産業である綿業の発展を概観しよう。

コーインバトゥールの綿業の最大の特徴は、インド系資本の進出が早く、か

つインド人が経営する工場が圧倒的多数を占めたことである。本格的な産業発展は30年代まで待たなければならなかったが、その牽引役となったのも地元のインド人であった。同地でインド系資本が育った理由は、地の利を生かして商品作物を栽培したり貿易業に従事して資本を蓄積する者が多かったことがあげられる。コーインバトゥール市はパールガート峠の入口に位置し、古来よりタミル地方とケーララ地方を結ぶ交通の要衝として栄えてきた。1870年代にイギリス政府によって敷設された鉄道も幹線道路もコーインバトゥールを中継地として各方面を繋いでいた。商品作物を州外に輸出するのに便利な地の利を生かして、タバコや落花生、綿花などの栽培が19世紀後半から盛んになった。なお、コーインバトゥールは内陸乾燥地帯に位置していたため、肥沃な穀倉地帯に位置するタンジョールのように寺院やバラモンによる大土地所有が行われず、代わりにコング・ヴェッラーラ[3]やカンマ・ナーイドゥによる自営農業が行われてきた。商品作物生産を担ったのはこの階層であり、さらに彼らの中から交易に従事して財を成す者が現れたのである[4]。コーインバトゥールの土壌は綿花栽培に適しており綿が盛んに生産されたため原料調達が容易で、かつ適度な湿気と冷涼な気候というように紡績業に最適な条件を備えていた[5]。

1888年、コーインバトゥール初の近代的工場としてCS＆Wミルが誕生した。CS＆Wミルは、コーインバトゥールに拠点を置くイギリス系商社ステーンズ・カンパニー[6]によって設立されたが、マドラス市に住む銀行家ジョージ・アーバスノットも出資した関係で、ステーンズ・カンパニーとアーバスノット・カンパニーとで共同経営された。1906年にアーバスノットが倒産してから、CS＆Wミルは資本調達に苦労し、地元インド人にも依存せざるをえなくなった。工場取締役会は次第に地元のインド人商人や地主で占められるようになっていった[7]。

このようにコーインバトゥールの綿業は比較的初期から地元インド人の進出が目立つ。1906年には、P・ソーマスンダラ・チェッティがカレースワラ・ミルを、1908年にはランガナータン・カンパニーがコーインバトゥール・モール・ミルを相次いで創業した。彼らの経歴は綿業とは無関係であったが、10年にラクシュミー・ミルを創設したG・クップスワーミ・ナーイドゥ[8]、22年にランガーヴィラス・ミルを設立したP・S・G・ナーイドゥ[9]、23年にラーダー

クリシュナ・ミルを創業したグルスワーミ・ナーイドゥは、いずれも原綿・綿糸取引に従事していた。彼らはその知識と経験を生かして、綿業の本格的発展の礎を築いた[10]。

　20年代までは、主に動力源確保の問題から工場数は多くなかった。初期の紡績工場は石炭燃焼による蒸気を動力源としていたため、工場立地も石炭を容易に運搬できる鉄道駅の周辺に限られていた。鉄道駅がある場所は、市街地中心であり、用地獲得競争が激しく土地代も高かったために、よほど資金が豊かでなければ工場設立は困難であった（図9-1）。このように市街地に立地する工場を「町工場」と呼ぶことにしよう。

　しかし30年代初頭にパイカラ電力開発プロジェクトで水力発電所が完成すると、安価な電力が供給されるようになり立地上の制約もなくなった。これを機に、市街地と市郊外の村落を結ぶ2本の幹線道路（アヴァナシー・ロードとティルチー・ロード）に沿って、インド系資本の小規模工場が次々と設立されていった（図9-2）。19年時点では4つしかなかった工場は、37年には20、39年には27にまで増加した。これら新興の工場を「村工場」と呼ぶことにしよう。

　30年代の「村工場」設立ラッシュの担い手は、非バラモン上層カーストのカンマ・ナーイドゥである。カンマ・ナーイドゥは16世紀頃にアーンドラ地方から移住してきた農民カーストを祖先とする。コーインバトゥール県でドミナントカーストの地位を占めるのはコング・ヴェッラーラだが、カンマ・ナーイドゥの多くが綿花栽培あるいは綿花・綿糸取引に従事していたためにコング・ヴェッラーラに先んじて紡績業に進出した[11]。

　「村工場」は、出資者と工場主と経営代理会社が一致しているという特徴を有する。自らも紡績工場を経営していたカストゥリ・シュリーニヴァーサンによると、コーインバトゥールにおける経営代理制度は合同家族の延長線上に成り立っていた。当時、工業を興すのは商業や金融業に比べるとリスクが大きいため、コーインバトゥールのインド人資本家は赤の他人に自己資金を委託するのを忌避する傾向があった。そこで、資金が十分とはいえない起業家と、他人には資金を委託したくない投資家の要求を同時に満たすものとして、経営代理制度が注目されたのである[12]。インド系経営代理会社は、最初は、親類縁者からなる合名会社[13]に近い形態で創設された。規模が大きくなり株式会社と

第3部　エリートと自立にむかう民衆

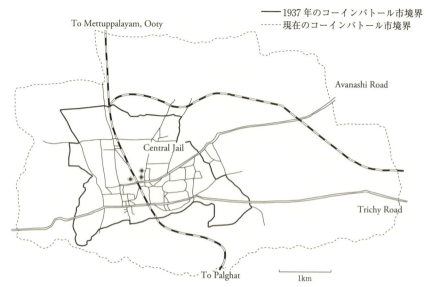

図 9-1　1910 年のコーインバトゥールにおける綿工場立地
出典) 筆者作成.

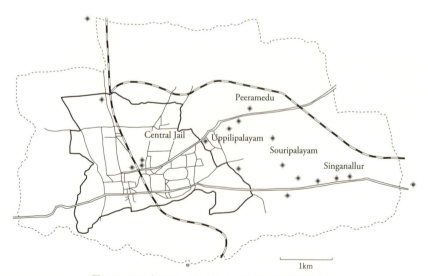

図 9-2　1935 年のコーインバトゥールにおける綿工場立地
出典) 筆者作成.

しての体裁を取るようになっても、工場創業者とその一族が経営代理会社の議決権株を独占した。経営方針は親族会議で決定され、一族から選ばれた工場経営者がそれを実行した[14]。したがってコーインバトゥールでは、イギリス系経営代理会社とインド人出資者の間での経営方針や配当をめぐる対立や、経営代理会社と現場で工場運営に携わる工場経営者の対立は生じにくかった。

ナーイドゥの経営代理会社は、30年代の民族運動の高まりに乗じて、民族資本としての期待を受けて成長した。たとえば、イギリス系の町工場の経営が悪化した時、マドゥライとティンネヴェリで複数の工場を運営する経営代理会社ハーヴェイ・カンパニーが買収を試みたが、住民の間から「インドの産業はインド人の手で」と望む声があがり、最終的にナーイドゥの手に経営がゆだねられることになった[15]。こうしてコーインバトゥールの紡績工場の大多数はナーイドゥが所有・経営し、しかも各工場の経営者が姻戚関係にあったり複数工場の経営を兼ねたりするようになった[16]。コーインバトゥールが「ナーイドゥ・シティ」と呼ばれるようになったのは、このような事情による。

ナーイドゥが経営する工場は、雇用方法にも特徴があった。ナーイドゥは、自分が居住する村の所有地に工場を設立し、労働力もその村から調達した。したがってこれらの「村工場」の経営者は、労働者にとって雇用主であると同時に地主でもあり、村の有力者であった。それだけに経営者の労働者に対する支配力は強かった。労働者に欠員が出ると、経営者やその一族、もしくは既に働いている労働者が身内や知り合いを推薦して補充することがほとんどで、狭い村落社会の中で人間関係が緊密すぎるほどに絡み合い、労働者を縛り付けた[17]。一方、「町工場」は、創業当時はまだ工場労働者という職業が一般的でなかったことも手伝って労働力確保に苦労し、マイストリ(コーインバトゥールではジョッバーと呼ばれた)に頼って比較的広範囲から労働者を集めた。こうして集められた労働者の多くが「不可触民」だったのはマドラス市と同様である[18]。第2章で指摘したように、「不可触民」は、農村部では主に農業労働に従事し収入が不安定であり、失業した場合は宗教社会上の制約により代替職業にも就きにくかったことから、都市部に新しい職を求める傾向があった。そのため「不可触民」出身の労働者は定着率が高く、さらには親から子へと職を受け継ぐのが慣習になっていった。したがって、「町工場」での労働者

の地位は比較的安定していた[19]。

　コーインバトゥールでは、20年代から共産主義者が活動し地盤を固めていた。また同地は自尊運動の拠点でもあった。ペリヤールがコーインバトゥール県イーロードの出身だったことも手伝い、自尊運動は同県を中心に広まった。自尊運動が共産主義化していくにつれて、工場労働者の間で盛んに共産主義的、自尊運動的思想が宣伝されるようになった。特に熱心だったのがP・ジーヴァーナンダンで、工場労働者を集めて集会を開いては、労働者の不満を汲み上げつつ、共産主義的自尊運動へと労働者をひきつける努力を続けた。「町工場」の労働者の多くを「不可触民」や下層カーストが占めていることを考慮すれば、同地の自尊運動活動家が共産主義に興味を持ち、また逆に共産主義者が自尊運動に関心を寄せたのは自然の成り行きといえる。コーインバトゥール中央刑務所が多くの共産主義者を収監していたことも、共産主義の浸透を助けた。

　共産主義の浸透は、まずコーインバトゥール労働組合を変質させた。同組合は20年4月に設立されたものの、マドラス労働組合メンバーが幹部を兼任し開店休業状態であったことは第2章で述べたとおりである。しかし、労働問題への関心の高まりに影響されて、創設者の一人N・S・ラーマスワーミ・アイヤンガールが、このような組合のあり方を問題視するようになった。彼はまず自身の活動拠点をコーインバトゥールに移し、労働者との接触を密にした。さらに、26年に労働組合法が成立したことを契機に、正式登録を目指して常設組合としての体裁を整える作業に入り、30年の王立労働問題委員会訪印を前に同組合を登録した。AITUCに加盟し、29年にAITUCが分裂し「穏健派」がAITUFを設立した後も、共産主義者が優勢になったAITUCに残留していることから[20]、ラーマスワーミ・アイヤンガール自身、左派が推進する労働運動の理念に共感するようになっていたことがうかがえる[21]。32年にラーマスワーミ・アイヤンガールが死去すると、彼の遺志を継ぐ指導者が現れず、マドラス繊維工場労働者組合の幹部がコーインバトゥール労働組合幹部を兼任するという旧弊が復活した。新たにコーインバトゥール労働組合長を兼ねることになったC・バスデーヴは正義党員で、同党を支持する工場経営者と繋がりを持っていた[22]。したがって、彼の下で組合活動が「穏健」になるのは自明で

あった。しかし既にラーマスワーミ・アイヤンガールによって急進的労働運動へと踏み出していたコーインバトゥール労働組合は、バスデーヴの方針に満足できなくなっていた。組合活動の中核を担う労働者リーダーも着実に育っていた。彼らの多くは共産主義に触れ、バスデーヴの労使協調的な姿勢に異議をとなえるようになった。

　不在組合幹部と労働者リーダーの齟齬は、35年、CS＆Wミルのストライキを機に表面化した。同年1月、「町工場」のCS＆Wミルは、イギリス系経営代理会社のステーンズ・カンパニーからインド系経営代理会社に経営権が移った[23]。新しい経営陣は、業績を改善するために賃金据え置きで労働日数を増加すると決定した。これは実質的に賃金低下を意味したために、労働者は抗議のストを開始した。

　スト発生の知らせを受けたバスデーヴはコーインバトゥールへ向かい、コーインバトゥール労働組合代表として経営側組織の南インド工場主協会（South India Mill-owners' Association、以下、SIMA）との交渉にあたった。しかし彼は、インド人経営者を相手に最初から腰が引けていた上に現地の事情に疎かったことが災いして、ストの先頭に立った労働者を解雇することに同意してしまった[24]。もっとも、バスデーヴが事前に労働者と協議することなく独断で経営側と秘密会合を持ったことを考慮すると、最初から現地の組合幹部や労働者の意見を聞く気はなかったのであろう。むしろこれを機に急進的な労働者リーダーを排除することで経営側と利益が一致したとも推測できる。

　しかし労働者は、バスデーヴの妥協案に唯々諾々と従おうとはしなかった。彼らはコーインバトゥール労働組合を脱退し、36年にコーインバトゥール社会主義工場労働者組合（Coimbatore Socialist Mill Workers' Union）を結成するに至った。同組合の特徴は、幹部に労働者としてのキャリアを持つ地元出身者が多く含まれていたことである。これは幹部を部外者が占めたコーインバトゥール労働組合と対照的であり、労働者が自立への道を歩み始めたことを象徴していた。

　さて会議派は、30年代に入ってようやく労働問題にも関心を持つようになったものの、コーインバトゥールへの進出は大幅に遅れた。マドラスやマドゥライのようにイギリス系代理会社によって工場が経営されていれば労働争議を

反英民族闘争にすり替えることが出来るが、コーインバトゥールでは不可能だったことも作用していた。結局、会議派が同地の労働争議に介入するようになったのは、新インド統治法によって労働者代表選挙区が設けられ、その一つ、コーインバトゥール・マラバール特別選挙区にも候補者を立てる必要に迫られた時であった。正義党はバスデーヴを立候補させる意向を固めた。彼に勝つために、コーインバトゥール県会議派委員会は、インド人資本家を離反させずに労働者の支持も得られるような人材を選ぶ作戦に出た。そこで立候補することになったのがN・G・ラーマスワーミ・ナーイドゥ（通称NGR）である[25]。彼は労働者リーダーであり、かつガンディーを信奉していたことから、県会議派の意図を忠実に実行するものと期待された。選挙の結果、バスデーヴの2113票に対しNGRが3669票を獲得し、この無名の労働者リーダーはマドラス州立法議会議員の地位についた。

会議派内閣成立から程なくしておきたコーインバトゥール初の大規模ストライキは、会議派政権にとっても会議派議員になったNGRにとっても大きな試練となった。37年10月27日未明、「町工場」のサラダ・ミルでストが発生した。労働者の要求は、ディワーリを目前に控えての特別手当支給であった[26]。ディワーリとはヒンドゥー教の祭りの一つで、祭りにあわせて人びとは新しい衣服を買い、富裕層は使用人に服を買い与える習慣がある。そのためディワーリ前には衣服の需要が激増し、連動して綿布や綿糸の需要も増えることから、綿工場では労働時間が延長されることが多かった。コーインバトゥールの各工場でも、ディワーリ前の労働時間延長は慣例になっていた。しかし労働者は、会議派政権への期待も手伝って特別手当を要求したのである。総勢898名（男性774名、女性124名）の労働者の内、810名がストに参加した[27]。

スト発生を知って、NGRとジャガナータンという労働者リーダーがまず行動を起こした。2人は共に、コーインバトゥール（社会主義）工場労働者組合[28]の幹部であったが、その姿勢には大きな違いがあった。NGRが「穏健派」として経営側からも一定の支持を得ていたのに対し、ジャガナータンは、ガンディー的な労使融和路線を批判し「社会主義をヒトラー的に実現する」と公言する「急進派」であった。その言動が災いし、最初に勤めた工場では労働者を扇動したとして解雇され、再就職した工場でも同じ理由で解雇されるというこ

とを繰り返していた[29]。最初にNGRが労使の仲介を買って出た。ただし、かつてバスデーヴがしたように指導者を気取って勝手に経営側と交渉するのではなく、スト現場に赴いて労働者と話し合い、事情の把握に努めた。彼は、スト参加者の同意を得た上で、同日午前に労働者代表と経営側代表に県長官代理を交えた三者協議の場を設けた[30]。

　県長官代理[31]は、会談が進むにつれて、それまで経営側が行政に申し立てていた内容と労働者側の主張にずれがあることに気づいた[32]。経営側は、労働者の不満はボーナスの未払いだけで、しかもその不満をスト発生の直前まで訴えてきたことがないと主張していた。しかし労働者から直接得た情報とつき合わせるうちに、経営側の申し立ては「完全に嘘」であり、「経営側に騙されていた」と確信するようになった[33]。県長官代理が新たに得た情報によると、ストが発生するまでの経緯は以下の通りであった。

　サラダ・ミルの労働者は、数か月前に13項目からなる要望書を提出し経営側に拒否されたためにストを起こしていた。この時もNGRが介入して、労働者の要求を検討するという約束を経営代理会社からとりつけ、ストは一旦終了した。しかし経営は要望書を放置し、さらには労働者から要望書を受け取ったという事実すら否認して労働者を憤慨させた。なお、前年のディワーリで、事務員やマイストリや警備員にはボーナスが支払われたにもかかわらず、労働者へのボーナスはなかったため、労働者達はこの差別待遇にも不満を募らせていた。経営側は、今年は労働者にもディワーリ・ボーナスを払うと発言したが、口約束だけではまた反故にされると警戒した労働者は、10月23日、139名の署名を伴う要望書を改めて提出した。しかし経営側はまたもや、そのうち検討すると返答しただけでこれを放置した。ここに至って労働者は、ストに訴えるしか道はないと決意したのである。

　経緯を知った県長官代理は経営側への不信感を強めた。27日の協議では合意に達しなかったため、県長官代理は、労働者の要求を検討する期間を14日間に区切ったうえで経営側に猶予を与えてはどうかと提案した。NGRは、この提案を受け入れるよう労働者リーダーたちに忠告した。しかし労働者リーダーは、経営の口約束には何度も裏切られてきたとして提案を拒否した。そこで県長官代理が、労働者の要望書は県長官を始めとする各行政官の手元にも送

付済みであるため今度は経営に無視されお蔵入りすることはないと諭すと、労働者リーダーたちはようやく同意する意向を示した。ただし自分たちの一存では決められないので労働者全員の意見を確認するまで回答を保留したい、と応えた。

　ここで注目されるのは、労働者の代表として労働者リーダーが協議に出席した点、かつ独断で判断を下すのを回避している点である。これまでは、交渉の席につくのは部外の運動指導者（組合幹部）であり、そこでの決定は一方的に労働者に通達されていた。もちろん、その決定に労働者が反発し指示を無視することは珍しくなかったが、それは組合幹部と一般労働者の立場上の溝が大きく、意思疎通も十分でなかったことに起因していた。しかしこの時の労働者代表は、部外の指導者ではなく労働者リーダーであった。そして彼ら労働者リーダーは、あくまでも労働者の代表として振る舞い、他の労働者の意見を確認するまでは決断を避けたのである。

　三者協議が開催された日の午後、県長官も同席して労働者集会が開催された。ここでNGRの忠告は一蹴され、県長官代理の調停案は拒否されてしまった。何度も経営に裏切られた労働者の不信感は、それほど強かったのである。一方ジャガナータンは、要望がすべて実現されるまではストを続行するべきだと主張して労働者の大喝采を浴びた[34]。

　翌28日夜、近くのCS＆Wミルでも夜間シフトの労働者がストを開始した。さらに、コーインバトゥール社会主義紡績労働者サンガム（Coimbatore Socialist Spinning Workers Sangam）という組織が、賃金1か月相当額のボーナスを要求し、政府に対して「状況を熟慮した上で、とるべき行動をとるよう」求めた[35]。なおCS＆Wミルでは、20日に労働者からディワーリ・ボーナス要求が出されたのを受け、経営側が勤続6か月以上の労働者に1.8ルピーの特別手当を支払うと決定し、労働者側もこれを受諾していた。それにもかかわらずストが始まったため、CS＆Wミルのストはサラダ・ミル労働者への同情ストではないかという噂も流れた。地区行政官は、ジャガナータンを中心とする「社会主義者」が労働者を煽動してゼネストへと駆り立てているのではないかと疑った。実際ジャガナータンは、27日サラダ・ミルの入口前に集まっていたスト参加者に向けて演説し、ボンベイでのゼネストを引き合いに出しつつ、コーインバ

第9章　労働者の自立と会議派の変質　　271

トゥールでもゼネストを起こさなければ資本家に勝利することは出来ないと声高に語っていた[36]。

　29日夜、ストはサラダ・ミルやCS＆Wミルと同じ「町工場」のカレースワラ・ミルにも拡がった。紡績部門の労働者がディワーリ・ボーナスを要求し、これが受け入れられなければ夜間シフトからストに入ると警告した。工場長が直ちに要求を承諾すると、労働者はさらに賃上げも要求しはじめ、結局夜間シフト開始時刻になっても仕事を始めなかった[37]。このときもジャガナータンが駆けつけて工場入口前で労働者を鼓舞する演説を行った[38]。カレースワラ・ミルの事例は、労働者があらかじめスト実行を決めていたことをうかがわせる。なぜなら、最初はディワーリ・ボーナスを要求したものの、予想に反し経営が応じたため、あわてて次の要求を突きつけストに突入したからである。

　「町工場」で続け様にストが発生した背景としては、「〔町工場の〕労働者は完全に社会主義者とその手下の言うなりになっている」と評されるほど左派思想が浸透していたことが挙げられる[39]。左派活動家とその影響を受けた労働者リーダーは、労働者の鬱積した不満と新政権への期待を読み取り、サラダ・ミルでおきたストを起爆剤にゼネストへと発展させようとした。そして労働者もそれに呼応し、大規模なデモ行進を行い、口々にスローガンを叫びながら街中を練り歩いた。カレースワラ・ミル前では大規模集会が開かれ、ジャガナータンがストライキ続行を叫んだ[40]。労働者リーダーでコーインバトゥール工場労働者組合員のヴェンカタスワーミも熱心にストを支援した[41]。

　ストはすぐに「村工場」にも飛び火した。29日深夜、ラーダークリシュナ・ミルで、ディワーリ・ボーナスを要求してストが開始された[42]。翌30日朝にはムルガン・ミルで396人の労働者のうち329人がストに入った[43]。なお、ムルガン・ミルのストの原因はボーナス要求ではない。22日にマイストリとランガスワーミという労働者が争い、ランガスワーミがマイストリをサンダルで殴って侮辱したとして解雇される事件があった。労働者達はこの処分に抗議し、翌23日に101名の署名を伴う陳情書を提出して、事件を再調査すること、2日以内に調査結果とそれに基づく処分内容を文書で公示することを求めた。しかし経営側は、事件は解決済みで再調査の必要性はないと突っぱね、それでも陳情を取り下げようとしない労働者の代表3名を解雇すると宣告した。

そこで労働者はスト実施を決議したのである[44]。同 30 日にはジャナルダナ・ミルでも突発的にストが発生した[45]。要求が提示されることもなく経営側もスト開始の理由がわからなかったため、地区行政官が直接労働者から理由を聞き出そうと現場を訪れた。しかし地区行政官は、その場にいたジャガナータンと NGR にしか接触できなかった。ジャナルダナ・ミル労働者のストの理由を問われた 2 人は、これまで鬱積していた全工場に共通する労働者の不満をこの機会にまとめて解決しようとしている、と答えた。

ただし、ストそのものに対する考え方も、ジャガナータンと NGR の間には相違があった。ジャガナータンは、ストライキを労働者の権利であり交渉を有利に導く手段として評価していた。しかし NGR は、「ストライキは文盲の労働者が不満を表現する手段である。文盲の労働者に正しい行動とは何かを教えることは出来ない」と発言していた。つまり NGR は、ストは無知で未熟な労働者がやるもので「正しい行動」ではないと見なしていた。彼は、不満は文書化して提出し、その文書をたたき台に労使が交渉し合意に至ることを「正しい行動」と考えていた。彼は、ストが玉突きのように拡大していくのを労働者の意思に逆らってまで止めることが出来ずに事後承諾したにすぎず、決して肯定的にはとらえていなかったのである[46]。

31 日未明、ジャナルダナ・ミル近くのヴァサンタ・ミル[47]でもストが始まった。その日、夜間シフトの労働者 596 名は通常通り働いていたが、夜 12 時 45 分、紡績部門の労働者全員が静かにその場に座り込み、ボーナス支払いの確約を得るまで仕事を中止すると宣言した。電話で知らせを受けた経営側が、仕事をしないのならば敷地から退去しろと命令すると、労働者は素直に外へ出た。しかしそのまま工場の門前に横たわり、昼シフトの労働者が敷地に入るのを阻止した。そこで経営側は、織布部門は操業していたにもかかわらず工場閉鎖を決定した。なおこの工場では、7 年前の創業以来一度もボーナスが支払われたことはなく、労働者もボーナスを要求したことがなかった。経営者が公私にわたって強い影響力を行使する「村工場」にあって、労働者たちは長年声を上げることが出来ずにいたのであろう[48]。しかし他の工場でのストに刺激され、労働者たちはため込んできた不満をついに爆発させた。31 日朝にはヴァサンタ・ミルの東隣にあるカンボディア・ミルでもボーナスを要求してストライキ

第9章　労働者の自立と会議派の変質　　　273

が始まり⁴⁹⁾、同日昼には、さらにその隣のコーインバトゥール・コットン・ミルもストライキに入った⁵⁰⁾。こうして、サラダ・ミルから始まったストライキはコーインバトゥール市中心部から郊外へと玉突きのように広がり、図らずもゼネラルストライキの様相を呈し始めたのである。

　31日朝、はじめてコーインバトゥールの全工場の労働者が集結し、大規模なデモ行進を断行した。ここでも中心人物はジャガナータンであった。一地方都市での労働争議は、マドラス州中の注目を集めることになった。31日には、マドラスからジーヴァーナンダンが、イーロードからは同じく自尊運動活動家でサマダルマ党党員のE・C・M・クリシュナスワーミが応援に駆けつけた。同日夕方コロネーション・パークで開かれた大規模集会では3人とも登壇しストライカーを励ました。興奮した労働者達は、集会終了後も解散せずに、演説で使われたスローガンを連呼し大騒ぎになった⁵¹⁾。このころから労働者は、鎌とハンマーのエンブレムを染め抜いた赤旗を手にメインストリートをデモ行進するようになった⁵²⁾。また、労働争議を有利に展開すべく、ストライカーが集まってストライキ委員会を結成し、以下の幹部を選出した。

　　委員長：E・C・M・クリシュナスワーミ
　　副委員長：NGR、P・ジーヴァーナンダン、パラニヤッパン、A・スクマラン
　　書記：クップスワーミ（CS＆Wミル）
　　副書記：ラマニ（CS＆Wミル）、ラーマイヤ（パッパナイッケンパライヤン村）、ラーム（パッパナイッケンパライヤン村）、クラシェーカラン、ジャガナータン
　　会計：ヴェンカタスワーミ（パッパナイッケンパライヤン村）⁵³⁾

　事態の深刻化に慌てたSIMAは、30日朝に会合を開いて対策を協議した。まず、全工場が一斉にロックアウトを宣言するべきだという意見が出された。しかし、パイオニア・ミルやランガーヴィラス・ミルを経営するP・S・G・ナーイドゥは、ストが起きて生産が滞っている工場が操業中の工場（彼の工場はまだストが発生してなかった）を牽制しようとしているのではないかと反対した⁵⁴⁾。

結局、事態のさらなる悪化を防ぐには政府に頼るのが一番、と意見がまとまり、労働局長に対し至急介入を要請する電報が打たれた[55]。

電報を受けて、労働局長ではなく労働大臣のギリが調停に乗り出した。彼は、SIMA に対し、ストを終息させるために労働者への譲歩を含むいかなる心積もりがあるのか質問した。ところが、工場主達が何も考えておらず足並みもそろっていないことが露呈した[56]。SIMA 会長が県長官に対して、個人的な非公式見解と断った上で経営側の立場を説明したが、県長官は SIMA としての統一公式見解を提示するよう求めた。そこでようやく SIMA は工場運営の基本方針として、以下の項目を提示してきた。

(1) 賃金を標準化・合理化する
(2) 時間に関する規律を厳格化する
(3) 無能な労働者や事前通告なしに問題を起こす労働者を解雇する権限を保持する
(4) 祭りや結婚式、葬式を理由とする賃金前払い要求を認めない
(5) 労働組合法に基づき登録され、かつ政府と工場主に受け入れられる組合しか承認しない
(6) 賃金法第7条 C-2 に反対する
(7) 人手不足になった場合は、当該部門とその前後部門の機械を止め、労働者の就労も中止し、その期間中の賃金は支払わない
(8) 部外者によるピケットや干渉を認めない
(9) 就職希望者は前雇用主が発行する退職証明書を持参することを条件とする。それ以外は3か月の試用期間を設ける
(10) ストライカーは他の工場に行ってストをそそのかしてはならない、このような行為を行ったものは解雇する[57]

このように SIMA の見解には、組合活動を含む労働者の争議権を制限する項目が多く含まれていた。(5) は御用組合を奨励するものであり、(8) は政治家や労働運動指導者などの介入を封じるものである。(9) は、組合活動などを理由に解雇された労働者の再就職を極めて困難にする。(7) で「人手不足」と婉

曲に表現されているのはストライキを指しており、スト期間中の賃金は支払わないという経営側の意思表示である。つまり経営側は、労働者に全面的に対決する姿勢を打ち出したといえる。

ギリは、経営側の強硬な姿勢に困惑しながらも少しでも譲歩を引き出そうとし、11月3日、労働組合代表、経営代表、政府代表からなる調停委員会を設置すると発表した。NGRもこの発表を契機に労働者を「正しい道」へ引き戻そうと考え、労働者に無条件に復職して調停委員会の決定を待つよう諭した。これを受けて、まず「村工場」の労働者が復職しはじめた。しかしジャガナータンは、調停委員会が本当に発足するという保障はないため、これが正式に任命されるまではストを続けるべきだと主張した。この時点ではまだ経営側がギリの提案を拒否していたため、ジャガナータンの意見には説得力があった。「町工場」の労働者はジャガナータンに賛同し、調停委員会が始動するまで団結してストを続けた。その甲斐あってか、経営側は11月13日にようやく調停委員会の席についた。調停委員会発足を確認した「町工場」の労働者はストを中止した。11月16日には、コーインバトゥールの全工場が通常の状態に戻った[58]。調停委員会は、経営側の反対にも関わらず、全工場における賃金引き上げを決定した。こうして37年のコーインバトゥールにおける初の大規模ストライキは、労働者の勝利に終わった。

このストライキの特徴をまとめると4点に集約されよう。第一は、ストライキの役割の変化である。まず、労働者たちは、ストを起こす前に自ら陳情書を経営に提出し、要求を明示している。それに対する経営の態度が不誠実で満足の行く回答が得られなかったために、初めてストという手段に訴えた。つまりここでのストは、もはや「注意喚起型ストライキ」ではなく、経営に対して抗議し圧力をかけるための交渉手段としてのストライキであった。

第二は、労働者の自立性が向上している点である。これはストに至るまでの経営側との交渉過程、そしてスト開始後の労働組合幹部との関係という2つの側面で顕著にみとめられる。まず、労働者は自ら陳情書を作成して経営に提出しており、部外の運動指導者の支援は求めていない。さらに、その陳情書には労働者自身による100名以上の署名（拇印含む）まで添えられていた。これは、文書に記された不満は部外者に唆された（と経営が邪推するような）一部の労

働者のものではないという意思表示でもあった。ストライキもあくまで現場の労働者のイニシアティヴで始まった。NGR ら組合幹部は、各工場でストが起きて初めて現場に赴き、労働運動を主導しようとしたが、労働者の意向に合致しなければ指導力を発揮できなかった。スト中止を忠告した NGR が労働者に拒絶され、継続を主張したジャガナータンが賞賛を浴びたことはその証左である。ストを主導したのは、組合幹部よりも、むしろ労働者リーダーのほうであった。労働者リーダーが経営と同じテーブルについたことは、労働者が部外指導者に頼らず経営と直接交渉する能力を身につけたことを示している。ただし、ストライキの先頭に立った労働者リーダーも、一般労働者を統率するほどの影響力を持たなかったことは、彼らが一般労働者の意向を確認しなくてはならなかったことからも明らかである。

　このストライキにおいて労働者は、組合という組織に縛られることなく、一人一人が比較的自由に行動している。組合組織が緩やかで労働者がまだ完全には組織化されていなかったことが、却って労働者に行動の自由を与えた。どの工場にも労働者総数の10％から25％ほどのスト不参加者がいることや、ストの終息についても数日間に渡って数人から数十人単位で少しずつ復職していることは、労働者が誰かの指示に従うというより個人で行動していた可能性を示している。

　第三は、左派活動家による日頃の活動が労働者の自立を助けたことである。労働者の中からリーダーが育成され経営と対等に交渉するまでに至ったのは、左派活動家が「理想的な平等社会」を平明な言葉で解説し、まずは身近な不平等や上下関係を改めるべきだとして、労働者が日常的に感じる不満を解決する方法を示してきたことが作用していよう。つまり、社会主義国家実現のための抽象的な革命理論を押し付けるのではなく、自尊運動と結びつき現実的に咀嚼された「共産主義」が伝わったことが、労働者に、経営と対等の立場に立ち不満を的確な言葉で伝え交渉する自信を与える一助となった。

　第四の特徴は、会議派政権が積極的に争議に介入したことである。コーインバトゥールのストライキは、マドラス州会議派政権が直面した初めての大規模ストライキであった。そのために、会議派政権がいかなる対策をとるか、その動向が注目を集め、政権及び政党の真価を問われる試金石となった。会議派政

権は、積極的に争議に介入する姿勢を示した。SIMAが仲介を要請したのは労働局長であったにもかかわらず大臣自ら調停に乗り出したのは、これが初めてであった。また、経営の反対を押し切り労働者に比較的有利な調停案を下した。経営者が全員インド人であり、民族運動の資金提供者としても決して無視できない階層に属していたにもかかわらず、敢えて労働者寄りの姿勢を示したのは、共産主義者が労働者にさらに影響を強めていくのを防止しようとする意志が働いたと考えられる。

今回のストライキでは、「穏健派」のNGRはジャガナータンに代表される左派の「急進派」に押されて労働者の支持を得ることができなかった。特に「町工場」では、共産主義者が早くから進出して基盤を確立しており、NGRが食い込む余地はなかった。そこでNGRは「村工場」に活路を求めざるを得なくなった。インド人が経営する「村工場」に会議派議員であるNGRが活動基盤を築くのは一見困難に思える。しかしNGRはその後、徐々に「村工場」の労働者から支持を獲得していった。まず工場主にとって、急進的な組合が進出してくるよりNGRの方が手なずけやすかった。つまり「共産主義」対策という点において、工場主と会議派政権の思惑が一致したといえる。また、雇用主に反抗しにくい立場にあった「村工場」の労働者も、より「穏健」なNGRを受け入れたのである。

3 マドゥライ・ミル・ストライキ（1938年）
——「自己表現の場としてのストライキ」へ

37年の短期ストに端を発し、38年1月から4月まで続いたマドゥライ・ミル・ストライキは、コーインバトゥールのストライキで示された会議派州政府の姿勢をより鮮明にした。また、労働者が自立度を高めていく点においても、この時期の労働運動の典型である。

37年9月7日から16日にかけて、マドゥライ・ミルでストライキが発生した。直接の契機は労働者5名が解雇されたことであったが、真の理由は夜間シフトの人員削減と賃金への不満にあった。この時は労使交渉の場が設けられ、政府に調停委員会設置を申請してその裁定にゆだねることで合意し、ストは終了した。調停委員会は労働者の要求を妥当と見なし、賃金とボーナスを引き上

げるよう経営に勧告した[59]。しかし経営側が勧告を無視したため、労働者の不満が鬱積していった。38年1月、ティンネヴェリ県にある同系列のパパナサム・ミルでも、労働者が賃上げを要求してストを起こした。S・R・ヴァラダラジュル・ナーイドゥ率いるマドゥライ労働組合は直ちにストを支持し、経営に対しパパナサム・ミル労働者の要求を考慮するよう要請するとともに、マドゥライ・ミルについても調停委員会の勧告を実行すること、前年に解雇された労働者5人を復職させることを要求した。彼は、2週間以内に要求が受け入れられなければストを含むあらゆる手段に訴える、と警告した。しかし経営側は、これ以上「理不尽なストライキ」が起きるようなら工場を無期限に閉鎖する、と真っ向から対決する姿勢を示した。

　38年1月26日、マドゥライ・ミルで、労働者2名が規則違反を理由に解雇された。するとその夜、解雇された1人が、夜間シフトの労働者4000人に呼びかけ座り込みストを開始した。警察が来て直ちに解散するよう命令すると、労働者たちはおとなしく工場敷地から退去した。経営は、警告通り工場を閉鎖した[60]。

　ストが開始されると、労働者たちは毎日欠かさず集会を開くようになった。ヴァラダラジュル・ナーイドゥ、ヴァイティヤナータ・アイヤルら部外指導者は、非暴力を遵守するよう繰り返し訴えた。2月6日夕方、女性500人を含む3500人もの労働者が出席する大集会が開かれた折、ナーイドゥは、ボンベイやアーメダバードでのスト成功例を紹介しつつ、綿糸価格が上昇している今こそ賃上げを迫るチャンスだと煽った。さらに、労働大臣をはじめとする会議派州政府高官に労働者の不満を直接説明したので、安心してマドゥライを離れ結果を待つよう勧めた。次に演壇に立ったソーマスンダラ・ピッライも、ボンベイの会議派政権は労働者を助けていると述べ、その会議派に属するナーイドゥを信頼し彼の指示に従うよう訴えた。このように部外の指導者は、会議派首脳との繋がりを誇示して自分を権威づけようとした。この言動が労働者の会議派への期待を一層高めたのみならず、会議派政権に心理的圧迫を加えたことは想像に難くない[61]。

　2月7日、プットゥトープ地区に100人ほどの労働者が集まり、チームを組んでマドゥライ労働組合の組合費を徴収することを決定し、即日実行に移した[62]。

同日夕方5時には、マドゥライ・ミルと同系列のパーンディヤン・ミルの労働者が呼応し、自分達も組合費を払って組合幹部を選出する権利を獲得しようと呼びかけた[63]。そのすぐ後に300人ほどの労働者が集まり、給料を受け取ったらマドゥライから離れるべきだと話し合った。これは、村に帰れば刈取り作業などで臨時収入が得られるためスト資金不足を補える上に、経営側が労働者に接触しにくくなりスト破りを防止できるという利点を考慮した戦略であった。

　労働者は経営側がスト破りを雇用することを想定して、さらに新たな戦略を練り始めた。9日朝、労働者40人が組合事務所に集まり、町中の全ての通りを調査し、マイストリと関係がある労働者や脅迫されたらスト破りになる可能性がある労働者をリストアップしてその動向を注視し、彼らが組合の指示を無視して復職し始めた時にはピケットを張ることを決定した[64]。11日、ボランティアを名乗る5人の労働者が、旗を掲げて通りを練り歩き、一般の人々からは寄付を募り、労働者には復職するなと呼びかけた。募金を呼びかけながらスト破りを牽制するという方法は、少なくともマドラス州の労働運動では初めての方法だった。これは、労働者が町へ出て自分達の立場をアピールし同情を喚起すると同時に、グループ行動を通じて労働者の一体感を高める効果をもたらしたと考えられる。

　連日の集会も一体感を強める効果を狙ったものといえるが、集会が増えた分より多くの演説者が必要になり、労働者の中から演説する者が増えたことも注目に価する。たとえば、2月11日、ヨガナンダスワーミ僧院の近くで労働者200人を集める会合が開かれた際、ソーマヤジャルーという労働者が「イギリスは資本家を助けているが会議派政権は労働者の味方だ」と語り、「団結しよう！　復職するな！　臨時の仕事を見つけて凌ごう！」と叫んだ[65]。こうして一般の労働者も、大勢の人間を前に発言するという経験を積み、発話能力を身につけていったのである。

　2月14日朝、パーンディヤン・ミルで労働者2人が解雇されたことを契機に、同工場の労働者もストライキを開始するらしいという噂が一挙に広まった。しかしマドゥライ労働組合幹部は、スト拡大を望んでいなかった。同日11時半から12時半の間、組合のボランティア10人がパーンディヤン・ミルの入り口に立ち、労働者に通常通り出勤するよう呼びかけた。夕方にはパーンディヤ

ン・ミルの男性労働者200人と女性労働者300人を集めて、就業時間中は騒ぎを起こさず、経営側に要求を出す場合にも非暴力を守るよう求めた。ところが翌日朝、女性労働者の一人がパーンディヤン・ミルの入り口に立って、仕事を止めろと叫び始めた。組合ボランティアが慌てて駆けつけ彼女を説得し、スト発生を抑えた。

　労働組合がパーンディヤン・ミル労働者に仕事を続けるよう求めた理由は、スト資金不足にあった。スト中の労働者の生活を支えるためには寄付を募らなければならず、パーンディヤン・ミル労働者には働き続けてもらって、賃金の一部を寄付してもらう必要があったのである。しかしその後もしばしば、パーンディヤン・ミルの労働者はストを起こそうとした。20日にも、女性労働者15人と男性労働者20人がナーイドゥに対して、自分たちもストを始めるべきだと主張した。ナーイドゥは、トゥティコリン工場の労働者と共に仕事を続けて寄付することによって、物心両面でマドゥライ・ミルのストを支えて欲しいと懇願しなければならなかった[66]。

　2月16日、組合ボランティアと一般労働者30名が、ナーイドゥと今後の方針について話し合った。ナーイドゥは、周辺の村々でもプロパガンダを行いスト中の労働者を養うための米や資金を集めてはどうかと提案し、これをただちに実行に移した[67]。しかし、寄付は期待していたほど集まらなかった。組合ボランティア6人が2人で組になってマドゥライ市近隣の村を巡り寄付を募ったものの、村人の反応は鈍く、労働者の問題にも興味を示さなかった。危機感を募らせた組合幹部とボランティアは、翌17日朝プットゥープ地区の寺で集会を開き、ストを継続すべきか、一般の人びとから寄付を募るべきかどうか議論した。その結果、マドゥライ市内の路地ごとに寄付を集めること、復職を目論む労働者に対しては路地の住民全員で村八分にすることが決定された。その決定内容は、同日夜、各路地で開催された集会で承認された。こうして市内に残っていた労働者は、路地単位で組織化されることになった。各路地では労働者が集まって寄付金を集めるボランティアを選出した。しかし、市内での募金活動も、初めはうまく機能しなかったようである。ナーイドゥは、集めた金を小額貨幣に換えて袋に詰め、その袋を掲げてデモ行進を行った。あたかも寄付金が大量に集まったかのように見せかけるデモンストレーションは、ストに

無関心の一般住民からの寄付を促し、かつ経営にも圧力を加える効果を狙った新たな手段であった。しかしそれでもなお、商店主や一般住民からの集金は難航した。中には、会議派党員が直接会いに来て頭を下げない限り一銭たりとも払わないと豪語する者もいた。ストが長期化するにつれ、労働者の間に疲労感が漂い始めた。25日には組合主催のデモ行進が行われたが、参加者は主にボランティアで「復職するな」と叫び続けたことから、その目的は一般住民の同情を仰ぐというよりむしろスト中の労働者を鼓舞しつつ脅すことにあったといえよう[68]。

　会議派内の左派勢力は、ストが硬直状況に陥ってナーイドゥの威信が低下していると察知し、これを機に会議派社会党の影響力を浸透させようと目論んだ。2月25日、マドゥライ市内で初めて、会議派社会党主催の集会が開催された。しかしマドゥライでは、ナーイドゥらが社会主義や共産主義への恐怖心を煽っていたため、演説者はまず会議派社会党への誤解を解くことに腐心しなくてはならなかった。まず、パパナサム・ミルとマドゥライ・ミルの労働者の要求と行動は正当であると全面的に支持した上で、社会主義国家が実現すれば労働者の生活は劇的に改善し飢えに苦しむようなことはなくなる、と必死に訴えた。会議派社会党が動き始めたことに危機感を抱いたのか、ナーイドゥは地元の会議派系政治家に接触して協力を仰いだ。これを受けて会議派政治家も労働者集会に出席し、ストを支持するようになった。さらにはタミルナードゥ会議派委員会も公式に労働者への同情を表明し、寄付活動を開始した。これが転機となり、マドゥライ市内にあるミーナークシ・ミルの労働者が寄付金を集め、鉄道労働者も集会を開いて同情を表明した。ナーイドゥは、にわかに同情が集まったのを利用して、世論は完全に味方になったと労働者に語りかけた。同時に、3月7日に食糧を配給すると約束して労働者を安心させる配慮も怠らなかった[69]。

　しかしその一方で、組合幹部や労働者リーダーの間でも、スト開始以来、経営側の態度に何の変化もないことを懸念する者が目立つようになっていた。彼らは、ナーイドゥを除いて秘密会合を開き、マドゥライ市長に陳情書を提出して助力を求めた。しかし、市長は私人として米60袋と現金5ルピーを寄付しただけだった。労働者も焦燥感をつのらせ、スト破りが出るのではないかと互い

に疑心暗鬼になった。真っ先に疑いの目を向けられたのはマイストリであった。マイストリは経営の命令で労働者の行動を監視していると疑いをかけられた。3月6日、数人の労働者が火葬場から髑髏を持ち出しマイストリの家に投げ込んだ。「裏切れば首が転がるぞ」というメッセージが込められていたという[70]。

労働者の不安を煽るかのように、労働大臣がナーイドゥに直ちにストを中止するよう忠告したらしい、という噂が流れた。この噂に乗じて、3月7日、カーリーメードゥ地区に20人の労働者が集まり、このような事態を招いたのはナーイドゥのせいだと批判し、ロックアウトが解除されたらすぐ復職するべきだと主張した。ボランティアが駆けつけて彼らを宥めたが、労働者の間には疲弊感が溜まっていった。ストを支えていたボランティア達も些細なことで争うようになった[71]。

ナーイドゥをはじめとする組合幹部は、体勢を立て直そうと作戦会議を開いた。近隣村で募金活動への反感が高まっていること、ボランティアの参加率が落ちてプロパガンダが行われなくなっていることが問題視された。とはいえ妙案は見つからず、募金活動の範囲を広げる、そのために自転車を使って出来る限り遠い村まで行く、自転車に乗れない者は乗り方を覚える、という策をひねり出した。地元会議派もナーイドゥへの支援を強化した。会議派主催の集会を増やしてスト支持の立場をアピールし、一般市民にも寄付を呼びかけるようになった。会議派メンバーが自ら村に出向いて米や雑穀を集めて組合事務所に届けたり、寄付要請文を書いてボランティアに持たせたりする者も現れた。ストが何の成果も得られないまま崩壊すればナーイドゥの威信が低下し、反対に左派勢力が助長すると恐れたためと考えられる[72]。

3月14日、ナーイドゥは地元会議派のメンバーや議員と共にボランティアの先頭に立ち、旗を掲げて大々的に行進した。この頃から、ただ行進するだけではなく、シンボルマークをつけた旗を掲げたり歌を歌ったりして、注目を集めようとする試みが始まった。翌日のデモ行進では、ボランティアたちが歌を歌いながら練り歩いたために、明らかに以前よりも注目を集めたという。この日からナーイドゥは、組合から労働者への連絡手段として、タムタムを鳴らして「お触れ」を出すようになった[73]。もともと、タムタムを鳴らしてのお触れは、権力者から臣民へ命令を伝達する伝統的方法であり、植民地政府や工場経営者

に継承されていた。そのタムタムが、組合から労働者への連絡手段として使用されるようになったのは、組合幹部の威信低下を恐れた幹部が、敢えて伝統的手段を採用して「正統性」と権威を演出するという思惑があったのではなかろうか。またその思惑は、組合幹部が労働者を統制できなくなってきた現実と表裏一体であった。

　3月17日、労働組合は本格的に米の配給を開始した。ところがこの行為は、皮肉にも労働者の結束を乱す火種になってしまった。この日、米が配給されたのはムスリム労働者だけだった。ヒンドゥーの労働者も米を要求したが、組合幹部に拒否された。翌日ヒンドゥーの労働者にも配給があったが、米ではなく雑穀で、しかも「貧しい労働者」限定だった。あるムスリム労働者が事務所に押しかけ、受給者の選定が恣意的で、ボランティアの知人だけが配給を受け本当に困窮している労働者には行き渡っていない、と文句を言った。しかしナーイドゥは、この労働者を追い返してしまった。この後、ヒンドゥー労働者からも連日のように不満の声があがるようになり、工場が再開されたら直ぐに復帰すると公言する者や、マイストリに工場再開はいつか訊ねる者も現れた[74]。

　再び危機に陥ったナーイドゥは、3月22日、緊急労働者集会を開いた。彼は、ムスリムとキリスト教徒の労働者がスト破りをしようとしていると批判し、4月1日に工場が再開される可能性があるが決して復職してはならないと忠告した。

　ナーイドゥはなぜ、スト破りをムスリムとキリスト教徒と断定したのか。復帰を望む空気はヒンドゥー教徒にも広がっており労働者全般に共有されるようになっていた。それにもかかわらずナーイドゥが敢えてムスリムとキリスト教徒と名指しした理由としては2つの可能性がある。第一に、特定の少数コミュニティを「裏切り者」にすることによって、労働者の批判の矛先を組合幹部からそらそうとした。第二は、実際にムスリムとキリスト教徒が強く復職を望むようになっていた可能性である。既に指摘したように、ムスリムとキリスト教徒の労働者は、社会的地位の低さから転職や臨時の仕事を確保するのが難しく、ヒンドゥー教徒の労働者に比べて不利な立場にあった。さらにムスリム労働者の家庭は、女性が家の外では働けない（周囲がそれを許さない）ため、男性が失業しても妻や娘の収入に頼れず、困窮しがちであった。したがってストが長引くとヒンドゥー教徒よりもはるかに深刻な打撃を受けたのである。25日

夜、アラパライヤン地区にすむキリスト教徒労働者のJ・シンプソンがキリスト教徒労働者の家々を回って復職希望の署名を集めているところを、他の労働者に見咎められた。問い詰められた彼は、南インド・キリスト教徒連合に属するウェップ記念教会牧師Ｉ・Ｄ・バーナバスの指示だと白状した[75]。翌日には、バーナバス牧師自身がキリスト教徒労働者のリストを作っているのを組合ボランティアが発見した[76]。労働者の足並みの乱れを見て取った経営側は、チャンスとばかりに以下の掲示を出し、労働者の団結を掘り崩そうとした。

来る3月30日、パパナサム、マドゥライの両工場を再開する。ただし、人員削減のため、以下の手続きを踏むものとする。
(1) 1938年1月31日時点で勤続2年以上の労働者は例外なく再雇用する
(2) 勤続2年以下の労働者は、申請書を提出すれば再雇用する
(3) 他の労働者は待機者リストに記載し空きが生じたら優先的に雇用する
注記 (1)に関して、3月30日時点でマドゥライを離れている労働者のために1週間の猶予期間を設ける[77]

経営の挑発的な発表を受けて、組合幹部と一部のボランティアは、スト破りを防ごうと必死になった。ゴーリパライヤン地区に住むムスリムが復帰しようとしているという噂が流れると、ナーイドゥは同地区の顔役に相談し、スト破りを防止する約束を取り付けた。ボランティアは連日タムタムを鳴らして、工場が再開されても復職するなと声を張り上げた。マイストリが労働者の分断を目論んでいるから警戒せよというお触れも出した。会議派メンバーも懸命に団結を呼びかけた。組合は、困窮している者ほどスト破りになりやすいと予測して貧しい労働者のリストを作成し、集中的に配給を行った。3月27日、経営側がタムタムを鳴らして、30日に工場を再開すると改めて発表し、発表内容を記した印刷物を配布した。これに対抗して、ボランティア側もタムタムを鳴らし、もしスト破りが出たらナーイドゥは自らの命を絶つだろう、ナーイドゥを守れ、と訴えた[78]。

経営側の工場再開通告以来、組合メンバーの過激な言動が目立つようになった。スト破りには暴力による制裁を加えようと発言する者や、刃物と髑髏を手

に組合事務所に押し入り復職したがっている労働者や幹部を脅す者まで現れた。プットゥトープの寺にボランティアと労働者200人が集まり、工場再開予定日の早朝3時からスト破り阻止プロパガンダを実行すること、復職しようとする者の家に行って圧力をかけることを決定した。新監獄通りには、復職をそそのかしたマイストリたちを中傷するビラが繰り返し貼り出されるようになった。28日の組合集会ではボランティアの一部が、もし復帰者が1000人を超えたら自害すると宣言した。30日夜には、3人の労働者が、ストに命をささげると家族に告げてハンガーストライキに入った。その一方で、とりあえず3日間はスト破り阻止プロパガンダを行い、それがうまくいかなければ自分たちも復職すべきだという意見も出されたが、強硬発言にかき消されていった[79]。

31日朝10時、マイストリ達が、タムタムを鳴らしながら経営の公示を読み上げ、対抗プロパガンダを行った。労働者は徒党を組んで通行を阻止し、彼らを罵倒した。警官が駆けつけて両者を引き離したが、マイストリが新監獄通りに移動してプロパガンダを続けたので、再び労働者が彼らを取り囲み罵声を浴びせた。ここでも警官が両者を引き離し、マイストリは再び移動した。すると今度は労働者たちが先回りして、通りに入ろうとするマイストリに石を投げつけた。マイストリと警官が負傷し、投石した労働者11人が逮捕された。その日の夜に開かれた集会では、暴力を容認する演説をする一般労働者が目立った。ある演説は、「政府の命令により警察は暴力を使えなくなったから、やつらを怖れる必要はない。だからスト破りが出たら躊躇なく暴力に訴えるべきだ。そうすれば政府が調停に乗り出して経営の譲歩を引き出してくれるだろう」という趣旨であった。なお、この集会は組合とは無関係に労働者が自主的に開いたもので、この時ナーイドゥはパパナサムの労働組合幹部と話し合うため不在だった[80]。つまり、非暴力に固執するナーイドゥに批判的な労働者が、彼の不在を利用して強硬手段に訴えようと主張したのである。ただし、会議派政権を利用しようという思惑も垣間見え、労働者のしたたかさがうかがえる[81]。

マドゥライに戻ってきたナーイドゥは、自分の不在中に労働者が暴力行為に及んだことを知って激怒した。彼は直ちに集会を開いて投石事件を非難し、非暴力厳守を命じた[82]。しかし同日別の場所にナーイドゥに批判的な男性労働者200人と女性労働者100人が集まり、チョッカリンガムという労働者が、31

日の出来事は些細な諍いに過ぎなかったのに警察が過剰に反応して事が大きくなったと主張した[83]。彼は、ナーイドゥの不在中に自主集会を開いて暴力を容認した労働者の一人であった。こうして、ナーイドゥの指導に逆らう労働者グループが、一定の力を持つようになっていった[84]。

　労働者の間で一触即発の空気が広がったため、経営は、工場を再開した場合に暴動が発生するのを懸念し、警察官を追加配備するよう要請した。しかし会議派州政府は、経営側に労働者と話し合おうとする姿勢が全く見られないことを問題視し、要請を却下した。さらに県長官が工場再開日を延期するよう要求したために、再開は延期された[85]。このころ、ナーイドゥが県長官に面会して協力を得たという事実無根の噂が流れた。県長官は組合に対し、「組合ボランティアがデマを流している。デマを流さないよう厳重注意して欲しい」という異例の書簡を送った。この手紙から、ボランティアが意図的に噂を流した可能性があることが分かるが、ではなぜ彼らはこのような噂を作り上げたのか。おそらく彼らは、政府の介入を望む一般労働者の意を汲んだのであろう。これまでナーイドゥは、政府高官に人脈を持つことを吹聴しつつも、調停委員会の設置を要請するなどの正式な手続きはとっていなかった。しかし労働者たちを抑えることが出来なくなったため、組合ボランティアたちが、労働者を宥めつつ、政府が自発的に調停に乗り出してくるのを狙って噂を流したと考えられる。その後ナーイドゥ自身も、政府が調停に乗り出したと吹聴するようになった[86]。

　しかし、ナーイドゥの威信は日に日に低下していった。4月16日には、パーンディヤン・ミルでナーイドゥのスト禁止命令を破ってストが起きた[87]。寺院の祭礼に関連する休暇をめぐって、スンダーラームという労働者が経営側と争い解雇されたことが原因であった[88]。この一件は、ナーイドゥがコントロール力を失ってきていることを内外に印象付けた。マドゥライ・ミルの経営は、4月20日に工場を再開すると発表した。ナーイドゥは、労働者全体集会を開いて対策を協議するとお触れを出した。この全体集会はパパナサム・ミルで放火事件が起きてナーイドゥがパパナサムへ行ってしまったために延期されたが、その間に、一部の組合ボランティアが「政府が調停の準備をしているといわれているが、実は何も行われていない」と暴露した[89]。これも、ナーイドゥの

第9章　労働者の自立と会議派の変質　　287

不在を狙った労働者リーダーの反逆であった。

　ここに至って州政府は、ようやく争議に介入する決意を固める。それまで州政府は、労使いずれからも正式な調停要請がないために介入を控えていが、これ以上の放置は危険だと判断した。会議派州政府がとった手段は、経営に対し、刑事訴訟法144条に基づいて工場再開禁止令をだすことであった[90]。刑事訴訟法144条とは、公序を乱す行為を禁ずるもので、従来はイギリス植民地政府が不服従運動や共産主義運動を取り締まる手段として利用してきた。また、労働運動指導者にも適用され、労働運動を抑圧するために使用されるのが常であった。したがって会議派州政府のこの措置は、144条が経営側に適用された初の例であり、きわめて異例であった。政府の措置は、争議の勝利を予感させるものとして労働者から熱烈に歓迎された。とりわけナーイドゥは、労働者に対して、会議派政権は自分の後ろ盾であると明示することが出来て安堵した。彼は、政府が労働者の味方である証拠だとして、闘争を続けようと檄をとばした。何者かがこの政令をタミル語に訳したポスターを作り、新監獄通りに貼り出した[91]。一方経営は、刑事訴訟法の適用に衝撃を受けたのか、政府との話し合いにようやく応じた。政府は、調停委員会の一形態として仲裁人を任命し経営との交渉に当たらせた。ところが経営は、パパナサム・ミルの賃上げには同意したものの、人員削減については譲歩しようとしなかった。仲裁人は労働者全員が復帰できる保証がなければストを終わらせることはできないと考え、せめてローテーション制を導入するよう提案したが、経営はこれも拒否した。ここでラージャージーとギリが交渉に乗り出した。2人は直接経営に面会し、ひとまず労働者を一人残らず復職させること、賃金や人員削減については仲裁人の調査と判断に委ねることの2点を認めさせた[92]。これと引き換えに工場再開禁止令は取り下げられた[93]。

　4月21日、ナーイドゥは5000人の労働者を前に勝利を宣言し、復職するよう促した。労働者の間では勝利を喜ぶ声が聞かれたものの、大方は4か月にもわたるストの終結に安堵したというのが正直なところであった。翌22日朝6時30分、工場は再開された。大ストライキの終焉を見ようと、正門前には大勢の見物客が殺到した。警官隊が警備にあたり、組合幹部が見物客に家に戻るよう頼んだが、群集はこれを無視して居座り続けた。あるボランティアは、群

集に向かって、経営側に刑事訴訟法144条が適用されるとは時代が変わった証拠だと演説した。衆人が見守る中、労働者たちは凱旋兵士のように正門をくぐっていった[94]。仲裁人のD・N・ストレイシーの調査報告は5月5日に公表された。ストレイシーは、マドゥライ・ミルの労働者の特定階級に対して賃上げを実施すること、組合を承認すること、人員削減は労働者が他の収入源を確保しやすくなる収穫期まで保留することを経営側に勧告した[95]。この勧告は労使双方に受け入れられ、38年のマドゥライ・ミルにおける労働争議は終結した。

　以上のストライキに見られる特徴は3点に集約されよう。第一は、労働者の自己表現手段が多様化したことである。まず、ストライキ自体が、注意喚起ストライキではなく経営側に圧力をかけるための交渉手段へと変質した。そして4か月にわたるストライキ期間中、連日集会が開催されたことが、著名な労働運動指導者や政治家だけではなく一般の労働者にも演説する機会を提供した。こうして労働者は、大勢の聴衆を前に発言する経験を重ね、自信を強めていった。そもそも集会が連日開かれるようになったこと自体、労働者に参加意識と一体感を抱かせ結束を強めるために組合幹部が採った手段だったが、次第に、一般労働者が自主的に集会を開き演説するようになっていった。

　デモ行進の性質にもまた変化が見られた。以前は、労働者が役人や政治家に助力を求めて列をなして歩くという性質のものが多かった。しかし、このストライキ中に見られたデモ行進は、労働者が参加意識と一体感を抱き団結を確認する手段であり、同時に経営に圧力をかけ、政府や一般住民に自分たちの主張をアピールする手段になっていた。デモ行進中に、シンボルマークを身につけたり、旗を掲げたり、歌を歌ったり、スローガンを連呼したりと、さまざまな工夫がこらされるようになったのは、一般住民の注意を喚起する意図があったためである。ビラを配布したり町の目抜き通りに張り紙を出したりする方法も出現したことは、労働者自身が世論に積極的に訴える姿勢を強めた証拠といえよう。ビラや張り紙を作るのは識字力がある一部労働者に限られるが、非識字の労働者の中からも自己表現する方法は生み出された。その典型がハンガーストライキである。スト期間中に、誰に命じられたわけでもなく食を断つ労働者が複数現れた。一般労働者によるハンガーストライキはメディアの注目も集

めて広く報道されたから、非識字労働者によるこの無言の叫びは、予想以上の宣伝効果があったと考えられる。こうしてストライキは、かつての「注意換気型ストライキ」から、労働者の「自己表現の場としてのストライキ」へと変貌を遂げた。

第二は、運動指導者が労働者を指導するという上下関係が揺らいだことである。このストでは、ナーイドゥに対抗しうる指導者は現れず、終始ナーイドゥが労働者側の「代表」としての地位を維持した[96]。しかし、組合ボランティアを称する労働者リーダーたちや一般労働者の中には、ナーイドゥの指導に疑問を抱く者が一定数存在した。彼らの声は危機が訪れるたびに表面化し、他の労働者に影響を与えた。ナーイドゥも労働者の不満を一方的に押さえつけることはできず、組合幹部と協議を重ねたり労働者の意見を聞いたりして、労働者を宥めるのに腐心しなくてはならなかった。このように、比較的支配力が強いとされるナーイドゥといえども、一般労働者の支持なしにはその地位を維持することは不可能であった。労働運動指導者と一般労働者の関係は、指導－黙従というような単純な上下関係ではなく、フィードバックを伴う双方向的関係であった。

第三は、会議派政権が初めて資本家側に刑事訴訟法144条を適用したことである。この異例の措置に、経営は勿論、世論も驚愕し、ナーイドゥや労働者の多くは会議派政府が労働者の味方になったと信じた。しかしラージャージー政権は、単に会議派党員のナーイドゥが主導するストライキを勝利させるために異例の判断を下したわけではない。144条の適用はあくまでも社会秩序の維持を理由としており、工場再開を強行することが暴動を誘発すると判断するに足る客観的根拠があったためである。マドゥライ・ミルの経営代理会社はイギリス系であったから、民族運動組織の会議派としては、インド系経営代理会社が支配するコーインバトゥールにおける労働争議に比べれば、労働者寄りの姿勢をとることは容易であったかもしれない。しかし、経営がイギリス系かインド系かによって露骨に異なる態度をとれば、それまで植民地政府の人種差別的諸政策を批判してきた会議派の存在理由を侵害することにもなりかねない。さらには、左派勢力に会議派のダブルスタンダードを批判する口実を与え、左派勢力がインド系工場、イギリス系工場を問わず労働者に影響力を強めるのを許し

てしまう恐れもあった。ラージャージー政権は、この後はインド系工場における争議でその真価を問われることになる。

第2節　会議派政権の変質
1　コカナダ製塩・硝石採掘労働者ストライキ（1939年）
　39年4月4日、コカナダの製塩労働者と硝石採掘労働者がストライキを起こした。彼らはかねてより賃上げを求めていたが、経営側はこれに一切応じてこなかった。そこで両産業の労働者は同時にストを開始し、採掘場と町を結ぶ搬送ルートである幹線道路に横たわって抗議のデモンストレーションを行った。経営側はスト破りを雇って、真っ向から対決する姿勢を見せた。9日には、スト破りがストライカーに取り囲まれ、会議派社会党事務所に連行されて脅迫を受けた。県長官が事務所に赴いてスト破りを救出したが、その直後にストライカーたちが開いた集会では、参加者が「裏切り者」を批判するうちに興奮状態に陥り、今にも暴動が発生しかねない雰囲気になった。翌10日には、ストライカーに対して刑事訴訟法144条に基づき集会・演説禁止令が出された。

　労働局長が調停に乗り出し、両産業労働者の賃金が労働者の言い分通り不当に安いと判断して、経営に賃上げを勧告した。しかしこの忠告は経営に拒否された。12日、県長官は、スト破りとストライカーが衝突し暴動に発展する可能性が強まったとして、経営側にも刑事訴訟法144条を適用し、スト破りを雇用するのを禁じた。動揺した経営にギリが接触し、政府による調停を受け入れてはどうかと勧めた。経営側も、労働局長による調停を受け入れると返答した。経営側が態度を軟化させたために、労働者も一旦復職して労働局長の裁定に委ねることに同意し、ストライキは終了した。労使双方に発せられていた刑事訴訟法144条に基づく命令は引き下げられた[97]。

　5月6日、労働者リーダー5名が、州政府はスト破り監禁脅迫事件に関連して逮捕された仲間を釈放すると約束したのにいまだ実行していないと批判して、抗議のハンガーストライキを開始した。ちなみに州政府はそのような約束はしていなかった。しかし5名は「約束」の遵守を求めてハンガーストライキを続け、9日には清掃労働者や荷車引きまでが同情ストライキを起こす事態に発展した。ハンストも依然続いていたため、政府は、状況が悪化するのを恐れて収

監者を釈放した[98]。

　以上のように、このストライキでは、会議派閣僚と行政官が積極的に労使対立に介入する姿勢を示した。なお、会議派が政権をとるまでは、労働局長は労使双方の要請があるまでは介入を控えるのが慣例であったし、県長官が経営側を刑事訴訟法144条の適用対象にするなど前例がなかった。したがって、労働局長と県長官の一連の行動は、会議派州政権の意向を反映したものと考えられる。

　この39年のストをめぐる会議派州政府の行動を、38年のマドゥライ・ミル・ストライキにおけるそれと比較すると、対応が極めて迅速であることがわかる。つまり会議派政権は、ストが長期化して労使関係が硬直する前に早期解決を図ったといえる。また、コカナダの労働者の間では、会議派社会党の影響が強かったことも重要である。ストライキ自体に会議派社会党が直接関わったという明確な証拠はないが、スト破りが会議派社会党事務所に連行されていることから、少なくともストライカーたちは会議派社会党メンバーと関係があったと推測できる。そして「社会党」といっても、その内実は既に指摘したように多種多様であり、34年7月にインド犯罪法（改正）法に基づき共産党が非合法と宣言された後は共産主義者も会議派社会党に流れ込んでいた。したがって、マドラス州会議派政権は、スト長期化とともに共産主義者を含む左派勢力が労働者との結びつきを強めていくのを恐れたはずである。以上を考慮すると、争議の早期解決という方針の裏には、左派勢力の影響力拡大を防止するという真意があったといえよう。

2　東インド砂糖工場ストライキ（1939年）

　東インド砂糖工場で発生したストライキは、ラージャージー政権が左派勢力の伸長を予防するために早期介入するようになったという仮説を裏付けるものである。

　東インド砂糖工場は、ネッリクッパム、ラーニーペット、サマルコットの3か所で操業され、特にネッリクッパムでは、コーインバトゥールのストでも活躍したジャガナータンが熱心に活動していた。39年4月に3工場の労働者と経営との間でトラブルが発生すると、彼は労働者を支持して「扇動的」なスピーチを行った。4月26日には、3工場の労働者が同時にストライキに入った。す

るとギリが直ちに動き、自ら工場を訪れて労働者の不満に耳を傾けた。彼はその場で労働者を集めて演説を行い、ひとまず復職するよう促した[99]。大臣の言動に、労働者は政府が味方してくれたと感じたのであろう、大半の労働者がストを中止し復職した。しかし、ジャガナータンを支持する労働者が多いネッリクッパムではストが続けられたため、会議派州政府の争議早期解決の目論見は外れてしまった。ネッリクッパム工場ではピケットも張られ、ジャガナータンは頻繁に演説を行ってストライカーを鼓舞した。そこで会議派政府は、5月6日、ジャガナータンに対し、刑事訴訟法144条に基づき、ネッリクッパムからの退去命令を出した。しかしその翌日も彼が命令を無視してデモ行進を行ったため、彼を逮捕した。

ジャガナータンの逮捕は、会議派政権が労働運動を弾圧したかのような印象を与える。しかし、その後に政府が採った行動を考慮すると単純にそうとは断定できない。というのも、ジャガナータンを逮捕した翌日には、ラージャージーが現地に急行し、自ら仲裁役となってストライカーに譲歩案を提示したからである。州首相自身によるこのパフォーマンスが効を奏して、ストは終了した[100]。

ラージャージー政権が、労働運動そのものを弾圧する意図があったわけではないということを示す事例は、他にも見出せる。たとえば、38年5月、市電・電力供給公社で労働者5名が解雇された際、州政府は組合活動を理由とする不当解雇だと判断して、公社に再雇用を求めた。同年7月には、西インドマッチ工場のストライキに介入し、犠牲解雇者を出さずに労働者を全員復職させた。8月にはチョーライ・ミルのストに介入し、経営側の主張に矛盾が多いことに気づいて収支報告書の精査に乗り出し、虚偽記載があることを暴いて、労働者側の要求を認めさせた。また、マドラス市内のデオシェシャン印刷会社のストに関連して、犠牲解雇が行われた可能性があるとして調査委員会を任命し、解雇理由が不当であるという調査報告を受けて、当該労働者を復職させた。39年1月にコーインバトゥールのカレースワラ・ミルでストが起きた際には、労働者にボーナスと有給休暇を与えるよう経営に勧告した[101]。これらの事例にはインド系工場における争議も多く含まれており、ラージャージー政権がインド系経営であろうとイギリス系経営であろうと区別なく争議に介入し、かつど

第9章 労働者の自立と会議派の変質

ちらかといえば労働者寄りの態度を示すことが増えたのは明らかであった。

民族運動組織である会議派にとって、大衆基盤を確立するために労働者の支持を獲得することは必須であった。しかし30年代は、共産主義者が労働者の間で地道な活動を展開し、特にマドラス州では自尊運動勢力との連携により広く拠点を築いていた。そのため、「インド民族／国民」統合を目指すラージャージーは、階級対立、民族対立、カースト対立を煽る共産主義的自尊運動から労働者の支持を奪う必要性を切実に感じていた。

しかし、左派勢力を抑えることと、労働者の支持を得ることは、ある意味で矛盾を孕む。第2部で述べたように、共産主義的自尊運動は「暴力革命」や「階級闘争」などの抽象的理論を声高に叫ぶのではなく、地道に労働者の日常生活の改善と地位向上に努めていたからこそ労働者の支持を得ていた。したがってこれに正面から対峙すれば、却って労働者の支持を失うのみならず、会議派はブルジョワ政党であると主張する左派勢力に非難の口実を与えてしまう恐れがあった。

州議会選挙に勝利して与党となったことは、会議派の立場をさらに複雑なものにした。まず、政権を担うものの責務として、社会秩序を維持する必要性が生じた。これは、労働運動が激化した場合は何らかの形でこれを抑止しなければならず、法に基づき公正な態度で対処しなくてはならないことを意味した。つまり、経営がインド系かイギリス系かによって対応を変えたり、「穏健派」の組合や共産系組合のいずれかに肩入れしたりあるいは弾圧したりすることは不可能になったのである。

このような制約の中でラージャージー政権が採用した労働運動対策は、主に2つの基本方針で成り立っていた。一つは「非暴力」レトリックの利用である。ラージャージーは、反政府・非協力の立場から一転して与党となったことで生じる矛盾を覆い隠して一貫性を装うためにも、「非暴力」を利用した。つまり「非暴力」の意味するところを拡大して「コミュナル対立や階級対立を誘発する行為は、いかなるものも許さない」と宣言し、これをマドラス州会議派政権の基本姿勢として打ち出した[102]。

これは、共産主義者による労働運動のみならず、経営側の頑迷で不寛容な行動を抑止することも視野に入れた決意表明であった。つまり、共産主義活動に

のみこの原則を適用すれば、公正さを欠くという非難は避けられない。そればかりかイギリス植民地政府による共産主義運動弾圧、ひいては民族運動弾圧を間接的に正当化することになり、民族運動組織としての存在理由を揺るがしかねなかった。そこでラージャージーは、経営側がスト破りを雇用したり工場再開あるいはロックアウトを強行したりすることを労働者の不安を煽り暴力や階級対立を誘発する行為と見なして、イギリス系・インド系を問わず取り締まることにしたのである。

　刑事訴訟法144条は、このような会議派政権の方針を遂行するのに有効な手段であった。なぜなら「秩序を乱し暴力を誘発する行為を禁ずる」という内容が「非暴力」のレトリックに合致し、「非暴力」の名の下に左派勢力の伸張を抑えつつ経営の強硬な行為を禁じることを可能にしたためである。経営側への刑事訴訟法適用は、会議派の労働者寄りの姿勢を強く印象付け、急進的活動取締りのマイナスイメージを相殺するという利点もあった。

　もう一つの方針は、争議の初期段階における積極介入である。これは、労使関係がこじれて対立が激化するのを予防する効果、及び左派勢力と労働者の関係が緊密になることを防ぐ効果があった。そして何よりも、「会議派政権は労働問題に強い関心を抱いている」と労働者にアピールし、その支持を左派勢力から奪うことができるのが最大のメリットであった。争議が起きるとすぐに、労働大臣のギリや州首相のラージャージーまでもが現場に赴き、労働者の不満を直接聞くというパフォーマンスを実践したことは、労働者の支持を会議派に向けさせる効果があったものと考えられる。

　ただし、このような方針は労働者の心性に適合するように構築されたものでもあることに留意するべきであろう。労働者は、20年代、30年代を通じて、政府の仲裁を望む傾向があった。労使の仲介は政府の義務と考える風潮さえあったことは既に指摘してきた通りである。加えて、会議派が民衆の支持を得るために社会主義勢力をある程度内側に取り込んできたこと、労働者の間で活動する会議派党員が「労働者の味方としての会議派」というイメージを流布してきたことが、会議派政権に対する労働者の期待を一層高めることになった。このような労働者の期待を無視することは出来ず、労働者が作り上げた会議派イメージを守るためにも、会議派州政府は積極的に労働争議に介入するパ

フォーマンスを演じなくてはならなくなったのである。

　ラージャージー率いるマドラス州の会議派は、民族独立運動を推進する団体でありながら、植民地支配の枠組みのなかで政権を担うことを決意した。会議派は、その結果抱え込むことになった矛盾を乗り越えることによって、独立後を見据えた純粋な「政党」へと変貌を遂げる準備を開始したといえるのではなかろうか。つまり、もはやインド人かイギリス人かという相違で態度を変えることなく、法に基づき合理的な政治判断を下すようになった。さらに、ガンディーのように「あらゆる階級の融和」を追求するあまりに民衆の「暴走」を抑圧するのではなく、ある程度は労働者の側に立ち資本家の「暴走」を抑えるという姿勢を打ち出したのである。

小　括

　会議派が初めて州政権を担った1937年から39年は、会議派政権が労使争議に対して従来の政権とは異なる対応をするのではないかという労働者の期待も相まって、ストライキが頻発した。

　30年代半ばにようやく労働問題に本格的に目を向けるようになった会議派は、マドラス市内に比べて労働者の組織化が遅れていた地方都市や隙間産業に着目し労働者の組織化を図った。その結果、各地で異なる主義主張を掲げる複数の労働組合が設立され、労働者の支持を獲得しようと鎬を削った。この時期にストライキが頻発したのは、複数組合が競合するなかで、労働者側も要求を実現する絶好の機会と判断した結果であった。

　第三次高揚期のストライキは、もはや「注意喚起ストライキ」ではなく、交渉の手段となり、また労働者の自己表現の場としても機能するようになった。ストライキ中には、労働者が集会を主催して自ら演壇に立った。デモ行進も頻繁に組織された。シンボルマークや旗を掲げたり、スローガンを叫んだり、歌を歌ったり、ハンガーストライキを断行したりと、ストライキそのものが、普段は公にされることのない労働者の心情を吐露する舞台となったのである。

　組合では労働者リーダーが重要な位置をしめるようになり、部外指導者に無条件に依存するような脆弱さはなくなった。部外の運動指導者と労働者、政党と組合との間には適度な距離が保たれ、運動指導者は、労働者の不満や希望を

汲み取り、それを党の政策に反映させることが求められた。ここに、労働者－労働者リーダー－部外の運動指導者－政党という各レベル間にフィードバック作用が機能するようになったのである。

　ラージャージー政権の労働運動政策は、「非暴力」と積極的介入を柱としていた。つまり、「非暴力」の理念を掲げて刑事訴訟法144条〔暴力を誘発する行為の禁止〕を活用し、共産主義活動の暴走を抑制するだけではなく経営側に対しても労働者の不満をいたずらに煽るような頑迷な態度を改善するよう迫った。また積極的介入は、会議派政権に対する労働者の期待に応えようとするものでもあった。会議派は積極的に労使の仲介を買って出て、公正な仲裁者を演出することによって労働者の期待に応え、その支持を共産主義者・自尊運動勢力から奪おうとしたのである。

　マドラス州会議派政権は、労働者の期待に応えるために、そして労働者が抱く会議派イメージを守るために労働運動政策を構築した。これは見方を変えれば、労働者が指導者によって一方的に動員されることのない自立性を体得したことを意味した。つまり、政治勢力が労働者の要求に応える姿勢を示し実際に政策に反映させなければ、労働者は他の政治勢力を支持対象として選択するようになったのである。なお、労働者に対して複数の政治勢力が接触・アピールしたために、労働者は自己の存在意義を自覚して自尊心を培い、複数勢力の中から支持対象を選択するようになったことも事実である。つまり労働者の自立化と各政治勢力の変質は、双方向的フィードバックが結実したものであった。

註

1）公共事業省は、閣僚で唯一のムスリムであるヤクブ・ハッサンが大臣を務めていた。彼は熱心なキラーファト運動活動家であったが、ムスリムの権利を声高に主張することはなく、ヒンドゥーとムスリムの融和や非暴力を唱えたために、会議派の公認を受けて当選、閣僚として迎えられた。*Directory of the Madras Legislature*, Madras, The Madras Legislature Congress Party, 1938, pp.70-73.

2）*FNR*, 1st half of Jul., 2nd half of Jul., 1st half of Aug., 1937.

3）コーインバトゥールのドミナントカースト。10世紀から12世紀ごろにかけて、チョーラ朝の後押しで同地に兵士兼開拓民として入植したとされる。コング・ヴェッラーラについては以下を参照のこと。Murton, B.J. "The Evolution of the Settlement Structure in Nothern Kongu to 1800 A.D", in Beck, B.E.F. ed. *Perspectives on a Regional Culture: Essays about the Coimbatore Area of South India*, New Delhi, Vikas, 1979, pp. 1-33 ; Beck, B.E.F. "Centers and Boundaries of a Regional Caste System—A Study of Coimbatore and Neighboring District", in *Ibid.*, pp. 54-92.

4) Nicholson, F. A. *Manual of Coimbatore District in the Presidency of Madras 1887*, Madras, Government of Madras Press, 1887, pp. 55, 131-133, 220-242.

5) Interview with G.V. Doraiswami Naidu, 9 Nov.1998.

6) ステーンズは、もともとニルギリでコーヒー・プランテーションを経営していた。

7) *The Story of an Old Mill*, n.p., n.d., pp. 1, 10-12, 13-14. 同史料は、CS & W ミルの創業60周年を記念して発行された冊子で、関係者にのみ配布された。出版地や出版年は記載されていない。

8) 現在もコーインバトゥールで複数の紡績工場を操業するラクシュミー・グループの創始者である。彼とその一族による工場経営については、以下が詳しい。ただし、後者は身内による伝記という性質上、特に労使関係や地域社会との関係について美化された記述が散見される。Perumal, N. *The Life of a Textile Pioneer G. Kuppuswamy Naidu*, Coimbatore, The Kuppuswamy Naidu Charity Trust for Education and Medical Relief, 1977; Naidu, N.C. *A Life of Fulfilment*, Coimbatore, published by the author for private circulation only, 1983.

9) コーインバトゥールでラクシュミー・グループと並ぶPSGグループの創始者である。

10) Interview with G.V. Doraiswami Naidu, Chairman and Managing Director, PSG Mills Co. Ltd., 9 Nov. 1998.

11) Ibid.

12) Sreenivasan, K. *India's Textile Industry*, Coimbatore, South India Textile Research Association, 1984, pp. 16-17.

13) 合名会社では社員全員が会社の債務について連帯無制限の責任を負う。多くは家族企業・個人企業で、原則として各社員が業務を執行して会社を代表する。

14) Interview with G.K. Sundaram, Chairman and Managing Director, The Lakshmi Mills Co. Ltd., 3 Jun. 1999.

15) *The Story of an Old Mill*, p. 4.

16) Sreenivasan, K. *op. cit.*, pp. 50-51.

17) 現在コーインバトゥール県ナショナル・テキスタイル労働者組合の副組合長をつとめる元労働者のK・パラニスワーミ氏は、「村のVIPの推薦がなければ工場労働者にはなれなかった。組合に加わったらVIPが直ちに脱退しろと言ってきた」と証言している。ただし、「脱退しなかったが、何も起こらなかった」という。Interview with K. Palaniswami, Vice-President, Coimbatore District National Textiles Employees' Union, 21 Nov. 1998.

18) シヴァ・ラオは、南インドでは一握りの高位カーストが農民の居住地や未使用地をも含むあらゆる土地を独占しているために、地主に追い立てられた農民は都市に行く以外選択肢がないと指摘している。Rao, B. S. *The Industrial Worker in India*, London, George Allen and Unwin, 1939, p. 44.

19) 1947年度の『インド労働年報』には、「コーインバトゥールには専門の労働斡旋業者はいない」とある。これは、「村工場」では内輪の推薦が行われ、「町工場」では職が世襲化していたことが背景にあると思われる。Labour Bureau *The Indian Labour Year Book 1947-48*, New Delhi, Government of India Press, 1948, p.16.
20) *Royal Commission on Labour in India*, vol.VII, part 2, Oral Evidence, evidence by N.S.Ramaswamy Ayyangar, President, Coimbatore Labour Union, pp.397-398.
21) 彼は1932年に死去したが、同年6月に開催された労働組合統一会議において共産主義者から彼の死を悼む決議案が提案され採択されていることも、この推測を裏付けている。Minute of the Trade Union Unity Conference, 14-16 of Jun., 1932, *PW & L GO 1815, 1932*.
22) Murphy, E. *Unions in Conflict: A Comparative Study of Four South Indian Textile Centres, 1918-1939*, Delhi, Manohar, 1981, p. 143.
23) コーインバトゥール最古のCS＆Wミルは、1920年代前半は順調に業績を伸ばしていた。当初の工場（Aミル）に加えて、Bミル、Cミルを増設し、28年には隣接するモール・ミルも合併した。しかしこの買収で莫大な負債を負ったところに大恐慌が起こり、たちまち危機的状況に陥った。工場の創業者で経営代理会社ステーンズ・カンパニー最高経営責任者のロバート・ステーンズは引退し、会社も経営から引き上げてしまった。同じくイギリス系のハーヴェイ・カンパニーが経営代行に名乗りを上げたが、CS＆Wミルの取締役会は、在地資本が発達している現実に鑑みて、インド系経営代理会社を設立することを決定した。こうして1934年に、C・V・ヴェンカタラーマナ・アイヤンガール、A・ランガスワーミ・アイヤンガール、B・A・パドマナーバ・アイヤル、バシャム・アイヤンガールらによって、コーインバトゥール・ミル経営代理会社（Coimbatore Mills' Agency Ltd.）が設立され、CS＆Wミルの経営に当たることになった。*The Story of an Old Mill*, pp. 5-8.
24) Murphy, E. *op. cit.*, p. 144.
25) 1911年コーインバトゥール市郊外のペーラメードゥ村に生まれた。カンマ・ナーイドゥだが、実家はさほど裕福ではなかった。コーインバトゥール・カレッジ卒業後は、機械部門の労働者として働いた。不服従運動に参加し、労働運動にも積極的にかかわるようになったが、基本的に非暴力主義を掲げていたことから「穏健派」とみなされた。*Directory of the Madras Legislature*, Madras, The Madras Legislative Congress Party, 1938, p. 235.
26) Report from the District Magistrate, Coimbatore, to the Commissioner of Labour, 27 Oct. 1937, *Development GO 2560, 1937*.
27) Letter from S. Kuppuswami, Taluk Magistrate, to the District Magistrate, Coimbatore, 28 Oct. 1937, *Development GO 2560, 1937*.
28) このころ、コーインバトゥール社会主義工場労働者組合は「社会主義」を名称からはずしていた。会議派公認で議員になったNGRが、地元のインド人工場主たちに配慮して「社会主義」をはずした可能性がある。ただし、コーインバトゥール工場労働者組合自体が「穏健化」したわけではなく、むしろ多くの共産主義者や社会主義者が加入する

ようになっていた。当時、コーインバトゥール労働組合が完全に「穏健化」したために、これに賛同できない者がコーインバトゥール工場労働者組合に流入していた。P・ジーヴァーナンダンもその一人である。したがって同組合は、急進的な共産主義者から NGR のような労使協調派まで雑多な人々を抱え込んでいた。

29) Report from Sub-Divisional Magistrate to the District Magistrate, 29 Oct. 1937, *Development GO 2560, 1937*.

30) Note for the Collector, Coimbatore, by Deputy Collector, n.d., *Development GO 2560, 1937*.

31) この県長官代理はT・S・ジャンブナータンという名のインド人である。彼の思想背景は不明だが、比較的労働者に同情的で、インド人経営者に対しては批判的態度をとった。

32) Note for the Collector, Coimbatore, by Deputy Collector, n.d., *Development GO 2560, 1937*.

33) 県長官代理の報告を受けた県長官の発言。Letter No.2233/M/37-D3, from the District Magistrate to the Commissioner of Labour, 28 Oct. 1937, *Development GO 2560, 1937*.

34) Note for the Collector, Coimbatore, by Deputy Collector, n.d., *Development GO 2560, 1937*.

35) Letter from M.K. Samy, Secretary, Coimbatore Socialists Spinning Workers Sanga, 29 Oct. 1937, *Development GO 2560, 1937*.

36) Report from the Sub-Divisional Magistrate, Coimbatore, to the District Magistrate, Coimbatore, 29 Oct. 1937, *Development GO 2560, 1937*.

37) 紡績部門 1302 人中 1084 人、織布部門 462 人中 342 人がストライキに入った。シフト別では、昼シフト 1764 名（男性 1228 人、女性 536 人）の中 1394 名が、夜シフト 869 名中 654 人がストに参加した。なお、夜間シフトは全員男性である。Letter from the Sub-Divisional Magistrate, Coimbatore, to the District Magistrate, Coimbatore, 30 Oct. 1937, *Development GO 2560, 1937*.

38) Letter from the Manager, Kaleeswara Mills, to the District Magistrate, Coimbatore, 30 Oct. 1937, *Development GO 2560, 1937*.

39) Report from the Sub-Divisional Magistrate, Coimbatore, to the District Magistrate, Coimbatore, 30 Oct. 1937, *Development GO 2560, 1937*.

40) Special Report from Inspector of Police, Town Circle, 30 Oct. 1937, *Development GO 2560, 1937*.

41) 彼もやはり現役の労働者で、始めはラクシュミー・ミルで働いていたがストライキ後に解雇され、ソーマスンダラム・ミルに職を得たものの、そこでも組合活動に従事して首にされるという経歴の持ち主だった。Report from the Sub-Divisional Magistrate, Coimbatore, to the District Magistrate, Coimbatore, 30 Oct. 1937, *Development GO 2560, 1937*.

42) 夜間シフト 525 人中 325 人、昼シフト 1203 人（男性 660 人、女性 543 人）中 980 人（男性 490 人、女性 490 人）がストに入った。

43) Report from Deputy Superintendent of Police to the District Magistrate, Coimbatore, 30 Oct. 1937, *Development GO 2560, 1937*.

44) Letter from the Sub-Divisional Magistrate, Coimbatore, to the District Magistrate, Coimbatore, 30 Oct. 1937, *Development GO 2560, 1937*.

45) 昼シフトは318人（男性189人、女性129人）、夜シフトは148人が働いていたが、スト参加人数は不明である。
46) Report from the Sub-Divisional Magistrate, Coimbatore, to the District Magistrate, Coimbatore, 30 Oct. 1937, *Development GO 2560, 1937*.
47) 経営代理はR・K・カンダサーミ・チェッティで、R・K・シャンムガム・チェッティの兄弟である。労働者は紡績部門に871名（男性671人、女性200人）、織布部門495名（男性のみ）の計1366名だった。
48) Letter from the Taluk Magistrate to the District Magistrate, Coimbatore, 31 Oct. 1937, *Development GO 2560, 1937*.
49) Letter from the Managing Agent, Cambodia Mills, to the District Magistrate, Coimbatore, 1 Nov. 1937, *Development GO 2560, 1937*.
50) Letter from the Taluk Magistrate to the District Magistrate, Coimbatore, 31 Oct. 1937, *Development GO 2560, 1937*.
51) 近隣住民から苦情が出たため、警察副署長がジャガナータンを呼び出し、「6時以降は騒がないよう、おまえの群集を教育しろ」と警告した。Report from the Inspector of Police to the District Magistrate, Coimbatore, 1 Nov. 1937, *Development GO 2560, 1937*.
52) Letter from the District Magistrate, Coimbatore, to the Commissioner of Labour, 1 Nov. 1937, *Development GO 2560, 1937*.
53) Report from the Inspector of Police to the District Magistrate, Coimbatore, 1 Nov. 1937, *Development GO 2560, 1937*.
54) Letter from the Sub-Divisional Magistrate to the District Magistrate, Coimbatore, 1 Nov. 1937, *Development GO 2560, 1937*.
55) Telegram from the Southern India Mill Owners Association, Coimbatore, to the Commissioner of Labour, 30 Oct. 1937, *Development GO 2560, 1937*.
56) 地区行政官は、コーインバトゥールの工場主はスト慣れしておらず、争議対策のヴィジョンがないばかりか労働者への接し方も知らない、と批判している。Letter from the Sub-Divisional Magistrate to the District Magistrate, Coimbatore, 1 Nov. 1937, *Development GO 2560, 1937*.
57) Letter from the District Magistrate, Coimbatore, to the Commissioner of Labour, 31 Oct. 1937, *Development GO 2560, 1937*.
58) Report No. 2256M/37-D3, from the District Magistrate, Coimbatore, to the Commissioner of Labour, 16 Nov. 1937, *Development GO 2560, 1937*.
59) Report, District Magistrate, Madura, to the Commissioner of Labour, 2 May 1938, *Public GO 904, 1938*.
60) Letter from the District Magistrate, Madura, to the Commissioner of Labour,（以下、Letter）27 Feb. 1938, *Public GO 904, 1938*.
61) この他にもクリシュナスワーミ・バーラティという人物が、自分が労働大臣と協議し

第 9 章　労働者の自立と会議派の変質　　301

たから労働者に有利な結果が得られるだろうと語った。2 月 16 日の集会でナーイドゥは、ボンベイ州会議派政府が任命した調停委員会が経営に賃上げを勧告したことを挙げ、マドゥライの労働者も団結すれば賃上げが可能だとストライカーを励ました。Letter, 4 Feb., 17 Feb., 1938, *Public GO 904, 1938*.

62）Letter, 9 Feb. 1938, *Public GO 904, 1938*.
63）労働者リーダーのスブラマニア・バーラティ、アイヤルー、マニという 3 人が、200 名ほどの労働者を集めて呼びかけた。
64）Letter, 10 Feb. 1938, *Public GO 904, 1938*.
65）Letter, n.d., *Public GO 904, 1938*.
66）Letter, 15 Feb., 21 Feb., 1938, *Public GO 904, 1938*.
67）Letter, 17 Feb. 1938, *Public GO 904, 1938*.　なおこの話し合いの後、女性のボランティア 15 名が集まって、女性向けプロパガンダの方法と内容について協議している。先のパーンディヤン・ミルの例にもあったように、このころには女性も積極的に活動の場に現れるようになっていた。集会出席者数も時に女性が男性を上回ることがあり、女性労働者による演説も目立って増加した。Letter, 21 Feb. 1938, *Public GO 904, 1938*.
68）Letter, 18 Feb., 21 Feb., 25 Feb., 1938, *Public GO 904, 1938*.
69）Letter, 26 Feb., 27 Feb., 28 Feb., 1938, *Public GO 904, 1938*.
70）Letter, 2 Mar., 3 Mar., 6 Mar., 1938, *Public GO 904, 1938*.
71）Letter, 7 Mar., 8 Mar., 9 Mar., 1938, *Public GO 904, 1938*.
72）Letter, 10 Mar., 11 Mar., 14 Mar., 15 Mar., 18 Mar., 1938, *Public GO 904, 1938*.
73）Letter, 17 Mar., 1938, *Public GO 904, 1938*.
74）Letter, 18 Mar., 20 Mar., 21 Mar., 22 Mar., 1938, *Public GO 904, 1938*.
75）Letter, 23 Mar., 24 Mar., 26 Mar., 1938, *Public GO 904, 1938*.
76）牧師は、組合ボランティア 20 人に取り囲まれ、組合事務所までの同行を求められた。牧師がこれを拒否したためその場の雰囲気が緊張したが、警察官がボランティアに注意してその場は納まった Letter, 27 Mar. 1938, *Public GO 904, 1938*.
77）Letter, 26 Mar. 1938, *Public GO 904, 1938*.
78）Letter, 24 Mar., 25 Mar., 28 Mar., 1938, *Public GO 904, 1938*.
79）Letter, 29 Mar. 1938, *Public GO 904, 1938*.
80）Letter, 1 Apr. 1938, *Public GO 904, 1938*.
81）その後、労働者の態度は日増しに攻撃的になり、寄付を断った者が暴行されるという事件もおきた。県長官は、スト破り誘発プロパガンダが続けば騒擾が広がることを憂慮し、経営側のプロパガンダを中止させた。
82）4 月 4 日にも、プットゥトープで 3000 人もの労働者を集めて大集会を開き、経営が工場を再開せざるを得なくなったのはストで損失が出たからでストを続けていれば譲歩を引き出せると説明して、決して復帰しないこと、暴力に訴えないこと、他の市民に礼儀を尽くすことを重ねて強調した。Letter, 4 Apr. 1938, *Public GO 904, 1938*.

83) Letter, 2 Apr. 1938, *Public GO 904, 1938*.
84) 彼らは、集会場所についてもナーイドゥとは別の場所を選んでいる。ちなみにナーイドゥ・グループが好んで使ったのはプットゥトープ地区のヒンドゥー寺院であり、ムスリムやキリスト教徒、「不可触民」への配慮が感じられない。
85) *FNR*, 2nd half of Mar., 1938; Letter, 28 Mar. 1938, *Public GO 904, 1938*.
86) Letter, 6 Apr., 12 Apr., 1938, *Public GO 904, 1938*.
87) Telegram, District Magistrate of Madura to the Commissioner of Labour, 16 Apr. 1938, *Public GO 904, 1938*.
88) パーンディヤン・ミルでは、4月13日と14日にスリ・ミーナークシアンマン寺院で行われる山車祭の時に休暇をとるために、その次の日曜日には働くのが慣例になっていた。ところがスンダーラームという労働者が、前年は翌週の日曜日も休みを認められたと主張して、今年も翌日曜日を休みにするよう求めた。ただし前年は、14日が偶然日曜日だったため翌日曜日も休日として認められていたに過ぎなかった。経営が休暇を拒否すると、スンダーラームが抗議し「無礼な態度」をとったため、その場で解雇された。経営はその場で謝罪すれば復職させると提案したが、スンダーラームはこれに従わなかった。そのあと労働者700人が仕事を停止し、その内男性200人と女性300人が座り込みストに入った。Letter, 14 Apr. 1938, *Public GO 904, 1938*.
89) Letter, 18 Apr., 19 Apr., 1938, *Public GO 904, 1938*.
90) Proceedings of the Additional District Magistrate of Madura to J.M.Doak, Manager, Madura Mill, 19 Apr. 1938, *Public GO 904, 1938*.
91) Letter, 20 Apr., 21 Apr., 1938, *Public GO 904, 1938*.
92) *FNR*, 2nd half of Apr., 1938.
93) Proceedings of the Additional District Magistrate, Madura, 21 Apr. 1938, *Public GO 904, 1938*.
94) Letter, District Magistrate, Madura, to the Commissioner of Labour, 24 Apr. 1938, *Public GO 904, 1938*.
95) Award, 5 May 1938, *Public GO 904, 1938*.
96) ナーイドゥのライバル的存在としては社会主義を掲げる組合を設立したムットゥラーマリンガ・テーヴァルがいたが、管見の限りでは、彼が労働争議で実際に活躍したという記録はない。コーインバトゥールのように、NGRやジャガナータン、ジーヴァーナンダンが競い合うような現象はマドゥライでは見られなかった。
97) *FNR*, 1st half of Apr., 2nd half of Apr., 1939.
98) *FNR*, 1st half of May, 1939.
99) *FNR*, 2nd half of Apr., 1939.
100) *FNR*, 1st half of May, 1939.
101) *FNR*, 1st half of Jun., 1st half of Jul., 1st half of Aug., 2nd half of Sep., 1938; 1st half of Jan., 1939.
102) *FNR*, 2nd half of Jul., 1st half of Aug., 1937.

終章
「周縁」から見るインド史の構築にむけて

　本書は、近代インドにおけるエリートと民衆の関係を、様々な政治勢力の思想と民衆のとらえかた、その発露としての労働運動への関与のありかた、労働者たちのそれらへの反応と行動を軸に、時代を追って明らかにしてきた。最終章となる本章では、労働者に影響を及ぼした政治動向、労働運動の変容と政治への影響、会議派の変質、という観点から結論を整理してみよう。そのうえで、インド近代史研究における課題を展望したい。

第1節　近代インドのエリートと民衆——結論の整理
1　労働者に影響を及ぼした政治動向

　1920年代初頭に開始された共産主義運動と非バラモン運動は、民族運動とともに民衆とエリートをつなぎ、それぞれの意識や行動様式を変化させた。また各運動間でも、民衆の支持をめぐって反目したり結束したりしながら相互に影響を与えた。

　インドにおいて民族運動が展開する過程で、エリートが民衆に目を向ける契機を作った一人がガンディーである。ガンディー率いる民族運動の最大の特徴は、あらゆる宗教、カースト、階級にも受容され誰でも参加できるような活動プログラムを編み出した点にある。しかし、全宗教、カースト、階層の融和を重視するあまり民衆による運動の急進化を抑止したところにガンディーの限界があった。たとえば彼は、不満を鬱積させていた労働者に自己犠牲の精神をもって自己抑制することを強要し、労働運動を抑制した。ガンディーのこの基本姿勢は、労働者の不満を助長したのみならず、会議派内の青年層にも疑念を抱かせた。

　共産主義は、労働者の漠然たる不満に論理的な説明を与え、労働者が己の立

場と現状を認識するのを助けた。また、労働組合に影響力を伸ばすことによって、会議派に危機感を抱かせ、会議派が本格的に労働問題に向き合う契機を作った。

インドにおける共産主義運動史は、離合集散の歴史であった。様々な場面で浮上した対立の争点を民族運動及び労働運動との関係を切り口に単純化すれば、社会主義革命・ブルジョワ民族主義組織に対する闘争・共産党組織の強化を重視する理論追及路線と、民族独立・ブルジョワ民族主義組織との連携・合法的労働運動の遂行を重視する現実路線の対立という図式にまとめることが出来る。この対立図式にコミンテルンに従うか否かという争点が絡まって、インドの共産主義運動は極めて複雑な歴史を辿った。しかし30年代半ばにはほぼ全てのグループが現実路線に収斂したことが共産主義の社会への浸透を促進し、労働運動を勢いづけることになった。

インドにおける共産主義活動に先鞭をつけたのはM・N・ローイである。インド国外にいた彼が展開した共産主義宣伝活動は、同志を派遣して共産主義を宣伝させる方法と、共産主義文献を配布し読者ネットワークを拡充していく誌友拡張作戦に大別される。前者の方法で成立した共産主義グループが比較的コミンテルンに忠実であろうとしたのに対し、後者の誌友拡張作戦を通じて成立したグループは、コミンテルンがインドの政治経済状況とは無関係に画一的な理論を強制することに違和感を抱き、距離をとった。その代表的存在がマドラス州のM・シンガーラヴェールであった。ローイは、自らの指導の下に各地に散在するグループを統合しようとし、自主独立の姿勢を示すシンガーラヴェールに手を焼いた。当時のローイが理論追求的だったのに対し、シンガーラヴェールは現実路線を追求した。それでもなお両者が頻繁に書簡を交わし関係を維持した理由は、会議派メンバーでもあったシンガーラヴェールが会議派を内側から大衆政党に変化させる役割を果たすのを、ローイが期待していたためであった。

シンガーラヴェールは、会議派内組織としてヒンドゥスターン労働者農民党を結成し、会議派指導層に民衆に目を向けるよう促した。ローイもシンガーラヴェールの活動を積極的に支持した。しかし、労農党の活動プログラムを具体化する段になって、2人の立場の相違が再び浮き彫りになる。まず、シンガー

ラヴェールは民族独立を優先したが、ローイは民族独立と社会主義革命を同時に実現させようとした。次に、シンガーラヴェールは、会議派内部に労農党を設立し、会議派全体を大衆政党へと移行させようとした。しかしローイは、二重組織論に基づき、合法組織としての労農党が会議派と連携して独立運動を担い、一方で労農党内部の秘密組織としての共産党が社会主義革命の準備を進めることを計画した。また、シンガーラヴェールは、労働者と農民が抱える喫緊の問題を解決することを重視し、植民地政府への陳情をも含むあらゆる合法的手段を駆使するとしたが、ローイは、これを目先の経済問題にとらわれすぎて革命の大義を軽視していると批判した。

それでもローイは、シンガーラヴェールの活動方針が現地の実情を熟慮した末に打ち出されたものであるとし、無下に否定することはなかった。むしろ彼は、シンガーラヴェール等インド現地の活動家との意見交換を通じて民族独立問題や階級意識の成熟度に関する認識を徐々に修正していった。シンガーラヴェールは、共産主義を前面には出さず、労働者の生活水準の改善を優先する地道な活動を展開した。この現実路線を貫いたために、カーンプル共同謀議事件の弾圧を逃れ、労働者間に支持者を増やし、南インドにおける共産主義普及の素地を作った。

カーンプル共同謀議事件による共産主義者一斉検挙は、あとを継いだ共産主義者とローイに、共産主義組織のありかたと活動方針を現実路線へと転換させる一つの契機になった。ローイの新方針は、会議派を合法的大衆政党とし、その中に核となる共産党を作るというものであった。つまり、会議派を隠れ蓑に労働者や農民の支持を得るべく合法活動を行い、公然と行えない活動は秘密組織の共産党が担当するという計画で、シンガーラヴェールの構想に近似していた。

現実路線への転換は、共産主義に付きまとっていた過激で危険というイメージを緩和し、共鳴者を獲得するのに貢献した。特に、会議派指導部の保守性に憤懣やる方なかった青年たちは共産主義に傾倒していった。共産主義者は、彼らの協力を得て全インド労働組合会議（AITUC）に地歩を築いた。恐れをなした「穏健派」がAITUCを脱退し全インド労働組合連合（AITUF）を結成したために、AITUCは期せずして左派勢力の掌握するところとなった。植民地

政府は、共産主義者の労働運動への影響力増大及び会議派との関係緊密化に危機感を覚えて、2度目の弾圧に踏み切った。しかしその打撃は限定的で、むしろ3年半に渡る裁判そのものが共産主義宣伝の場と化した。また投獄された共産主義者が獄中で思想宣伝にいそしみ、監獄内外で人的ネットワークを拡充していった。

　しかし、28年のコミンテルン第六回大会以降の左旋回傾向が、再び共産主義活動に混乱を引き起こした。ただしその影響は、先行研究が主張するような、民族運動と断絶した共産党の孤立という形で現れたわけではない。そもそもコミンテルンの「極左」路線は、最初から民族運動との完全断絶を指示したわけではなく曖昧な部分を多分に残していたため、インドの共産主義者はすぐには反応しなかった。また、インドの共産主義者が一丸となってコミンテルンに従ったわけでもなかった。コミンテルンの路線に疑念を抱いたグループが勢力を維持し、コミンテルン追放後のローイも主にこのグループと行動を共にした。さらに、コミンテルンに忠実とされる「正統派」でさえも、「極左」路線を党理念として掲げる一方で、具体的活動方針については州や地方の支部に決定権を与えた。その結果、地方支部は現実路線に回帰した。コミンテルンも程なく「極左」路線から「統一戦線」路線へ移行し「正統派」も同様の路線を辿ったが、この「正統派」の行動はコミンテルンに従ったというよりは「ローイ派」と競合する過程で自主的に軌道修正したものであった。その意味で、「ローイ派」の存在は、「正統派」がコミンテルンに盲従するのに歯止めをかけたといえる。「ローイ派」のもう一つの存在意義は、会議派左派と共産主義者を仲介したことである。「ローイ派」は会議派との連携に積極的で、会議派内部に胎動した左派勢力が会議派社会党を結成するのを助けた。会議派社会党は様々な政治的背景を持つ者の寄せ集めであったが、その多様性の中から最大公約数をとった党規約を制定し、合意に至らない部分については各支部やメンバーの裁量に任せたために共産主義者も共存できた。「正統派」も現実路線に移行したことが評価されて入党を許可された。こうして、左派諸勢力は会議派社会党の下に結集し、現実路線を推進していくことになった。

　「ローイ派」と「正統派」が互いに対抗心を燃やしていたころ、両派が新たな活動の舞台として注目したのは南インドだった。南インドが注目された理由

は、共産主義が浸透する素地があったためである。20年代を通じてシンガーラヴェールが労働者の間で活動しつづけ、20年代末には非バラモン運動の一潮流である自尊運動が共産主義に傾倒しつつあった。

　非バラモン運動は、南インドで政治社会的に圧倒的優位を誇っていたバラモンに対して、非バラモン諸カーストが団結して対抗しようとした運動で、正義党率いる初期運動と、20年代半ばに始まった自尊運動の2つの潮流がある。初期運動は、非バラモン上層カーストが主導したことからバラモンと非バラモンのエリート同士の政治権力闘争と見なされがちだが、その運動理論は非バラモンの民衆にも大きな影響を与えており、単なる権力闘争では片づけられない特質を有していた。非バラモン運動は、バラモンに対抗するにあたり、「バラモンのようになること」ではなく「バラモンでないこと」に価値を見出し「非バラモン」という誇りをもってカーストの枠を越えて団結しようと訴えた。この「非バラモン」というネガティブアイデンティティによる団結を可能にしたのは、「バラモンは北インドから南インドを侵略したアーリヤ民族の子孫であり、非バラモンは南インドの先住民ドラヴィダ民族の子孫である。カースト制度は、先住民を統治するため征服者が創り出したシステムである」という理論であった。こうして非バラモン運動は、「非バラモン＝ドラヴィダ民族」という新たなカテゴリーを創出し、「不可触民」を含む下層カーストにも「ドラヴィダ文化」への誇りに支えられた「非バラモン・アイデンティティ」を提供した。このことは、労働争議の最中に「不可触民」労働者が「アーディ・ドラヴィダ（原ドラヴィダ人）」と名乗り「非バラモン・アイデンティティ」を誇示したという事実に端的に現れている。ペリヤールが開始した自尊運動は、非バラモンの中でも特に「不可触民」を含む下層カーストの地位向上を目指した。同運動は、最初はカースト差別批判やヒンドゥー教批判を中心に据えていたが、労働争議が激化する中、下層カーストの地位の低さが宗教的要因のみならず社会経済構造にも起因すると考えるに至り、共産主義への関心を強めた。

　共産主義勢力もこの変化に着目し、ペリヤールに接触を試みた。「正統派」は彼にロシア訪問を勧め、コミンテルン要人やヨーロッパ各国共産党幹部との面会をお膳立てした。こうして実現した1年にわたるヨーロッパ・ロシア訪問は、ペリヤールに多大な影響を及ぼした。ただし帰国後の彼が共闘相手として

選択したのは、「正統派」ではなくシンガーラヴェールであった。ペリヤールは、「正統派」と連携すれば南インド独特の政治社会事情に柔軟に対応しにくくなると警戒したのかもしれない。シンガーラヴェールにとっても、既に民衆の支持を得つつあった自尊運動勢力との連携は魅力的であった。

自尊運動による「共産主義」宣伝は、共産主義を前面に押し出すのを回避しオブラートに包んで提示した。ロシアを理想的平等社会として紹介し、不平等な社会構造を正当化する宗教を否定し、攻撃対象を敢えて特定せず聴衆が想像するに任せた。これらは、民衆の共産主義への先入観と恐怖心を除去しつつ共産主義を浸透させるため、そして共産主義を非合法化した植民地政府の目を逃れるための戦略であった。この戦略が効を奏し「共産主義」は民衆の間にも普及していった。

植民地政府は、自尊運動を通じた共産主義浸透を警戒し、運動の弾圧を検討した。しかし行政府と司法府の間には、共産主義の脅威に対する認識と思惑の相違があった。自尊運動の活動が常に合法の範囲内にとどまっていたために、司法府は自尊運動活動家を逮捕する法的根拠がないという見解を示した。そこで州政府は中央政府に対して、共産主義浸透の予防を目的とする法整備を要請した。しかし今度は、中央政府と地方政府の間で思惑の相違が明らかになった。中央政府は、予防拘禁を可能にする弾圧法規を制定して民族主義者の批判を招く方がより危険であると考え、州政府の要請を却下したのである。共産党は34年に全インドで非合法化されたが、マドラス州政府は自尊運動を非合法化することができなかった。自尊運動の戦略は、弾圧を逃れ「共産主義」の普及を図るという点において見事に成功したといえる。

共産主義の普及は、会議派の中でも「保守長老」とされるタミルナードゥ会議派指導者ラージャージーに危機感を抱かせ、「非協力」方針を捨てて州議会選挙に参加することを決意させた。彼はガンディーと同様に、宗教やカーストや階級などの枠を超えた「インド民族／国民」を創出することを目標としていた。この立場からすると、非バラモン運動、とりわけ共産主義的自尊運動は容認しがたいものであった。なぜなら同運動は「バラモン＝アーリヤ民族＝富裕層」対「非バラモン＝ドラヴィダ民族＝貧困層」という対立構造を掲げていたためである。新インド統治法の成立によって州レベルでの完全自治が実現した

ことは、彼に転機をもたらした。州議会選挙に参加し勝利した彼は、マドラス州に会議派政権を樹立し、行政立法手段を駆使して、カースト対立・民族対立・階級対立の危機に対処しようとした。彼が採った措置のうち、ヒンディー語必修化は、ドラヴィダ文化を非バラモン・アイデンティティの基盤とする自尊運動活動家を中心に激しい反対運動を引き起こし、完全に失敗した。そこで会議派政権は、労働問題対策においてラディカルな政策を打ち出すようになっていく。

2　労働運動の変容と政治への影響

　南インドにおける労働運動は、指導者が労働者に注目し関係を緊密化していくベクトルと労働者が自立していくベクトルが平行して展開された。20世紀前半、労働運動は3回の高揚期を観察した。18年から22年にかけての第一次高揚期における労働運動指導者と労働者の関係は、非恒常的かつ一方通行的なものであった。第一次世界大戦とその後の時期は、一部の民族運動指導者が民衆に注目し民族運動に参加させる重要性を認識した。しかし彼らは、政治運動に大衆を動員する必要性を感じていても、自分が掲げる政治思想や政策に民衆の要求を反映させる必要性は感じていなかった。したがって、恒常的に労働者に接触して彼ら彼女らの苦しみや不満を知ろうとする意思も欠けていた。

　この時期に労働問題に関心を抱き組合を結成したのは、主に慈善活動家である。あるいは政治家であっても労働問題は社会問題であるから政治運動とは切り離すべきという思考の持ち主であった。彼らは労働者に対して、他業種や他地域の労働条件などの情報を与えた。それらの情報は労働者が自己の立場を相対的に把握する材料となった。ただしこれらの指導者は、労働者と恒常的に接触していたわけではない。複数組合の幹部を兼任し、労使間でトラブルやストが発生した時には不在であることが多かった。

　一方、労働者は、指導者からの情報提供により自分たちの立場を客観的に把握し、漠然としていた自分たちの不満の原因を認識するようになっていった。ストライキの発生は大抵突発的であったが、それは当時の労働者がストライキを、指導者や政府の注意を惹きつけるための手段にしていたことに起因する。労働者は、まだ争議の主体として経営と直接交渉する意思がなく、経営も労働

者を交渉対象として認知していなかった。そのため労働者を代弁して交渉する代理人が必要だったが、既述のように指導者は恒常的に労働者と接触していたわけではない。そこで労働者はストを起こして注意を喚起し、自分達の不満を解決してくれる人物が現れるのを期待したのである。

指導者は、ストが起きて初めて労働争議に関わったが、大抵の指導者は労働者がその時点で何を欲しているのか充分に掌握しないまま、ストを抑制しようとしたり、あるいはスト継続に駆り立てたりした。こうして指導者と労働者の間に離齬が生じ、指導者が統率力を失う例も見られた。労働者は、交渉の代理人として政府の介入を希望する傾向が強かった。政府は中立的な仲介人と認識されており、労使問題への介入は政府の義務とする意見さえ見られた。そのためこの時期の労働争議では、政府が労使の間で要求を調整し妥協点を模索するという現象が、ごく一般的に見られた。

27年から33年までの第二次高揚期の特徴は、運動指導者と労働者の接触が恒常化し緊密になったことである。これは、共産主義者に加えて会議派指導層も民族運動の基盤を民衆に置くことの重要性を認識し始めたことに起因する。民衆の支持を得るために、各政治運動の指導者は、まず労働者の不満を知ろうとするようになった。この姿勢の変化は、指導者の言動に如実に現れた。政治家が労働者集会を開いて演説する事例が増加し、演説内容も労働者が理解しやすいよう平易になった。労働者の生活上の問題や不満は、演説内容に反映され、さらには指導者の所属団体の活動方針に反映されるというフィードバック現象も生じた。自尊運動や会議派社会党の行動プログラムはその典型であった。

運動指導者は、労働者の代弁者を自認しながら、しばしば政府に仲介を求めた。共産主義者といえども植民地政府に介入を要請するのを厭わなかった。労働者が相変わらず政府を中立的存在と見なし介入を希望したために、労働者の支持を獲得するために彼ら彼女らの意向を尊重せざるを得なかったのである。

指導者は労使交渉を有利に進めるためにメディアを活用した。新聞社からの取材を受動的に待つのではなく、率先して投稿し争議の経緯と労働者の要求を伝え、経営の横暴さを強調して世論に訴えようとした。指導者の意図は、世論が労働者に同情し、その同情が政府への圧力となって政府を動かし、政府が経営側から譲歩を引き出すことにあった。調停委員会や労働局長の勧告を新聞に

公表するよう要求したのも、勧告内容が労働者の要求の正当性を世論に知らしめ、経営に圧力がかかることを期待したためであった。

　一方、労働者の行動を見ると、自立的かつ戦略的に行動する事例が増えてくる。ただし、まだ経営側が労働者を対等な交渉相手と認めていなかったため従来通り交渉代行者を求めたが、「注意喚起スト」で指導者や政府が動くのを待つのではなく、労働者が指導者を招聘する事例が出てきた。経営者の家の周りに座り込みをして直接対話を求める例も見られた。ちなみに第一高揚期には、座り込みをするにしても経営ではなく州知事をはじめとする政府役人に介入を求めて陳情していたことを想起されたい。したがってこの時期の座り込みストは、経営に圧力をかけることを狙った交渉手段としてのストライキに変質する過渡期の一例と位置付けられよう。労働者が自ら陳情書を作成し、経営に直接提出して善処を求める行為さえ見られるようになった。

　これらの行動を主導したのは、現役の労働者すなわち「労働者リーダー」である。この頃から労働者リーダーが台頭し、労働者の立場を代表する者として組合の中でも一定の地位を築いていった。組合内部で労働者リーダーの存在感が増すと、それだけ運動指導者の裁量が制限されるようになった。たとえば、ストライキの過程で適宜労働者による評決が行われるなど、行動方針を労働者が決定する手続がとられるようになった。その結果、指導者が独断で経営と交渉して妥協したり、反対にスト継続を強制したりすることが難しくなり、労働者の自立性が高まった。労働者のこのような変質を認めて、労働者との直接交渉に応じる経営者も現れた。

　37年から39年の第三高揚期の特徴は、様々な政治勢力が労働者の支持を得るために組合を作って鎬を削ったこと、その中で労働者が自立化を遂げたこと、そして労働者リーダーの中から一般労働者と指導者を繋ぐ中間的存在へと変化する者が現れたことがあげられる。

　37年から39年は、会議派が初めて州政権を担った時期に相当する。州議会選挙では、新インド統治法の規定により有権者資格が拡大され、かつ労働者代表議席が設定されたために、各党は労働者の支持を取り付ける必要に迫られた。南インドでは共産主義的自尊運動と会議派が競争を繰り広げた。会議派は、労働者の組織化が遅れていた隙間産業や地方都市に活路を見出した。その結果、

既に地方に進出していた共産系の組合と並んで会議派系組合など複数の労働組合が常設され、鎬を削るようになった。

指導者が労働者の支持を得ようと労働者との関係を緊密化するのに平行して、労働者はむしろ自立傾向を強めた。複数の組合や指導者からの接触を受けて、指導者を選ぶ際の選択肢が増えたためである。また、労働者の自立化は、スト中に労働者の結束強化を目的に連日集会が開催されたこととも密接に関連していた。ストが長期化するほど、指導者は集会を増やし、労働者一人一人に参加意識を持たせることによって一体感を演出しようとした。集会が増えるとそれだけ演説者も必要となり、一般労働者も演壇に登るようになった。こうして労働者が演壇に立って演説する経験を積み、大勢の聴衆を前に声を出し自己を表現する発話能力を体得した。これが原動力となり、労働者は、指導者に頼らず経営と直接対峙する自信と意志を持つようになっていった。

労働者が自立性を強めた結果ストの性格も変化した。指導者を呼ぶ必要がなくなったため、ストはもはや「注意喚起ストライキ」ではなく経営に対する交渉手段となり、かつ労働者の「自己表現の場」として機能するようになった。スト中には、労働者も集会を主催して自ら演壇に立ち、不満や要求、意見を述べた。デモ行進も頻繁に組織し、シンボルマークや旗を掲げたり、スローガンを叫んだり、歌ったりして自分たちの不満や要求を表現した。労働者のこれらの自己表現は、経営のみならず広く世間一般を対象にしていた。労働者は、目抜き通りや広場などの公の場で自分たちの要求を披瀝して、世論の同情をひこうとした。歌を歌うことがとりわけ注目を集めると気付き、歌いながら示威行進を行うことが多くなったのは、その典型である。ハンガーストライキも同様の効果を狙ったものであった。こうしてストライキは、普段は公に表されることのない労働者の心情を表現する舞台、すなわち「自己表現の場としてのストライキ」になったのである。

部外者幹部に無意識に依存するような脆弱さはなくなり、労働者リーダーが組合活動の中核となりストを牽引するようになった。新インド統治法で労働者代表議席が設けられたことにより、労働者リーダーの中からも州議会議員が誕生した。このような労働者リーダーは、州議会では労働者の代表者として、地元では所属政党の政策の代弁者として振舞い、同時に、所属政党の活動方針に

労働者の要求が反映されるよう働きかけて労働者の支持を政党に引き付ける仲介的役割を担うようになった。

なお、この頃の労働者は特定組合に縛られず、組合も組合員を束縛するような規律を持たなかったために、各組合やその指導者と労働者の間には良くも悪くも距離があった。そこで指導者は、労働者の支持を維持するために、労働者リーダーの助けを借りて労働者の不満や希望を汲み取り、それを組合と政党の活動方針に反映させようと努めた。このようにして、労働者―労働者リーダー―指導者（政治家）―政党地方支部―政党中央という各レベル間にフィードバック作用が機能するようになったのである。

3　会議派の変質

急増するストライキへのラージャージー会議派政権の対応策は、積極的介入と「非暴力」を柱としていた。以前は、労使のいずれからも要請が出されていない状況で政府が自ら介入することはなかった。しかし、会議派政権は積極的に労使の仲介を買って出た。議員はもとより労働大臣や州首相がスト現場を訪れ、労働者の前に姿を現し、労働問題に対する真摯な姿勢と公正な態度をアピールした。こうして、公正な調停者を演出することによって、会議派政権は労働者の期待に応える姿勢を示したのである。

一方「非暴力」とは、労働争議の過激化を抑えるために利用されたレトリックである。会議派州政権は、争議の暴走を抑えるために、経営側の行為をも取り締まり対象にした。刑事訴訟法第144条〔秩序を乱し暴力を誘発する行為の禁止〕を経営側にも適用し、「非暴力」の名のもとに、労働者の不満をいたずらに煽る頑迷な態度を改めるよう迫ったのである。刑事訴訟法第144条は、イギリス人経営者のみならずインド人経営者に対しても適用された。このことは、会議派が公正に労働問題に対処しているというイメージを一層強く労働者に植えつけた。このように、会議派州政権は、労働者の要望に応えるために、そして労働者が抱く会議派イメージを崩すことがないように、労働運動政策を構築していった。

ラージャージー政権の労働政策は、マドラス州における会議派の変質を体現していた。ラージャージーは、州議会選挙に先立ち、会議派に左派勢力を取

り込んだ。それまで断固拒否してきた会議派社会党の地方支部の設立を黙認し、様々な左派勢力が会議派に参加するのを許した。さらに政権獲得後は、彼らの中からも閣僚を任命した。こうして会議派は、マドラス州において、民族主義団体から、民衆の声を政策に反映させる議会政党へと変質した。かつてラージャージーは、「ガンディーの片腕」としてインドのあらゆる宗派・カースト・階層の融和を目指して民衆のエネルギーを抑止してきた。しかし政権をとった今、インド人資本家をも含む富裕層をも抑止する「公正な」姿勢を打ち出したのである。

　視点を変えればこれは、労働者が指導者によって一方的に動員されることのない自立性を強めたことを示している。いかなる政治勢力であろうと、労働者の要求に応える姿勢を示し実際に政策に反映させなければ、労働者は他の政治勢力を選択した。なお、労働者に対して複数の政治勢力が接触したために、労働者は自己の存在意義を自覚して自尊心を培い、複数勢力の中から支持対象を選択するようになった。労働者の自立化と各政治勢力の変質は、双方向的関係の成果であった。

第2節　「周縁」から見るインド史の構築にむけて

　本書は、民衆とエリートの相関関係を労働運動を切り口に分析し、エリートたる部外の運動指導者が労働者に接触したことが労働者を自立化させる原動力となったこと、労働者の自立化が指導者による一方的動員を不可能にし、労働者の要求を政策に反映させるフィードバック機能が政党内に働くようになったことを解明した。この結論は、その後現代にいたるまでのインドの歩みを理解する際、様々な示唆を与えてくれる。

　第二次世界大戦が勃発すると、イギリスは再びインドを強制参戦させた。各州会議派政権はこれに抗議して39年に総辞職した。第二次大戦の最中、中国とアメリカによるイギリスへの圧力、日本軍の東南アジア侵略とイギリス植民地の占領、インド国内外での反イギリス独立闘争などの様々な要因が絡んで、インド独立は近い将来に達成されるものとして現実味を帯びるようになった。47年の独立、50年の憲法施行まで、独立インドの国家体制をめぐり、イギリスとインドの間で、そしてインド国内で様々な議論が戦わされた。結果的にイ

ンドは、連邦制の議会制民主主義国家として歩み始めた。連邦の構成単位である州は、独立当初は植民地期の州境を継承したが、この州境界はイギリス東インド会社による漸次的征服の過程で形成された不自然なものであった。さらには旧藩王国領も混在しており、効率的な行政は望めなかった。そのため、州境を言語分布と一致させるべきであるという言語州要求運動が起こったが、その動きが最も活発だったのが南インドであった。マドラス州と旧ハイデラバード藩王国、マイソール藩王国、トラヴァンコール藩王国などを併せた領域から、タミル語、テルグ語、マラヤ―ラム語、カンナダ語が主に話される地域がそれぞれマドラス州（のちにタミル・ナードゥ州に改名）、アーンドラ・プラデーシュ州、ケーララ州、カルナータカ州として新設された。これは、非バラモン運動が「ドラヴィダ文化」の誇りを唱えてきたことを考えれば、当然の帰結であった。ただし、この言語州要求運動の裏には、ドラヴィダ語族系諸語の中でも特にタミル語話者に対する他言語話者の警戒と反発があった。イギリス植民地時代は、マドラス州の行政、立法、司法の場は全て英語が公用語であったが、各政党、政治勢力が民衆との接触を重視するにつれて、地域言語の重要性も増していた。自尊運動を推進したペリヤールは常にタミル語で演説した。ラージャージーも母語はタミル語であった。州都マドラスはタミル語圏に位置していた。そのため、タミル語が独立後のマドラス州の政治や行政の主要言語になるのではないかと他言語話者は恐れたのである。

　言語州の成立は、議会制民主主義の定着と展開に大きな意味をもった。30年代に生成した、民衆―政治家―地方支部―中央組織という各レベル間のフィードバック関係が作用し、各政治勢力や政党においては民衆と直接接触する地方支部の重みが一層増していった。70年代には、より地域に密着した、州を権力基盤とする地域政党が各地で会議派州政権を倒し、90年代以降は中央政治の世界でも地域政党が発言力を増している。このような地域政党の台頭は、50年のインド憲法施行と同時に普通選挙が実施されたにもかかわらずしばらく低迷していた投票率が徐々に上昇していくのと軌を一にしていた。つまり、エリートに動員されない民衆が、エリートの独断専行を許さず、民衆とのフィードバック作用がよりよく機能する政党を与党の地位に押し上げるシステムが定着したといえよう。

とはいえ、民衆といってもその内実は多様であり、当然一枚岩ではありえない。民衆とエリートの関係性の変化を追跡する際には、「民衆」の中の差異を注視することもまた重要である。本書は、民衆とエリートの関係を独立運動の大きな流れの中に位置付けるという目的から、敢えて労働者を「民衆」の一部をなすものとして代表させてきた。その結果、農民やその他の職種の大勢の人びとが分析対象からこぼれ落ちていった。さらには、労働者の中の差異、とりわけカーストやジェンダーの問題を充分に取り扱うことができなかった。労働運動という舞台での民衆とエリートの動向を追う中で、「民衆」と「エリート」という二項対立ではとらえきれない不断に変化する重層的な関係性があることは解明しえた。しかし、「民衆」の中にもカーストの違いに起因する差別や排除があり、ジェンダーに基づく抑圧があり、さらにはカーストやジェンダーが複雑に絡まる無限の抑圧と差別と排除の連鎖があることは、その片鱗を例示することはできたものの充分には描くことができなかった。

　「民衆」を定義することは、「民衆」を本質化しその内部の差異を捨象する行為につながりかねない。「民衆」の中にも様々な包摂と排除の断面が存在する。インド近代史の文脈では、言語や宗教にもとづく「民族」の創出による包摂と排除や、カーストを単位とする包摂と排除、カースト内部でのジェンダーにもとづく支配と抑圧、カーストを縦断する女性抑圧構造など、「民衆」は際限なく分断されてきた。しかしこの無限の分断は、歴史の様々な場面で「民衆」が考え行動する時に顕在化するものであり、いうなれば「民衆」の生の証である。「民衆」が何らかの形で集結して行動するとき、その集団から弾かれるもの、周縁に追いやられるものが必然的に生じる。しかし不可視化されたこれらの存在も、いつまでも不可視の存在に甘んじることなく、いつしか声をあげ「周縁」から「中心」に向かおうとする。この無限の「民衆」の生の営みとしてのインド近代史を、無限に生まれ続ける「周縁」の視点から再構築することが今後の最大の課題となろう。

文献一覧

1 未公刊政府文書・政府刊行物

未公刊政府文書

India Office Records, British Library, London
- L/I/1 Files.
- L/I/2 Files.
- L/I/3 Files.
- L/P&J/3 Files.
- L/P&J/5 Files.
- L/P&J/7 Files.
- L/P&J/8 Files.
- L/P&J/12 Files.
- L/PO/6 Files.
- L/PO/10 Files.

National Archives of India, Delhi
- Home (Political) Department, Proceedings.
- Home (Public) Department, Proceedings.

Tamil Nadu Archives, Chennai
- Development Department Government Orders (Development GO).
- Fortnightly Report (FNR)
- History of Freedom Movement Files (HFM).
- Law Department Government Orders (Law GO).
- Local Self Government Department Government Orders (LSG GO).
- Native Newspapers Report (NNR).
- Public Department Government Orders (Public GO).
- Public Works and Labour Department Government Orders (RW&L GO).
- Under Secretary Secret Files (USSF).

政府刊行物

Census of India, 1901, 1911, 1921, 1931.

Department of Industries and Labour, Government of India *Report on Indian Labour Legislation, 1932-36 with Special Reference to the Recommendations of the Royal Commission on Labour in India*, Simla, Government of India Press, 1937.

Indian Tariff Board *Report of Indian Tariff Board regarding the Grant of Additional Protection to the Cotton Textile Industry*, Calcutta, 1932.

Intelligence Bureau, Home Department, Government of India *Communism in India 1922-1927*, New

Delhi, Government of India Press, 1927 *(CII)*.

―――― *India and Communism,* New Delhi, Government of India Press, 1935 *(IAC).*

Labour Bureau, Ministry of Labour, Government of India *The Indian Labour Year Book 1947-48,* New Delhi, Government of India Press, 1948.

Labour Bureau, Ministry of Labour and Development, Government of India *Report on Survey of Labour Conditions in Cotton Textile Factories in India,* New Delhi, Government of India Press, 1967.

Law Commission of India *The Code of Criminal Procedure, 1898: Report, Law Commission of India, 41,* Delhi, Manager of Publications, 1970.

MacLean, C.D. *Manual of the Administration of the Madras Presidency,* 3 vols., New Delhi, Asian Educational Services,1885 (reprint 1987).

Madras Legislative Council Proceedings (MLCP), 1922-1939.

Madras Legislative Assembly Debates (MLAD), 1935-1939.

Nicholson, F. A. *Manual of Coimbatore District in the Presidency of Madras 1887,* Madras, Government of Madras Press, 1887.

Royal Commission on Labour in India *Report of the Royal Commission on Labour in India,* London, His Majesty's Stationery Office, 1931.

―――― vol.VII, part 1, Written Evidence, Madras, London, His Majesty's Stationery Office, 1931.

―――― vol.VII, part 2, Oral Evidence, Madras Presidency and Coorg, London, His Majesty's Stationery Office, 1931.

2　団体史料・個人史料

Nehru Memorial Museum and Library, Manuscript Division, Delhi

   All India Congress Committee Papers

   C. Rajagopalachari Papers

   N. M. Joshi Papers

   Tamil Nadu Congress Committee Papers

3　定期刊行物

All India Trade Union Congress Bulletin, 1925, 1927-1929, 1936, 1938.

Communist, 1939-1940.

Congress Socialist, 1934-1938.

Hindu, 1917-1939.

Indian Annual Register, 1919-1939.

Kuṭiaracu (in Tamil), 1925-1935.

Madras Mail, 1917-1939.

National Front, 1938-1939.

New Age, 1937-1939.

Pakuttaṟivu (in Tamil), 1936-1939.
Socialist, 1922-1923.

4 資料集
Basu, J. chef ed. *Documents of the Communist Movement in India*, 26 vols., Calcutta, National Book Agency, 1997.
Ray, S.E. ed. *Selected Works of M.N.Roy*, 3 vols., Delhi, Oxford University Press (OUP), 1990.

5 パンフレット・その他
Ahmad, Muzaffar *Myself and the CPI (1920-1929)*, Calcutta, NBA Publications, 1923.
"An Anti-Roy Pamphlet", *Communist International*, No.10, vol.9, 1932.
Bhat, B.R. *Coimbatore City Guide and Directory*, n.p., 1938.
Dange, S. A. *Gandhi VS Lenin*, Bombay, Liberty Literature, 1921.
――――― *Hell Found*, Bombay, PPH Publication, 1928.
Directory of the Madras Legislature, Madras, The Madras Legislature Congress Party, 1938.
Giri, V.V. *Labour Problems in Indian Industry*, Bombay, Asia Publishing House, 1958.
Hobhouse, L.T. *Labour Movement 1912,* n.p., 1912.
Justice Party Golden Jubilee Sourvenir, Madras, no publisher's name, 1966.
Kelman, J.H. *Labour in India*, London, George Allen and Unwin Ltd., 1923.
Krishnaswami *The Communist and the Congress: Being the Thesis on the Role of the Indian Communists in the Struggle for Complete Independence of India*, Agra, The Socialist Literature Publishing Co., 1938.
Lawson, S.C. *Memories of Madras*, n.p., 1905.
Madras in 1939, Madras, no publisher's name, 1939.
Manifesto of Workers and Peasants Party (Bombay) to the Indian National Congress, Bombay, Kranti Office, 1929.
Mudaliar, A.R. *Mirror of the Year: A Collection of Sir A Ramaswami Mudaliar's Editorials in JUSTICE*, Madras, Dravidar Kazhagam, 1928 (reprint 1987).
Mukhtar, A. *Trade Unionism and Labour Disputes in India*, Bombay, Longmans, 1935.
Naidu, N.C. *A Life of Fulfilment*, Coimbatore, published by the author for private circulation only, 1983.
Naidu, T.V. *The Justice Movement 1917*, Madras, Dravidar Kazhagam, 1932 (reprint 1991).
Namboodiripad, E.M.S. *Communist Party and States Reorganisation*, Delhi, Communist Party of India, 1955.
――――― *Selected Writings*, Calcutta, National Book Agency, 1982.
――――― *The Communist Party in Kerala: Six Decades of Struggle and Advance*, New Delhi, National Book Centre, 1994.
Narayan, Jayaprakash *Why Socialism*, Banaras, All India Congress Socialist Party, 1936.
Nathan, A.V. *Justice Year Book*, Madras, no publisher's name, 1929.

Rao, B. S. *The Industrial Worker in India*, London, George Allen and Unwin, 1939.

Raychaudhury, Ladlimohon, *The Seed-time of Communist Movement in India 1919-1926*, n.p., NBA Publications, 1923.

Slater, G. *Southern India, Its Political and Economic Problems*, n.p., 1936.

The Story of an Old Mill, n.p., n.d.

To All Anti-Imperialist Fighters, Central Committee, CPI, Section of Comintern, 1936.

Wadia, B. P. *Labour in Madras*, Madras, S. Ganesan and Co. Publishers, 1921.

6 インタビュー（敬称略）

Balasundaram, V.R., Secretary, Coimbatore National Textile Employees' Union, 21 Nov. 1998.

Damoodaram, ex-millworker and trade unionist, 11 Nov. 1998.

Doraiswami Naidu, G.V., ex-Chairman, PSG Group, 9 Nov. 1998.

Kandanathan, C.M., Secretary, Coimbatore Textile Workers Union, 19 Nov. 1998.

Maarippendeva, ex-millworker and freedom fighter, 3 Jun. 1999.

Narayanaswami, A.R., ex-millworker and trade unionist, 3 Jun. 1999.

Narayanaswami, S., ex-millworker and freedom fighter, 3 Jun. 1999.

Palaniswami, K., Vice President, Coimbatore National Textile Employees' Union, 21 Nov. 1998.

Ramakrishnan, trade unionist, 11 Nov. 1998.

Ramakrishnan, L., ex-millworker and freedom fighter, 3 Jun. 1999.

Ranganathan, P., Supervisor, Sri-Varadaraja Mills, 9 Nov. 1998.

Subbiah, P.L., General Secretary, Coimbatore National Textile Employees' Union, 21 Nov. 1998.

Subramaniam, A., General Secretary, Coimbatore Textile Workers Union, 17 Nov. 1998.

Sundaram, G.K., Chairman, Lakshmi Mills, 3 Jun. 1999.

Varadarajan, D., Chairman, PSG Group, 9 Nov. 1998.

7 二次資料

Abbasayulu, Y.B. *Scheduled Caste Elite: A Study of Scheduled Caste Elite in Andhra Pradesh*, Hyderabad, Osmania University, 1978.

Agnes, F. "Women, Marriage, and the Subordination of Rights", in Chatterjee, P. and Jeganathan, P. eds. *Subaltern Studies XI*, Delhi, Parmanent Black and Ravi Dayal Publisher, 2000, pp. 106-137.

Aiyappan, A. *Social Revolution in a Kerala Village: A Study in Culture Change*, Bombay, Asia Publishing House, 1965.

Alexander, K.C. *Peasant Organizations in South India*, New Delhi, Indian Social Institute, 1981.

―――― *The Process of Development of Societies*, New Delhi, Sage Publications, 1994.

Aloysius, G. *Nationalism Without a Nation in India*, Oxford, OUP, 1997.

Amin, S. "Gandhi as Mahatma: Gorakhpur District, Eastern UP, 1921-2", in Guha, R. ed. *Subaltern Studies III*, Delhi, OUP, 1984, pp. 1-61.

Event, Metaphor, Memory: Chauri Chaura 1922-1992, Delhi, OUP, 1995.

　　　　　　, Chakrabarty, D. eds. *Subaltern Studies IX: Writings on South Asian History and Society*, Delhi, OUP, 1996.

"An Admirer" *Periyar E.V. Ramasami: A Pen Portrait*, Madras, Periyar Self-Respect Propaganda Institution, 1962.

Anna, A. *Periyar: An Anthology*, Madras, Periyar Self-Respect Propaganda Institution, 1992.

Appadurai, A. "Right and Left Hand Castes in South India", *Indian Economic and Social History Review (IESHR)*, 11-2, 1974, pp. 3216-3259.

　　　　　　 Worship and Conflict under Colonial Rule: South Indian Case, New Delhi, OUP, 1981.

Arasaratnam, S. "Trade and Political Dominion in South India", *Modern Asian Studies (MAS)*, 13, 1979, pp. 111-40.

　　　　　　 "Weavers, Merchants and Company: The Handloom Industry", *IESHR*, 17-2, 1980, pp. 257-281.

Arnold, D. *The Congress in Tamilnad: Nationalist Politics in South India, 1919-1937*, New Delhi, Manohar, 1977.

　　　　　　 "Famine in Peasant Consciousness and Peasant Action: Madras 1876-8", in Guha, R. ed. *Subaltern Studies III*, New Delhi, OUP, 1984, pp. 62-115.

　　　　　　 "The Colonial Prison: Power, Knowledge and Penology in Nineteenth-Century India", in Arnold, D., Hardiman, D. eds. *Subaltern Studies VIII: Essays in Honour of Ranajit Guha*, Delhi, OUP, 1994, pp. 148-187.

　　　　　　 "Gramsci and Peasant Subalternity in India", in Chaturvedi, V. ed. *Mapping Subaltern Studies and the Postcolonial*, London, Verso, 2000, pp. 24-49.

　　　　　　, Jeffrey, R., Manor, J. "Caste Associations in South India: A Comparative Analysis", *IESHR*, 13-3, 1976, pp. 353-373.

Arooran, K.N. *Tamil Renaissance and Dravidian Nationalism 1905-1944*, Madurai, Koodal Publishers, 1980.

Bahl, V. "Attitude of the Indian National Congress Towards the Working Class Struggle in India 1918-1947", in Kumar, K. ed. *Congress and Classes: Nationalism, Workers and Peasants*, Delhi, Manohar, 1988, pp. 1-33.

Baker, C. J. "The Congress at the 1937 Elections in Madras", *MAS*, 10, 1976a, pp. 557-589.

　　　　　　 The Politics of South India 1920-1937, New Delhi, Vikas, 1976b.

　　　　　　 An Indian Rural Economy 1880-1955: The Tamilnad Countryside, Oxford, Clarendon Press, 1984.

　　　　　　, Washbrook, D.A. eds. *South India: Political Institutions and Political Change 1880-1940*, New Delhi, The MacMillan Company of India Ltd, 1975.

Bakshi, S.R. *Bhagat Singh: Struggle for Independence, Indian Freedom Fighters*, vol.3, New Delhi, Anmol Publications, 1989.

Balasbramanyan, S.R. *Early Chola Temples: Parantaka I to Rajaraja I (A.D.907-985)*, Bombay, Orient Longman, 1971.

——— *Middle Chola Temples: Rajaraja I to Kulottunga I (A.D.985-1070)*, Faridabad, Thomson Press, 1975.

Barnett, M.R. *The Politics of Cultural Nationalism in South India*, New Jersey, Princeton University Press, 1976.

Baskaran, S.T. *The Message Bearers: The Nationalist Politics and the Entertainment Media in South India 1880-1945*, Madras, Cre-A, 1981.

Basu, N. *The Political Parties and the Labour Politics 1937-1947*, Calcutta, Minerva Associates, 1992.

Baxi, U. "Discussion—'The State's Emissary': The Place of Law in Subaltern Studies", in Chatterjee, P., Pandey, G. eds. *Subaltern Studies VII*, Delhi, OUP, 1992, pp. 247-264.

Bayly, C.A. "Rallying Around the Subaltern", in Chaturvedi, V. ed. *Mapping Subaltern Studies and the Postcolonial*, London, Verso, 2000, pp. 116-126.

Beck, B.E.F. "Centers and Boundaries of a Regional Caste System—A Study of Coimbatore and Neighbouring District", in Beck, B.E.F. ed. *Perspectives on a Regional Culture*, New Delhi, Vikas, 1979, pp. 54-92.

——— "The Boundaries of a Subcaste—The Okaccanti Pantarams and Their Distribution in the Kongu Region", in *Ibid.*, pp. 93-110.

———, Joy, A. "Coimbatore City: The Spatial Distribution of Thirteen Major Castes in the Urban Area Today", in *Ibid.*, pp. 129-169.

——— "Coimbatore City: The Historical Background to its Social Composition at Present", in *Ibid.*, pp. 170-198.

Benjamin, B.S. *Practical Cotton Mill Management*, Bombay, Thacker & Co., Ltd., 1934.

Benugopal, Justice P. *Justice and Social Justice*, Madras, Periyar Self-Respect Propaganda Institution, 1992.

Beteille, A. "Caste, Class and Power", in Gupta, D. ed. *Social Stratification*, Delhi, OUP, 1991, pp. 339-352.

——— *Caste, Class and Power: Changing Patterns of Stratification in a Tanjore Village*, New Delhi, OUP, 1996.

——— "Caste and Political Group Formation in Tamilnad", in Kaviraj, S. ed. *Politics in India*, Delhi, OUP, 1997, pp. 71-93.

Bhargava, G.S. *A Study of the Communist Movement in Andhra*, Delhi, Siddhartha, 1955.

Bhargava, R. "Religious and Secular Identities", in Baxi, U., Parekh, B. eds. *Crisis and Change in Contemporary India*, New Delhi, Sage Publications, 1995, pp. 317-349.

——— ed. *Secularism and its Critics*, Delhi, OUP, 1998.

Bhaskar, M. *Press and Working Class Consciousness in Developing Societies: A Case Study of an Indian State*, New Delhi, Giam, 1989.

Bhatia, S. *Freedom of Press: Politico-legal Aspects of Press Legislations in India,* Jaipur, Rawat Publications, 1997.

Bhattacharya, S. *Propaganda and Information in Eastern India 1939-45: A Necessary Weapon of War*, Surrey, Curzon, 2001.

Bhogendranath, N.C. *Development of the Textile Industry in Madras up to 1950*, Madras, Madras University, 1957.

Borooah, D.K. *The Encyclopaedia of Indian National Congress*, 28 vols, New Delhi, S. Chand, 1976-1993.

Brass, P.R. *Factional Politics in an Indian State: the Congress Party in Uttar Pradesh*, Berkeley, University of California Press, 1965.

―――― "The Politicization of the Peasantry in a North Indian State", in Kaviraj, S. ed. *Politics in India*, Delhi, OUP, 1997, pp. 200-222.

Brass, T. "Moral Economists, Subalterns, New Social Movements and the (Re-) Emergence of a (Post-) Modernized (Middle) Peasant", in Chaturvedi, V. ed. *Mapping Subaltern Studies and the Postcolonial*, London, Verso, 2000, pp. 127-162.

Breman, J. *Patronage and Exploitation: Changing Agrarian Relations in South Gujarat, India*, Berkeley, University of California Press, 1974.

―――― "Mobilization of Landless Labourers: The Halpatis of South Gujarat", in Gupta, D. ed. *Social Stratification*, Delhi, OUP, 1991, pp. 399-418.

Brown, J.M. "Gandhi: Guru for the 1990's ?", in Baxi, U., Parekh, B. eds. *Crisis and Change in Contemporary India*, New Delhi, Sage Publications, 1995, pp. 82-97.

Bugge, H. *Mission and Tamil Society: Social and Religious Change in South India 1840-1900*, Richmond, Curzon Press, 1994.

Cashman, R.I. *The Myth of the Lokamanya: Tilak and Mass Politics in Maharashtra*, Berkeley, University of California Press, 1975.

Catanach, I.J. "Agrarian Disturbance in 19th-Century India", in Hardiman, D. ed. *Peasant Resistance in India 1858-1914*, New Delhi, OUP, 1992, pp. 184-203.

Cederlof, G. *Bonds Lost: Subordination, Conflict and Mobilisation in Rural South India c.1900-1970*, Delhi, Manohar, 1997.

Chakrabarthy, D. *Rethinking Working-Class History: Bengal 1890-1940*, New Jersey, Princeton University Press, 1989.

―――― "Radical Histories and Question of Enlightenment Rationalism: Some Recent Critiques of Subaltern Studies", in Chaturvedi, V. ed. *Mapping Subaltern Studies and the Postcolonial*, London, Verso, 2000, pp. 256-280.

Chandavarkar, R. *The Origins of Industrial Capitalism in India: Business Strategies and the Working Classes in Bombay*, 1900-1940, New York, Cambridge University Press (CUP), 1994.

―――― *Imperial Power and Popular Politics: Class, Resistance and the State in India*, c.1850-1950, Cambridge, CUP, 1998.

―――― ""The Making of the Working Class": E.P. Thompson and Indian History", in Chaturvedi, V. ed. *Mapping Subaltern Studies and the Postcolonial*, London, Verso, 2000, pp. 50-71.

Chandra, B. *Nationalism and Colonialism in Modern India*, New Delhi, Orient Longman, 1979.

Chandrashekar, S. *Colonialism, Conflict, and Nationalism: South India 1857-1947*, New Delhi, Wisha Prakashan, 1995.

Chandrasekharan, K. *P.S. Sivaswami Aiyer*, New Delhi, Government of India Press, 1969.

Char, K.T.N. *C. Rajagopalachari: His Life and Mind*, New Delhi, Heritage Publishers, 1978.

Chaterjee, P. "Agrarian Relations and Communalism in Bengal 1926-1935", in Guha, R. ed. *Subaltern Studies I*, New Delhi, OUP, 1982, pp. 9-38.

―――― "A Religion of Urban Domesticity: Sri Ramakrishna and the Calcutta Middle Class", in Chatterjee, P., Pandey, G. eds. *Subaltern Studies VII*, Delhi, OUP, 1992, pp. 40-68.

―――― "The Nation and Its Outcasts", in Kaviraj, S. ed. *Politics in India*, Delhi, OUP, 1997, pp. 94-118.

―――― "The Nation and Its Peasants", in Chaturvedi, V. ed. *Mapping Subaltern Studies and the Postcolonial*, London, Verso, 2000, pp. 8-23.

Chatterji, R. *Working Class and the Nationalist Movement in India: The Critical Years*, New Delhi, South Asian Publishers, 1984.

Chaturvedi, V. ed. *Mapping Subaltern Studies and the Postcolonial*, London, Verso, 2000.

Chauduri, K.N. "The Structure of Indian Textile Industry in the Seventeenth and the Eighteenth Centuries", *IESHR*, 11-2&3, 1974, pp. 127-182.

Chidambaram, M. "Official Language Issue in Tamil Nadu", in Palanithurai, G. ed. *Caste Politics and Society in Tamil Nadu*, Delhi, Kanishka Publishers, 1994, pp. 148-156.

―――― "Cultural Entrepreneurs and Language Strategists in Tamil Society", in Palanithurai, G., Thandavan, R. eds. *Ethnic Movement in India: Theory and Practice*, Delhi, Kanishka Publishing House, 1997, pp. 179-190.

Clarke, S. *Dalits and Christianity: Subaltern Religion and Liberation Theology in India*, Oxford, OUP, 1998.

Cohn, B.S. *Colonialism and its Forms of Knowledge: The British in India*, Delhi, OUP, 1997.

Copland, I. "The Maharaja of Kolhapur and the Non-Brahmin Movement 1902-10", *MAS*, 7-2, 1973, pp. 209-225.

Copley, A. *C. Rajagopalachari: Gandhi's Southern Commander*, Madras, Indo-British Historical Society, 1986.

Dalton, D. *Gandhi's Power: Nonviolence in Action*, New York, Columbia University Press, 1993.

Dalton, D.G. "M.N. Roy and Radical Humanism: The Ideology of an Indian Intellectual Elite", in Leach, E., Mukherjee, S.N. eds. *Elites in South Asia*, London, CUP, 1970, pp. 152-171.

Das, R.K. *History of Indian Labour Legislation*, Calcutta, University of Calcutta, 1941.

Deglas, J. ed. *The Communist International, 1919-1943; Documents*, 3 vols., 1st edition, London, OUP, 1956-1960; New impression, London, OUP, 1971(ジェーン・デグラス、荒畑寒村他訳『コミンテルン・ドキュメント』全3巻、現代思想社、1969-1972 年).

Deliege, R. *The World of the "Untouchables": Paraiyars of Tamil Nadu*, Delhi, OUP, 1997.

Dhanagare, D.N. "The Model of Agrarian Classes in India", in Gupta, D. ed. *Social Stratification*, Delhi,

OUP, 1991, pp. 261-270.
Dhareshwar, V., Srivatsan, R. ""Rowdy-sheeters": An Essay on Subalternity and Politics", in Amin, S., Chakrabarty, D. eds. *Subaltern Studies IX*, Delhi, OUP, 1996, pp. 201-231.
Dickey, S. *Cinema and the Urban Poor in South India*, New Delhi, CUP, 1993.
Diel, A. *Periyar E.V. Ramasamy: A Study of the Influence of Personality in Contemporary India*, Delhi, BI, 1978.
Dirks, N. "Recasting Tamil Society: The Politics of Caste and Race in Contemporary Southern India", in Fuller, C.J. ed. *Caste Today*, Delhi, OUP, 1996, pp. 263-295.
———— *Castes of Mind*, New Jersey, Princeton University Press, 2001.
Dobbin, C. "Competing Elites in Bombay City Politics in the Mid-Nineteenth Century", in Leach, E., Mukherjee, S.N. eds. *Elites in South Asia*, London, CUP, 1970, pp. 79-94.
Dushkin, L. "Scheduled Caste Politics", in Mahar, J.M. ed. *The Untouchables in Contemporary India*, Tucson, Arizona, University of Arizona Press, 1972, pp. 165-226.
Dwarkadas, K. *Forty-Five Years with Labour*, Bombay, Asia Publishing House, 1962.
Elkins, D.J., Beck, B.E.F. "Coimbatore in Context—Social, Political and Geographic Influences", in Beck, B.E.F. ed. *Perspectives on a Regional Culture*, New Delhi, Vikas, 1979, pp. 34-53.
Fic, V.M. *Kerala: Yenan of India: Rise of Communist Power, 1937-1969*, Bombay, Nachiketa Publications, 1970.
Fiske, A. "Scheduled Caste Buddhist Organizations", in Mahar, J.M. ed. *The Untouchables in Contemporary India*, Tucson, Arizona, University of Arizona Press, 1972, pp. 113-142.
Fuller, C J. ed. *Caste Today*, New Delhi, OUP, 1996.
———— *Servants of the Goddess*, New Delhi, CUP, 1984.
Gadgil, M., Guha, R. "State Forestry and Social Conflict in British India", in Hardiman, D. ed. *Peasant Resistance in India 1858-1914*, New Delhi, OUP, 1992, pp. 259-295.
Galanter, M. "The Abolition of Disabilities—Untouchability and the Law", in Mahar, J.M. ed. *The Untouchables in Contemporary India*, Tucson, Arizona, University of Arizona Press, 1972, pp. 227-316.
Gallagher, J., Seal, A. *Locality, Province, and Nation: Essays on India Politics 1870 to 1940: reprinted from Modern Asian Studies 1973*, New York, CUP, 1973.
———— *The Decline, Revival, and Fall of the British Empire: The Ford Lectures and Other Essays*, New York, CUP, 1982.
Gandhi, R. *Rajaji: A Life*, London, Penguin Books, 1997.
Gavit, M.H., Chand, A. *Indian National Congress: A Select Bibliography*, Delhi, U.D.H. Publishing House, 1989.
Geetha, V. "Gender and Political Discourse", *Economic Political Weekly (EPW)*, 16 Feb. 1991, pp. 387-388.
————, Rajadurai, S.V. "Non-Brahminism: An Intentional Fallacy?", *EPW*, 16-23 Jan. 1993, pp. 129-136.
————, Rajadurai, S.V. *Towards A Non-Brahmin Millennium: From Iyothee Thass to Periyar*, Calcutta,

Samya, 1998.

George, J. *Unionisation & Politicisation of Peasants & Agricultural Labourers in India*, New Delhi, Commonwealth Publishers, 1992.

Ghose, S. *Socialism and Communism in India*, Bombay, Allied Publishers, 1971.

Ghosh, P. *Colonialism, Class and a History of the Calcutta Jute Millhands 1880-1930*, Hyderabad, Orient Longman, 2000.

Ghosh, U. *The Communist Party of India and India's Freedom Struggle 1937-1947*, n.p., 1996.

Gokulsing, K.M., Dissanayake, W. *Indian Popular Cinema - a Narrative of Cultural Change*, Hyderabad, Orient Longman, 1998.

Gooptu, N. *The Politics of the Urban Poor in Early Twentieth-Century India*, Cambridge, CUP, 2001.

Gopalan, A.K. *Kerala Past & Present*, London, Lawrence & Wishart, 1959.

Gordon, L.A. *Brothers Against the Raj: A Biography of Indian Nationalists Sarat & Subhas Chandra Bose*, Calcutta, Rupa and Co., 1990.

Gore, M.S. *Non-Brahman Movement in Maharashtra*, New Delhi, Segment Book Distributors, 1989.

Gosh, A. "The Slave of MS.H.6", in Chatterjee, P., Pandey, G., eds. *Subaltern Studies VII*, Delhi, OUP, 1992, pp. 159-220.

Gough, K. "Class and Economic Structure in Thanjavur", in Gupta, D. ed. *Social Stratification*, Delhi, OUP, 1991, pp. 276-287.

Gould, H.A. "Priest and Contrapriest: A Structural Analysis of Jajimani Relationships in the Hindu Plains and the Nilgiri Hills", *Contribution to Indian Sociology*, New Series, 1967, pp. 26-55.

Gourlay, S.N. "Attitude of the Indian National Congress Towards the Working Class Struggle in India 1918-1947", in Kumar, K. ed. *Congress and Classes: Nationalism, Workers and Peasants*, Delhi, Manohar, 1988, pp. 34-57.

Gousalya, S. *Life and Work of Jeevanandan*, Madurai, Unpublished M.Phil thesis, Madurai Kamaraj University, 1981.

Guha, R. "On Some Aspects of the Historiography of Colonial India", in Guha, R. ed. *Subaltern Studies I*, New Delhi, OUP, 1982, pp. 1-8.

——— *Elementary Aspects of Peasant Insurgency in Colonial India*, Delhi, OUP, 1983.

——— "Neel-Darpan:The Image of a Peasant Revolt in a Liberal Mirror", in Hardiman, D. ed. *Peasant Resistance in India 1858-1914*, New Delhi, OUP, 1992, pp. 60-110.

——— "Discipline and Mobilize", in Chatterjee, P., Pandey, G. eds. *Subaltern Studies VII*, Delhi, OUP, 1992, pp. 69-120.

——— "The Small Voice of History", in Amin, S., Chakrabarty, D. eds. *Subaltern Studies IX*, Delhi, OUP, 1996, pp. 1-12.

——— *Dominance without Hegemony: History and Power in Colonial India*, Delhi, OUP, 1998.

Gupta, A.K. "Defying Death: Nationalist Revolutionism in India, 1897-1938", in Gupta, M., Gupta, A.K. eds. *Defying Death Struggles against Imperialism and Feudalism*, New Delhi, Tulika Print

Communications, 2001, pp. 39-63.
―――― "The Easter Rising in Bengal, Chittagong, 18 April-7 May 1930", in *Ibid.*, pp. 129-162.
―――― "The Executions of March 1931, Gandhi and Irwin", in *Ibid.*, pp. 163-180.
―――― "A Colony, a World War and a Patriot", in *Ibid.*, pp. 181-196.
―――― "The Communists and the Outbreak of the Telangana Rising, May 1944-February 1947", in *Ibid.*, pp. 197-226.
―――― "Forest-fire in the Sundarbans: The Communists and the Kakdwip Rising, 1946-50", in *Ibid.*, pp. 227-273.
Gupta, D.E. ed. *Social Stratification*, Delhi, OUP, 1991.
Gupta, K.K.S. "The Agrarian League of Pabna,1873", in Hardiman, D. ed. *Peasant Resistance in India 1858-1914*, New Delhi, OUP, 1992, pp. 111-125.
Gupta, M. "The Vellore Mutiny, July 1806", in Gupta, M., Gupta, A.K. eds. *Defying Death Struggles against Imperialism and Feudalism*, New Delhi, Tulika Print Communications, 2001, pp. 18-38.
―――― "National Revolutionist Grand Designs: Northern India, 1914-18", in *Ibid.*, pp. 64-94.
―――― "The Non-Cooperation Movement and the Militants of Bengal", in *Ibid.*, pp. 95-112.
―――― "A Review of Revolutionist Operations in India, 1927-29", in *Ibid.*, pp. 113-128.
――――, Gupta, A.K. eds. *Defying Death Struggles against Imperialism and Feudalism*, New Delhi, Tulika Print Communications, 2001.
Gurusamy, S. *Peasant Politics in South India: A Sociopolitical Analysis of a Pressure Group*, Delhi, Kanishka Publishers Distributors, 1993.
Habib, I. "The Congress and the Revolutionarists", in Kumar, K. ed. *Congress and Classes: Nationalism, Workers and Peasants*, Delhi, Manohar, 1988, pp. 58-83.
―――― *Essays in Indian History: Towards a Marxist Perception*, New Delhi, Tulika, 1995.
Haithcox, J.P. "Left Wing Unity and the Indian Nationalist Movement: M.N. Roy and the Congress Socialist Party", *MAS*, 3-1, 1969, pp. 17-56.
―――― *Communism and Nationalism in India: M.N.Roy and Comintern Policy 1920-1939*, Bombay, Princeton University Press, 1971 (ヘイスコックス、中村平治・内藤雅雄訳『インドの共産主義と民族主義　M.N. ローイとコミンテルン』岩波書店、1986 年).
Hardgrave Jr., R.L. *The Dravidian Movement*, Bombay, Popular Prakashan, 1965.
―――― "The Breast-Cloth Controversy: Caste Consciousness and Social Change in Southern Travancore", *IESHR*, 5-2, 1968, pp. 171-187.
―――― *The Nadars of Tamilnadu; The Political Culture of a Community in Change*, Barkley, University of California Press, 1969.
Hardiman, D. *Peasant Nationalists of Gujarat: Kheda district, 1917-1934*, Delhi, OUP, 1981.
―――― "The Indian 'Faction': A Political Theory Examined", in Guha, R. ed. *Subaltern Studies I*, New Delhi, OUP, 1982, pp. 198-232.
―――― ed. *Peasant Resistance in India 1858-1914*, Delhi, OUP, 1993.

———— "Power in the Forests: The Dangs, 1820-1940", in Arnold, D., Hardiman, D. eds. *Subaltern Studies VIII: Essays in Honour of Ranajit Guha*, Delhi, OUP, 1994, pp. 89-147.

Harrison, S.S. *India: the Most Dangerous Decades*, New Delhi, OUP, 1960.

Heller, P. *The Labor of Development: Workers and the Transformation of Capitalism in Kerala*, Ithaca, Cornell University Press, 1999.

Henningham, S. "Quit India in Bihar and the Eastern United Provinces: The Dual Revolt", in Guha, R. ed. *Subaltern Studies II*, Oxford, OUP, 1983, pp. 130-179.

Holmstrom, M. "Who are the Working Class?", in Gupta, D. ed. *Social Stratification*, Delhi, OUP, 1991, pp. 231-247.

Ilaiah, K. "Productive Labour, Consciousness and History: The Dalitbahujan Alternative", in Amin, S., Chakrabarty, D. eds. *Subaltern Studies IX*, Delhi, OUP, 1996, pp. 165-200.

Inden, R. *Imaging India*, Delhi, OUP, 1990.

Irschick, E.F. *Politics and Social Conflict in South India: The Non-Brahman Movement and Tamil Separatism, 1916-1929*, California, University of California Press, 1969.

———— *Tamil Revivalism in the 1930's*, Madras, Cre-A, 1986.

———— "Order and Disorder in Colonial South India", *MAS*, 23-3, 1989, pp. 459-492.

———— *Dialogue and History: Constructing South India, 1795-1895*, Delhi, OUP, 1994.

Israel, M. *Communications and Power: Propaganda and the Press in the Indian Nationalist Struggle, 1920-1947*, Cambridge, CUP, 1994.

Jaffrelot, C. *The Hindu Nationalist Movement and Indian Politics: 1925 to the 1990s*, New Delhi, Viking, 1996.

Jawaid, S. *Trade Union Movement in India*, Delhi, Sundeep Prakashan, 1982.

Jeffrey, R. *The Decline of Nayar Dominance: Society and Politics in Travancore, 1847-1908*, New Delhi, Vikas, 1976.

Jegannathan, G. "Peasant Movement in Tamil Nadu", in Palanithurai, G. ed. *Caste Politics and Society in Tamilnadu*, Delhi, Kanishka Publishers, 1994, pp. 96-138.

Jha, S.C. *The Indian Trade Union Movement: An Account and An Interpretation*, Calcutta, K.L. Mukhopadhyay, 1970.

John, Mary E., Nair, Janaki. eds. *A Question of Silence? The Sexual Economies of Modern India*, New Delhi, Kali for Women, 1998.

Johnson, G. "Chitpavan Brahmins and Politics in Western India in the Late Nineteenth and Early Twentieth Centuries", in Leach, E., Mukherjee, S.N. eds. *Elites in South Asia*, London, CUP, 1970, pp. 95-118.

Jones, K.W. *Socio Religious Reform Movements in British India*, New Delhi, CUP, 1994.

Josh, B. *Struggle for Hegemony in India, 1920-1947: the Colonial State, the Left and the National Movement, vol.2: 1934-1941*, New Delhi, Sage, 1992.

Joshi, C. "Bonds of Community, Ties of Religion: Kanpur Textile Workers in the Early Twentieth

Century", *IESHR*, 22-3, 1985, pp. 251-281.

Joshi, S. *Struggle for Hegemony in India, 1920-47: The Colonial State, the Left and the National Movement, vol.1: 1920-1934*, New Delhi, Sage, 1992.

―――― *Fractured Modernity: Making of a Middle Class in Colonial North India*, Delhi, OUP, 2001.

Juergensmeyer, M. *Religious Nationalism Confronts the Secular State*, New Delhi, OUP, 1994.

Kalaiselvi, S. *The History of South India Mills Association-Coimbatore 1933-1983*, Erode, Thesis, Vellalar College for Women, 1984.

Kalidoss, C.S. *Labour Movement in Coimbatore 1939-1947*, Coimbatore, Unpublished M.Phil Thesis, Bharathiar University, 1991.

Kalpagam, U. *Labour and Gender Survival in Urban India*, New Delhi, Sage Publications, 1994.

Kapoor, R.S. *More Equal Than Others: A Study of the Indian Left*, New Delhi, Vision Books, 2000.

Kapur, D. *Industrial Development in Coimbatore: A Preliminary Report*, Madras, Confederation of Engineering Industry, 1987.

Kapur, K.N. *The Law Relating to Labour Disputes in India*, New Delhi, All India Publishers, 1956.

Karashima, N. *Towards a New Formation: South Indian Society under the Vijayanagar Rule*, Delhi, OUP, 1992.

Karunanithi, G. *Caste and Class in Industrial Organization: A Case Study of Two Industrial Units in Tamil Nadu*, New Delhi, Commonwealth Publishers, 1991.

Kaul, R. *Caste, Class and Education: Politics of the Capitation Fee Phenomenon in Karnataka*, New Delhi, Sage Publications, 1993.

Kaviraj, S. "The Imaginary Institution of India", in Chatterjee, P., Pandey, G. eds. *Subaltern Studies VII*, Delhi, OUP, 1992, pp. 1-39.

―――― "Religion, Politics and Modernity", in Baxi, U., Parekh, B. eds. *Crisis and Change in Contemporary India*, New Delhi, Sage Publications, 1995, pp. 295-316.

―――― "On the Construction of Colonial Power: Structure, Discourse, Hegemony", in Kaviraj, S. ed. *Politics in India*, Delhi, OUP, 1997, pp. 141-158.

Kavlekar, K. *Non-Brahmin Movement in Southern India*, Kolhapur, Shivaji University Press, 1979.

Kennedy, R. "Status and Control of Temples in Tamil Nadu", *IESHR*, 11-2&3, 1974, pp. 260-290.

Khare, R.S. *Cultural Diversity and Social Discontent: Anthropological Studies on Contemporary India*, New Delhi, Sage Publications, 1998.

Kolenda, P. *Caste in Contemporary India: Beyond Organic Solidarity*, New Delhi, Sage Publications, 1997.

Kooiman, D. *Bombay Textile Labour: Managers, Trade Unionists and Officials 1918-1939*, New Delhi, Manohar, 1989.

Kothari, R. "Interpreting Indian Politics: A Personal Statement", in Baxi, U., Parekh, B., eds. *Crisis and Change in Contemporary India*, New Delhi, Sage Publications, 1995, pp. 98-121.

―――― "Caste and Modern Politics", in Kaviraj, S. ed. *Politics in India*, Delhi, OUP, 1997, pp. 57-70.

Krishna, C.S. *Labour Movement in Tamil Nadu*, New Delhi, K. P. Bagchi and Company, 1989.

Krishnamurty, J. *Women in Colonial India*, Oxford, OUP, 1989.

Krishnan, T.V. *Kerala's First Communist: Life of "Sakhavu" Krishna Pillai*, New Delhi, Communist Party of India, 1971.

Krishnaswamy, S. *The Role of Madras Legislature in the Freedom Struggle 1861-1947*, New Delhi, Indian Council of Historical Research, 1989.

Kulkarni, V.B. *History of the Indian Cotton Textile Industry*, Bombay, Millowners Association of Bombay, 1979.

Kumar, D. "The Forgotten Sector: Services in Madras Presidency in the First Half of the Nineteenth Century", *IESHR*, 24-3, 1987, pp. 367-393.

─────── *Colonialism, Property and the State*, Delhi, OUP, 1998.

Kumar, K. ed. *Congress and Classes: Nationalism, Workers and Peasants*, Delhi, Manohar, 1988.

─────── "Peasants, Congress and the Struggle for Freedom 1917-39", in *Ibid.*, pp. 217-258.

Kumar, R. "The Bombay Textile Strike, 1919", *IESHR*, 20-1, 1983a, pp. 1-29.

─────── "Family and Factory: Women in the Bombay Cotton Textile Industry, 1919-1939", *IESHR*, 20-1, 1983b, pp. 81-110.

Kurien, C.T. *Dynamics of Rural Transformation: A Study of Tamil Nadu: 1950-1980*, Hyderabad, Orient Longman, 1981.

Kurup, K.K.N. *Modern Kerala: Studies in Social and Agrarian Relations*, Delhi, Mittal Publishers, 1988.

Lahiri, A. *The Peasant and India's Freedom Movement*, Noida, U.P., V.V.Giri National Labour Institute, 2001.

Lannoy, R. *The Speaking Tree: A Study of Indian Culture and Society*, New Delhi, OUP, 1971.

Laxminarayan, Y., Ramalingam, R. *Regional Directory, Coimbatore-Nilgiris*, Madras, Ilango Pathipagam, 1973.

Leach, E., Mukherjee, S. N. eds. *Elites in South Asia*, London, CUP, 1970.

Lieten, K. "The Indian National Congress and the Control over Labour: The Need for a Passive Revolution", in Kumar, K. ed. *Congress and Classes: Nationalism, Workers and Peasants*, Delhi, Manohar, 1988, pp. 34-57.

Limaye, M. *Mahatma Gandhi and Jawaharlal Nehru: A Historic Partnership (1916-1948)*, 2 vols., Delhi, B.R.Publishing Corporation, 1989.

Ludden, D. *Peasant History in South India*, New Jersey, Princeton University Press, 1985.

─────── ed. *Agricultural Production and Indian History*, Delhi, OUP, 1994.

─────── *Making India Hindu: Religion, Community, and the Politics of Democracy in India*, Delhi, OUP, 1996.

Luthra, B.R. *Labour Movement in India 1919-1929*, Ambala Cantt., IBA Publications, 2004.

Lynch, O. "Dr.B.R.Ambedkar—Myth and Charisma", in Mahar, J.M. ed. *The Untouchables in Contemporary India*, Tucson, Arizona, University of Arizona Press, 1972, pp. 97-112.

Madan, T.N. *Modern Myths, Locked Minds: Secularism and Fundamentalism in India*, Delhi, OUP, 1997.

——————— "Secularism in Its Place", in Kaviraj, S. ed. *Politics in India*, Delhi, OUP, 1997, pp. 342-348.

Mahajan, G. "Cultural Embodiment and Histories: Towards Construction of Self", in Baxi, U., Parekh, B. eds. *Crisis and Change in Contemporary India*, New Delhi, Sage Publications, 1995, pp. 350-369.

Majumdar, A. *Peasant Protest in India Politics: Tebhaga Movement in Bengal*, New Delhi, NIB Publishers, 1992.

Majumdar, B.B. *History of Indian Social and Political Ideas: From Rammohan to Dayananda*, New Delhi, Filma KLM, 1934.

Malaviya, H.D. *Land Reforms in India*, New Delhi, Economic & Political Research Dept., All India Congress Committee, 1955.

Mammen, P.V.M. *Socio-Religious Communities and Political Parties in the Politicization of Kerala*, Ann Arbor, USA, University of Pennsylvania, 1972.

Mangalamurugesan, N.K. *Self-Respect Movement in Tamil Nadu 1920-1940*, Madurai, Koodal Publishers, n.d.[1979?].

Manor, J. "Karnataka: Caste, Class, Dominance and Politics in a Cohesive Society", in Kaviraj, S. ed. *Politics in India*, Delhi, OUP, 1997, pp. 262-273.

Markovits, C. *Indian Business and Nationalist Politics 1931-39: The Indigenous Capitalist Class and the Rise of the Congress Party*, Cambridge, CUP, 1985.

Masani, M.R. *The Communist Party of India: A Short History*, London, 1954.

Masselos, J. "Jobs and Jobbery: the Sweeper in Bombay under the Raj", *IESHR*, 19-2, 1982, pp. 101-139.

Mathew, G. *Communal Road to a Secular Kerala*, New Delhi, Concept Publishers, 1989.

Mathew, K.S. *French in India and Indian Nationalism (1700A.D.-1963 A.D.)*, 2 vols., Delhi, B.R.Publishing Corporation, 1999.

Mathur, L.P. *Bhagat Singh, the Prince of Martyrs*, Jaipur, Aavishkar Publishers, 2002.

Mayaram, S. "Speech, Silence and the Making of Partition: Violence in Mewat", in Amin, S., Chakrabarty, D. eds. *Subaltern Studies IX*, Delhi, OUP, 1996, pp. 126-164.

——————— *Resisting Regimes: Myth, Memory and the Shaping of a Muslim Identity*, Delhi, OUP, 1997.

Mehta, B.L. *Trade Union Movement in India*, Delhi, Kanishka Publishing House, 1991.

Mehta, S.D. *The Cotton Mills of India 1854-1954*, Bombay, The Textile Association, 1954.

Menon, D.M. *Caste, Nationalism and Communism in South India: Malabar 1900-1948*, New Delhi, CUP, 1994.

Menon, N. "Embodying the Self: Feminism, Sexual Violence and the Law", in Chatterjee, P., Jeganathan, P. eds. *Subaltern Studies XI: Community, Gender and Violence*, Delhi, Permanent Black and Ravi Dayal Publisher, 2000, pp. 66-105.

Metcalf, T.R. *Ideologies of the Raj*, New Delhi, CUP, 1995.

Meyer, A.G. *Marxism: The Unity of Theory and Practice*, Cambridge, Harvard University Press, 1954.

Michael, V.P. *Industrial Relations in India and Worker's Involvement in Management*, Bombay, Himalaya Publishing House, 1979.

Minault, G. *The Khilafat Movement: Religious Symbolism and Political Mobilization in India*, New Delhi, OUP, 1982.

Mines, M. *Public Faces, Private Voices: Community and Individuality in South India*, Berkeley, University of California Press, 1994.

Mitra, H.N. *The Indian Annual Register: An Annual Digest of Public Affairs of India, 1919-1947*, Delhi, Gyan Publishing House, 1990 (reprint).

Mitra, S.K. "Crowds and Power: Democracy and the Crisis of 'Governability' in India", in Baxi, U., Parekh, B. eds. *Crisis and Change in Contemporary India*, New Delhi, Sage, 1995, pp. 216-245.

Mizushima, T., Yanagisawa, H. eds. *History and Society in South India*, Tokyo, Institute for the Study of Languages and Cultures of Asia and Africa, 1996.

Morris, M.D. *The Emergence of an Industrial Labor Force in India: A Study of the Bombay Cotton Mills, 1854-1947*, Bombay, OUP, 1965.

Mudaliar, C. Y. *The Secular State and Religious Institution in India*, Madras, Madras University Press, 1974.

——— *State and Religious Endowments in Madras*, Madras, Madras University Press, 1976.

——— "The Non-Brahmin Movement in Kolhapur", *IESHR*, 15-1, 1978, pp. 1-19.

Mufti, A.R. "A Greater Story-Writer than God: Genre, Gender and Minority in Late Colonial India", in Chatterjee, P., Jeganathan, P. eds. *Subaltern Studies XI: Community, Gender and Violence*, Delhi, Permanent Black and Ravi Dayal Publisher, 2000, pp. 1-36.

Mukherjee, A. *Imperialism, Nationalism and the Making of the Indian Capitalist Class, 1920-1947*, New Delhi, Sage Publications, 2002.

Mukherjee, I. "Women and Armed Revolution in Late Colonial Bengal: An Integrated Study of Changing Role-Pattern", in Kasturi, L., Mazumdar, V. eds. *Women and Indian Nationalism*, New Delhi, Vikas, 1994, pp. 53-74.

Mukherjee, S.N. "Class, Caste and Politics in Calcutta, 1815-38", in Leach, E., Mukherjee, S.N. eds. *Elites in South Asia*, London, CUP, 1970, pp. 33-78.

Murali, A. "Civil Disobedience Movement in Andhra 1920-22: The Nature of Peasant Protest and the Methods of Congress Political Mobilization", in Kumar, K. ed. *Congress and Classes: Nationalism, Workers and Peasants*, Delhi, Manohar, 1988, pp. 124-151.

Murphy, E. "Class and Community in India: The Madras Labour Union, 1918-21", *IESHR*, 14-3, 1977, pp. 291-321.

——— *Unions in Conflict: A Comparative Study of Four South Indian Textile Centres, 1918-1939*, Delhi, Manohar, 1981.

——— "Labour Leadership and Politics in India: Profiles of Three South Indian Unionists", *South Asia*, 4, 1981, pp. 81-93.

Murton, B.J. "The Evolution of the Settlement Structure in Northern Kongu to 1800 A.D", in Beck, B.E.F. ed. *Perspectives on a Regional Culture: Essays about the Coimbatore Area of South India*, New Delhi, Vikas, 1979, pp. 1-33.

Murukesan, K., Cuppiramaniyam, C.E. *Cinkāravēlu-Tennintiyāvin Mutal Kamyūnist*, Cennai, Niyu Cencuri Puk Havus, 1991.

Nair, J. *Miners and Millhands: Work, Culture, and Politics in Princely Mysore*, New Delhi, Sage Publications, 1998.

Nair, K.R. *Industrial Relations in Kerala*, New Delhi, Sterling Publishers, 1973.

Narasimhan, V.K. *Kasturi Ranga Iyengar*, New Delhi, Government of India, n.d.

Neale, W.C. "The Marginal Laborer and the Harijan in Rural India", in Mahar, J.M. ed. *The Untouchables in Contemporary India*, Tucson, Arizona, University of Arizona Press, 1972, pp. 57-68.

Newman, R. *Workers and Unions in Bombay, 1918-1929: A Study of Organisation in the Cotton Mills*, Canberra, Australian National University, 1981.

Noorani, A.G. *The Trial of Bhagat Singh: Politics of Justice*, Delhi, Konark Publishers, 1996.

Nossiter, T.J. *Communism in Kerala: A Study in Political Adaptation*, London, C.Hurst for the Royal Institute of International Affairs, 1982.

O'Hanlon, R. *Caste, Conflict, and Ideology: Mahatma Jotirao Phule and Low Caste Protest in Nineteenth-Century Western India*, Cambridge, CUP, 1985.

――― "Recovering the Subject: Subaltern Studies and Histories of Resistance in Colonial South Asia", in Chaturvedi, V. ed. *Mapping Subaltern Studies and the Postcolonial*, London, Verso, 2000, pp. 72-115.

―――, Washbrook, D.A. "After Orientalism: Culture, Criticism and Politics in the Third World", in *Ibid.*, pp. 191-219.

Oddie, G.A. "The Character, Role, and Significance of Non-Brahman Saivite Maths in Tanjore District in the Nineteenth Century", in Ballhatchet, K., Taylor, D. eds. *Changing South Asia: Religion and Society*, Hong Kong, The School of Oriental and African Studies, University of London, 1984, pp. 37-50.

Omvedt, G. "Jotirao Phule and the Ideology of Social Revolution in India", *EPW*, 11 Sep. 1971, pp. 1969-1979.

――― "Non-Brahmans and Communists in Bombay", *EPW*, 21, 28 Apr. 1973, pp. 749-759, 800-805.

――― "The Satyashodhak Samaj and Peasant Agitation", *EPW*, 3 Nov. 1973, pp. 1971-1982.

――― *Cultural Revolt in a Colonial Society: The Non-Brahman Movement in Western India 1873-1930*, Bombay, Scientific Socialist Education Trust, 1976.

――― ed. *Land, Caste and Politics in Indian States*, Delhi, University of Delhi, 1978.

――― *Dalits and the Democratic Revolution: Dr.Ambedkar and the Dalit Movement in Colonial India*, New Delhi, Sage, 1994.

――― *Dalit Visions: The Anti-Caste Movement and the Construction of an Indian Identity*, New Delhi, Orient Longman, 1995.

Overstreet, G.D., Windmiller, M.L. *Communism in India*, Bombay, Perennial, 1960.

Padmanabhan, V.K. "Communism in Tamil Nadu", in Palanithurai, G. ed. *Caste Politics and Society in*

Tamilnadu, Delhi, Kanishka Publishers, 1994, pp. 33-73.

Palanithurai, G., Thandavan, R. eds. *Ethnic Movement in India: Theory and Practice*, Delhi, Kanishka Publishing House, 1993.

Palanithurai, G. ed. *Caste Politics and Society in Tamilnadu*, Delhi, Kanishka Publishers, 1994.

Pande, B.N. ed. *A Centenary History of the Indian National Congress, 1885-1985*, New Delhi, Vikas, 1985.

Pandey, G. *The Ascendancy of the Congress in Uttar Pradesh, 1926-34: A Study in Imperfect Mobilization*, Delhi, OUP, 1978.

────── "Peasant Revolt and Indian Nationalism: The Peasant Movement in Awadh, 1919-1922", in Guha, R. ed. *Subaltern Studies I*, New Delhi, OUP, 1982, pp. 143-197.

────── "Voices from the Edge: The Struggle to Write Subaltern Histories", in Chaturvedi, V. ed. *Mapping Subaltern Studies and the Postcolonial*, London, Verso, 2000, pp. 281-299.

Pandian, M.S.S. "'Denationalising' the Past: 'Nation' in E V Ramasamy's Political Discourse", *EPW*, 16 Oct. 1993, pp. 2282-2287.

────── "Beyond Colonial Crumbs: Cambridge School, Identity Politics and Dravidian Movement(s)", *EPW*, 18-25 Feb. 1995, pp. 385-391.

Pantham, T. "Gandhi, Nehru and Modernity", in Baxi, U., Parekh, B. eds. *Crisis and Change in Contemporary India*, New Delhi, Sage Publications, 1995, pp. 98-121.

Paramarthalingam, C. *Social Reform Movement in Tamil Nadu: in the 19th Century with Special Reference to St.Ramalinga*, Madurai, Rajakumari Publications, 1995.

Parekh, B. "Jawaharlal Nehru and the Crisis of Modernisation", in Baxi, U., Parekh, B. eds. *Crisis and Change in Contemporary India*, New Delhi, Sage Publications, 1995, pp. 21-56.

Parel, A.J. "The Doctrine of Swaraj in Gandhi's Philosophy", in *Ibid.*, pp. 57-81.

Patel, P.J. "Communal Riots in Contemporary India: Towards a Sociological Explanation", in *Ibid.*, pp. 370-399.

Pati, B. "Peasants, Tribals and the National Movement in Orissa 1921-1936", in Kumar, K. ed. *Congress and Classes: Nationalism, Workers and Peasants*, Delhi, Manohar, 1988, pp. 105-123.

────── *Issues in Modern Indian History*, Mumbai, Popular Prakashan, 2000.

Paulini, T. *Agrarian Movements and Reforms in India: the Case of Kerala*, Saarbrucken, Verlag Breitenbach, 1979.

Periyar —An Anthology, Madras, The Periyar Self-Respect Propaganda Institution, 1992.

Perumal, N. *Bobbili: Being a Biography of Sri Vaaru Sir Ramakrishna Swatchelapathi Ranga Rao, The 13th Raja of Bobbili*, Coimbatore, The Topical Book Co., 1960.

────── *The Life of a Textile Pioneer G.Kuppuswamy Naidu*, Coimbatore, The Kuppuswamy Naidu Charity Trust for Education and Medical Relief, 1977.

Pouchepadass, J. *Champaran and Gandhi: Planters, Peasants and Gandhian Politics*, New Delhi, OUP, 1999.

Prakash, G. *Bonded Histories: Genealogies of Labor Servitude in Colonial India*, Cambridge, CUP, 1990.

────── "Writing Post-Orientalist Histories of the Third World: Perspectives from Indian Historiography", in Chaturvedi, V. ed. *Mapping Subaltern Studies and the Postcolonial*, London, Verso, 2000, pp. 163-190.

─────── "Can the 'Subaltern' Ride? A Reply to O'Hanlon and Washbrook", in *Ibid.*, pp. 220-238.

Presler, F.A. *Religion under Bureaucracy: Policy and Administration for Hindu Temples in South India*, Cambridge, CUP, 1987.

Price, P.G. "Ideology and Ethnicity under British Imperial Rule: 'Brahmans', Lawyers and Kin-Caste Rules in Madras Presidency", *MAS*, 23, 1989, pp. 1151-177.

─────── *Kingship and Political Practice in Colonial India*, Cambridge, CUP, 1996.

Punekar, S.D. "Trade Union Movement in India", in Singh, V.B. ed. *Industrial Labour in India*, Bombay, Asia Publishing House, 1963, pp. 442-453.

Radhakrishnan, P. "Backward Classes in Tamil Nadu: 1872-1988", *EPW*, 10 Mar. 1990, pp. 509-520.

─────── "Backward Class Movements in Tamil Nadu", in Srinivas, M.N. ed. *Caste: Its Twentieth Century Avatar*, Delhi, Penguin Books India, 1996, pp. 110-134.

Rajaraman, P. *The Justice Party: A Historical Perspective 1916-1937*, Madras, Poompozhil Publishers, 1988.

Rajendran, N. *The National Movement in Tamil Nadu, 1905-14: Agitational Politics and State Coercion*, Madras, OUP, 1994.

Ralhan, O.P. "Socialism and Indian National Congress", *Documents on Socialist Movement in India*, New Delhi, Anmol Publications, 2001.

Ram, M. "Ramaswami Naicker and the Dravidian Movement", *EPW*, 1974 Annual Number, pp. 218-224.

Ramalingam, R. *Coimbatore and Nilgiris Directory 1957-58*, n. p., 1958.

Ramamurti, P. *The Freedom Struggle and the Dravidian Movement*, Madras, Orient Longman, 1987.

Ramaswami, E.A. *The Worker and His Union*, Bombay, Allied Publishers, 1977.

Ramaswami, E.V. *Religion and Society: Selections from Periyar's Speeches and Writings*, Madras, Emerald Publishers, 1991.

Ramaswamy, S. *Passions of the Tongue: Language Devotion in Tamil India, 1891-1970*, California, University of California Press, 1997.

Ramiah, A. "Identifying Other Backward Classes", *EPW*, 6 Jun. 1992, pp. 1203-1207.

Rani, P. "The Women's Indian Association and the Self-Respect Movement in Madras 1925-1936: Perceptions on Women", in Kasturi, L., Mazumdar, V. eds. *Women and Indian Nationalism*, New Delhi, Vikas, 1994, pp. 94-109.

Rao, A.V.R. *Essays on Indian Labour*, Bombay, Bombay Popular Prakashan, 1951.

Rao, P.R. *History of Modern Andhra*, New Delhi, Sterling Publishers, 1983.

Rashtrya Mill Mazdoor Sangh *Problems of Textile Industry in India - A Trade Union View: Report on the Project Undertaken Jointly by Indian National Textile Workers Federation and Ambedkar Institute for Labour Studies*, Bombay, Rashtrya Mill Mazdoor Sangh, n.d.

Raychaudhuri, T. *Perceptions, Emotions, Sensibilities: Essays on India's Colonial and Post-Colonial Experiences*, Delhi, OUP, 1999.

Reddy, M.A. "Rich Lands and Poor Lords: Temple Lands and Tenancy in Nellore District, 1860-1986",

IESHR, 24-1, 1987, pp. 1-33.

―――― "Female Agricultural Labourers of Nellore, 1881-1981", in Krishnamurty, J. ed. *Women in Colonial India*, Oxford, OUP, 1989, pp. 218-230.

Rodrigues, L. *Rural Political Protest in Western India*, Delhi, OUP, 1998.

Rosenthal, D.B. "From Reformist Princes to 'Co-operative Kings' I– Political Change in Pre-Independence Kolhapur", *EPW,* May 19, 1973, pp. 903-910.

―――― "From Reformist Princes to 'Co-operative Kings' II– The Personalisation of Kolhapur Politics: 1947-67", *EPW,* May 26, 1973, pp. 951-956.

―――― "From Reformist Princes to 'Co-operative Kings' III– Trends Toward Routinisation in Kolhapur", *EPW,* Jun. 2, 1973, pp. 995-1000.

Roy, D.K. *Leftist Politics in India: M. N. Roy and the Radical Democratic Party*, Calcutta, Minerva Associates, 1989.

Rudner, D.W. *Caste and Capitalism in Colonial India: The Nattukottai Chettiars*, California, University of California Press, 1994.

Rudolph, L.I., Rudolph, S.H. *The Modernity of Tradition: Political Development in India*, Hyderabad, Orient Longman, 1967.

Ryerson, C.A. *Regionalism and Religion: The Tamil Renaissance and Popular Hinduism, Madras*, Christian Literature Society, 1988.

Saberwal, S. "On the Diversity of Ruling Traditions", in Kaviraj, S. ed. *Politics in India*, Delhi, OUP, 1997, pp. 124-140.

Saha, P. *History of the Working-Class Movement in Bengal*, New Delhi, People's Publishing House, 1978.

Sahni, J.N. *Indian Railways One Hundred Years, 1853-1953*, New Delhi, Government of India, 1953.

Saigal, O. *Shaheed Bhagat Singh: Unique Martyr in Freedom Movement*, New Delhi, Gyan Publishing House, 2002.

Saraswathi, S. *Minorities in Madras State: Group Interests in Modern Politics*, Delhi, Impex India, 1974.

Sarkar, S. *'Popular' Movement and 'Middle Class' Leadership in Late Colonial India: Perspective and Problems of a 'History from Below'*, Calcutta, K.P. Bagchi, 1983a.

―――― *Modern India 1885-1947*, Madras, Macmillan, 1983b（サルカール、長崎暢子・臼田雅之・中里成章・粟屋利江訳『新しいインド近代史　下からの歴史の試み』I、II、研文出版、1993年）.

―――― *Writing Social History*, Delhi, OUP, 1997.

―――― "Orientalism Revisited: Saidian Frameworks in the Writing of Modern Indian History", in Chaturvedi, V. ed. *Mapping Subaltern Studies and the Postcolonial*, London, Verso, 2000, pp. 239-255.

―――― "The Decline of the Subaltern Studies", in *Ibid.*, pp. 281-299.

Satyanarayana, A. *Andhra Peasants under British Rule: Agrarian Relations and the Rural Economy, 1900-1940*, New Delhi, Manohar Publications, 1990.

Saxena, K. *Trade Union Movement and the National Movement*, New Delhi, South Asian Publishers, 1991.

Schiffman, H. "The Coimbatore Dialect", in Beck, B.E.F. ed. *Perspectives on a Regional Culture*, New Delhi, Vikas, 1979, pp. 111-128.

Seal, A. *The Emergence of Indian Nationalism: Competition and Collaboration in the Later Nineteenth Century*, London, CUP, 1968.

Sen, A. *The State, Industrialization and Class Formations in India: A Neo-Marxist Perspective on Colonialism, Underdevelopment and Development*, London, Routledge & Kegan Paul, 1982.

―――― "Subaltern Studies: Capital, Class and Community", in Guha, R. ed. *Subaltern Studies IV*, Delhi, OUP, 1987, pp. 203-235.

Sen, I. "Women Spinners of Rajnandgaon: Unionisation and Nationalism in the 1920's, 30's and 40's", in Kasturi, L., Mazumdar, V. eds. *Women and Indian Nationalism*, New Delhi, Vikas, 1994, pp. 159-185.

Sen, S. "New Phase of Mass Struggle During 1928-31 and the Contrasting Roles of the Bourgeoisie and the Working Class", in Kumar, K. ed. *Congress and Classes: Nationalism, Workers and Peasants*, Delhi, Manohar, 1988, pp. 58-83.

―――― *Women and Labour in Late Colonial India: the Bengal Jute Industry*, Cambridge, CUP, 1999.

Sen, S.P. ed. *Dictionary of National Biography*, 4 vols., Calcutta, Institute of Historical Studies, 1972-1974.

Seth, S. *Marxist Theory and Nationalist Politics: The Case of Colonial India*, New Delhi, Sage Publications, 1995.

Shankar, G. *Socialist Trends in Indian National Movement: Being a Study of the Congress Socialist Party*, Meerut, Twenty-First Century Publishers, 1987.

Sharma, G.K. *Labour Movement in India: Its Past and Present*, Jullundur, University Publishers, 1963.

Sharma, T.R. *Communism in India: the Politics of Fragmentation*, New Delhi, Sterling, 1984.

Simmons, C.P. "Recruiting and Organizing an Industrial Labour Force in Colonial India: The Case of the Coal Mining Industry, c.1880-1939", *IESHR*, 13-4, 1976, pp. 455-485.

Singh, H. *Colonial Hegemony and Popular Resistance: Princes, Peasants, and Paramount Power*, New Delhi, Sage Publications, 1998.

Singh, U.K. *Political Prisoners in India*, Delhi, OUP, 1998.

Sinha, L.P. *The Left-Wing in India, 1919-47*, Muzaffarpur, New Publishers, 1965.

Sinha, N. "Women and Indian Nationalism: A Case Study of Bihar", in Kasturi, L., Mazumdar, V. eds. *Women and Indian Nationalism*, New Delhi, Vikas,1994, pp. 141-158.

Sitaramayya, B.P. *The History of the Indian National Congress*, 2 vols. Bombay, Padma, 1946-1947.

Sivagnanam, M.P. *History of Freedom Movement in Tamil Nadu*, Thanjavur, Tamil University Press, 1988.

Sivathanby, K. "Understanding the Dravidian Movement: Problems and Perspectives", in Palanithurai, G., Thandavan, R. eds. *Ethnic Movement in India: Theory and Practice*, Delhi, Kanishka Publishing House, 1997, pp. 13-48.

―――― "Politics of a Literary Style and Ethnic Movement", in *Ibid.*, pp. 115-140.

Skaria, A. "Writing, Orality and Power in the Dangs, Western India, 1800s-1920s", in Amin, S.,

Chakrabarty, D. eds. *Subaltern Studies IX*, Delhi, OUP, 1996, pp. 13-58.

Smith, G. "The Use of the Marxian Method of Class Analysis", in Gupta, D. ed. *Social Stratification*, Delhi, OUP, 1991, pp. 432-440.

Spencer, G.W. "Temple Money-Lending and Livestock Redistribution in Early Tanjore", *IESHR*, 5-3, 1968, pp. 277-293.

―――― "Religious Networks and Royal Influence in the 11th Century South India", *Journal of the Economic and Social History of Orient*, 7, 1969, pp. 154-165.

―――― "Royal Initiative under Rajaraja I; Auditing of Temple Accounts", *IESHR*, 7, 1970, pp. 431-442.

Spivak, G.C. "Subaltern Studies: Deconstructing Historiography", in Guha, R. ed. *Subaltern Studies IV*, Delhi, OUP, 1985, pp. 330-363.

―――― "Can the Subaltern Speak?", in Nelson, S., Grossberg, L. eds. *Marxism and the Interpretation of Culture*, Urbana, University of Illinois Press, 1988, pp. 271-313 (スピヴァク、上村忠男訳『サバルタンは語ることが出来るか』みすず書房、1998年).

―――― "The New Subaltern: A Silent Interview", in Chaturvedi, V. ed. *Mapping Subaltern Studies and the Postcolonial*, London, Verso, 2000, pp. 300-323.

―――― "Discussion: An Afterward on the New Subaltern", in Chatterjee, P., Jeganathan, P. eds. *Subaltern Studies XI: Community, Gender and Violence*, Delhi, Permanent Black and Ravi Dayal Publisher, 2000, pp. 305-334.

Sreenivasan, K. *Productivity and Social Environment*, Bombay, Asian Publishing House, 1964.

―――― *Climbing the Coconut Tree: A Partial Autobiography*, Delhi, OUP, 1980.

―――― *India's Textile Industry*, Coimbatore, SITRA, 1984.

Srinivas, M.N. *Caste in Modern India, and other essays*, Bombay, Asia Publishing House, 1962.

―――― *Social Change in Modern India*, New Delhi, Orient Longman, 1966.

―――― *The Dominant Caste*, Delhi, OUP, 1987.

―――― *Caste: Its Twentieth Century Avatar*, Delhi, Penguin Books India, 1996.

Srinivasan, A. "Women and Reform of Indian Tradition: Gandhian Alternative to Liberalism", in Kasturi, L., Mazumdar, V. eds. *Women and Indian Nationalism*, New Delhi, Vikas, 1994, pp. 1-15.

Stein, B. "Economic Function of a Medieval South Indian Temple", *Journal of Asian Studies*, 19-2, 1960, pp. 163-176.

―――― *South Indian Temples: An Analytical Reconsideration*, New Delhi, Vikas, 1978.

Stephens, J. "Feminist Fictions: A Critique of the Category 'Non-Western Woman' in Feminist Writings on India", *Subaltern Studies VI*, Delhi, OUP, 1989, pp. 92-125.

Subrahmanian, N. *The Brahmin in the Tamil Country*, Madurai, Ennes Publications, 1989.

―――― *Ethnicity and Populist Mobilization: Political Parties, Citizens and Democracy in South India*, Delhi, OUP, 1999.

Sundararajan, P.G. *The Life of S. Satyamurti*, New Delhi, South Asian Publishers, 1988.

Sundararajan, S. *S. Satyamurti: A Political Biography*, New Delhi, Satvahan Publications, 1985.

――――― *March to Freedom in Madras Presidency 1916-1947*, Madras, Lalitha, 1989.

Surianarayanan, P. "Origin and Development of Administration in Tamil Nadu", in Palanithurai, G. ed. *Caste Politics and Society in Tamilnadu*, Delhi, Kanishka Publishers, 1994, pp. 8-32.

Tanaka, M. *Patrons, Devotees and Goddesses: Ritual and Power among the Tamil Fishermen of Sri Lanka*, Kyoto, Kyoto University Institute for Research in Humanities, 1991.

Textile Industry in South India, Madras, Dalal & Co., 1954.

Textile Industry in India, n.p., 1956.

Templeman, D. *The Northern Nadars of Tamil Nadu: an Indian Caste in the Process of Change*, Delhi, OUP, 1996.

Tharu, S., Niranjana, T. "Problems for a Contemporary Theory of Gender", in Amin, S., Chakrabarty, D. eds. *Subaltern Studies IX*, Delhi, OUP, 1996, pp. 232-260.

Thimmaiah, G. *Power Politics and Social Justice: Backward Castes in Karnataka*, New Delhi, Sage Publications, 1993.

Thomas, M. *Barrister George Joseph; A Memoir*, Trivandrum, Published by the author, 1987.

Thompson, D. *Outsiders: Class, Gender and Nation*, London, Verso, 1993.

Thompson, E.P. *The Making of the English Working Class*, London, Penguin Books, 1963.

Thorner, D. "Agrarian Structure", in Gupta, D. ed. *Social Stratification*, Delhi, OUP, 1991, pp. 248-260.

Thorpe, A. *The British Communist Party and Moscow, 1920-43*, Manchester, Manchester University Press, 2000.

Uberoi, P. *Social Reform, Sexuality, and the State*, New Delhi, Sage Publications, 1996.

U.S.Department of Labour, Bureau of Labour Statistics *Labour Law and Practice in India*, Washington D.C., United States Government, 1967.

Veeramani, K. *The History of the Struggle for Social Justice in Tamil Nadu*, Madras, Dravidar Kazhagam Publications, 1981.

Venkatachalapathy, A.R. "Dravidian Movement and Saivites: 1927-1944", *EPW*, 8 Apr. 1995, pp. 761-768.

Venkataramanayya, N. *An Essay on the Origin of the South Indian Temple*, Madras, Methogist Publishing House, 1930.

Venkateswarlu, D. *Harijan, Upper Class Conflict: A Study in Andhra Pradesh*, New Delhi, Discovery Publishing House, 1990.

Vermani, R.C. *Colonialism and Nationalism in India*, New Delhi, Gitanjali Publishing House, 2000.

Vijayan, A. *Caste, Class and Agrarian Relations in Kerala*, New Delhi, Reliance Publishing House, 1998.

Viswanathan, V.N. "Dravidian Movement: An Epiphenomenal Study", in Palanithurai, G. ed. *Caste Politics and Society in Tamilnadu*, Delhi, Kanishka Publishers, 1994, pp. 87-95.

Visweswaran, K. "Small Speeches, Subaltern Gender: Nationalist Ideology and Its Historiography", in Amin, S., Chakrabarty, D. eds. *Subaltern Studies IX*, Delhi, OUP, 1996, pp. 83-125.

Wadley, S.S. *Struggling with Destiny in Karimpur, 1925-1984*, New Delhi, Vistaar Publications, 1994.

Washbrook, D.A. "Political Change in a Stable Society: Tanjore District 1880-1920", in Baker, C.J., Washbrook, D.A. eds. *South India: Political Institutions and Political Change 1880-1940*, New Delhi, MacMillan, 1975, pp. 20-68.

―――― "The Development of Caste Organization in South India 1880-1925", in *Ibid.*, pp. 150-203.

―――― *The Emergence of Provincial Politics: The Madras Presidency 1870-1920*, Cambridge, CUP, 1975.

―――― "Progress and Problems: South Asian Economic and Social History c.1720-1860", *MAS*, 22-1, 1988, pp. 57-96.

Weigrod, A. "Patrons, Patronage, and Political Parties", *Comparative Studies in Society and History*, 10-4, 1968, pp. 377-400.

Weiner, M. "Minority Identities", in Kaviraj, S. ed. *Politics in India*, Delhi, OUP, 1997, pp. 241-254.

Widlund, I. *Paths to Power and Patterns of Influence: The Dravidian Parties in South Indian Politics*, Uppsala, Sweden, Uppsala University, 2000.

Windmiller, M.L. *Communism in India*, Berkeley, University of California, 1964.

Wood, C. "Peasant Revolt: An Interpretation of Moplah Violence in the 19th and 20th centuries", in Hardiman, D. ed. *Peasant Resistance in India 1858-1914*, New Delhi, OUP, 1992, pp. 126-152.

Yanagisawa, H. *A Century of Change: Caste and Irrigated Lands in Tamilnadu 1860s-1970s*, New Delhi, Manohar, 1996.

Zelliot, E. "Buddhism and Politics in Maharashtra", in Smith, D. E. ed. *South Asian Politics and Religion*, Princeton, Princeton University Press, 1966, pp. 191-212.

―――― "The Nineteenth Century Background of the Mahar and Non-Brahman Movements in Maharashtra", *IESHR*, 7, 1970, pp. 397-415.

―――― "Gandhi and Ambedkar―A Study in Leadership", in Mahar, J.M. ed. *The Untouchables in Contemporary India*, Tucson, University of Arizona Press, 1972, pp. 69-96.

アジア経済研究所編『インドの経営代理制度』(調査研究報告双書第5集)、アジア経済研究所、1960年。

粟屋利江「インド近代史研究にみられる新潮流―「サバルタン研究グループ」をめぐって―」『史学雑誌』97-1、1988年、181-99頁。

―――― 「英領マラバールにおけるティーヤルの「カースト」運動―その内容と組織をめぐって―」『南アジア研究』3、1991年、1-23頁。

―――― 「ナンブーディリ・バラモンのカースト改革運動を考える」『東京大学東洋文化研究所紀要』128、1995年、141-178頁。

―――― 「『サバルタン研究』再考―インド近代へのまなざし―」『創文』376、1996年、18-21頁。

―――― 「『サバルタン・スタディーズ』の軌跡とスピヴァクの〈介入〉」『現代思想』27-8、1999年、211-225頁。

―――― 「南アジア世界とジェンダー―歴史的視点から―」小谷汪之編『社会・文化・ジェンダー』東京大学出版会、2003年、159-190頁。

いいだもも編訳『民族・植民地問題と共産主義：コミンテルン全資料・解題』社会評論社、1980年。
——『コミンテルン再考　第三インタナショナル史と植民地解放』谷沢書房、1985年。
伊藤秀一「20世紀のアジアとコミンテルン」島田虔次他編『アジア歴史研究入門』5、同朋舎、1984年、489-554頁。
伊藤正二「近代ケーララにおける宗教・社会改革運動—イーラワー・カーストを中心に—」『思想』651、1978年、58-76頁。
上田知亮『植民地インドのナショナリズムとイギリス帝国観—ガーンディー以前の自治構想—』ミネルヴァ書房、2014年。
臼田雅之「サバルタンとは誰か—関係的カテゴリーを目指して—」『創文』388、1997年、6-9頁。
小倉泰「王の神格化と大寺院の建立—チョーラ朝の試み—」辛島昇編『ドラヴィダの世界』東京大学出版会、1994年、154-165頁。
片山千城「マルクスのインド論」松井透・山崎利男編『インド史における土地制度と権力構造』東京大学出版会、1969年、367-410頁。
辛島昇「ヴィジャヤナガル王国の封建支配」辛島昇編『ドラヴィダの世界』東京大学出版会、1994年、166-178頁。
——編『南アジア史』山川出版社、2004年。
栗原浩英「インドシナ共産党成立の経緯（1929〜31年）」『アジア・アフリカ言語文化研究』46-47合併号、1994年、79-95頁。
——「コミンテルンのベトナム人活動家—一九三〇年代インドシナ共産党内の対立と矛盾—」『アジア研究』41-3、1995年、49-83頁。
桑島昭「会議派社会党—「民族戦線と階級戦線の結び目」—」『国際関係論研究』3、1968年、1-16頁。
——「インドにおける一農民指導者の思想の軌跡—スワーミー・サハジャーナンド・サラスワティー（一八八九－一九五〇）—」『大阪外国語大学学報』21、1969年、175-199頁。
——「インドにおける一農民指導者の思想の軌跡（続）—スワーミー・サハジャーナンド・サラスワティー（一八八九－一九五〇）—」『大阪外国語大学学報』38、1977年、93-111頁。
小池賢治「経営代理制度論」（研究参考資料no.278）、アジア経済研究所、1979年。
興亜院政務部『コミンテルン及びソ聯邦の印度革命に関する資料』（興亜資料；政治篇第8号）、興亜院政務部、1940年。
古賀正則「会議派による農民組合結成の試み—タンドン文書から—」松井透編『インド土地制度史研究』東京大学出版会、1971年、273-294頁。
小嶋常喜「農民運動の100年　宗教・社会改革、キサーン、社会主義」石坂晋哉編『インドの社会運動と民主主義　変革を求める人びと』昭和堂、2015年、30-60頁。

小谷汪之『マルクスとアジア　アジア的生産様式論争批判』青木書店、1979年。
─────『大地の子　インドの近代における抵抗と背理』東京大学出版会、1986年。
─────『ラーム神話と牝牛　ヒンドゥー復古主義とイスラム』平凡社、1993年。
─────「ポストコロニアル・アジア史研究の視界」『思想』5、2003年、23-41頁。
澤田貴之『アジア綿業史論　英領期末インドと民国期中国の綿業を中心として』八朔社、2003年。
志賀美和子「1925年マドラス・ヒンドゥー寄進法の性格─「政教分離」理念の分析を手がかりに─」『南アジア研究』10、1998年、92-115頁。
─────「寺院開放諸立法と「政教分離」概念─1930年代マドラス州の場合─」『史学雑誌』110-1、2001年、51-72頁。
─────「マドラス州における非バラモン運動の展開─共産主義との関係を中心に─」『東京大学東洋文化研究所紀要』151、2007年、321-380頁。
─────「南インド・マドラス州の労働運動（1918-39年）にみる労働者の自立化」『歴史学研究』827、2007年、15-31、61頁。
─────「労働争議における植民地政府の役割─1918～1933年マドラス州の場合─」『アジア経済』48-11、2007年、2-25頁。
関根康正「「不可触民」はどこへ行ったか？─南アジア人類学における「植民地主義と文化」という問題」山下晋司・山本真鳥編『植民地主義と文化　人類学のパースペクティヴ』新曜社、1997年、307-347頁。
ダット、R・パーム『現代インド』岩波書店、1956年。
田辺明生『カーストと平等性─インド社会の歴史人類学─』東京大学出版会、2010年。
内藤雅雄「近代インドにおける反カースト運動の一系譜─J・G・プレーの思想をめぐって─」『東京外国語大学八十周年記念論文集』東京外国語大学、1980年。
─────『ガンディーをめぐる青年群像』三省堂、1987年。
─────『ガンディー─現代インド社会との対話─同時代人に見るその思想・運動の衝撃─』明石書店、2017年。
長崎暢子『インド独立　逆光の中のチャンドラ・ボース』朝日新聞社、1989年。
─────「民衆運動における「派閥」─インド近代史上の問題─」『社会史研究』7、1996年、212-229頁。
─────『ガンディー　反近代の実験』岩波書店、1996年。
─────「南アジア世界における近代史研究の一側面」『歴史評論』562、1997年、46-56頁。
中村平治「インドにおける民族統一戦線の新段階」松井透・山崎利男編『インド史における土地制度と権力構造』東京大学出版会、1969年、341-366頁。
─────『南アジア現代史Ⅰ』山川出版社、1977年。
成田範道「インドにおける労働争議法（1929年）の制定」『アジア経済』36-1、1995年、49-64頁。
弘中和彦「インドにおける第二次国民教育運動とナショナル・アイデンティティ」権藤与志

夫編『文部省科研総合（A）No.431030 報告書』、1982年、48-52頁。
———「第二次国民教育運動とガンディー」『九州大学教育学部附属比較教育文化研究施設紀要』33、1982年、23-37頁。
藤井毅「歴史の中のカースト 古典的インド社会観の実体化をめぐって」『現代思想』22-7、1994年、99-111頁。
マクダーマト＆アグニュー、荻原直訳『コミンテルン史 レーニンからスターリンへ』大月書店、1996年（McDermott, K. and Agnew, J. *The Comintern: A History of International Communism from Lenin to Stalin*, London, Palgrave, 1996）。
松元幸子「初期コミンテルンにおける民族解放理論の形成―コミンテルン第2回大会におけるレーニン・ロイ論争を中心に―」『歴史学研究』355、1969年、1-15、33頁。
———「コミンテルンとインド共産党の成立」『労働運動史研究』52、1970年、222-237頁。
———「コミンテルン第4回大会における反帝国主義統一戦線の提起―『東方問題にかんするテーゼ』およびM.N.ロイの報告をめぐって―」『歴史評論』248、1971年、37-47頁。
———「『12月テーゼ』とM.N.ロイ―1927年の農業革命をめぐって―」『一橋論叢』65-5、1971年、116-123頁。
———「コミンテルン第5回大会における『民族・東方問題にかんする決議草案』―M.N.ロイの反論を中心として―」『一橋論叢』68-1、1972年、48-64頁。
———「コミンテルン第6・7回大会における民族・植民地問題」『歴史学研究』402、1973年、24-39頁。
———「M.N.ロイの植民地脱化論」『歴史評論』307、1975年、33-51頁。
———「1930年代におけるM.N.ロイの政治思想―その植民地脱化論を軸にして―」『史論』（東京女子大学史学研究室）43、1990年、31-50頁。
水島司『18―20世紀南インド在地社会の研究』東京外国語大学アジア・アフリカ言語文化研究所、1990年。
村田陽一編訳『コミンテルン資料集』全7巻、大月書店、1978-1985年。
柳澤悠「南インドにおける地主―小作関係の展開―20世紀前半の若干の村落調査にみる―」辛島昇編『インド史における村落共同体の研究』東京大学出版会、1976年、239-268頁。
———『南インド社会経済史研究：下層民の自立化と農村社会の変容』東京大学出版会、1991年。
———「南インドにおける小農化傾向と農村小工業」溝口雄三・浜下武志編『アジアから考える6 長期社会変動』東京大学出版会、1995年、231-263頁。
———「南インド水田地帯農村の経済構造とカースト―19〜20世紀―」柳澤悠編『暮らしと経済』（叢書「カースト制度と被差別民」第4巻）、明石書店、1995年、101-131頁。
———「村落社会経済構造の変動と有力者主導型資源管理体制の崩壊―南インドにおける村落共同利用地の100年―」『社会経済史学』68-6、2003年、55-74頁。
山内昌之『スルタンガリエフの夢 イスラム世界とロシア革命』東京大学出版会、1986年。
山本達郎編『インド史』山川出版社、1960年。

あとがき

　インドを初めて訪れたのは、1995年1月、南インドの古都タンジャーブールで開催された第8回国際タミル学会に出席するためであった。デリーが身を切るような寒さであったのに対してチェンナイは茹だるような暑さで、インドの広大さを実感した。街に溢れる人と動物、バスとトラックとオートリキシャ（当時はまだ自家用車は多くなかった）のクラクションの音、スパイスとジャスミンの花の匂いが混じった重く湿った空気に、ただただ眩惑された。国際学会では、インド人学者たちが独特の巻き舌発音の英語で弾丸のごとくまくしたてる発表に圧倒され、質問者が何十分も滔々と意見を述べるのに唖然とした。インド初体験は、何と大変なフィールドを研究対象に選んでしまったのか、この地域の研究を一生続けていくことが果たしてできるのかという不安とともに終了した。

　しかし1997年、文部科学省アジア諸国等派遣留学生制度によって2年間のインド留学（マドラス大学）の機会を得られたことは大きな転機となった。長期間生活することを通じて、様々な人々と交流し、多彩な文化、複雑な社会構造、ダイナミックな政治動向を目の当たりにし、インドを多面的かつ柔軟に捉えられるようになった。今では、このインドという極めて興味深く刺激的な地域を研究することに大いに魅力と意義を感じている。転機をもたらしてくれた同留学制度に感謝したい。

　南からみるインド近代史を研究の基礎テーマにすると決めたのは、東京大学文学部東洋史学科3年生の頃である。指導教授の辛島昇先生は、インド南部のタミル地方という「周縁」に注目することの意義と奥深さを伝えてくださった。同大学大学院人文社会系研究科進学後、修士課程では中里成章先生、博士課程では水島司先生にご指導いただく幸きに恵まれた。中里先生は、資料を渉猟し綿密な分析と実証を積み重ねていく研究者としての厳しい姿勢を示してくださった。水島先生は、ともすると視野狭窄に陥りがちな筆者に、歴史の大きな流れの中に地域を位置づけ、地域史を相対化することの重要性を繰り返し説

いてくださった。また同大学院では、柳澤悠先生、高橋孝信先生、長崎暢子先生、櫻井由躬雄先生のゼミナールにも参加させていただいた。議論を交わす中で様々なご助言ご教示をいただいたことを懐かしく思い出す。研究者として歩む道へと導いてくださった先生方に改めて心より御礼申し上げる。

インドにおいては、留学中の指導をお引き受けいただいたマドラス大学のProf. A. Chandrasekaran をはじめとして、Prof. P. Shanmugam、タミル大学のProf. Y. Subbarayalu、ジャワーハルラール・ネルー大学のProf. A. Mukherjee、ネルー記念博物館・図書館の Dr. M. Mukherjee、デリー大学の Prof. D.N. Jha に大変お世話になった。また、チェンナイの Tamil Nadu Archives、Roja Muthiah Research Library、Maraimalai Adigal Library、Dravida Kazhagam Library、コーインバトゥールの South India Textile Research Association Library では貴重な史料を閲覧・収集することができた。職員の皆さんに感謝申し上げたい。コーインバトゥールでは、多忙の中インタビューに応じてくださった多くの工場経営者、元労働者、労働組合幹部の皆さんに厚く御礼申し上げる。特に Coimbatore Textile Workers Union の組合長である A. Subramaniam 氏と事務局長の C.M. Kandanathan 氏は、古いリーフレットやパンフレットなどを快く閲覧させてくださった。また、CS & W Mills 工場長の S. Rajakumar 氏、Lakshmi Mills 工場長の P. Padmanabhan 氏からは工場内を見学する許可をいただいた。厚く御礼申し上げる。チェンナイでの留学生活を心身ともに支えてくれたレッディ家の Chandra Uncle、Saranya Aunty、Padma Aunty、Saraswati Aunty への感謝は、とても言葉では言い尽くすことができない。テラスで語らいながら楽しんだモーニング・ティーの味、共に祝った様々なヒンドゥーの祭事でのお香と花輪の香りは、一生忘れることがないであろう。

このように数多くの恩師、恩人のご厚意と様々な機会に恵まれて、本書のもとである博士論文を執筆することができた。本書は、東京大学大学院人文社会系研究科に 2005 年に提出した学位請求論文「南インドにおける労働運動の研究―民族主義・共産主義・非バラモン主義との関係を中心に―」を改稿したものである。同論文の審査に際しては、主査の水島司先生はじめ、副査の中里成章先生、柳澤悠先生、粟屋利江先生、桜井由躬雄先生から貴重なご意見、ご指摘をいただいた。先生方のご指摘は、必ずしも本書で充分に生かすことができ

なかったが、今後研究を進めていく上での重要な課題として心に刻んでいる。

　論文提出から本書の上梓に至るまでかくも長い年月を費やしてしまったことは、筆者の浅学非才ゆえといわざるをえない。しかし筆者は、博士論文を執筆する過程で、多様性あふれるインドで文化運動から分離独立運動までをも含む様々な「サブ・ナショナリズム」的運動が勃興しながらなぜ実際に分離独立には至らないのか疑問を抱くようになっていた。論文提出後もインド訪問を重ねるうちに、インドにおける議会制民主主義の成立過程、それへの人々の反応と不断の制度変革が、この疑問を解く鍵なのではないかと推測するようになった。そのため近年は、現代インドの政治状況を分析することに精力を注いでいた。厳密には専門外である現代インド政治分析のささやかな成果が本書に明瞭に反映されているわけではない。とはいえ、民衆が自分たちの要求を政治に反映させるべく奮闘する姿と、その過程で不可視化された人々が新たに独自の政党を結成して声をあげるというダイナミズムに感銘を受けたことが本論の結論に影響を与えている。

　本書の出版にあたっては、有志舎の永滝稔氏に大変お世話になった。博士論文を出版する勇気を出せずにいた筆者の背中を押してくださった上に、近年の学術出版をめぐる厳しい状況にもかかわらず出版をお引き受けくださった。永滝氏の励ましとサポートがなければ本書は日の目を見ることがなかったかもしれない。深く御礼申し上げる。なお、本書出版に際しては、日本学術振興会2018年度（平成30年度）科学研究費補助金（研究成果公開促進費　JSPS KAKENHI Grant Number JP 18HP5098）の助成を受けた。同振興会ならびに審査委員の先生方に謝意を表明したい。

　最後に、公私ともに筆者を支えてくれた家族についてふれることをお許しいただきたい。夫とは研究者として苦楽を共にし研鑽を積んできた。同時期に留学し（留学先は異なったが）、同時期に学位請求論文を執筆して、互いに叱咤激励してきた同志のような夫に心より感謝する。両親は、筆者の好奇心を満たすべく、幼少の頃から様々な博物館や展覧会、名所旧跡につれていってくれた。おそらくこれが、筆者が歴史学を志す遠因となった。歴史研究で身を立てたいという筆者の願望を後押ししてくれたものの、修士課程の後さらに博士課程が最低3年、留学期間が2年もあるという現実にさぞ驚愕したことであろう。研

究者として自立できるのかと心配しつつも筆者を信じて見守ってくれた父・益栄と母・昭子に本書を捧げたい。

 2018 年 10 月

志賀美和子

索　引

あ行

アーウィン（Baron Irwin, Edward Frederick Lindley Wood）118, 120, 126, 131, 141
アーディ・ドラヴィダ　39, 41, 45, 52, 66, 68, 82, 83, 307
アーバスノット・カンパニー　49, 262
アーリヤ民族　37, 41, 191, 245, 254, 255, 307, 308
アーンドラ会議派社会党　154, 155, 246
『アーンドラ会議派社会党行動プログラム』155
『愛国者（デーサバクタ）』80
アイヤル，E・L（Ayyar, E. L.）55, 57, 63
アイヤル，E・クリシュナ（Ayyar, E. Krishna）147
アイヤル，N・S・シュリーニヴァーサ（Ayyar, N. S. Srinivasa）147
アイヤル，ヴァイティヤナータ（Ayyar, Vaithiyanatha）278
アイヤンガール，N・S・ラーマスワミ（Ayyangar, N. S. Ramaswami）70, 266, 267
アイヤンガール，P・K・ナーラーヤナ（Ayyangar, P. K. Narayana）147
アイヤンガール，S・シュリーニヴァーサ（Ayyangar, S. Srinivasa）256
アイヤンガール，ランガスワーミー（Ayyangar, Rangaswami）104
アジアティック石油会社　206, 231
斡旋人→マイストリ
アヌシーラン　88
アフメド，ムザッファル（Ahmad, Muzaffar）114
アルンダーレ，G（Arundale, G.）61, 70, 218
アンドリューズ，C・F（Andrews, Charles Freer）58
アンバサムドラム　47, 49, 50
アンバサムドラム・ミル　52

アンベードカル，B・R（Ambedkar, Bhimrao Ramji）241, 242
イーロード・プログラム　162, 164
イギリス共産党　22, 102, 115, 124, 133, 134, 149, 161
印刷工組合　248
インド亜大陸鉄道労働者組合→GIP鉄道労働者組合
インド共産党　6, 113, 114, 117, 128, 139, 143, 146-148, 150, 156, 189, 190
『インド共産党行動綱領草案』147, 148
『インド共産党への公開書簡』150
インド刑法　178, 181
インド憲政委員会→サイモン委員会
インド国民会議　27-31
インド国民会議派→会議派
『インド国民会議派のためのプログラム』93
インド出版（非常事態対処権）法（1931年）181
『インド人労働者ならびに農民が独自の政党を結成するためのマニフェスト』95
インド統治法（1919年）28, 31, 38, 117, 241, 256
インド独立連盟　118
インド犯罪（改正）法（1908年）182, 188
インド奉仕者協会　209
『インド労働者階級政党を組織する会議のための覚書』95, 97, 100
インド労働者平等同盟　147
ヴァイッカム・サティヤーグラハ　157, 193
ヴァサンタ・ミル　272
ウィリンダン（Marquess of Willingdon, F. Freeman-Thomas）60
ウェイト，ウィリアム・N（Kweit, William Nathan）148
ウスマーニー，シャウカット（Usmani, Shaukat）107
歌　173-177, 282, 288, 295, 312

映画　185, 247
エリート　1-5, 12-14, 18, 21, 22, 26, 27, 30, 40, 76, 303, 314-316
演劇　165, 173
円卓会議　119, 126, 131, 241, 242, 257
王立労働問題委員会　79, 129, 130, 141, 194, 266
『覚書』→『インド労働者階級政党を組織する会議のための覚書』

か行

カーク，E（Kirk, Ernest.）　201, 216
カースト　4, 6, 8, 9, 12, 13, 29, 32, 34, 39, 40, 42, 43, 66, 72, 83, 157-159, 163, 180, 187, 191-193, 241, 242, 252, 254, 255, 303, 307-309, 316
カーストヒンドゥー　67-69, 83, 172, 242, 245, 253
カーディ→カッダル
ガーテー，S・V（Ghate, Sachchidanand Vishnu）　113-115, 150
カーナティック・ミル　61, 62, 64, 65, 68, 79, 81
カーン，アミール・ハイダル（Khan, Amir Haidar）　147-150
カーンプル　90, 113, 153
カーンプル共同謀議事件　15, 105, 111-114, 121, 124, 146, 305
会議派　6, 10, 11, 14-17, 26-28, 30, 31, 35-38, 40, 63, 65, 67, 69, 72, 75, 76, 79, 80, 82, 83, 92, 94-97, 101, 105, 106, 112, 115-122, 126, 127, 131, 133, 135, 136, 138, 141, 148, 150, 154, 156-160, 173, 175, 177, 181, 184, 188, 193, 201, 214, 219, 240, 241, 244-252, 254-256, 260, 261, 267, 268, 276-278, 281, 282, 284-287, 289, 291-296, 303-306, 308-315
会議派ラクナウ大会（1916年12月）　28
会議派ナーグプル大会（1920年12月）　30, 31, 64
会議派ガヤー大会（1922年12月）　93, 94
会議派デリー臨時大会（1923年9月）　123
会議派コカナダ大会（1923年12月）　123
会議派カルカッタ大会（1928年12月）　125
会議派ラホール大会（1929年12月）　119
会議派社会党　16, 154-156, 190, 198, 228, 246, 249, 250-252, 258, 261, 281, 290, 291, 306, 310, 314
『革命（プラッチ）』　192
『革命（レボルーション）』　160, 192
カッダル　30, 93, 102, 160, 177, 188, 189
カルカッタ　49, 51, 88, 90, 116, 125, 132, 149
カレースワラ・ミル　262, 271, 292
ガンディー，M・K（Gandhi, Mohandas Karamchand）　1, 2, 10, 14, 26, 29-32, 38, 40, 67, 68, 92, 93, 96, 102, 113, 118-123, 126, 129, 135, 136, 140, 148, 155-157, 159, 160, 164, 177, 178, 184, 185, 191, 193, 196, 213, 214, 241-246, 255, 256, 268, 295, 303, 308, 314
ガンディー・アーウィン協定　123, 141, 146
カンナッパ，S（Kannappa, S.）　159
カンボディア・ミル　272
カンマ・ナーイドゥ　262, 263, 298
機械工組合　236
キャンベル，ドナルド（Campbell, Donald）　115
『共産主義インターナショナルの綱領草案』　133
キラーファト運動　30, 31, 243, 296
ギリ，V・V（Giri, V. V.）　129, 131, 132, 142, 144, 152, 153, 178, 190, 201, 230, 248, 251, 252, 260, 261, 274, 275, 287, 290, 292, 294
キリスト教徒　37, 44, 45, 213, 245, 283, 284, 302
ギルニ・カームガール・ユニオン　128, 130, 138, 140, 151, 152, 197
グラムシ，A（Gramsci, Antonio）　3
クリシュナスワーミ，E・C・M（Krishnaswamy, E. C. M.）　273
経営代理会社　48-50, 56, 57, 70, 71, 78, 209, 263, 265, 267, 289, 298
経営代理制度　48, 49, 263
刑事訴訟法　182, 220, 224, 287-292, 294, 296, 313
ケードギーカル，R・A（Khedgikar, R. A.）　152, 153
ケーララ会議派社会党　154, 155
『ケーララ会議派社会党マニフェスト』　155
現行の経済構造あるいは現行の政治体制の破壊を志向する活動を禁止するための法案（革命運動法案）　181-184
言語州要求運動　315
建設的プログラム　30-32, 96, 102, 112, 123, 173,

178, 241, 242, 244
ケンブリッジ派 5, 8, 12, 13
公共事業省労働者組合 261
港湾公社港湾労働者組合 236
コーインバトゥール（市） 46, 47, 51, 53, 69–71, 78, 179, 250, 261–277
コーインバトゥール・コットン・ミル 273
コーインバトゥール（社会主義）工場労働者組合 267, 268, 271, 298
コーインバトゥール社会主義紡績労働者サンガム 270
コーインバトゥール繊維産業労働組合 70
コーインバトゥール紡績織布工場→CS & Wミル
コーインバトゥール・モール・ミル 262
コーインバトゥール労働組合 248, 266, 267, 299
ゴールデンロック 47, 210–217, 247
コールドウェル，R（Caldwell, Robert） 33
コカナダ爆弾陰謀事件（マドラス陰謀事件） 146, 147
国民学校 157
国民教育 30, 42
コミュナル裁定 241, 242
コミュナル政令 38, 39
コミュナル代表制 37, 69, 83
コミュナル対立 68, 69, 213
コミンテルン 7, 8, 15, 16, 88, 98–100, 102, 105, 111–114, 124, 131–140, 147, 149, 150, 153, 156, 160, 187, 198, 250, 304, 306, 307
コミンテルン第二回大会（1920年） 15, 89, 90
コミンテルン第四回大会（1922年） 92, 133
コミンテルン第五回大会（1924年） 111, 124, 133
コミンテルン第六回大会（1928年） 16, 133–135, 139, 143, 306
コミンテルン第七回大会（1935年） 156
コミンテルン東方問題特別委員会 111
コング・ヴェッラーラ 262, 263, 296

さ 行

最小限綱領 89, 92, 93, 97, 111
最大限綱領 89, 96, 97

サイモン委員会 117, 122, 217
サクラトワーラー，S（Saklatwala, Shapurji） 102, 161
サティヤーグラハ 29, 30, 211–214, 216, 217, 232–234
サティヤバクタ，S（Satyabhakta, S.） 113, 114
サティヤムールティ，S（Satyamurti, S.） 125, 201, 249, 256, 258
サバルタン 3, 4, 22
サバルタン研究グループ 3, 5, 12, 21, 83
サマダルマ党 163, 165, 194, 246, 247, 250, 273
サラダ・ミル 268–271, 273
サルカール，ムクンダラール（Sircar, Mukundalal） 127, 139, 147, 151, 154, 160, 189, 217
サンスクリット語 34, 35, 254
サンフランシスコ陰謀事件 89
ジーヴァーナンダン，P（Jeevanandam, P.） 162, 165, 193, 266, 273, 299, 302
寺院開放 253, 258
ジェンダー 4, 316
塩の行進 120–122, 244
自尊運動 9, 16, 106, 145, 149, 156–172, 177–180, 183–188, 193, 194, 240, 245–247, 249–255, 260, 266, 273, 276, 293, 296, 307, 308, 310, 311
自尊会議ティンネヴェリ大会（1927年） 192
自尊会議チングルプット大会（1929年） 158, 159
自尊会議イーロード大会（1930年） 159
自尊会議ヴィルドナガル大会（1931年） 159, 192
自尊会議イーロード大会（1932年） 162–164
自尊連盟 158, 161, 162, 228, 247, 249, 254
自治連盟 28, 35, 36, 38, 80
「死に至る断食」 242
ジャガナータン（Jaganatan） 268–273, 275–277, 291, 292, 300, 302
ジャナルダナ・ミル 272
シャルマー，P・R・K（Sharma, P. R. K.） 257, 261
シャルマー，R・C・L（Sharma, R. C. L.） 112, 123
シャルマー，Y（Sharma, Y.） 222
シャンムガム，V・S（Shanmugam, V. S.） 191

『自由』 141
誌友拡張作戦 91, 105, 304
宗教不干渉 253, 258
自由思想者協会 154
ジョーグレーカル，K・N（Joglekar, K. N.） 115, 125, 150
ジョーシ，N・M（Joshi, Narayan Malhar） 128, 129, 141, 142, 144, 152, 190
ジョーシ，P・C（Joshi, Puran Chandra） 125, 156
『植民地における反帝国主義人民闘争テーゼ』 156
『植民地・半植民地諸国における革命運動についてのテーゼ』 134, 135
女性，64, 71, 75, 85, 148, 164, 165, 175, 194, 205, 217, 219, 220, 225, 241, 246, 278, 280, 283, 285, 299-301, 316
ジョセフ，ジョージ（Joseph, George） 44, 71-73, 75
ジョッバー→マイストリ
シン，バガット（Singh, Bhagat） 160, 173
新インド統治法（1935年） 241, 246, 255, 257, 268, 308, 311, 312
シンガーラヴェール（Singaravelu） 15, 63, 64, 79, 83, 88, 91-110, 112-114, 127, 149, 151, 160-166, 179, 187, 189, 192, 194, 200, 206, 208, 209, 216, 217, 231, 234, 304, 305, 307, 308
『新時代（ナヴァ・ユガ）』 147
シンプソン（Simpson, Clement） 56, 64, 65
新聞 36, 58, 74, 77, 91, 92, 141, 146, 173, 205, 208-210, 220, 221, 228, 248, 249, 310
進歩的労働組合 232
『人民政府（クディ・アラス）』 160
ジンワーラ（Ginwala） 141
スターリン（Stalin, Joseph） 134, 135, 142, 143
スタンダード石油会社 206, 231
ステーンズ・カンパニー 49, 51, 70, 262, 267, 297, 298
ステンシル，173, 196
スピヴァック，G・C（Spivak, Gayatri Chakravorty） 21
スプラット，フィリップ（Spratt, Philip） 115, 149, 189
『スワダルマ』 79

スワデーシ蒸気船会社 84
『スワラージ』 220
スワラージ党 31, 181, 256
座り込み 62, 63, 211-216, 225, 227, 229, 261, 272, 278, 302, 311
スンダラパーンディアン，W・P・A（Sundarapandian, W. P. A.）→ナーダル，W・P・A・スンダラパーンディア
『正義』 36, 59, 80, 208, 231
正義党 26, 36-40, 45, 59, 68-70, 72, 80, 83, 118, 158, 160, 161, 165, 187, 193, 244, 246, 249-252, 254, 255, 266, 268, 307
「正統派」 7, 8, 16, 138-140, 144, 145, 147, 148, 150, 151, 153, 156, 160, 162, 164, 187, 198, 306, 308
青年労働者連盟 149, 197
赤色 AITUC 139, 156
赤色全インド労働組合会議→赤色 AITUC
石油労働者組合 231
セルヴァイ，シェイフ（Servai, Shaikh） 152, 211-213, 233
全インド会議派社会党→会議派社会党
『全インド会議派社会党規約及び行動プログラム』 155
全インド鉄道員連合 132, 142, 234
全インド労働組合会議→ AITUC
全インド労働組合連合→ AITUF
全インド労働者農民党 116
『前衛』 90, 107
扇動的集会禁止法（1911年） 182
1818年政令第3号 182

た 行

ダース，C・R（Das, Chitta Ranjan） 94
ダース，マニッカ（Das, Manicka） 214
ダーンゲー，S・A（Dange, Shripad Amrit） 90, 101, 103, 113, 249
ダット，C・P（Dutt, Clemens Palme） 161
ダット，R・パーム（Dutt, Rajni Palme） 48
ダット，ブーペンドラ・ナート（Dutt, Bhupendra Nath） 128
タミル語 8, 34, 315
タミルナードゥ会議派 16, 31, 42, 64, 154, 157, 219, 249, 256-258, 281, 308

索　引

タミルナードゥ会議派社会党　251
タムタム　222, 282-285
チェッティ, G・チェルヴァパティ (Chetty, G. Chelvapathy)　55, 247
チェッティ, K・スブラマニア (Chetty, K. Subramania)　211-213, 233
チェッティ, M・シンガーラヴェール (Chetty, Malayapuram Singaravelu) → シンガーラヴェール
チェッティ, P・ソーマスンダラ (Chetty, P. Somasundara)　262
チェッティ, P・ティヤーガラージャ (Chetty, P. Thyagaraja)　35
チェッティ, R・K・シャンムガム (Chetty, R. K. Shanmugam)　160, 161, 191, 300
チェッティ, S・グルスワーミ (Chetty, S. Guruswamy)　58
チェッティ, タンブスワーミ (Chetty, Thambuswamy)　211, 214
チェッティ, チャッカライ (Chetty, V. Chakkarai)　44, 55, 63, 68, 209, 231
チェリ　66, 81
チトニス, G・Y (Chitnis, Gajanan Yashwant)　152
チャットーパディヤーヤ (Chattopadhyay, Virendranath)　144
チャルカー　30, 65, 67, 102
チャンド, ターラー (Chand, Tara)　132
中央労働委員会　200
中央労働党　247
チョーライ・ミル　49, 50, 56, 79, 102, 121, 151, 292
ティラク, B・G (Tilak, Bal Gangadhar)　18, 21, 27, 28, 41, 84
ディワーリ　268-271
テーヴァル, ムットゥラーマリンガ (Thevar, Mutthuramalinga)　302
デーシュパンデー, S・V (Deshpande, S. V.)　128, 129, 131, 132, 135-139, 141, 144
テーングディ, D・R (Thengdi, D. R.)　115
『統一綱領草案』　151, 152
トゥティコリン　50, 76, 84, 91
トムソン, E・P (Thompson, Edward Palmer)　13

ドラヴィダ民族　8, 33, 34, 37, 41, 157, 191, 245, 254, 255, 307, 308
『ドラヴィダ民族』　160, 197

な 行

ナーイッカル, E・V・ラーマスワーミ (Naicker, E. V. Ramaswamy) → ペリヤール
ナーイドゥ, G・クップスワーミ (Naidu, G. Kuppuswamy)　262
ナーイドゥ, G・ラーマヌジュル (Naidu, G. Ramanujulu)　55
ナーイドゥ, N・G・ラーマスワーミ (Naidu, N. G. Ramaswamy) → NGR
ナーイドゥ, P・S・G (Naidu, P. S. Ganga)　262, 273
ナーイドゥ, P・ヴァラダラジュル (Naidu, P. Varadarajulu)　44, 71, 72, 247, 248
ナーイドゥ, S・R・ヴァラダラジュル (Naidu, S. R. Varadarajulu)　190, 218-227, 248, 278, 280-287, 289, 301, 302
ナーイドゥ, グルスワーミ (Naidu, Guruswamy)　263
ナーダル, W・P・A・スンダラパーンディア (Nadar, W. P. A. Sundarapandia)　161, 191, 194
ナーヤル, T・M (Nair, Taravath Madhavan)　35, 37, 38, 44
ナーラーヤン, J・P (Narayan, Jaya Prakash)　154, 249
ナラシンハム, V・K (Narasimham, V. K.)　147
二重組織論　97, 98, 106, 116, 117, 305
『ニュー・インディア』　56, 74, 82, 84
ネガパタム　47, 210-212, 214, 216, 217
ネガパタム鉄道労働者組合　212, 232
ネッルール共産党　146, 147, 190
ネルー, J (Nehru, Jawaharlal)　11, 117-119, 125, 128-130, 136, 140-142, 148, 154, 243, 246
ネルー, M (Nehru, Motilal)　118
ネルー報告　118

は 行

ハーヴェイ・カンパニー　49-51, 71, 76, 218, 265, 298
ハーグリーヴズ (Hargreaves)　56, 79

バーケンヘッド（Earl of Birkenhead, Frederick Edwin Smith） 118
パールシー 49, 55
パーンディアン・ミル 51, 279, 280, 286, 302
パイオニア・ミル 273
バクレー，R・L（Bakhale, R. L.） 132
バシャン，K（Bashyam, K.） 201, 256
バスデーヴ，C（Basudev, C.） 248, 266-269
バッキンガム＆カーナティック・ミル→B＆Cミル
バッキンガム・ミル 62, 65, 68, 81
バッタチャールヤ，ナレーンドラ・ナート（Bhattacharya, Narendra Nath）→ ローイ，M・N
パテール，V（Patel, Vallabhbhai Jhaverbhai） 155, 201
パトナイク，デーバカル（Patnaik, Debakar） 147, 154, 189
パトワルダン，アチュート（Patwardhan, Achyut） 258
派閥 5, 8, 13, 22
パパナサム・ミル 50, 218-224, 278, 281, 286, 287
ハンガーストライキ 214, 229, 237, 254, 285, 288, 290, 295, 312
犯罪捜査局 213
犯罪法改正法（1932年） 180, 181
反帝国主義連盟 130, 131, 161
反ヒンディー語闘争 254
パンフレット 90, 173, 174, 196
非協力 17, 29-32, 38, 40, 61, 63, 64, 67, 69, 70, 75, 80, 82, 83, 91-93, 96, 110, 113, 122, 147, 157, 235, 240, 243, 244, 246, 255, 308
左旋回 15, 16, 132-135, 139, 306
ピッライ，V・O・チダンバラム（Pillai, Valliappan Olaganathan Chidambaram） 69, 70
ピッライ，アルムガム（Pillai, Arumugam） 211, 212, 232
ピッライ，クリシュナスワーミ（Pillai, Krishnaswamy） 214
ピッライ，ソーマスンダラ（Pillai, Somasundara） 278
ピッライ，ダンダパニ（Pillai, Dandapani） 159

ビニー・カンパニー 49, 57, 62, 64
非バラモン運動 2, 3, 6, 8, 9, 14, 16, 26, 30, 32-41, 43, 66, 76, 145, 157, 162, 187, 191, 193, 244, 245, 251-256, 303, 307, 315
『非バラモン宣言』 35, 36, 44
非暴力 18, 29-31, 96, 100-102, 104, 105, 115, 121, 155, 184, 189, 214, 221, 250, 285, 293, 294, 296, 313
『ヒューマニティ』 59
ビルマ石油会社 206, 209
ヒンディー語 17, 42, 254
ヒンディー語必修化 254, 255, 309
『ヒンドゥー』 74, 104, 208, 231
ヒンドゥー寄進法（1925年） 253, 258
ヒンドゥー教 2, 9, 27, 30, 34, 35, 41, 158-160, 243, 245, 268, 307
ヒンドゥー教徒の特定階級に見られる世俗的規制を除去するための法案 252
ヒンドゥスターン社会主義共和国軍 146, 147, 160
『ヒンドゥスターン・タイムズ』 141
ヒンドゥスターン労働者農民党 95-106, 192, 304, 305
『ヒンドゥスターン労働者農民党マニフェスト』 95-103
風刺画 174
「不可触民」 9, 17, 22, 37-39, 41, 52, 53, 60, 63, 66-69, 76, 81-84, 157-159, 163, 164, 172, 178, 193, 240-245, 251-253, 255, 258, 265, 266, 302, 307
フサイン，グラーム（Hussain, Ghulam） 103
プネー協定 242
ブハーリン（Bukharin, Nikolai） 142, 143
不服従運動 119, 121-123, 126, 128, 129, 146, 147, 173, 182, 184, 188, 193, 197, 201, 241-245, 256, 298
プラカーシャン，T（Prakasam, Tanguturi） 201
ブラッドレー（Bradley, Benjamin Francis） 115
ブリアントープ（地区） 66, 83
分離選挙 37, 164, 241, 242, 245, 256
壁画 173, 196
ベサント，アニー（Besant, Annie） 28, 35, 36, 56, 64, 80, 81
ベナーレス 90
ペランブール（地区） 47, 50, 59, 211
ペリヤール（Periyar） 9, 44, 92, 157-172, 179, 187,

索 引

188, 191-194, 197, 249-252, 266, 307, 308, 315
ベルゲロータ，J・P（Bergerhotta, J. P.）112-114
ペントランド（Baron Pentland, John Sinclair）56, 57, 59
ベントレー（Bentley, W. E.）56, 62, 63, 83
ボース，スバース・チャンドラ（Bose, Subhash Chandra）118, 119, 125, 128, 129, 138, 139, 148
ポダヌール 211, 217
ポダヌール鉄道労働者組合 211, 212, 214, 233
ボランティア 123, 146, 147, 162, 189, 244, 245, 279, 280-287, 301
ボローディン，ミハイール（Borodin, Michael）89
ポンディシェリー 112, 123, 146, 149, 196
ポンナンバラム，A（Ponnambalam, A.）165
ボンベイ港湾労働者組合 138
ボンベイ（市）27, 28, 46, 49, 51, 90, 101, 112, 114, 117, 125, 132, 136, 147-149, 153
ボンベイ繊維労働組合 128, 142
ボンベイ特別（非常時）権限法（1932年）180
ボンベイ農民労働者党 115-117

ま 行

マイストリ 51, 53, 62, 71, 72, 74-76, 79, 84, 220, 265, 269, 271, 279, 282-285
マクドナルド（McDonald, James Ramsay）241
町工場 263, 265-268, 271, 275, 277, 298
マッチ工場労働者組合 236
マドゥライ（市）47, 49, 50, 53, 70, 91, 147, 179, 217, 219, 221, 224, 256, 267
マドゥライ・ミル 52, 53, 71, 72, 224-227, 277-289
マドゥライ労働組合 71, 225, 227, 278, 279
マドラス管区協会 36, 37, 45, 80
マドラス（市）46, 47, 49-51, 54, 55, 64, 70, 76, 90, 91, 103, 112, 147-151, 194, 202, 217, 219-221, 258, 265 , 267
マドラス寺院入場公認免責法（1939年）259
マドラス市電労働者協会 247
マドラス州会議派 36-38, 40, 92
マドラス州石油労働者組合 209

マドラス州労働党 247, 248
マドラス繊維工場労働者組合 200, 202, 203, 216, 218, 219, 236, 247, 257, 266
『マドラス・タイムズ』 59, 60
マドラス中央労働委員会 246-248
マドラス統一連盟 33
マドラス非バラモン協会 33
マドラス・南マーラッタ鉄道会社 47, 70, 230
マドラス・南マーラッタ鉄道労働者組合 177, 201, 248
『マドラス・メイル』 58, 84
マドラス連合紡績織布工場→チョーライ・ミル
マドラス労働組合 55-58, 61-69, 79, 81, 83, 200, 266
マドラス労働者保護連盟 189
『マニフェスト』→『ヒンドゥスターン労働者農民党マニフェスト』
マラバール寺院入場法（1938年）259
ミーナークシ・ミル 281
南インド工場主協会→SIMA
南インド雇用主連盟 201, 202, 228
南インド・サマダルマ党→サマダルマ党
南インド自由連合→正義党
南インド人協会 35, 36
南インド中央労働委員会 247
南インド鉄道会社 47, 210, 216
南インド鉄道組合 201, 232
南インド鉄道労働者協会 232
南インド労働党 247
ミラジカル，S・S（Mirajkar, Shantaram Savlaram）115, 150
民衆 2, 40, 76, 158, 173, 177, 178, 188, 201, 244-246, 251, 294, 295, 303, 304, 307-310, 314-316
ムケルジー，アバニ（Mukherji, Abani）109
ムスリム 27, 28, 30, 32, 37-39, 41, 45, 64, 68, 83, 207, 236, 241, 243, 283, 284, 296, 302
ムスリム連盟 243
ムダリヤール，パラニヤンディ（Mudaliar, Palaniyandi）222
ムダリヤール，C・N・ムットゥラーマリンガ（Mudaliar, C. N. Mutthuramalinga）256
ムダリヤール，N・A・ムルゲーサ（Mudaliar,

N. A. Murugesa) 209, 231
ムダリヤール，V・M・ラーマスワーミ（Mudaliar, V. M. Ramaswamy） 247, 248
ムダリヤール，V・カリヤーナスンダラ（Mudaliar, V. Kalyanasundara） 44, 55, 60, 63, 65, 67, 68, 80, 83, 92
ムハージリン 107
村工場 263, 265, 271, 272, 275, 277, 298
ムルガン・ミル 271
メーラト共同謀議事件 15, 16, 123, 127–129, 137, 139, 145, 146, 149, 150, 189
メディア 56, 58, 77, 90, 173–178, 184, 205, 206, 209, 228, 288, 310
メヘター，ヤムナーダース（Mehta, Jamnadas） 132, 152, 190
モール・ミル 298
モンタギュー・チェムスファド改革 28, 38, 258

や 行

ユガーンタル 88
世論 59, 77, 146, 184, 204, 205, 208–210, 214, 215, 220, 221, 228, 281, 288, 289, 310–312

ら 行

ラーイ，L・L（Rai, Lala Laipat） 18, 27, 28, 89
ラーガヴァイヤ，ヴェンネラカンティ（Raghavayya, Vennelakanti） 147
ラージャー，H・D（Rajah, H. D.） 147, 154
ラージャー，M・C（Rajah, M. C.） 66
ラージャージー（Rajaji） 92, 121, 154, 157, 188, 240–246, 249–256, 258, 259, 287, 289–296, 308, 313–315
ラージャゴーパーラーチャーリ，C（Rajagopalachary, Chakravarti）→ラージャージー
ラージュ，C・V・カンニア（Raju, C. V. Kannia） 212, 233
ラーダークリシュナ・ミル 263, 271
ラーマナータン，J・N（Ramanathan, J. N.） 70, 72, 159
ラーマナータン，S（Ramanathan, Somasundaram） 164, 166, 191, 192, 252, 260
ラール，チャマーン（Lal, Chaman） 129, 131, 132, 141
ラール，マニ（Lal, Mani） 109
ラオ，B・シヴァ（Rao, B. Shiva） 83, 129, 131, 141, 152, 190, 200, 203, 205, 218, 220, 221, 231, 235, 246, 248, 297
ラオ，D・スッバ（Rao, D. Subba） 149
ラオ，K・クリシュナ（Rao, K. Krishna） 147, 257
ラクシュミー・ミル 262
ラホール 103
ランガー，N・G（Ranga, N. G.） 154, 190, 257
ランガーヴィラス・ミル 262, 273
ランガナータン・カンパニー 262
ランバート（Lambert） 210–213, 232
リズリ，H・H（Risley, Herbert Hope） 33
『理性（バグッタリヴ）』 192
留保議席 38, 45, 241, 256, 257
リンド，ヘンリー・G（Lynd, Henry G.） 148
ルイカル，R・S（Ruikar, Ramchandra Sakharam） 128, 136, 139, 141
レーニン（Lenin, Vladimir Ilyich） 89, 106, 135, 178
レーニン・ローイ論争 15, 89, 107
レッディ，G・ハヌマーン（Reddi, G. Hanuman） 147
レッディ，K・スッバラーマ（Reddi, K. Subbarama） 147
レッディ，P・スンダララーマ（Reddi, P. Sundararama） 147, 189
連合党 118
労働協会 147
労働局 80
労働局長 60, 65, 75, 81, 201, 203–206, 209, 210, 215–217, 220, 222, 223, 226, 228, 274, 277, 290, 291, 310
労働組合統一会議 152
『労働組合統一綱領』 153
労働組合法（1926年） 83, 180, 199, 228, 247, 266
労働者スワラージ党 115
『労働者農民ガゼット』 102
労働者農民党→労農党
労働者福祉委員会 68, 83
労働者リーダー 18, 174, 185, 217, 218, 222, 224,

索引　357

227, 229, 267–271, 276, 281, 287, 289, 290, 295, 311–313
労働争議法（1929年）　80, 220, 223, 236
労働問題小委員会　94–96
労農党　96–98, 106, 111, 115–117, 121, 127, 133, 134, 305
ローイ, M・N（Roy, Manabendra Nath）　6, 15, 79, 88–107, 110–113, 116, 117, 124, 133–135, 137–139, 142, 304, 305
ローイ, エヴェリン（Roy, Evelyn）　123
「ローイ派」　16, 138–140, 145, 147, 148, 150–154, 156, 160, 187, 198, 306
ローラット法（無政府主義的・革命的犯罪に関する法律）　29

わ 行

ワディア, B・P（Wadia, Bahman Pestonji）　55–59, 61–65, 72, 79, 81, 218

A–Z

AITUC（全インド労働組合会議）　15, 46, 62, 108, 117, 128–132, 136, 138–141, 143, 144, 150, 151, 219, 266, 305
AITUF（全インド労働組合連合）　131, 132, 139, 143, 156, 190, 201, 219, 266, 305
B & C ミル　50, 52, 56–69, 79, 82
B & C ミル労働組合　83
CS & W ミル　51, 70, 262, 267, 270, 271, 297, 298
GIP 鉄道員組合　130, 136, 138
NGR（N・G・ラーマスワーミ・ナーイドゥ）　268–270, 272, 273, 275–277, 298, 302
SIMA（南インド工場主協会）　267, 273, 274, 277

志賀美和子（しが　みわこ）
1971年生まれ。東京大学大学院人文社会系研究科博士課程修了。博士（文学）。
現在、専修大学文学部教授。
主要著書：『世界歴史体系　南アジア史3　南インド』（共著、山川出版社、2007年）
　　　　　『インド民主主義の発展と現実』（共著、勁草書房、2011年）
　　　　　A Concise History of South India: Issues and Interpretations（共著、オックスフォード大学出版会、2014年）
　　　　　『現代インド3　深化するデモクラシー』（共著、東京大学出版会、2015年）
　　　　　『インドの社会運動と民主主義　変革を求める人びと』（共著、昭和堂、2015年）
　　　　　『わかる・身につく　歴史学の学び方』（共著、大月書店、2016年）

近代インドのエリートと民衆
――民族主義・共産主義・非バラモン主義の競合――

2018年12月30日　第1刷発行

著　者　志賀美和子
発行者　永滝　稔
発行所　有限会社　有　志　舎
　　　　〒166-0003　東京都杉並区高円寺南4-19-2、クラブハウスビル1階
　　　　電話　03-5929-7350　　FAX　03-5929-7352
　　　　http://yushisha.sakura.ne.jp
　　　　振替口座　00110-2-666491

DTP　言海書房
装　幀　奥定泰之
印　刷　中央精版印刷株式会社
製　本　中央精版印刷株式会社

©Miwako Shiga 2018. Printed in Japan
ISBN978-4-908672-26-2

有志舎 出版図書目録

2018.4

ご 挨 拶

　本年度の出版目録をここにお届けさせていただきます。
弊社は、2006年より本格的に出版事業を開始し、13年目を迎えましたが、昨年春には本拠を神保町から高円寺へと移し、新たな一歩を踏み出しました。
現在の出版不況にはいっこうに出口が見えませんが、それでも無骨に学術書出版一筋で頑張っていきたいと思います。
また、弊社の社名の由来は、つねに志をもって出版を行なっていくこと、そしてその志とは、「知」の力で地球上から戦争を無くしていきたいというものです。
もとより、これは簡単なことではないことは分かっています。しかし、出版業というものは単なるビジネスではなく、理想を追い求める「志の業」でもあると私は信じています。
ですから、これからも理想を掲げ、良質の学術成果を読者の皆さんにお届けできるよう鋭意努力して参りたく念願しております
この方針に則り、小社は近現代史を中心に、人文・社会科学に関する学術出版を行なって参ります。
まだまだ未熟ではございますが、新しい知の風を多くの方に届けられるよう全力を尽くして参りますので、引き続きご支援・ご鞭撻のほど、どうぞよろしくお願い申し上げます。　　　　　　　　　　　　2018年4月

有 志 舎
代表取締役　永滝　稔

東アジア発、新しい「知」の創出に向けて！
比較史の視点から、近現代100年にわたる思想の歩みを再考する。

講座
東アジアの知識人
全5巻 全巻完結！

〈編集委員〉

趙景達・原田敬一・村田雄二郎・安田常雄

〈全巻の構成〉

第1巻 **文明と伝統社会** ―19世紀中葉～日清戦争―
370頁 ISBN978-4-903426-75-4

第2巻 **近代国家の形成** ―日清戦争～韓国併合・辛亥革命―
370頁 ISBN978-4-903426-77-8

第3巻 **「社会」の発見と変容** ―韓国併合～満洲事変―
380頁 ISBN978-4-903426-79-2

第4巻 **戦争と向き合って** ―満洲事変～日本敗戦―
400頁 ISBN978-4-903426-81-5

第5巻 **さまざまな戦後** ―日本敗戦～1950年代―
430頁 ISBN978-4-903426-84-6

各3600円（税別） 【内容案内送呈】

新たな歴史の展望を切り拓く、歴史研究者たちの挑戦!

21世紀歴史学の創造 全9巻 全巻完結!

研究会「戦後派第一世代の歴史研究者は21世紀に何をなすべきか」
(略称:戦後派研究会)編集

〈全巻の構成〉

第1巻 **国民国家と市民社会** 伊藤定良・伊集院立［著］
280頁 ISBN978-4-903426-56-3

第2巻 **国民国家と天皇制** 宮地正人［著］
320頁 ISBN978-4-903426-57-0

第3巻 **土地と人間** —現代土地問題への歴史的接近—
小谷汪之・山本真鳥・藤田進［著］300頁 ISBN978-4-903426-60-0

第4巻 **帝国と帝国主義** 木畑洋一・南塚信吾・加納格［著］
316頁 ISBN978-4-903426-63-1

第5巻 **人びとの社会主義** 390頁 ISBN978-4-903426-69-3
南塚信吾・古田元夫・加納格・奥村哲［著］

第6巻 **オルタナティヴの歴史学**
増谷英樹・富永智津子・清水透［著］370頁 ISBN978-4-903426-72-3

第7巻 **21世紀の課題** —グローバリゼーションと周辺化—
油井大三郎・藤田進［著］ 350頁 ISBN978-4-903426-74-7

別巻Ⅰ **われわれの歴史と歴史学**
戦後派研究会［編］ 370頁 ISBN978-4-903426-67-9

別巻Ⅱ **「3・11」と歴史学** 戦後派研究会［編］
380頁 ISBN978-4-903426-76-1

各2400円(税別) 【内容案内送呈】

講座 明治維新 全12巻

日本史上の大変革・明治維新とは何だったのか？
明治維新史学会の総力をあげて最新の研究成果を提示！

明治維新史学会 [編]　A5判・上製・カバー装／各 **3400**円（税別）

〈編集委員〉佐々木寛司・木村直也・青山忠正・松尾正人・勝田政治・原田敬一・森田朋子・奥田晴樹・勝部眞人・西澤直子・小林丈広・高木博志・羽賀祥二

〈全巻の構成〉

* 第1巻　**世界史のなかの明治維新**
  280頁　ISBN978-4-903426-37-2
* 第2巻　**幕末政治と社会変動**
  282頁　ISBN978-4-903426-42-6
* 第3巻　**維新政権の創設**
  320頁　ISBN978-4-903426-48-8
* 第4巻　**近代国家の形成**
  308頁　ISBN978-4-903426-54-9
* 第5巻　**立憲制と帝国への道**
  264頁　ISBN978-4-903426-64-8
* 第6巻　**明治維新と外交**
  310頁　ISBN978-4-908672-15-6
* 第7巻　**明治維新と地域社会**〈改訂版〉
  270頁　ISBN978-4-908672-15-6
* 第8巻　**明治維新の経済過程**
  300頁　ISBN978-4-903426-78-5
* 第9巻　**明治維新と女性**
  270頁　ISBN978-4-903426-92-1
* 第10巻　**明治維新と思想・社会**
  280頁　ISBN978-4-908672-07-1
* 第11巻　**明治維新と宗教・文化**
  270頁　ISBN978-4-908672-02-6

〈続刊〉
第12巻 **明治維新史研究の諸潮流**

＊は既刊、6ヶ月に一巻ずつ刊行予定　　　　【内容案内送呈】

アジアから考える —日本人が「アジアの世紀」を生きるために—

水羽信男 [編]
2800円（税別）
Ａ５判・上製・カバー装・290頁
ISBN978-4-908672-11-8

21世紀の現在、国際社会における「アジア」諸国の存在感はますます大きくなっている。「アジア」とはいったい何なのか？アジアの中で生きるための「アジア学」入門！

アンシアン・レジーム期フランスの権力秩序
—蜂起をめぐる地域社会と王権—

仲松優子 [著]
6000円（税別）
Ａ５判・上製・カバー装・288頁
ISBN978-4-908672-17-0

南フランス・ラングドック地方の地域権力と民衆蜂起のあり方から、アンシアン・レジームそのものを問い直し、フランス革命との関係性をも再考。さらに、イギリス・スペインなどヨーロッパの複合君主政のなかにフランスをいかに位置づけるのかを考える。

イラン現代史 —従属と抵抗の100年—

吉村慎太郎 [著]
2400円（税別）
四六判・上製・カバー装・240頁
ISBN978-4-903426-41-9

欧米列強の脅威にさらされ続けてきた激動の100年史。「イスラム原理主義国家」というイメージ先行の理解と異なる、この国の本当の姿と歴史のダイナミズムを描き出す。

英雄になった母親戦士 —ベトナム戦争と戦後顕彰—

京樂真帆子 [著]
2800円（税別）
四六判・上製・カバー装・310頁
ISBN978-4-903426-88-4

ベトナム戦争では、母もまた共に戦った！ 戦士たる母への顕彰の問題を通して、性別役割分業観にとらわれることなく、戦争とジェンダーとの関係性を再考する。

沖縄の保守勢力と「島ぐるみ」の系譜
—政治結合・基地認識・経済構想—

櫻澤 誠 [著]
6000円（税別）
Ａ５判・上製・カバー装・280頁
ISBN978-4-908672-09-5

「オール沖縄」の原点とは何か？保革対立軸が形成される以前、「島ぐるみ」の重要な一角を形成していた1950～60年代における沖縄保守勢力の分析から、現代沖縄政治の原点をさぐる。

小野梓と自由民権

勝田政治 [著]
2600円（税別）
四六判・上製・カバー装・280頁
ISBN978-4-903426-34-1

日本に立憲政を根付かせようとした熱き男の生涯を描き、近代日本の歴史の中で失われた「もうひとつの日本の在り方」を考える。

オープンスカイ・ディプロマシー
—アメリカ軍事民間航空外交 1938～1946年—

高田馨里 [著]
5000円（税別）
Ａ５判・上製・カバー装・280頁
ISBN978-4-903426-44-0

真珠湾攻撃、「航空大国アメリカ」誕生から冷戦へ。戦時・戦後世界の空をめぐる攻防を描く、新しい国際関係史。

開国期徳川幕府の政治と外交

後藤敦史 [著]
6200円（税別）
Ａ５判・上製・カバー装・340頁
ISBN978-4-903426-91-4

「鎖国から開国へ」という予定調和な歴史叙述を克服！明治維新にいたる歴史を考察する上で重要な開国の〈経緯〉を、従来は見落とされていた視点からたどり、新たな幕末維新史を描き出す。

きのうの日本 —近代社会と忘却された未来—

鵜飼政志・川口暁弘 [編]
3200円（税別）
Ａ５判・上製・カバー装・220頁
ISBN978-4-903426-61-7

明治維新から、第２次大戦後の1950年代まで――かつて確かに存在しながら、やがて消え去っていった理想や夢。忘却された歴史から現在を考える。

キューバ革命 1953～1959年 —モンカダ兵営攻撃から革命の勝利へ—

河合恒生 [著]
2800円（税別）
四六判・上製・カバー装・400頁
ISBN978-4-908672-04-0

キューバ革命を通史として描き出す！ 1959年、貧しいカリブの小国が戦後国際世界の新しいページを切り拓いた。これまで日本でほとんど論じられてこなかったキューバ革命の過程と、それに身を投じた青年群像を描き出す。

協同主義とポスト戦後システム

雨宮昭一 [著]
2600円（税別）
四六判・上製・カバー装・245頁
ISBN978-4-908672-20-0

新自由主義の時代から新しい協同主義の時代へ！「自己責任」「市場中心」「株主主権」という旧い体制を越え、新たなオルタナティブを歴史の循環から理論化し、現実の地域で生起している動きと連動させつつ、新しい日本社会が進む方向を指し示す。

近世・近代における文書行政 —その比較史的研究—

小名康之 [編]
2800円（税別）
Ａ５判・上製・カバー装・245頁
ISBN978-4-903426-55-6

近世から近代にかけて、世界の諸地域ではどのように文書行政が展開されていったのか。日本・インド・トルコ・メキシコの比較により、それぞれの地域の文書行政の実態を明らかにする。

近現代日本　選択の瞬間

小林和幸 [編]
5000円（税別）
四六判・上製・カバー装・300頁
ISBN978-4-908672-08-8

近現代の日本史は重大な選択と決断の連続であった。歴史に重い責任を負うことになった当事者たちの決断の瞬間に立ち会い、重大な局面を乗り越えていこうとした姿を明らかにする。

近現代部落史 —再編される差別の構造—

黒川みどり・藤野豊 [編]
2800円（税別）
Ａ５判・並製・カバー装・280頁
ISBN978-4-903426-24-2

被差別部落の存在を無視した日本史像はありえない！「部落史」のオルタナティヴをめざす新たな挑戦。

近代ドイツの歴史とナショナリズム・マイノリティ

伊藤定良 [著]

2400円（税別）
四六判・上製・カバー装・280頁
ISBN978-4-908672-13-2

ナショナリズムによって、侵略と支配を推し進めた近代ドイツの歴史と、それを反省し、ナチ時代の過去との取り組み―「過去の克服」―に努めている戦後ドイツの姿。いま、私たちがそこから学べるものとは何か？

近代日朝関係史

趙景達 [編]

3400円（税別）
Ａ５判・並製・カバー装・390頁
ISBN978-4-903426-62-4

新しい通史の誕生！　これまでのような一国史同士の叙述や政治・外交ゲームのような日朝関係史を乗り越え、両国の社会に底流する深い歴史的文脈の関係性を重視した新世代の歴史書。

近代日本の課税と徴収

牛米努 [著]

7400円（税別）
Ａ５判・上製・カバー装・350頁
ISBN978-4-908672-16-3

税の公平な負担や適正な使途とは何かを考えるために！近代日本における課税から納税までの基礎的な税の仕組みを明らかにし、真の意味での「租税史」をここに提示する。

近代日本の形成と租税【近代租税史論集1】

近代租税史研究会 [編]

5000円（税別）
Ａ５判・上製・カバー装・288頁
ISBN978-4-903426-16-7

「租税国家」として明治国家を位置づけ直す挑戦の第一弾。近代国家の形成にとって租税とはいかなる意味を持ったのか？

近代日本の宗教概念 ―宗教者の言葉と近代―

星野靖二 [著]

6400円（税別）
Ａ５判・上製・カバー装・320頁
ISBN978-4-903426-53-2

「宗教」とは歴史的に変わらないものなのか？翻訳語として近代日本に新たに登場した「宗教」をめぐって、その概念の展開を宗教者の言葉を追うことによって明らかにする。

近代日本の租税と行財政【近代租税史論集2】

近代租税史研究会 [編]

6200円（税別）
Ａ５判・上製・カバー装・260頁
ISBN978-4-903426-86-0

近代の課税や徴収の仕組みは、どのような納税者との関係のなかから作られてきたのか。財政や行政制度と租税の関係を見直し、近代租税史の多様で新しい様相を描き出す。

グローバル化のなかの近代日本 ―基軸と展開―

小風秀雅・季武嘉也 [編]

6600円（税別）
Ａ５判・上製・カバー装・400頁
ISBN978-4-903426-93-8

グローバリゼーション下で展開された日本の近代化。「日本」という存在を自明の前提とせず、世界という地平のなかに日本の近代を位置づけ直す。

現代「生活者」論 —つながる力を育てる社会へ—

天野正子 [著]
2600円（税別）
四六判・上製・カバー・320頁
ISBN978-4-903426-65-5

他人まかせにしない、できることは自分で、一人でできないことは他者と支えあって。現代日本の歴史経験のなかで登場してきた「生活者」の実践をとらえ直し、新しい共同性・公共性の回路を見通す試み。

皇国日本のデモクラシー —個人創造の思想史—

住友陽文 [著]
5400円（税別）
Ａ５判・上製・カバー装・320頁
ISBN978-4-903426-45-7

日本のデモクラシー思想は、なぜ「皇国」を立ち上げたのか？ナショナリズムに潜む私欲を乗り超え、社会を担う「個人」を求める思想の分析から、そのモメントをあきらかにする。

国民国家の比較史

久留島浩・趙景達 [編]
6600円（税別）
Ａ５判・上製・カバー装・480頁
SBN978-4-903426-32-7

グローバリゼーションがもたらしつつある国民国家の再活性化のなか、その同質性よりも差異性に注目し、国民国家をめぐる新たな議論を提起。
【人間文化叢書】ユーラシアと日本 —交流と表象—

近衛新体制の思想と政治 —自由主義克服の時代—

源川真希 [著]
4600円（税別）
Ａ５判・上製・カバー装・230頁
ISBN978-4-903426-28-0

かつて、われわれはデモクラシー再生の劇薬を使ってしまった…。デモクラシーを再生させようとする試みは、なぜ近衛新体制に帰結したのか？激動の昭和戦前期における錯綜した思想状況を解きほぐす。

三遊亭円朝と民衆世界

須田努 [著]
5000円（税別）
Ａ５判・上製・カバー装・250頁
ISBN978-4-908672-14-9

名人・三遊亭円朝の噺の内容と彼の人生・思想を解析することにより、当時の民衆世界に分け入ってその心性を明らかにする。これまでの国文学・演芸論とは全く違う歴史学（民衆史）から怪談・人情話をとらえ直す。

自他認識の思想史 —日本ナショナリズムの生成と東アジア—

桂島宣弘 [著]
3200円（税別）
Ａ５判・上製・カバー装・220頁
ISBN978-4-903426-17-4

およそ、あらゆる自己認識は他者表象の産物である。東アジアに向き合うなかから、日本ナショナリズムの生成を問う！

シベリア抑留と戦後日本 —帰還者たちの闘い—

長澤淑夫 [著]
2400円（税別）
四六判・上製・カバー装・230頁
ISBN978-4-903426-49-5

戦後日本はなぜシベリア抑留者の補償を拒否し続けたのか？　国会で否定され裁判で何度敗れても、不屈の闘志で運動を続け、ついに補償を実現した抑留者たちの戦後史。

ジープと砂塵 ―米軍占領下沖縄の政治社会と東アジア冷戦 1945-1950― 【フロンティア現代史】

若林千代 [著]
4800円（税別）
Ａ５判・上製・カバー装・300頁
ISBN978-4-903426-99-0

戦後沖縄の原点に眼をこらす！ 米軍占領下にあっても、沖縄は「民主」と「自治」を志向し続けた。東アジア冷戦のもとで、独自の政治空間を作り上げた沖縄とそこに生きる人びとの姿を描き出す。

儒教的政治思想・文化と東アジアの近代

趙景達 [編]
5600円（税別）
Ａ５判・上製・カバー装・280頁
ISBN978-4-908672-21-7

儒教的政治思想と政治文化の理想と現実。中国・朝鮮・ベトナム・日本の東アジア4国では、近代国民国家形成にあたって儒教はいかなる影響を与え、その現実はどのようなものであったのか？ 新しい東アジア比較史の地平を拓く！

主権不在の帝国 ―憲法と法外なるものをめぐる歴史学―

林 尚之 [著]
5800円（税別）
Ａ５判・上製・カバー装・270頁
ISBN978-4-903426-66-2

帝国憲法体制と日本国憲法体制とは、いかなる連続性を内在させていたのか？主権をめぐる〈逆説〉から、新たな思考を提起する。

初期社会主義の地形学(トポグラフィー) ―大杉栄とその時代―

梅森直之 [著]
5400円（税別）
Ａ５判・上製・カバー装・380頁
ISBN978-4-908672-05-7

資本主義の「終わり」をめざして広がっていく経済的不平等や、それに伴って引きおこされる暴力から人間をいかに救うのか。この課題に正面から向き合い、思索し、戦った初期社会主義者たちの思想と行動から我々は何を見いだすのか。

仁政イデオロギーとアイヌ統治

檜皮瑞樹 [著]
5800円（税別）
Ａ５判・上製・カバー装・280頁
ISBN978-4-903426-80-8

「華夷主義」から「同化主義」へ。
19世紀における、蝦夷地・アイヌ統治政策と仁政イデオロギーとの関係を明らかにする。

精神の歴史 ―近代日本における二つの言語論―

田中希生 [著]
5600円（税別）
Ａ５判・上製・カバー装・390頁
ISBN978-4-903426-25-9

狂気と理性が裁断されえなかった近代日本という時空。そのなかに現在とは全く異質の《精神》を見出す新しい思想史！

戦時期朝鮮の転向者たち ―帝国/植民地の統合と亀裂―

洪宗郁 [著]
5400円（税別）
Ａ５判・上製・カバー装・264頁
ISBN978-4-903426-38-9

植民地知識人の主体化と帝国秩序の論理。抵抗と読み替えの相克から戦時下朝鮮の思想史を再考する。

先住民と国民国家 —中央アメリカのグローバルヒストリー—

【国際社会と現代史】

小澤卓也 [著]
2400円（税別）
四六判・上製・カバー装・240頁
ISBN978-4-903426-07-5

「敗者」は勝利をもたらすか？ サンディニスタ、サパティスタ、そしてチャベスへ…。国民国家に抑圧されつづけてきた先住民からの問いかけ。

戦争・災害と近代東アジアの民衆宗教

武内房司 [編]
6600円（税別）
Ａ５判・上製・カバー装・320頁
ISBN978-4-903426-82-2

同善社・世界紅卍字会・カオダイ教……。
動乱の近代東アジアで登場した「越境」する民衆宗教の姿を明らかにする。

占領期・占領空間と戦争の記憶

【フロンティア現代史】

長 志珠絵 [著]
4800円（税別）
Ａ５判・上製・カバー装・380頁
ISBN978-4-903426-73-0

戦争と記憶をめぐるポリティクス。東アジアの冷戦という時代状況を意識しつつ、戦後日本の「戦争記憶」形成のあり方を問い直す。

竹内好とその時代 —歴史学からの対話—

黒川みどり・山田智 [編]
5000円（税別）
Ａ５判・上製・カバー装・328頁
ISBN978-4-908672-19-4

現代の歴史家と竹内好の思想とのスリリングな邂逅！
歴史学という立場と手法にこだわりながら、さまざまな角度から竹内の思想を照射する。

脱帝国のフェミニズムを求めて

—朝鮮女性と植民地主義—

宋 連玉 [著]
2400円（税別）
四六判・上製・カバー装・270頁
ISBN978-4-903426-27-3

脱植民地主義のフェミニズムとは何か！ 饒舌な「帝国のフェミニズム」にかき消された女性たちの声を聴く。

田中角栄と自民党政治 —列島改造への道—

下村太一 [著]
2400円（税別）
四六判・上製・カバー装・265頁
ISBN978-4-903426-47-1

田中角栄の政治指導と、保守政治再生の政策・戦略とはどのようなものだったのか。その政治手法に着目して、田中角栄の実像に迫った新しい政治史。

田中正造と足尾鉱毒問題 —土から生まれたリベラル・デモクラシー—

三浦顕一郎 [著]
2600円（税別）
四六判・上製・カバー装・310頁
ISBN978-4-908672-10-1

最弱を以て最強に当る！ 足尾鉱毒問題を人権問題として捉え、「最弱」の人々の権利や生命を「最強」から守るために闘った田中正造の思想と生涯を描き出す。

中国国境地域の移動と交流 —近現代中国の南と北—

塚田誠之 [編]
5200円（税別）
Ａ５判・上製・カバー装・370頁
ISBN978-4-903426-31-0

中国国境地域に生きる諸民族の姿から、移動と交流の実態を明らかにする。
【人間文化叢書】ユーラシアと日本 —交流と表象—

地租改正と明治維新

佐々木寛司 [著]
7800円（税別）
Ａ５判・上製・カバー装・480頁
ISBN978-4-908672-03-3

日本資本主義化の原点＝地租改正。
近世的な領主－領民関係を、近代的な国家－国民関係へと改装する契機となった大変革の構造を総合的に分析。

中国抗日軍事史 1937-1945

菊池一隆 [著]
2800円（税別）
四六判・上製・カバー装・400頁
ISBN978-4-903426-21-1

中国現代史から多角的に描く、本格的な日中戦争通史。
弱国・中国は強国・日本をいかにして破ったのか。

創られた「人種」 —部落差別と人種主義（レイシズム）—

黒川みどり [著]
2600円（税別）
四六判・上製・カバー装・280頁
ISBN978-4-908672-01-9

幕末・明治の言説から現代における中上健次の文学まで。糾弾だけではなく、もう終わったことでもなく、今ここにある差別として人種主義から部落問題を考える。

帝国に抗する社会運動 —第一次日本共産党の思想と運動—

黒川伊織 [編]
6000円（税別）
Ａ５判・上製・カバー装・336頁
ISBN978-4-903426-90-7

共産党創成期の歴史を神話から解放する、東アジア社会運動史の問題作。

帝国日本の「開発」と植民地台湾 —台湾の嘉南大圳と日月潭発電所—

清水美里 [著]
6600円（税別）
Ａ５判・上製・カバー装・320頁
ISBN978-4-903426-97-6

これまで、功罪ばかりが論じられてきた植民地におけるインフラ開発の実態を詳細に調査・分析。台湾現地社会とそこに生きた人びとの姿にまで迫り、真の意味での「植民地的開発とは何か」を論じる

帝国の思考 —日本「帝国」と台湾原住民—

松田京子 [著]
4800円（税別）
Ａ５判・上製・カバー装・280頁
ISBN978-4-903426-83-9

日本「帝国」最初の本格的な植民地である台湾。そこでマイノリティであった台湾原住民をめぐる表象と学知から植民地主義の思考に迫る。

天皇墓の政治民俗史

岩田重則 [著]
3400円（税別）
Ａ５判・上製・カバー装・540頁
ISBN978-4-908672-12-5

近現代の神道的な天皇墓は本当に「日本の伝統」なのか？
文献資料や考古資料、民俗資料を駆使して、古代から近現代かけての天皇墓の変遷を通史として描き出す。

東亜聯盟運動と朝鮮・朝鮮人
―日中戦争期における植民地帝国日本の断面―

松田利彦 [著]
5000円（税別）
Ａ５判・上製・カバー装・240頁
ISBN978-4-903426-95-2

石原莞爾が主唱し、植民地朝鮮の問題にも深くコミットした東亜聯盟運動。戦時下における一つの思想的実験を朝鮮・朝鮮人との関わりから読み解く。

同時代史としてのベトナム戦争

吉沢 南 [著]
2600円（税別）
四六判・上製・カバー装・250頁
ISBN978-4-903426-30-3

ベトナム戦争とは何だったのか？ 60〜70年代の反戦運動とは何だったのか？「現代史」ではなく、「同時代史」を提唱し、民衆の視点からベトナム戦争とその時代を考える。

トウモロコシの先住民とコーヒーの国民
―人類学が書きえなかった「未開」社会―

中田英樹 [著]
2800円（税別）
四六判・上製・カバー装・308頁
ISBN978-4-903426-70-9

人類学は「未開」社会に何を「発見」してきたのか？
多文化共生というものが孕む問題を先住民社会の中から描き出す。

盗賊のインド史 ―帝国・国家・無法者（アウトロー）―

竹中千春 [著]
2600円（税別）
四六判・上製・カバー装・360頁
ISBN978-4-903426-36-5

盗賊や武装勢力とは何者なのか？ 彼らはなぜ戦うのか？
「盗賊の女王」プーラン・デーヴィーはじめ、近現代インドを席巻したアウトローたちの世界に分け入り、その真の姿を描き出す。　　　［2011年　大平正芳記念賞受賞］

遠野のいまと昔 ―もうひとつの『遠野物語』を歩いて―

金原左門 [著]
2400円（税別）
四六判・上製・カバー装・196頁
ISBN978-4-903426-96-9

『遠野物語』を「いま」に生かす試み！
柳田国男によって100年以上前に書かれた『遠野物語』を、歴史学者が東日本大震災後の現在において読み解いていく。

都市と暴動の民衆史 ―東京・1905-1923年―

藤野裕子 [著]
3600円（税別）
Ａ５判・上製・カバー装・320頁
ISBN978-4-903426-98-3

民主化のなかで湧き上がった民衆の暴力は、独自の論理をもちながら、排外主義とファシズムへの地ならしとなっていった。名も無き民衆の姿に注目しつつ、新しい歴史学の地平をここに切り拓く。　　　　［2016年　藤田賞受賞］

日韓民衆史研究の最前線 ―新しい民衆史を求めて―

アジア民衆史研究会・歴史問題研究所 [編]
6400円（税別）
Ａ５判・上製・カバー装・400頁
ISBN978-4-903426-00-6

日韓の研究者による交流から生まれた民衆史研究の最前線！　多様な民衆を描き出し、新たな民衆史を提示する。

20世紀の戦争 ―その歴史的位相―

メトロポリタン史学会 [編]
2600円（税別）
四六判・上製・カバー装・280頁
ISBN978-4-903426-59-4

戦争の時代は、まだ過ぎ去ろうとしない！
20世紀における様々な戦争の歴史から現代を問い直す。

日本近世社会と明治維新

高木不二 [著]
5400円（税別）
Ａ５判・上製・カバー装・265頁
ISBN978-4-903426-20-4

マルク・ブロック（アナール派）に学びながら、幕末・維新史を描き直す。日本近世社会はいかにして近代へと転換していくのか！

日本占領とジェンダー ―米軍・売買春と日本女性たち―

平井和子 [著]
4800円（税別）
Ａ５判・上製・カバー装・260頁
ISBN978-4-903426-87-7

占領下、日米「合作」の性政策をジェンダー視点から問い直す！　兵士の性暴力は軍隊が生み出す構造的なものである事を明らかにし、それを支える女性同士の分断を乗り越える道筋を描き出す。　【フロンティア現代史】

日本帝国と民衆意識

ひろたまさき [著]
2600円（税別）
四六判・上製・カバー装・300頁
ISBN978-4-903426-58-7

日本と世界は「帝国意識」を克服できるのか？
民衆思想史の歩みを自己点検しつつ、帝国意識と民衆との複雑な歴史的関係にメスを入れる。

幕末維新の政治と人物 【明治維新史論集1】

明治維新史学会 [編]
4400円（税別）
Ａ５判・上製・カバー装・250頁
ISBN978-4-9086726-06-4

明治維新史研究の最新成果を示す論集、ここに刊行開始！　将軍・藩主・幕臣・藩士など様々な人物の政治指導の在り方からその役割を明らかにし、幕末維新期の政治・社会を再考する。

東アジアの政治文化と近代

深谷克己 [編]
2800円（税別）
Ａ５判・並製・カバー装・280頁
ISBN978-4-903426-22-8

「ウエスタンインパクト」によって、東アジアは自己変革していった！　民間社会にまで浸透していた政治文化の視点から、東アジアの近代化を再考する。

東アジアの民族的世界 ―境界地域における多文化的状況と相互認識―

佐々木史郎・加藤雄三 [編]
5200円（税別）
Ａ５判・上製・カバー装・312頁
ISBN978-4-903426-39-6

「日本」の南北に広がっていた民族的な世界。そこで人々はどう生きていたのか。
【人間文化叢書】ユーラシアと日本 ―交流と表象―

武装親衛隊とジェノサイド ―暴力装置のメタモルフォーゼ―

芝 健介 [著]
2400円（税別）
四六判・上製・カバー装・260頁
ISBN978-4-903426-14-3

「ヒトラーのボディーガード」から「絶滅のアルバイター」へ。武装ＳＳは、本当に栄光ある軍事組織だったのか？

復興に抗する ―地域開発の経験と東日本大震災後の日本―

中田英樹・髙村竜平 [編]
2600円（税別）
四六判・上製・カバー装・350頁
ISBN978-4-908672-18-7

私たちは、どのように「開発」や「復興」を生きるのか？「復興」の名のもとに、戦後日本のなかで繰り返しあらわれる開発主義と、それでもその場所で今日も明日も生き続けようとする人びとの姿を描き出す。

プロイセンの国家・国民・地域

割田聖史 [著]
6600円（税別）
Ａ５判・上製・カバー装・384頁
ISBN978-4-903426-52-5

―19世紀前半のポーゼン州・ドイツ・ポーランド―
これまでドイツ人とポーランド人の混住地ゆえの民族対立の場とされてきた地域を舞台に、国家と地域の関係・構造を問い直す。

兵士と軍夫の日清戦争 ―戦場からの手紙をよむ―

大谷 正 [著]
2300円（税別）
四六判・上製・カバー装・240頁
ISBN978-4-903426-02-5

いま、日清戦争が問い直されている！ 出征から異国での戦闘、「他者」への視線、そして最初の植民地戦争へ。戦地から届いた兵士たちの声は何を語るのか。

兵士はどこへ行った ―軍用墓地と国民国家―

原田敬一 [著]
2600円（税別）
四六判・上製・カバー装・330頁
ISBN978-4-903426-68-6

戦死者追悼のあり方は、本当に世界共通なのか？世界各地の「軍用墓地」調査を通して見えてくる様々な追悼の姿から、戦死者と国家・国民のあるべき関係をあらためて考える。

民族浄化・人道的介入・新しい冷戦 ―冷戦後の国際政治―

塩川伸明 [著]
2800円（税別）
Ａ５判・並製・カバー装・330頁
ISBN978-4-903426-40-2

マスコミが報道する「国際政治」の姿は真実なのか？正邪・善悪の二元論ではない、冷静な分析から新しい世界の見方を提示する。

明治維新史研究の今を問う —新たな歴史像を求めて—

明治維新史学会 [編]
3600円（税別）
Ａ５判・上製・カバー装・300頁
ISBN978-4-903426-43-3

明治維新とは何だったのか。この日本史上最大の変革の意味を、今、改めて考える。

明治維新史論へのアプローチ
—史学史・歴史理論の視点から—

佐々木寛司 [著]
3800円（税別）
Ａ５判・上製・カバー装・280頁
ISBN978-4-903426-94-5

明治維新を問い直すことは、「日本の近代」の内実を問い直すことである。近代に理想的＝純粋培養的な社会など存在しないのだから。

明治維新の国際舞台

鵜飼政志 [著]
2600円（税別）
四六判・上製・カバー装・320頁
ISBN978-4-903426-89-1

ペリー来航をめぐる国際関係から、1875〜76年頃まで、明治維新の歴史を国際的視野から見直し、今も続く「国民の物語」という歴史像を解体する。

遊女の社会史 —島原・吉原の歴史から植民地「公娼」制まで—

今西 一 [著]
2600円（税別）
四六判・上製・カバー装・280頁
ISBN978-4-903426-09-9

日本の「性的奴隷」制の歴史を、遊女・遊廓史から解明する。新しい解釈や新史料を使った、本格的な廓（くるわ）の歴史。

吉野作造の国際政治論 —もうひとつの大陸政策—

藤村一郎 [著]
5200円（税別）
Ａ５判・上製・カバー装・296頁
ISBN978-4-903426-51-8

大正デモクラシーをリードした吉野作造。彼の闘いは理解されてこなかった。近代日本のリベラリズムはアジアにいかなる希望を残したのか？

リベラリズムの中国

村田雄二郎 [編]
6200円（税別）
Ａ５判・上製・カバー装・352頁
ISBN978-4-903426-46-4

かつて中国には「自由」を求める揺るぎない潮流が存在していた。新しい中国近現代史を切り拓く共同研究の成果をここに提示。

私たちの中のアジアの戦争
—仏領インドシナの「日本人」—

吉沢 南 [著]
2600円（税別）
四六判・上製・カバー装・274頁
ISBN978-4-903426-33-4

「アジアと日本にとって、あの戦争とは何だったのか」「日本人とは誰か」— 今、改めて考える、戦争体験のオーラルヒストリー。

目下品切 (価格は税別)

核兵器と日米関係　黒崎 輝 [著]　4800円

移民・難民・外国人労働者と多文化共生　増谷英樹 [編]　2800円

植民地朝鮮／帝国日本の文化連環　環趙寛子 [著]　4800円

ボスニア内戦　佐原徹哉 [著]　3200円

明治維新を考える　三谷 博 [著]　2800円

満洲国と日本の帝国支配　田中隆一 [著]　5600円

植民地朝鮮の警察と民衆世界　愼蒼宇 [著]　6200円

「村の鎮守」と戦前日本　畔上直樹 [著]　6200円

イギリス帝国と帝国主義　木畑洋一 [著]　2400円

もうひとつの明治維新　家近良樹 [編]　5000円

明治維新と世界認識体系　奈良勝司 [著]　6400円

戦時体験の記憶文化　滝澤民夫 [著]　5600円

幕末民衆の情報世界　落合延孝 [著]　2500円

異教徒から異人種へ　井村行子 [著]　2200円

沖縄の復帰運動と保革対立　櫻澤 誠 [著]　6000円

明治国家と雅楽　塚原康子 [著]　5200円

植民地期朝鮮の知識人と民衆　趙景達 [著]　5400円

戦後日本と戦争死者慰霊　西村 明 [著]　5000円

＊今後の出版予定 (書名は仮題)

中国、香港、台湾におけるリベラリズムの系譜……中村元哉 著

明治維新をとらえ直す……奈良勝司 著

東アジアの動乱とコミュニストたち……黒川伊織 著

吉野作造と関東軍……藤村一郎・後藤啓倫 著

近代インドのエリートと民衆……志賀美和子 著

「大日本帝国」の膨張・崩壊と満蒙開拓団……細谷 亨 著

戦後の教育経験……大門正克 著

＊書店様へ

●当社の契約取次店は、

トーハン（取引コード　8620）

JRC（人文・社会科学書流通センター）

八木書店

です。

トーハン　電話：03-3269-6111（代）

JRC（人文・社会科学書流通センター）
　電話：03-5283-2230　FAX：03-3294-2177
　メール：info@jrc-book.com

八木書店
　電話：03-3291-2968　FAX：03-3291-2962
　メール：dist@books-yagi.co.jp

＊また、お客様からのご注文には柔軟に対応しております。
弊社へ直接ご注文ください。
在庫品は日販・大阪屋含め、どの取次店経由でも出荷できます。

＊JRCの場合は、JRC→日教販→貴店帳合の取次店、のルートで送品いたします。また、八木書店の場合は、八木書店→貴店帳合の取次店、のルートとなります。
いずれも、貴店帳合取次店への搬入は、受注日から2～3営業日後となります。
なお、直接、JRC・八木書店までご注文いただいても構いません。

＊また、新刊の刊行ごとに、その案内（注文書付き）を送ってほしいという場合は、その旨ご用命ください。
FAXにて送信させていただきます。

有志舎　担当：永滝（ながたき）
　電話　03-5929-7350　　FAX　03-5929-7352
　メール　yushisha@fork.ocn.ne.jp

＊読者の皆様へ（書籍のご購入にあたって）

●小社の出版物は、最寄りの書店でお求めになれます。店頭に見当らない場合は、書店にご注文ください。どの書店からでもご注文可能です。

●書店でご注文できなかった場合は、直送のご注文も承っております。お手数ですがＦＡＸ、または電子メールにて小社宛てお申し込みください。1冊であれば、原則として郵便局の「ゆうメール」でお送りしますので、おおよその送料は1冊400円です（ただし本の厚さによって変わります）。発送から到着まで3～4日かかりますのでご了承下さい。

●ゆうメールは、ご家庭のポストへ届けさせていただくもので、原則として受け取りのサインは必要はなく、ご不在時でも荷物が届きます。ただし、ポストに入らなかった場合は不在連絡票が入ります。到着日・曜日などの指定はできません。ご了承願います。

●商品と一緒に、納品書兼請求書・郵便振替用紙（振込手数料は当方負担）をお送りしますので、商品が届き次第お振込みをお願いします。

●なお、一度に2冊以上をご購入の際には、代金先払いとなります。先に請求書と振込用紙をお送りしますのでそれで代金・送料をお振り込み下さい。入金が確認出来次第、商品をお送りします。あらかじめご了承ください。

●ご購入申し込み先
　　ファクス　　　　03-5929-7352
　　電子メール　　yushisha@fork.ocn.ne.jp

　　※ご注文の際には、
　　　ご注文書名
　　　冊数
　　　お名前
　　　ご住所
　　　お電話番号
　　　を忘れずにご記入ください。

なお、ご記入いただいた購入者情報は、ご注文いただいた書籍の発送、お支払い確認などの連絡、及び小社の新刊案内送付のために利用し、その目的以外での利用はいたしません。また、ご記入いただいた購入者情報に変更が生じた場合は、小社までご連絡ください。

有限会社
有志舎

〒166-0003 東京都杉並区高円寺南 4-19-2、クラブハウスビル1階
TEL：03-5929-7350　FAX：03-5929-7352
E-mail：yushisha@fork.ocn.ne.jp

有志舎のホームページ
http://yushisha.sakura.ne.jp